Henning Graf Reventlow

Epochen der Bibelauslegung

Band II

Henning Graf Reventlow

Epochen der Bibelauslegung

Band II

Von der Spätantike bis zum Ausgang des Mittelalters

Verlag C.H. Beck München

Die Deutsche Bibliothek – CIP-Einheitsaufnahme

Reventlow, Henning Graf:
Epochen der Bibelauslegung / Henning Graf Reventlow. –
München : Beck.

Bd. 2. Von der Spätantike bis zum Ausgang des
Mittelalters. – 1994
ISBN 3-406-34986-2

ISBN 3 406 34986 2

Gesamtherstellung: Kösel, Kempten
Gedruckt auf säurefreiem,
aus chlorfrei gebleichtem Zellstoff hergestelltem Papier
Printed in Germany

Inhalt

IV. Kapitel
Jüdische Ausleger des Mittelalters

V. Kapitel
Spätmittelalterliche Exegeten

Anhang

Einleitung

Mit dem vorliegenden Buch wird der zweite Band der geplanten mehrbändigen Reihe über die Geschichte der Bibelauslegung der Öffentlichkeit übergeben. Er umspannt ein rundes Jahrtausend von der Spätantike bis gegen Ende des Mittelalters. Weder nach vorne noch nach hinten ist damit eine klare Abgrenzung gegeben. Spätantike und Mittelalter können in unterschiedlicher Weise voneinander getrennt werden; in Wirklichkeit gehen beide ineinander über, weil das antike Erbe noch weit über das Ende des weströmischen Reiches – wenn man hier eine Grenze ziehen will – hinauswirkte. Im gesamten westlichen Europa und in Nordafrika bis zum Einbruch des Islam bilden lateinische Sprache und antike Wissenschaften ein kulturelles Band, das weltliches und geistliches Gelehrtentum, höfisches Leben – sofern man am Hofe Kultur zu pflegen versuchte, wie unter Karl dem Großen – und klerikale Bildung vereinte. Das Mönchtum setzte im gesamten Mittelalter eine Tradition fort, die noch in der antiken Umwelt Ägyptens begonnen hatte, nahm aber mehr und mehr auch anderes Bildungsgut auf. Insofern kann man vom christlichen Abendland als einer kulturellen Einheit sprechen – was nicht ausschließt, daß es in ihm auch eine große Vielfalt gab. Da es auf den folgenden Seiten um die Auslegung der Bibel gehen soll, ist auch des jüdischen Beitrages zum Verständnis der Heiligen Schrift dankbar zu gedenken.

Ebensowenig wie nach hinten ist nach vorn ein klarer Einschnitt zu erkennen. Wenn gewöhnlich die Renaissance als Beginn einer neuen Epoche gesehen wird, mit der das Mittelalter zu Ende geht, ist sie das doch nur in einem eingeschränkten Sinne. Viele mittelalterliche Denkweisen wirken noch viel länger fort. Dennoch schien es sinnvoll, mit dem 14. Jahrhundert einen Einschnitt zu setzen. Mit dem Ende dieser Periode kündigen sich neue Entwicklungen an, die erst in einem späteren Bande behandelt werden können.

Ein volles Jahrtausend Auslegungsgeschichte hat eine ausgedehnte Literatur hervorgebracht, die auf dem zur Verfügung stehenden Raum auch nicht annähernd besprochen werden konnte. So kann in diesem Band noch stärker als in Band I nur eine exemplarische Auswahl geboten werden. Nicht nur hat sich das Arbeitsgebiet diesmal mehr und mehr auf das Abendland eingeschränkt. Das ergab sich während der Weiterarbeit fast von selbst, denn die wesentlichen Erkenntnisfortschritte im Bibelverständnis wurden seit dem frühen Mittelalter im westlichen Teil des ehemaligen römischen Reiches erzielt. Vor allem aber konnte aus der großen Zahl der Exegeten nur ein beschränkter Kreis ins Blickfeld gerückt werden. Die mittelalterliche Bibelauslegung ist zu einem großen Teil Traditionsliteratur. Nicht Originalität, sondern das treue Bewahren der von den Vätern überkommenen Verständnisweisen war das höchste Ziel der Lehrer, die an den Kathedralschulen und in den Klöstern unterrichteten und in ihren eigenen Kommentaren die Früchte der Lektüre ihrer Vorgänger weiterreichten. So endet mit der ausgehenden Antike mit wenigen Ausnahmen auch die Reihe der in hohem Maße eigenständigen und auf die spätere Zeit weithin prägend wirkenden Kirchenvätergestalten.

Gleichwohl ist es auch für das Mittelalter möglich, die jeweils herrschenden Blickpunkte und Methoden an ausgewählten Bibelinterpreten und einigen ihrer wichtigsten Kommentare vor Augen zu führen. So wenig wir in manchen Fällen von der Biographie dieser Exegeten wissen, tritt doch die Eigenart ihres Denkens in ihren Werken lebendig vor unsere Augen. Wenn wir etwas von den Umständen erfahren, in denen sie lebten, den Bedingungen, unter denen sie ihre Werke schrieben und ihre Schüler unterrichteten, von den Institutionen, an denen sie tätig waren, rückt uns auch ihr Bibelverständnis näher, das uns auf den ersten Blick oft fremdartig erscheinen mag. So wird in diesem Band in den meisten Kapiteln ein bestimmter Ausleger zu Worte kommen, wobei die Auswahl weitgehend davon geleitet war, welche Theologen als besonders repräsentativ für eine bestimmte Richtung des Bibelverständnisses anzusehen sind. Nicht immer sind das die bekanntesten Namen; manchmal war es auch reizvoll, sich mit einem Ausleger zu beschäftigen, der in den üblichen Handbüchern mehr am Rande erwähnt wird.

Ein Handbuch für Spezialisten soll auch dieser Band nicht sein. Enzyklopädischen Charakter beansprucht er nicht. Ein solches Ziel wird ohnehin immer schwerer zu erreichen sein. So werden Fachleute zahlreiche Lücken entdecken, andere Verfasser oder andere Werke als die hier behandelten für bedeutender halten. Wichtiger erschien es aber, die großen Zusammenhänge sichtbar zu machen, in denen sich Bibelauslegung im Abendlande entfaltet hat. Wie eine Generation von Exegeten auf den Schultern der anderen steht, wie stark Erkenntnisse weiterwirken, die schon in früher Zeit gewonnen wurden, ist eine der wichtigsten Einsichten, die man aus der Geschichte der mittelalterlichen Bibelauslegung gewinnen kann. Die Jüngeren haben ihre Schuld gegenüber den Älteren jeweils dankbar bekannt, einige Namen, wie vor allem der Augustins, Gregors des Großen oder des Hieronymus werden immer wieder genannt. Diese Verbindungen scheinen in der Neuzeit weitgehend abgerissen zu sein. So ist es Zeit, wieder an unsere Vorgänger im Glauben und im Umgang mit der Bibel zu erinnern.

I. Kapitel

Berühmte Ausleger der Spätantike

1. Auf den Wortsinn kommt es an: Theodor von Mopsuestia

Antiochia, am Orontes im nördlichen Syrien gelegen (heute: Antakia), war im 4. Jahrhundert die drittgrößte Stadt des römischen Reiches und erlebte damals seine Blütezeit. Zeitweise war es – neben dem 324 bis 330 erbauten Konstantinopel – ein wirtschaftliches und kulturelles Zentrum für das gesamte Kleinasien. Obwohl die Volkssprache Syrisch war, blieb nach wie vor Griechisch die Sprache der Gebildeten. Der Einfluß der hellenistischen Kultur war seit der Gründung der Stadt um 300 v. Chr. durch Seleukos I., den ehemaligen General Alexanders des Großen und ersten Herrscher des Seleukidenreiches, ungebrochen, auch wenn Antiochia seit 64 v. Chr. als Hauptstadt der Provinz Syrien zum Römerreich gehörte.

Früh hat es in der Stadt bereits die ersten Christen gegeben. Wahrscheinlich wurde dort zuerst unter den Juden missioniert (Apg 11,19); die Urgemeinde in Jerusalem schickte Barnabas dorthin (Apg 11,22–24), der dann auch Paulus von Tarsus aus nach Antiochia begleitete (Apg 11,25f.). Anscheinend gab es damals auch schon Mission unter Heiden. Die Heidenmission wurde Paulus von den Säulenaposteln gestattet (1. Mose 2,1–10; vgl. Apg 15) und von diesem auch trotz Konflikten mit den Judenchristen (vgl. Gal 2,11–14) in ihrem Recht behauptet. Von Antiochia aus wurde im ersten Jahrhundert eine ausgebreitete Missionstätigkeit entfaltet, zu der zuerst Barnabas und Paulus gemeinsam ausgewählt wurden (Apg 13,1–3), bis sie sich später trennten und jeder auf eigene Faust missionierte (Apg 15,36–41). Um die Jahrhundertwende war Ignatius Bischof in Antiochien, der kurz nach 110 in Rom das Martyrium erlitt und auf der Reise dahin seine bekannten Briefe an Gemeinden in Asien schrieb. Zu seiner Zeit gab es in der Gemeinde bereits eine ausgebildete Hierarchie mit Bischof, Presbytern und Diakonen.

Während der folgenden zwei Jahrhunderte erlebte die christliche Gemeinde in Antiochia eine wechselvolle Geschichte. Unter mehrfachen Verfolgungen wuchs die Zahl der Christen stetig; im 4. Jahrhundert war die Bevölkerung bereits weitgehend christlich. Eine grundsätzliche Wende für die öffentliche Geltung des Christentums brachte das Jahr 324, als Kaiser Konstantin endgültig seinen Mitherrscher im Osten, Licinius, besiegte und den gesamten Ostteil des Reiches unter seinem Zepter mit dem Westen vereinigte. Konstantin hatte das Christentum zur Staatsreligion erhoben. Nun tat er auch in Antiochia alles, um den neuen Glauben zu verherrlichen, angefangen mit dem Bau des Goldenen Domes, der als eine der prächtigsten und größten Kirchen des Imperiums galt. 325 wurde «ganz Asien» dem Patriarchat Antiochia unterstellt. Wenn sich jetzt, den veränderten politischen Umständen folgend, die große Masse der Bewohner auch öffentlich zum Christentum bekannte, entsprachen dem doch keineswegs immer Lebenswandel und innere Einstellung. Das zeigen die zwischen 386 und 398 in Antiochia gehaltenen Predigten des berühmten Johannes, dem später wegen seiner Redegabe der Beiname Chrysostomos (Goldmund) beigelegt wurde.

Es gab auch eine radikale Lösung: das Mönchtum. Von Ägypten aus hatte es sich über Asien hin ausgebreitet, und auch in Antiochien lehnten eifrige junge Christen Ehe und weltlichen Beruf ab und zogen sich zu asketischem Leben, Bibelstudium und Meditation in die umgebende Wüste zurück. Auch wenn dabei uns heute bizarr anmutende Formen der Selbstkasteiung vorkamen, wie Einmauerung in einer Zelle oder das Leben auf einer Säule (die beiden Symeon Stylites (390–459 und ca. 521–596)), ging von Eremiten und Klöstern ein starker Glaubensimpuls aus, und sie waren vor allem auch Orte theologischer Arbeit.

In Antiochia hatte sich in Konkurrenz zu Alexandria das zweite Zentrum griechischer Theologie entwickelt. Auf die verwirrenden dogmatischen Auseinandersetzungen in der alten Kirche um Christologie und Trinitätslehre, die in Antiochia ein jahrzehntelanges Schisma hervorriefen (330–414), können wir in unserem Zusammenhang nicht eingehen. Vieles davon läßt sich auch nicht mehr angemessen würdigen, weil die jeweils siegreiche Partei die Schriften der unterlegenen vernichten ließ. So wollte man die Verbreitung ihrer Lehren verhindern, die wir jetzt nur noch aus der Darstellung der Gegner kennen. Aber uns geht es auch gar nicht um die oft in Handbüchern ausreichend dargestellte altkirchliche Dogmengeschichte. Der Streit um Bekenntnissätze, den die Theologen der ersten christlichen Jahrhunderte gegeneinander ausfochten, die Beschlüsse, die Synoden über christologische Formeln faßten, sind nur *eine* Seite der theologischen Arbeit. Das Bewußtsein war ungebrochen, daß die Heilige Schrift die eigentliche Grundlage für christlichen Glauben und christliche Lehre sei; sie galt es vor allem zu verstehen. So ist es kein Zufall, daß viele der bedeutenden Theologen zahlreiche Bibelkommentare schrieben, nicht selten die gesamte Bibel beider Testamente Buch für Buch behandelten. Auch hiervon ist wahrscheinlich das meiste verloren, wobei den Antiochener Theologen, weil man ihnen viel später Häresie vorwarf, besonders übel mitgespielt wurde. Dennoch können wir uns anhand der erhaltenen oder aus Zitaten und Katenen (nach Bibelstellen geordnete Sammlungen von Väterzitaten zu diesen) von modernen Forschern neu zusammengestellten Kommentare ein gutes Bild auch über die Eigenart der antiochenischen Exegese machen.

Dabei ging es zunächst um den Text der Bibel selbst, d.h. das Alte Testament in der griechischen Übersetzung, der Septuaginta. Um die Herstellung eines zuverlässigeren Textes durch den Vergleich mit anderen Übersetzungen und dem hebräischen Urtext hatte sich schon Origenes verdient gemacht, dessen Hexapla als einziges Exemplar in der Bibliothek von Caesarea lag. Der seit ca. 260 in Antiochia wirkende Lukian (Märtyrer 312) benutzte u.a. diese, um eine eigene, dann im gesamten Osten verbreitete Fassung der Septuaginta zu erarbeiten. Ihm kam es auch darauf an, die klassischem griechischem Stilempfinden widersprechenden, aus dem Hebräischen übernommenen Wendungen zu deuten und die gröbsten Verstöße gegen die griechische Syntax zu glätten. Die späteren Antiochener verfaßten dann eine ausgedehnte Kommentarliteratur zu beiden Testamenten.

Die Eigenart der in Antiochia betriebenen Bibelauslegung wird erst dann verständlich, wenn man einen Blick auf das Bildungswesen wirft, das damals innerhalb der griechisch sprechenden oder diese Sprache verstehenden Oberschicht vor allem im Osten des römischen Reichs herrschte. Die hellenistische Kultur lebte von der Beschäftigung mit der klassischen griechischen Literatur und Dichtung. Eine zentrale Rolle spielte dabei Homer (vgl. schon Bd. I, S. 37ff.). Ilias und Odyssee waren der Lesestoff, anhand dessen die Knaben schon bei dem Grundschullehrer (Grammatiklehrer) Lesen und Schreiben lernten. Anschließend wurden sie von einem qualifizierten Lehrer der zweiten Stufe in die bildhafte Sprache und die poetische Literatur eingeführt. Die höchste Stufe der Ausbildung erreichte der Heranwachsende beim Rhetor, der ihn – wiederum unter Heranziehung klassischer Literatur – in die Technik und Kunst freier Rede einführte. Bei diesem Lehrer blieb er meist mehrere Jahre. Die Inhaber hoher Staatsämter, Adlige und reiche Gutsbesitzer konnten es sich erlauben, ihre Söhne oft in eine entfernte Stadt zu einem berühmten Rhetor in die Schule zu schicken. Dessen Schulung befähigte die jungen Leute, nach einigen Jahren, auch moralisch gefestigt, eine entsprechende Position wie ihr Vater (denn Väter waren oft früh gestorben) oder Onkel zu bekleiden.

Über die Schulverhältnisse in Antiochia sind wir besonders gut orientiert. Dort lehrte von 354 bis zu seinem Tode 393 der berühmte Rhetor Libanius. Zu ihm kamen Schüler aus den entferntesten Provinzen, und er unterrichtete sie anhand der klassischen Autoren. Sein umfangreicher Briefwechsel informiert uns genau über seine Beziehungen zu seinen Schülern und deren Vätern, die einflußreiche Posten bekleideten. Die rhetorische Schulung war Grundvoraussetzung für das berufliche Fortkommen und klassische Bildung für den gesellschaftlichen Status maßgebend. Außerdem lag Libanius die Festigung der Persönlichkeit seiner Schüler sehr am Herzen. Auch christliche Bürger Antiochiens vertrauten ihm ihre Söhne zur Ausbildung an, obwohl er zeitlebens Heide blieb. Eine Reihe später führender Bischöfe und Theologen, wie Basilius der Große, Gregor von Nazianz und Johannes Chrysostomos, gingen bei ihm zur Schule. Darunter soll auch Theodor von Mopsuestia gewesen sein.

Theodor wurde im Jahre 352 in Antiochia geboren. Wenn wir dem Kirchengeschichtler Sokrates trauen können (Ecclesiastica Historia VI,3), besuchte Theodor seit 366 die Schule des Libanius, die er 370 verließ. 368 wurde er zum Christentum bekehrt. 370 oder 371 trat er in das Asketerion ein, eine Art loser Klostergemeinschaft, die Diodor von Tarsus, der Begründer der antiochenischen Exegetenschule, in Antiochia für Bibelstudium und asketisches Leben junger Christen, die ihren Glauben und christliche Ideale ernstnahmen, eingerichtet hatte. Unter anderem hielt sich dort auch der junge Johannes Chrysostomos auf. Von diesem sind zwei Schreiben an Theodor erhalten (Ad Theodorum lapsum: «An den gefallenen Theodor»), in welchen er diesen in flammenden Worten auffordert, in die Klostergemeinschaft zurückzukehren, als Theodor vorübergehend mit der Absicht ausgeschieden war, eine juristische Ausbildung aufzunehmen und zu heiraten. Ehelosigkeit gehört zu den wichtigsten Regeln des Mönchtums. Offenbar hatte Johannes mit seinem Appell Erfolg, denn Theodor setzte Bibelstudium und asketisches Leben fort. Um 383 wurde er von Bischof Flavian von Antiochien zum Priester geweiht und übernahm 392 das Bischofsamt von Mopsuestia in Kilikien, das er bis zu seinem Tode 428 verwaltete. Die Verurteilung seiner Lehren auf dem 5. Ökumenischen Konzil von Konstantinopel 553 tut ihm vermutlich unrecht, denn zu Lebzeiten galt er als treuer Verteidiger des nicänischen Bekenntnisses gegen Arianer und andere Häretiker. Leider hatte diese Verurteilung zur Folge, daß auch von seinen Kommentaren nur der zu den Zwölf Kleinen Propheten vollständig in der griechischen Urfassung erhalten geblieben ist, während z.B. der wichtige Psalmenkommentar nur teilweise aus überwiegend lateinischen Katenenbruchstücken und Zitatenfragmenten bei anderen altkirchlichen Schriftstellern rekonstruiert werden konnte; andere, wie der Johanneskommentar, sind nur in syrischer Übersetzung erhalten. Doch ging es dem Nachlaß des Origenes nicht anders. Von Diodors Kommentarwerken sind nur noch wenige Bruchstücke bekannt, aus denen jedoch hervorgeht, daß seine Methode der seines Schülers Theodor sehr ähnlich gewesen ist. So legt es sich nahe, die antiochenische Auslegungsmethode an Theodors Kommentaren kennenzulernen, zumal diese allgemein als der Höhepunkt der antiochenischen Exegese angesehen werden.

Die Eigenart seiner Auslegung läßt sich am besten an den alttestamentlichen Kommentaren ablesen. Bereits der Psalmenkommentar, der als ein relativ frühes Werk Theodors anzusehen ist, spiegelt seine besondere exegetische Methode. Was zunächst daran auffällt – weil es bei den altkirchlichen Bibelauslegern durchaus eine Ausnahme darstellt – ist, daß er an Stellen, wo der ihm vorliegende Septuagintatext gestört zu sein scheint, zur Textkritik greift, d.h. ihn durch den Vergleich mit anderen Textzeugen wiederherzustellen sucht. Äußerst selten verweist er dabei auf den hebräischen Urtext (so zu Ps 25 [24 LXX],14: «Und sein Bund, sie zu unterweisen»: «In hebräischen Schriftrollen ist es so gestellt: ‹Auch sein Testament wird er ihnen mitteilen›. So sagt auch Symmachus: ‹Und seinen Bund wird er ihnen bekanntmachen›.»). Da er Hebräisch nicht verstanden haben dürfte, stammen solche Mitteilungen wohl aus zweiter Hand. Häufiger ist der Verweis auf andere griechische Übersetzer; am meisten, wie auch hier, wird Symmachus zitiert, seltener Aquila und Theodotion. Textfehler durch Abschreibeversehen, die den Sinn entstellt haben, werden notiert (so in Ps 56 [55 LXX],8 der schon aus dem hebräischen Text stammende Fehler: «du wirst die Gottlosen wegen ihrer Verfehlung *retten*», statt «*verstoßen*», im Griechischen nur ein zusätzliches «s»: soseis statt oseis).

Über solche textkritischen Maßnahmen hinaus hat sich Theodor aber auch mit der sprachlichen Form des ihm vorliegenden Septuagintatextes auseinandergesetzt, dessen stilistische Ungereimtheiten für griechisches Stilempfinden er zutreffend als Folge der Übersetzung aus dem Hebräischen erkannte. Da das Hebräische nur zwei Zeitstufen kennt, die in der LXX oft mechanisch übertragen sind, nahm er Tempusänderungen (Futur für Präsens usw.) vor, um eine der griechischen Grammatik entsprechende Zeitfolge herzustellen. Wenn etwa eine Aussage, welche die Zukunft betrifft, in einem Tempus der Vergangenheit wiedergegeben ist, spricht er von Zeitvertauschung. Er erkennt auch andere aus dem Hebräischen stammende Stileigentümlichkeiten, so die regelmäßige Verwendung zweier Verben für eine einzige Handlung (Diairese), oder im Griechischen unbekannte Bedeutungsvarianten eines Wortes, wie der Gebrauch des gleichen Verbums für «sagen», «denken» und «empfinden». Andere Beobachtungen betreffen die übertragene Verwendung von Begriffen, so des Teils für das Ganze (Synekdoche: wie «Seele», «Fleisch», «Herz», «Zunge» für den ganzen Menschen, z.B. in Ps 35 [34],28), des Konkreten für das Abstrakte (Metonymie: die «Rechte» Gottes für Hilfe, sein «Arm» für Kraft usw.) Auch untersucht er die reichlich in den Psalmen auftretenden Metaphern und Vergleiche. Dieses genaue Nachdenken über eine fremde Sprachform verrät die klassisch-philologische Schulung, die Theodor jetzt auf die Bibelauslegung anwendet. Entscheidend sind dabei der exakte Wortsinn und die logische Aufeinanderfolge der Aussagen – ein Maßstab, der begreiflicherweise in den Psalmen besondere Probleme aufwirft.

Für die inhaltliche Auslegung sucht Theodor für jeden Psalm einen Gesamtsinn zu ermitteln, eine «Hypothese», die er der eigentlichen Auslegung voranstellt. Auch darin folgt er den Regeln griechischer Profanhermeneutik. Die den einzelnen Psalmen nachträglich vorangestellten, in der Septuagintaübersetzung oft unverständlich gewordenen Überschriften akzeptiert er nur, wenn sie mit dem folgenden Text übereinzustimmen scheinen. Allerdings teilt er die traditionelle Auffassung, die David als den Verfasser sämtlicher Psalmen sieht. Seine Suche nach einem historischen Anlaß für jeden Psalm – auch das ist ein charakteristischer Zug der antiochenischen Exegese – führt ihn dazu, diesen zunächst im Leben Davids selbst zu vermuten (wie es schon einige der Psalmenüberschriften getan hatten). Dies geht bei einer Reihe von Psalmen, die sich z.B. auf die Verfolgung durch Saul (Ps 11 [10]; 17 [16]; 36 [35]; 39 [38]; 64 [63]), auf den Ehebruch mit Bathseba (Ps 6; 13 [12]; 38 [37]), den Aufstand Absaloms (Ps 3; 22 [21]; 70 [69]) oder die Verschwörung Ahitophels (Ps 7) beziehen. Eine andere Gruppe von Psalmen gehört dagegen eindeutig in spätere Perioden der Geschichte Israels, so in die Zeit Salomos (Ps 72 [71]), die Belagerung Jerusalems durch Rezin und Pekach zur Zeit des Ahas (Ps 46 [45]; vgl. Jes 7), oder durch Sanherib zur Zeit Hiskias (Ps 14 [13]; 52 [51]; 53 [52]; 54 [53] usw.), manche gar in die babylonische Gefangenschaft (Ps 5; 23 [22]; 24 [23]; 26 [25] usw.), die Rückkehr von dort (Ps 40 [39]; 65 [64] usw.), selbst in die Makkabäerzeit (Ps 44 [43];47 [46]; 55–60 [54–59] usw.). Dies erklärt sich nach Theodor damit, daß David, vom Geist Gottes getrieben, prophetische Visionen hatte, in denen er sich in künftige Gestalten der Geschichte Israels hineinversetzen und in deren Namen sprechen konnte, auf diese Weise vorausverkündigend, was sich Jahrhunderte nach ihm ereignen sollte. «Was Jeremia betrifft, prophezeit der selige David, indem er dessen Person (prosopon) annimmt und in der Prophetie das spricht, was sachgemäß war, daß jener (so) spräche in der Angelegenheit nach Lage der Dinge» (Hypothesis zu Ps 34). Damit wird er auch mit dem Problem fertig, daß die Psalmen gewöhnlich nicht wie Prophezeihungen formuliert sind, sondern als Klagen, Bitten, Lob und Dank, eine eigentümliche Verbindung von Exegese des Wortsinns, historischer Betrachtung – beides Ergebnisse hellenistisch-philosophischer Schulung – und christlicher Inspirationslehre. Ein auffälliger Grundsatz dabei ist, daß Theodor die Erfüllung solcher prophetischer Voraussicht auf Menschen und die mit der Makkabäerzeit zu Ende gehende Geschichte des alttestamentlichen Israels beschränkt. Außer bei Ps 16 [15],10 («Du wirst deinen Heiligen nicht die Verwesung sehen lassen»), den nach Apg 13,35 Petrus von Jesus Christus zitiert, leugnet Theodor eine direkte prophetische Vorhersage auf Christus. Alle, auch die Worte Jesu am Kreuz aus Ps 22 [21],2 «Mein Gott, mein Gott, warum hast du mich verlassen?» oder «In deine Hände befehle ich meinen Geist» aus Ps 31 [30],6 bedeuten nur einen angepaßten Gebrauch, wie ihn fromme Menschen aller Zeiten von prophetischen

Psalmworten machten, die schon vorher endgültig erfüllt waren. Lediglich vier Psalmen beziehen sich mit wenigen Ausnahmen unmittelbar auf Christus: Ps 2, in dem Christus dem David seine königliche Herrschaft über die Welt nach der Auferstehung offenbarte, der Triumph des von Gott erhöhten Menschen Jesus in Ps 8, der König Christus und seine Braut, die Kirche, in Ps 45 [44], vermutlich auch Ps 110 [109], dessen Kommentierung nicht erhalten ist. Dies waren traditionell christologisch verstandene Psalmen, bei denen sich Theodor der üblichen Deutung anschließt.

Das deutet darauf, daß er neben der historischen Prophetie des Wortsinnes und ihrer Erfüllung in der Geschichte von Menschen noch eine weitere Sinnebene kennt, für welche die erste nur die Vorbereitung ist. Die antiochenische Schule nennt sie «Theoria», womit der für das christliche Verständnis übliche Bezug des Alten Testaments auf Christus gemeint ist. Dieser ergibt sich jedoch nur indirekt, nicht im Sinne unmittelbarer Weissagung oder durch Allegorese. Theodor polemisiert immer wieder gegen den (von den Alexandrinern betriebenen) ungeprüften Gebrauch der Allegorese. Das wird deutlicher, wenn wir uns dem einzigen vollständig erhaltenen alttestamentlichen Kommentar Theodors, dem über die Zwölf Kleinen Propheten, zuwenden. Der Kleine-Propheten-Kommentar ist wie der Psalmenkommentar ein Jugendwerk Theodors und vermutlich nicht allzulange nach diesem entstanden. Die verhältnismäßig große Übereinstimmung beider in Grundansatz und Methodik hängt auch damit zusammen, daß Theodor in seiner Gesamtauffassung der Schrift die gemeinaltkirchliche Sicht teilt, wonach die Schrift als ganze inspiriert und als eine Einheit anzusehen ist. Die Schrift als ganze hat prophetischen Charakter. Allerdings zieht Theodor auch eine Grenze: Sprüche und Prediger sind «Lehre von Menschen», die Salomo «selbst aus eigener Person zum Nutzen anderer schrieb, da er die Gnade der Prophetie nicht empfangen hatte, wohl aber die Gabe der Klugheit». Für Hiob gilt, daß die Rahmenerzählung, die zur Nacheiferung des frommen Hiob anleiten kann, von dem Verfasser des Buches aus Ruhmsucht mit eitlen, aus heidnischem Bildungsgut entnommenen Fabeln ausgefüllt wurde; er hat auch die Personen, die mit Hiob diskutieren, den Teufel, der Gott auf die Probe stellt, am Schluß den Elihu eingeführt, «der so vieles, das voll von Unrecht ist, gegen den Gerechten redet», so daß dem Buch als ganzen der Charakter als Heilige Schrift völlig abgeht (PG 66,697f.). Einer solchen unwürdig ist auch die Art, wie er gleich anfangs (Kap. 3) Hiob sich selbst verfluchen läßt. Die Weisheitsbücher also grenzt Theodor aus der Schrift aus, weil sie nicht Prophetie sind, dazu alles, was nicht historisch ist, «heidnische Fabeln» und «Erdichtetes» (ebd.). Hier treten noch einmal die beiden Ebenen hervor, auf denen sich sein Denken bewegt.

Bei den Prophetenbüchern gibt es diese Schwierigkeit nicht; sie sind in einem unmittelbareren Sinne prophetisch, als es selbst der Psalter sein kann. Theodor hebt Exstase und Vision als die Mittel hervor, durch welche die Propheten eine Schau des Zukünftigen erhielten (zu Nahum 1,1; 238,30–240,24). Er deutet die Kleinen Propheten von vornherein als Weissagung. Ähnlich wie im Psalmenkommentar beschränkt er allerdings den Geltungsbereich der Voraussagen in der historisch-grammatischen Auslegung auf den Bereich der Geschichte Israels selbst – was ihm bei seinen späteren Kritikern den Vorwurf des «Judaisierens» eingetragen hat. Sein Johanneskommentar (s. u.) zeigt, daß das Gegenteil zutrifft. Offensichtlich handelt es sich auch hier um einen aus der hellenistischen Hermeneutik stammenden Grundsatz, der schon auf Aristarch zurückgehen soll: Homer aus Homer zu erklären. Aus sich selbst heraus muß man ein literarisches Werk deuten, wenn man nichts von außen in es hineinlesen will. Für einen christlichen Theologen, dem damit die gewohnte unmittelbare Auslegung des Alten Testaments auf Christus aus der Hand genommen wird, ist der Grundsatz gewiß keine Erleichterung seiner Arbeit. Aber Theodor ist ein gewissenhafter Exeget. Er bemüht sich, für jede Prophetie den historischen Ort zu ermitteln, auf den sie sich bezieht. Für ihn ist wichtig, daß die Schrift eine «wahre Geschichte von Ereignissen» ist. Hilfreich sind dafür u. a. die Überschriften der Prophetenbücher, die Theodor im Unterschied zu den Psalmenüberschriften durchweg für glaubwürdig hält. So führt er gegen die Meinung, die Propheten hätten zur Zeit des Königs Ussia nicht geweissagt, da es kein Wort gegen dessen Vergehen (2.Chron 26,16) gebe, die Überschriften zu Hos, Jes und Am an, in denen die Wirksamkeit der drei Propheten unter diesem König ausdrücklich bestätigt wird (108,12–23). Zu Mich 1,15 LXX behaupten einige, daß die Stadt Lachis dort erwähnt werde, weil ihre Einwohner zum erstenmal in Juda einen König, Amazja (Amesses), umgebracht hätten. Dagegen bemerkt Theodor, daß vor Amazja bereits sein Vater Jonas (2.Kön 12,21) und Amazja nicht von den Einwohnern von Lachis, sondern, wie der Text (2.Kön 14,19) eindeutig zeige, von den Jerusalemern ermordet worden sei. Die vier Hörner in Sach 1,21 können deshalb nicht, wie einige Ausleger behaupten, die Assyrer, Babylonier, Meder und Perser sein, weil zur Zeit Sacharjas Assyrer und Babylonier schon längst bestraft, die Meder von Kyros beseitigt waren und die Perser den Juden nichts Böses antaten, sondern sie sogar aus der Gefangenschaft befreiten (334,22–23). Vielmehr sind die vier Hörner auf die vier Weltgegenden zu beziehen, von denen aus die verschiedensten Völker heranrücken würden (335,7–10).

Die strenge Beachtung der historischen Umstände läßt Theodor sich auch an solchen Stellen gegen die herrschende Auffassung entscheiden, wo sie für diese dogmatisch bedeutsame Hinweise enthielten. Ähnlich wie im Psalmenkommentar schließt er eine direkte Vorhersage auf Christus bei den alttestamentlichen Propheten aus. So vor allem zu Sach 1,8, wo andere Ausleger in dem «Mann» einen Hinweis auf den «Sohn Gottes» gesehen hatten. Das ist nach Theodor unmöglich, weil «von denen, die vor dem Erscheinen des Herrn Christus (lebten), niemand den Vater und den Sohn kannte» (325,3–4). «Da es aber die Bezeichnung des Vaters und des Sohnes im Alten Testament gab, indem Gott allgemein Vater wegen der Fürsorge für die von dort der Betreuung gewürdigten Menschen genannt wurde, Söhne aber, die etwas in der Aneignung Gottes voraushatten, kannte, wie ich schon sagte, von den damals Lebenden niemand jemals Gott als den Vater des Gottessohnes und den Sohn-Gott als Sohn Gottes des Vaters». (325,6–11) Ähnlich entscheidet sich Theodor in der Frage des Heiligen Geistes. Wiederholt betont er, daß die alttestamentlichen Propheten von der Trinität noch nichts gewußt haben (95,17–21; 310,28–30; 311,4–5.16–18; 325,3–6.10–11). Wenn im Alten Testament vom «Geist Gottes» die Rede ist, ist damit nicht der Heilige Geist des christlichen trinitarischen Bekenntnisses gemeint. Vielmehr bedeutet die Aussage Joel 2,28 «Ich werde von meinem Geist ausgießen» nichts anderes als «Ich werde nämlich allen, sagt er, meine reiche Fürsorge gewähren» (95,15). Der Begriff «Geist Gottes» bezeichnet im Alten Testament, wie Theodor anschließend ausführt, seine Gnade, seine Fürsorge und allgemein seine Gesinnung (95,20–21). Dafür führt er weitere Beispiele an. Ähnlich argumentiert er zu Hagg 2,5, wo er die Aussage «Und mein Geist steht in eurer Mitte» deutet: «Das ‹mein Geist› bezeichnet die von ihm (kommende) Gnade.» (310,27–28)

Deshalb beziehen sich auch traditionell als messianische Weissagungen aufgefaßte Stellen vorderhand auf Ereignisse innerhalb der Geschichte des alttestamentlichen Israel. So ist die Verheißung Mich 5,2 inneralttestamentlich auf Serubbabel zu deuten, denn die vorläufige Erfüllung der Nathanweissagung (Theodor denkt dabei offenbar an Ps 89 [88], 30.37.38, vgl. 214,14; 368,12) erfolgte bei der Rückkehr aus dem Exil (213,19–23). Auf Serubbabel ist auch die Stelle Sach 9,9–10 zu beziehen (367,23–24).

Im ganzen bewegen sich die Ankündigungen der Propheten wenigstens vorderhand in den Grenzen der alttestamentlichen Geschichte, die im Prolog zum Haggai-Kommentar (303,8–305,8) noch einmal zusammengefaßt wird. Sie beginnt mit der Wirksamkeit der Propheten Hos, Joel, Am, Mich im Reich der zehn Stämme in Samaria und Judas in Jerusalem, denen angesichts ihrer vielfältigen Sünden die bevorstehende Strafe durch die Assyrer bzw. die Babylonier angekündigt wird, die dann tatsächlich eintritt. Sie verkündigen aber auch die Rückkehr des Volkes aus der Gefangenschaft. Nahum verkündet die bevorstehende Zerstörung Ninives durch die Babylonier. Habakuk und Zephanja kündigen dem Stamm Juda, der allein übrig geblieben war, und den Einwohnern Jerusalems wegen ihrer Sündhaftigkeit die nahe Strafe durch die Babylonier an. Haggai fordert die bereits aus dem Exil Zurückgekehrten zum Bau des Tempels auf, da Gott, der eigentlich den Tempel gar nicht braucht (Jes 66,1), dies von den Judäern wünschte. Auf diese Weise konnten sie ihm einen der Zeit gemäßen Dienst leisten und ihre Sitten bessern, damit zu seiner Zeit aus diesem Volk der Herr Christus zum Heile aller erscheinen konnte. Der letzte der Propheten, Maleachi, kündigt an, daß Gott in seinen Tempel kommen und gegen die Undankbarkeit des Volkes und die Nachlässigkeit der Priester die Gerechtigkeit wiederherstellen werde; Elia, sein Bote, wird dieses Kommen vorbereiten. Selbst die Makkabäer sieht Theodor in einigen Orakeln Sacharjas und Maleachis schon vorherverkündigt (Sach 11,11ff. [383ff.]; Mal 3,3–4 [422]).

Theodor wäre allerdings kein christlicher Theologe, wenn er nicht doch das Alte Testament in einer bestimmten Weise auf Jesus Christus (er spricht regelmäßig von «dem Herrn Christus») hin lesen könnte. Die «zuhand» liegende Wahrheit (vgl. 368,3), um die sich Theodor in seiner historischen Auslegung kümmert, ist doch nur – wenn auch unentbehrliche – Vorbereitung für die eigentliche Wahrheit, die sich erst in einem weiteren Schritt ergibt. Den Übergang sucht Theodor in einer Feststellung, die ihren Maßstab wiederum aus der klassischen Rhetorik bezieht: die prophetischen Aussagen sind in Bezug auf die in ihnen angekündigten alttestamentlichen Ereignisse hyperbolisch gehalten, sie sagen mehr aus, als in diesen vorläufigen Erfüllungen verwirklicht wird. Zu der inneralttestamentlichen Bedeutung der in Joel 3,1 angekündigten Ausgießung des Geistes haben wir Theodors Auffassung bereits gehört. Er begnügt sich aber nicht damit. Vor allem, weil Petrus in Apg 2,17–21 den Text Joel 3,1–5 im Zusammenhang seiner Christusbotschaft zitiert, sieht er in ihm noch eine tiefere, hinter dem historischen Sinn (die beim Auszug des Volkes aus dem Exil erfolgenden Zeichen) verborgene Bedeutung. Da – eine Anspielung auf Hebr 10,1 – das Gesetz nur den Schatten der kommenden Dinge enthält und so seine Erfüllungen nur «alle klein» sind, ist in ihm «mehr hyperbolisch gesagt, als es Ereignisse enthielt». «Die Wahrheit des Gesagten erschien, indem sie ihren Ausgang nahm bei dem Herrn Christus, als alles groß und furchtbar, tatsächlich neu und das im Gesetz Geschehene übertreffend war.» (96,14–24) Die Richtigkeit dieser Auffassung bestätigt sich auch durch das Zitat aus Ps 16 [15], 10 in Apg 2,27.31: Daß Gott seine Seele nicht dem Hades lassen und sein Fleisch nicht das Verderben sehen werde, sagt David von sich selbst «metaphorisch und hyperbolisch, weil er der Gefahr und dem Verderben entrissen wurde. Die Wahrheit der Sache weist auf den Herrn Christus, weil es weder geschah, daß seine Seele dem Hades überlassen wurde, vielmehr dem Leibe Wiederherstellung durch die Auferstehung, noch der Leib irgend ein Verderben erlitt» (96,27–97).

Diese eigentliche Wahrheit findet Theodor allerdings nicht allzu häufig. Ähnlich behandelt er die Heilsankündigung Am 9,11–12. Die vorläufige Wahrheit ist auch hier die Rückkehr des Volkes aus der Verbannung, ihre wahre Erfüllung dagegen im Herrn Christus, weswegen sie auch Jakobus (Apg 15,13–18) zitiert (155,19–156,5). Zu der inneralttestamentlich auf Serubbabel vorausweisenden Verheißung Mich 5,2 (s.o.) gibt es für Theodor ebenfalls einen Christusbezug (213,25ff.). Dieser wird diesmal nicht durch ein Zitat im Neuen Testament gestützt, sondern durch Rückgriff auf Ps 89 [88], aus dem er erst V.31–34, dann 30.37.38 zitiert und dabei zu dem Schluß kommt, die letzteren Verse könnten sich nicht auf die Nachfolger Davids, sondern nur auf das Königtum des Herrn Christus beziehen. Auch von Sach 9,9–10 gilt, obwohl «deutlich ist, daß dieses über Serubbabel gesagt wird» (367,23–24) – und nicht teils auf Serubbabel und teils auf Christus –, bezieht sich doch seine eigentliche Wahrheit auf den Herrn Christus, «da das Gesetz nur einen Schatten von allem, das sich auf den Herrn Christus bezieht, hatte» (vgl. Hebr 10,1; 367,30–31); auf Christus, «der in allem dem Schatten des Gesetzes ein Ende machte» (vgl. Röm 10,4; 368,5). Auch hier spricht die Schrift in hyperbolischer Weise (368,2f.).

Die Methode, die Theodor anwendet, ist die bekannte Typologie. Bei Theodor taucht der Begriff allerdings nur einmal auf, im Blick auf Jona, «der in sich einen Typos für das, was um den Herrn Christus geschehen würde, darstellte» (174,17–18). Dabei bezieht sich Theodor auf Matth 12,40 (172,16–19). Für den Typos ist charakteristisch, daß er zunächst für die Zeitgenossen eine reale Wirklichkeit ist, dessen tiefere Bedeutung sich auf ein von ihnen nicht erlebtes und in der Prophetie verborgenes künftiges Geschehen bezieht (Definition bei Theodor, 170,4–8). Offenbar beschränkt Theodor die Anwendung der Typologie jedoch weitgehend auf die Fälle, in denen das Neue Testament dazu Veranlassung bot.

Allerdings läuft für Theodor die gesamte alttestamentliche Geschichte auf das Ziel in Christus hin: «Darüber (über die geschichtlichen Ereignisse) sprachen die Propheten nicht grundlos, sondern weil Gott seine gesamte Fürsorge für das Volk wegen der Erwartung des Herrn Christus durchführte, der zu seiner Zeit zum gemeinsamen Heil aller Menschen kommen sollte. Um seinetwillen sonderte er sie von den Völkern aus, unterschied sie durch die Beschneidung und sorgte dafür, daß sie ein Heimatland hätten, und ausgesondert auf dem Berge Zion trug er ihnen durch die gesetzliche Ordnung den für ihn abzuhaltenden Gottesdienst auf. Daher konnte der Herr Christus nach den prophetischen Ankündigungen und der entsprechend von oben her geschehenen Volksverwaltung, als er erschien, allen Menschen deutlich machen, daß er nicht erst jüngst das Heil für alle Menschen neu eingeführt habe, sondern dies schon vor langer Zeit vorherbestimmt sei.» (105,14–25) Über typologische Entsprechungen hinaus besteht also auch ein universaler Heilsplan Gottes, in den die Geschichte des alttestamentlichen Gottesvolkes eingeschlossen ist.

Innerhalb der Offenbarungsgeschichte kennt Theodor drei Perioden. Für die alttestamentliche Periode gilt, daß Gott dort als der Schöpfer erkannt wird, und zwar sowohl der Welt im ganzen wie auch speziell der Menschen. Fast überall läßt sich zeigen, daß Theodor durch entsprechende alttestamentliche Aussagen zu dieser Feststellung veranlaßt wird. Auffällig ist nur, daß er die Geschichte selbst nicht als Offenbarungsgegenstand und Offenbarungsmittel bezeichnet. Allerdings kann man in seiner Auffassung von der Prophetie etwas Entsprechendes erkennen. Die zweite Periode wird vor allem durch den Missionsbefehl Christi nach Matth 28,19 eingeleitet, in dem uns Christus zuerst über die Trinität belehrt hat (311,11–14). Die dritte Stufe wird erst erreicht, wenn den Jüngern nach der Himmelfahrt Christi durch den Heiligen Geist (Theodor bezieht sich auf Joh 16,12–13) die volle Gottheit des Sohnes mitgeteilt wird (326,10–11.21–24).

Wir haben hier schon in dem Zwölf-Propheten-Kommentar eine Bezugnahme auf das Johannesevangelium. In höherem Alter (möglicherweise kurz nach 410) hat sich Theodor der Auslegung dieses theologisch bedeutsamen Evangeliums zugewandt. In dem methodischen Ansatz seiner Exegese und seinen grundlegenden Auffassungen kann man, obwohl es sich um ein neutestamentliches Buch handelt, nicht wenige Ähnlichkeiten zu seinen alttestamentlichen Kommentaren feststellen. Theodor ist sich weitgehend in seiner Haltung treu geblieben. Andererseits sah er sich durch das Johannesevangelium in besonderer Weise herausgefordert, denn es enthält in weitem Umfang theologische, vor allem christologische Aussagen, die Theodor zu einer Würdigung zwangen. In den christologischen Auseinandersetzungen seiner Zeit vertrat er einen festen dogmatischen Standpunkt, mit dem die johanneischen Formulierungen durchaus nicht immer übereinstimmten. Da andererseits die Autorität des Evangeliums als Teil der Heiligen Schrift für ihn über jeden Zweifel erhaben war, galt es, die Texte in einem seiner dogmatischen Auffassung entsprechenden Sinne zu deuten. Zu dieser Formulierung muß man allerdings bedenken, daß sie die Situation von einem modernen Standpunkt her, sozusagen von außen sieht. Theodor war – wie zahllose Bibelausleger vor und nach ihm – selbstverständlich davon überzeugt, daß seine Dogmatik mit der Bibel übereinstimmte. Die Kunst der Auslegung bestand darin, dies gegen Andersdenkende – die «Häretiker» – aus dem Text nachzuweisen. Ein weiteres, für Joh spezielles Problem ergab sich aus dem Nebeneinander dieses Evangeliums zu den synoptischen Evangelien Matth, Mk und Luk. Da für Theodor wie alle seine Zeitgenossen der biblische Kanon eine Einheit darstellt und deshalb zwischen seinen Teilen keinerlei Widerspruch bestehen konnte, mußte für voneinander abweichende Parallelüberlieferungen ein Ausgleich gefunden werden. Dieses generelle Problem galt für die Evangelien in besonderer Weise.

Theodor äußert sich zu seinen Auslegungsprinzipien und zu den besonderen Problemen bei der Exegese des Johannesevangeliums im Prolog seines Kommentars (wir zitieren die lateinische Übersetzung der syrischen Fassung von J.-M.Vosté, dort S. 1–7; die griechischen Fragmente bei Devresse werden jeweils verglichen). Er erklärt zunächst, daß er die einfachen Stellen nur kurz, die schwierigen ausführlich besprechen werde, «damit wir nicht, wenn wir Worte erklären, etwas von dem übergehen, was für andere schwierig ist, und nicht uns bei dem aufhalten, was allen durch einfaches Lesen offensichtlich ist». «Die Aufgabe des Exegeten, glauben wir nämlich, ist dies, daß er die Worte, die den meisten schwierig sind, erklärt, des Predigers aber, daß er auch betrachtet, was klar ist, und darüber redet.» Auch wolle er sich knapp ausdrükken, außer «wenn es nicht geschehen kann, daß die Erklärung klar ist, wenn wir nicht viele Worte gebrauchen – was geschieht, wenn wir zu Versen gelangen, die durch die List der Häretiker verdorben sind wegen der Krankheit ihrer Gottlosigkeit». «Denn auch das ist die Aufgabe des Interpreten, besonders dessen, der den Text genau auslegt, nämlich daß er nicht nur mit Autorität argumentiert, sondern daß er auch die seinen Worten gegensätzliche Auffassung widerlegt.» Diese Maxime macht sich im Text des Kommentars in der Weise bemerkbar, daß vor allem die christologisch bedeutsamen, häufig mit Theodors christologischen Theorien schwer vereinbaren Stellen ausführlich behandelt, andere nur knapp erwähnt werden.

Zur Herkunft des Johannesevangeliums teilt Theodor die erst in moderner Zeit in Frage gestellte Auffassung, daß sein Verfasser der in ihm mehrfach (Joh 13,23; 19,26; 20,2; 21,20) erwähnte «Jünger, den Jesus liebhatte», sei. Dieser verfaßte sein Evangelium erst, nachdem die drei anderen Evangelien bereits geschrieben waren. «Das gleiche und ähnliches findet man bei jenen drei Evangelisten beschrieben», mit nur einem Theodor als wesentlich erscheinenden Unterschied, daß alle drei ihr Evangelium anders beginnen. Darin liegt jedoch kein sachlicher Widerspruch, «denn einer glaubte, es müsse von der Geburt unseres Herrn im Fleisch geschrieben werden ..., ein anderer hat sofort mit der Johannestaufe begonnen. Der selige Lukas aber begann bei den Ereignissen, die sich bei der Geburt des Johannes begaben, ging von dort zur Geburt unseres Herrn über und kam selbst auch zur Johannestaufe.» Der Grundsatz von der inneren Einheit des Kanons schloß echte Widersprüche zwischen den Evangelien aus; so hatte bereits Tatian im 2. Jahrhundert eine Harmonie der vier Evangelien, das Diatessaron, hergestellt. Theodor mußte vor allem die Existenz eines vierten, von den drei anderen so erheblich abweichenden Evangeliums erklären. Nach seiner Auffassung – die er übrigens aus Eusebs Kirchengeschichte (III,24,6–13) übernimmt – lagen dem Verfasser die anderen Evangelien bereits fertig vor, als er, von den treuen Asiaten wegen seines vertrauten Umganges mit dem Herrn darum gebeten, sich bereitfand, ein eigenes Evangelium zu schreiben. «Sie brachten ihm die Bücher der Evangelien, um sein Urteil über das, was in ihnen geschrieben ist, zu erkunden. Er aber lobte die Schriftsteller als mit der Wahrheit übereinstimmend sehr. Einiges sei jedoch, sagte er, von ihnen übergangen, und zwar müsse man die Wunder durchweg erzählen, die Lehre fehle aber bei ihnen sozusagen vollständig. Er fügte außerdem hinzu, während sie über die Ankunft Christi im Fleisch berichtet hätten, dürfe auch seine Göttlichkeit nicht mit Schweigen übergangen werden.» Wir erkennen, daß das Hauptinteresse Theodors am Johannesevangelium seinen christologischen Aussagen gilt, insbesondere denen, aus denen er etwas über die Göttlichkeit Christi entnehmen zu können glaubte. Er folgte damit dem Bekenntnis des Konzils von Nicäa (325), das gegen die Arianer, die Jesus als geschaffenes Wesen ansahen, die Wesenseinheit des Sohnes mit dem Vater betont hatte. Wie er ausdrücklich sagt, ist es die Lehre, die das Johannesevangelium auszeichnet. Es ist der Dogmatiker Theodor, der es auszulegen unternimmt; das spüren wir auch im einzelnen auf Schritt und Tritt.

Das Programm des Evangelisten bestand überhaupt darin, den Mangel an Lehre in den anderen Evangelien auszufüllen. «Er meinte, daß er das schreiben müsse, was von den anderen ausgelassen worden war.» Insbesondere handelt es sich dabei um die Reden Jesu und die Wunder, die von den anderen fast alle übergangen worden waren. «Wenn er aber irgendwo ein Zeichen in Erinnerung ruft, das von ihnen schon berichtet worden war, erwähnt er es ohne Frage wegen seiner besonderen Nützlichkeit.» Beispiel: die Speisung der 5000 (Joh 6), «wegen der mit ihm verbundenen Rede, in der er auch von dem Geheimnis (dem Abendmahl) spricht». Im ganzen erscheint das Johannesevangelium als «Ergänzung (complementum) all dessen, was gewünscht wird und von den anderen übergangen worden war».

Außerdem bescheinigt Theodor dem Johannesevangelium, daß es sich sehr um die richtige Ereignisfolge und genaue Zeit- und Ortsbestimmungen gekümmert habe, «da sich darum keiner von jenen gesorgt hat». «Vieles nämlich berichteten sie, was sich erst später ereignete, und umgekehrt erzählten sie später, was eher geschehen war.» Diese scharfsinnige Beobachtung und die heute durchaus wieder häufiger vertretene Auffassung, daß die Chronologie des Johannesevangeliums im ganzen zutreffender sein könnte als die der Synoptiker, zeigen noch einmal den in manchen Einsichten erstaunlich fortschrittlichen Ausleger. Aber diese Unterschiede stören doch nicht die von ihm vorausgesetzte Harmonie; z.B. sagt er zu den unterschiedlichen Berichten über die Erscheinungen des Auferstandenen, daß hierzu die Einwände der «Ränkeschmiede» nicht einleuchteten, da es genug sei, wenn die Aussagen in den wesentlichen Dingen übereinstimmten: «indem alle die Auferstehung verkündigen und denselben Tag angeben und sagen, daß die Frauen zuerst zum Grabe kamen», während Einzelheiten, die von menschlichen Umständen abhängen (wie, daß nicht alle Evangelisten den Herrn persönlich kannten, nicht alle Jünger Zeugen der Ereignisse waren, weil sie geflohen waren), ohne Gewicht seien (Vosté, 244f.).

Andererseits ist er, wo dogmatische Probleme berührt werden, offensichtlich durch seine Prämissen an einem echten Verständnis der theologischen Aussagen des Johannesevangeliums gehindert. Das gilt insbesondere für die Christologie. Eine der allgemeinen, für spätplatonisches Denken charakteristischen Prämissen, die auch von anderen griechisch gebildeten Theologen geteilt wurden, ist die Überzeugung, daß die Gottheit – oder, johanneisch formuliert, das Wort Gottes – von der Welt abgehoben, ewig und unveränderlich sei. «Nicht nämlich nahm die Natur des Wortes Gottes die Qual des Kreuzes an, noch wird ihm bald nach dem Leiden irgend etwas Neues begegnen.» (Vosté, 199, zu Joh 14,28) Denn es ist «evident, daß die Gottheit nicht leiden kann» (Vosté, 51). Auch läßt sich eine raumzeitliche Bewegung von der ewigen Gottheit nicht denken: «Wenn jemand nämlich von der Gottheit dieses ‹stieg auf› und ‹stieg ab› (Joh 3,13) gesagt sein lassen will, wäre das ein Anzeichen großer Dummheit. Was für eine Art von Aufstieg und Abstieg wäre das von der Welt abgehoben, ewig und für den, der immer im Himmel und auf Erden ist?» (Vosté, 50)

Nachdem die Definition des Sohnes als gleichen Wesens mit dem Vater seit Nicäa festgelegt war, ging die Diskussion zwischen den theologischen Schulen weiter um das Verhältnis zwischen der Gottheit und der Menschheit in der Person Jesu. Hierzu vertrat Theodor die Auffassung der antiochenischen Schule. Danach ist das Wort (der Logos) innerhalb der Trinität gleicher Art mit Gott dem Vater – entsprechend der Formulierung des sog. nicänischen (genauer: nicänisch-konstantinopolitanischen), noch heute gebräuchlichen Glaubensbekenntnisses «Gott von Gott, Licht vom Licht, wahrhaftiger Gott vom wahrhaftigen Gott». Dieses göttliche, unveränderliche, leidensunfähige Wort hat den Menschen Jesus angenommen, und Gottes gnädiges Tun, das sich in der Auferweckung Jesu vom Tode vollendete, hat ihn auf die Ebene des Herrseins erhoben. Dies ist zugleich das Ereignis der freien Wahl des Menschen Jesus für das Gute, die durch Gottes Gnade ermöglicht, aber doch im Rahmen menschlicher Freiheit geschehen ist. Die Antiochener, und unter ihnen Theodor, legen großes Gewicht auf die wahre Menschheit des individuellen Jesus innerhalb seiner gottmenschlichen Person. Hier beginnen dann aber auch die denkerischen Schwierigkeiten, denn die untrennbare Einheit des Göttlichen und Menschlichen in der einen Person macht Aussagen über den Menschen Jesus unmöglich, die für das Wort Gottes eine niedrigere Stellung gegenüber dem Vater bedeuten würden.

Das macht sich für Theodor in seinem Johanneskommentar bei der Auslegung der christologischen Aussagen des Evangeliums besonders bemerkbar. So äußert er zu der Aussage Joh 5,20 «Denn der Vater liebt den Sohn und zeigt ihm alles, was er tut, und wird ihm noch größere Werke zeigen»: «Es ist offensichtlich, daß zu den vorausgehenden Worten nicht paßt, dies wörtlich zu nehmen noch dieses selbe auf die Gottheit zu beziehen. Was sind das denn für Dinge, die der Gott-Wort sehen wird, die ihm vom Vater gezeigt werden, Er, der der Schöpfer ist aller sichtbaren und unsichtbaren Dinge, dessen Natur höher ist als alles, der, was der Vater tut, auch selbst gleichermaßen tut, wie er oben (V. 19) gesagt hat?» (Vosté, 80) Theodor stellt dazu fest, nun gehe der Herr Jesus Christus wegen seiner Hörer, den Juden, zu seiner menschlichen Natur über, «und da zwar dem Gott von Natur alle Dinge einwohnen, dem Menschen aber alles der Reihe nach zukommt durch die Vereinigung mit Gott dem Wort», wolle er nun die Zweifel gegenüber seiner Person ausräumen. Ähnlich zu der Aussage Joh 10,15: «Wie mich der Vater kennt, so kenne ich den Vater»: «Dies sagt er über seine menschliche Natur, wie der Kontext deutlich zeigt. Das heißt, wie ich mit dem Vater eine familiäre Gemeinschaft habe, die nicht aufhört, kann ich ihm auch nicht später fremd werden, da ja, der ich durch meine Vereinigung mit Gott dem Wort Sohn bin, ihn als Vater anerkenne ...» (Vosté, 145)

In der Sicht der antiochenischen Theologen ist der Sohn nur im Hinblick auf seine göttliche Natur dem Vater gleich, im Hinblick auf die menschliche Natur ihm dagegen untergeordnet. Sohn ist er durch Annahme (Adoption) des Menschen Jesus. Die Jünger erfuhren von seiner göttlichen Natur erst durch die Geistbegabung zu Pfingsten. Zu Joh 20,22–23, wo der Auferstandene den Jüngern zuspricht: «Empfanget den heiligen Geist» bemerkt Theodor: «Dieses ‹empfanget› sagt er für ‹werdet ihr empfangen›, denn wenn er, als er sie anhauchte, den Jüngern den Geist gegeben hätte, ... wäre es überflüssig gewesen, ihnen später zur Zeit des Aufstiegs zum Himmel zu sagen ..., den versprochenen Geist zu erwarten. Und darauf: ‹Ihr werdet die Kraft des Heiligen Geistes empfangen› (Apg 1,8)» (Vosté, 254). Zu Joh 20,27, wo Thomas den Auferstandenen anredet mit «Mein Herr und mein Gott»: «Was? Während Thomas vorher nicht glaubte, daß der Heiland von den Toten auferstanden sei, nennt er ihn nun Herr und Gott? Das ist nicht wahrscheinlich.» Es sei nur ein überraschter Ausruf wegen des Wunders. Neben seinen christologischen Grundsätzen spielt dabei auch die gesamtbiblische Sicht Theodors eine Rolle: solche Widersprüche dürfen nicht auftreten. Dieses Denkmodell ist aber nur mit einem Teil der Selbstaussagen Jesu im Johannesevangelium ohne weiteres zu vereinbaren, und zwar denen, in denen er seine Abhängigkeit vom Vater betont, wie Joh 7,16–18; 14,10b.24b.28b. Theodor macht bereits im Prolog auf diese Worte aufmerksam: «Denn er pflegte alle seine Worte und Taten auf den Vater zu beziehen, indem er ausdrücklich davon Zeugnis gab, indem er sagte: es sei nicht das seine, was er selbst spricht und tut» (Vosté, 6).

Es gibt aber auch Worte, in denen eine Unterscheidung der beiden Naturen in Jesus kaum möglich erscheint. Hier ist Theodor zu einer sehr komplizierten Deutung gezwungen. So zu Joh 3,13: «Und niemand steigt zum Himmel auf außer dem, der aus dem Himmel herabgestiegen ist, der Menschensohn». Offensichtlich bezieht sich das «Herabsteigen» und «Hinaufsteigen» hier auf ein und dieselbe Person. Das Herabsteigen kann, wie wir sahen, nicht von der ewigen Gottheit gesagt sein. Andererseits: «Wenn das aber gesagt wird von seiner menschlichen Natur, die tatsächlich von der Erde in den Himmel stieg (Apg 1,9), dann paßt das ‹stieg herab› nicht zu ihm; denn er ist aus dem Samen Davids geboren, keineswegs stieg er aus dem Himmel herab.» Die Lösung findet Theodor darin, daß Jesus, weil das Gesagte die Fassungskraft des Nikodemus überstiegen hätte, seine göttliche und menschliche Natur ihm gegenüber zusammenfaßte (Vosté, 50). Ähnlich legt er Joh 16,28 aus (Vosté, 217). In anderen Fällen muß er mit ungenauer Redeweise rechnen, so bei Joh 3,16, wo Leiden anscheinend mit der göttlichen Natur (dem «eingeborenen Sohn») verbunden wird (Vosté, 51–52), oder Joh 6,33, wo das «Brot, das aus dem Himmel herabsteigt», die Präexistenz des Leibes Christi anzudeuten scheint. Auch dies könne nur uneigentlich gemeint sein (Vosté, 101–102).

Die größten Schwierigkeiten bereiten Theodor, wie man erwarten kann, die wohlbekannten, mit seiner Christologie unvereinbaren Aussagen des Prologs im Johannesevangelium. Nur mit gewundenen Deutungen kann er sich der auch ihm in die Augen fallenden Diskrepanz entziehen. Zu Joh 1,14a «Und das Wort ward Fleisch...» bemerkt er: «Wort wird hier in sehr auffälliger Weise gebraucht. Dieses, sagt er (der Evangelist), ist gewürdigt worden, *gleichsam* Fleisch zu werden. Da dies tatsächlich die Meinung derer, die ihn sahen, sein konnte – da er so niedrig in einem Menschen war und das allein von vielen geglaubt wurde, wie es den Anschein hatte –, deshalb fügte er, um ‹das Wort *war*› zu erklären, hinzu: ‹und zeltete unter uns›, d.h., in dem Sinne ist er Fleisch geworden, in wie weit er in unserer Natur wohnte. Wie ja auch über uns, die Menschen, der Apostel sagte: ‹Wir, die wir in diesem Zelte sind, seufzen› (2.Kor 5,4), indem er ‹Zelt› unseren Körper nannte.» Dies, meint Theodor, genüge als Erklärung gegenüber den «Gegnern»: «Sie haben nämlich behauptet, ‹ist geworden› bedeute ‹ist verwandelt worden zu›; dies kann u.E. nur von Unverständigen gesagt werden...» (Vosté, 23).

Es ist offensichtlich, daß Theodor damit den Aussagen des Evangelisten nicht gerecht werden konnte. Seine christologische Theorie bleibt im ganzen zwiespältig. Dennoch muß man würdigen, daß er in Abwehr des Arianismus – der die volle Geschöpflichkeit Jesu behauptete – aus dem «Im Anfang» von Joh 1,1 die Göttlichkeit des «Gott-Wortes» (Logos) als dessen, der vor allem Geschaffenen war, festgehalten hat: «Wenn aber, wie wir gesagt haben, wir aus diesen Worten erkennen, daß Er die erste Ursache, gleichsam der Schöpfer aller (Dinge) ist, steht das der Würde des Eingeborenen (Sohnes) zu, aber niemandem von denen, die geschaffen worden sind.» (Vosté, 11) Angesichts der durch die weltanschauliche Voraussetzung, daß sich das göttliche Sein nicht in Grenzen einschließen lasse, geschaffenen Schwierigkeit, eine volle Menschwerdung Gottes zu denken, einerseits, der Notwendigkeit der vollen Menschlichkeit Jesu für die Erlösung der Menschheit andererseits, kommt Theodor über die antiochenische Theorie der Annahme des Menschen Jesu durch den Gott-Logos nicht hinaus.

Wenn auf diese Weise die Dogmatik die Exegese beherrscht, so sollte man doch auf Theodors Bemühen – in einer Zeit, der kritische Maßstäbe noch fehlten – nicht herabschauen. Das Nachsinnen über die Trinität ist eine bewunderungswürdige Denkleistung der alten Kirche, natürlich mit den Mitteln griechischen Denkens, denn die griechischen Theologen waren in ihm erzogen und versuchten deshalb in seinem Rahmen die Geheimnisse des Glaubens zu verstehen. Beachtlich ist auch die Sorgfalt, mit der Theodor auf den johanneischen Text eingeht und in ihm Bestätigung für seine christologische Theorie sucht – selbst wenn er dabei keinen auch uns überzeugenden Erfolg haben konnte. Wie wir aus dem Prolog zu seinem Kommentar erfahren konnten, nimmt Theodor seine Aufgabe als für die rechte Lehre verantwortlicher Theologe sehr ernst; daneben betont er aber häufig, daß er den Text so genau wie möglich auslegen wolle.

Eine allegorische Erklärung lehnt Theodor auch im Johannesevangelium strikt ab. Nur dort, wo Joh selbst von erfüllter Prophetie spricht, ist er bereit, das anzuerkennen. So zu Joh 12,37, mit Zitat aus Jes 53,1. Im zweiten Fall, Joh 19,28, macht er sachgerecht darauf aufmerksam, daß nach Joh Jesus zu trinken verlangt habe, damit «die Worte der Propheten» erfüllt würden (Vosté, 242). Wir sahen, daß für Theodor auch die Psalmen Prophetie sind (angespielt wird auf Ps 22,16). In einigen Fällen wird, was bei Joh als Prophetie gemeint ist, nicht einmal als solche anerkannt. So sagt Theodor zu Joh 2,17 (Zitat aus Ps 69,10): «Dies war zwar in der Prophetie nicht von ihm gesagt, aber passend zitiert, da er den Tempel reinigte.» (Vosté, 42) Beispiele für Typologie sind selten; Joh 3,14 wird nichts weiter als paraphrasiert (Vosté,51), weil nun einmal der Text eine Typologie enthält. Andere typologische Stellen, in der Leidensgeschichte, werden sogar schlicht übergangen. Das entspricht ganz der Abneigung, die Theodor bereits in der Exegese der Prophetenbücher gegen diese Betrachtungsweise gezeigt hatte.

In einer Hinsicht ist Theodor stark zeitgebunden: die Gegner Jesu, die bei Joh mit einer symbolisch gemeinten Bezeichnung «Juden» genannt werden, identifiziert er mit den Juden schlechthin, indem er die Bezeichnung wörtlich auffaßt. Offensichtlich hängt das nicht nur mit seiner auf den Wortsinn gerichteten Auslegungsweise zusammen, sondern auch mit den anhaltenden Spannungen, die das Verhältnis der beiden Glaubensgemeinschaften weiterhin bestimmten.

Seine christologischen Aussagen waren es vor allem, die zu der postumen Verurteilung Theodors auf dem Konzil von Konstantinopel 553 führten. In der Entwicklung des christlichen Dogmas ist der christologische Dualismus der Antiochener sicherlich eine überwundene Stufe. Die alexandrinische Sicht, die von einem gegenseitigen Austausch göttlichen und menschlichen Wesens in der Person Christi (communicatio idiomatum) spricht und dadurch deren Einheit wahrte, hat sich durchgesetzt. Es ist ein Glücksfall, daß die syrische Überlieferung (neben den griechischen Fragmenten) uns in seinem Johanniskommentar trotzdem eine so aufschlußreiche Probe seines exegetischen Bemühens in die Gegenwart hinüberrettete. Er bleibt einer der bedeutendsten Ausleger unter den griechischen Kirchenvätern, für den man sich heute wieder viel stärker interessiert.

2. Der tiefere Sinn ist entscheidend: Didymus der Blinde

Es war mitten im zweiten Weltkrieg. In einer Felswand bei Tura, etwa zehn Kilometer südlich von Kairo, waren ägyptische Arbeiter dabei, den Platz für ein geplantes Munitionsdepot vorzubereiten, als sie beim Aufräumen einer der durch antike Steinbrüche entstandenen großen Höhlen unter Schutt auf einen Haufen aufgestapelter Papyrusseiten stießen. Sie stammten aus ursprünglich gebundenen, jetzt aber aufgeschnittenen Büchern (Codices) mit griechischen Handschriften aus dem 6. Jahrhundert. Ehe Fachleute aus dem Ägyptischen Museum herbeieilen konnten, hatten die Arbeiter den Schatz beiseitegeschafft und verkauften die Manuskripte paket- und blattweise an Interessenten. Kein Wunder, wenn man an ihren Wert im Vergleich mit dem kargen Tagelohn eines ägyptischen

Arbeiters denkt! Doch gelang es, von den ursprünglich über 2000 Blättern den größten Teil für das Ägyptische Museum zusammenzukaufen. Auch was anderorts verstreut auftauchte, konnte der Forschung zugänglich gemacht werden. Bis heute fehlen aber etwa 200 Blätter. Da direkt oberhalb der Höhle die Ruinen des vom 4. bis etwa 15.Jahrhundert von griechischen Mönchen bewohnten Arsenios-Klosters liegen, ist die einfachste Erklärung, daß die Schriften von dort stammen und zu einer uns unbekannten Zeit in den Höhlen versteckt wurden. Die näheren Umstände sind ungewiß; verschiedene darüber geäußerte Vermutungen helfen nicht weiter.

Wichtiger ist der Inhalt der Manuskripte. Es handelt sich in der Tat um einen der umfangreichsten und sensationellsten Papyrusfunde. Neben einigen bis dahin unbekannten oder verschollenen Schriften des Origenes enthalten sie vor allem zahlreiche Kommentare des bedeutendsten Nachfolgers dieses Meisters als Leiter der (um 180 gegründeten) alexandrinischen Katechetenschule, Didymus des Blinden (ca. 313–398). Von dessen Schriften war bis dahin nur wenig bekannt, da sein literarisches Erbe dem gleichen Schicksal zum Opfer gefallen war, wie es auch Origenes und Theodor von Mopsuestia ereilt hatte: Da Didymus sich offen als Anhänger des Origenes bekannt und dessen als häretisch verdammte Lehren von der Präexistenz der Seelen und der «Wiederbringung aller» im endzeitlichen Gericht übernommen hatte, war er trotz seiner sonst orthodoxen Haltung im Jahre 553 endgültig als Ketzer verurteilt und seine Schriften weitgehend vernichtet worden. Jetzt, wo die wichtigsten seiner Kommentare wiederaufgetaucht und nach und nach durch wissenschaftliche Ausgaben der Forschung zugänglich gemacht worden sind, versteht man, daß Didymus zu Lebzeiten als einer der bedeutendsten Bibelausleger galt, dessen Vorlesungen von zahlreichen Schülern frequentiert wurden und auch den Besuch bekannter Theologen von weither anlockten: so kamen Hieronymus mit seiner geistlichen Gefährtin Paula, aber auch Rufin, Palladius und Ambrosius mit vielen anderen, um seine Vorträge zu hören.

Der Lebenslauf Didymus' verlief äußerlich eher monoton. Geboren in Alexandria und schon seit dem vierten oder fünften Lebensjahr erblindet, schloß er sich vermutlich früh den Anachoreten an, den Mönchen und Einsiedlern, die vor den Toren der Stadt in Höhlen und Klöstern in der Wüste hausten. Daß er Frau und Kinder gehabt hätte, ist nicht bekannt. Wir wissen wenig über seine persönlichen Schicksale. Trotz seiner Blindheit hatte er sich eine umfassende Bildung im hellenistischen Sinne und vor allem eine genaue Bibelkenntnis erworben. In der Einsamkeit konnte er sich offenbar den wechselvollen theologischen und kirchenpolitischen Kämpfen entziehen, die in der Stadt tobten und den Patriarchen Athanasius, den Führer der orthodoxen Partei, mehrfach ins Exil trieben. Obwohl sich Didymus an der Polemik gegen Arianer und andere Häretiker beteiligte, wissen wir nichts von persönlichen Verfolgungen gegen ihn. Wir dürfen uns die Zurückgezogenheit in der Wüste aber auch nicht zu groß vorstellen: offenbar verfügte Didymus in seiner Zelle sowohl über Vorleser, die ihm aus der Bibel und anderen Schriften vortrugen, wie auch über Stenographen, denen er seine eigenen Werke diktieren konnte. Im übrigen half ihm sein umfassendes Gedächtnis: die Bibel und manches andere kannte er früh auswendig und konnte daraus im jeweils passenden Zusammenhang zitieren.

Durch die Funde von Tura ist uns die exegetische Hinterlassenschaft Didymus' in zwei sehr unterschiedlichen Formen bekanntgeworden, die man eigentlich nicht mit gleichem Recht Kommentare nennen kann. Als Bücher zur Veröffentlichung bestimmt und von Didymus selbst konzipiert sind nur die Kommentare über Sach und Gen (1. Mosebuch) sowie der Hiobkommentar. Dagegen sind die Auslegungen der Psalmen und des Predigers (Koh) in Wirklichkeit Vorlesungsnachschriften, die aus der reichen Lehrtätigkeit Didymus' stammen und von Teilnehmern oder vielleicht Berufsstenographen aufgezeichnet wurden. Dadurch, daß sie auch von den Hörern gestellte Fragen enthalten, auf die Didymus jeweils antwortet, vermitteln sie einen ungewöhnlich unmittelbaren Eindruck von dessen Bibelvorlesungen, die ihn weithin berühmt gemacht hatten. Die Bibelvorlesungen waren offenbar schulmäßig aufgezogen nach Art der Vorträge über klassische Autoren in den hellenistischen Grammatik- und Rhetorikschulen; sie fanden wohl in einem Vortragssaal statt, in dem eine größere Hörerzahl zusammenkommen konnte. Im Gegensatz zum Museum, der Universität, an der heidnische Philosophie gelehrt wurde, hatte die Katechetenschule anscheinend kein eigenes Gebäude. Trotzdem war auch in einer christlichen Akademie wie der von Didymus geleiteten das persönliche Verhältnis zwischen Lehrer und Schüler eng.

In seiner Bibelauslegung führte Didymus die von Origenes begründete Auslegungstradition der alexandrinischen Schule in dessen Geiste fort. Didymus verehrte Origenes von ganzem Herzen, folgte dessen theologischen Grundsätzen und Auslegungsprinzipien und entwickelte sie systematisch weiter. Allerdings ist er von ihm keineswegs sklavisch abhängig, sondern vertritt auch eigene Positionen. Das bringt schon seine lebhafte Teilnahme an den theologischen Kontroversen seiner Gegenwart mit sich.

Da seine Kommentare erst in jüngster Zeit gedruckt wurden, sind sie in der Forschung noch vielfach Neuland. Lediglich der Sach-Kommentar und der Psalmenkommentar fanden schon etwas breitere Aufmerksamkeit. Dabei ging es zunächst um die Klärung der Begrifflichkeit, in der Didymus seine Auslegungsgrundsätze formuliert, die ihm als methodisches Gerüst für sein Verständnis dienen. Den Lesern, die schon Origenes in seiner Auslegung gefolgt sind, wird vieles davon vertraut vorkommen.

Auch Didymus geht zu allererst von dem Text der Bibel aus; der Wortlaut ist Grundlage allen daraus abzuleitenden Sinnes. Deshalb ist er bemüht, als ersten Schritt seiner mehrstufigen Auslegung jeweils eine Erklärung des Wortlautes der betreffenden Stelle zu bieten. «Nach dem Gesagten» ist dafür eine häufig wiederkehrende Formel, wofür auch «nach dem Vorliegenden» stehen kann, woran zu erkennen ist, daß es Didymus hier um den schriftlich vorliegenden Text zu tun ist. Nicht selten besteht diese wörtliche Auslegung in nichts weiter als einer etwas ausführlicheren, paraphrasierenden Wiedergabe des Wortlautes, besonders an schwierigen Stellen, ohne daß diese dadurch allerdings in jedem Fall verständlicher werden. Außerdem bezieht sich der Wortlaut eines Textes zunächst auf Fakten und Ereignisse im Rahmen der inneralttestamentlichen Geschichte; «nach der Historie» ist die von Didymus dafür verwendete Formel. Obwohl er sich um beides durchaus sorgfältig bemüht, sind wörtliches Verständnis und Historie doch nur Vorstufen für die eigentliche Auslegung, die sich auf den tieferen Sinn («nach der Anagoge») des Textes bezieht. Ihn gewinnt Didymus durch die Anwendung der «allegorischen» Methode, die hinter dem Wortlaut eine übertragene Bedeutung ermittelt. Als Anhänger der alexandrinischen Schultradition und in Nachfolge des Origenes ist er der Meinung, daß ein tieferer Sinn hinter jedem Bibelwort anzunehmen ist.

Besonders konsequent und in den aufeinanderfolgenden Schritten schematisch ist diese Auslegungsweise im Kommentar zur Genesis durchgeführt. Dieser Kommentar ist uns zwar nur fragmentarisch (von Gen 1–17) und besonders am Anfang und Ende beschädigt und lückenhaft erhalten, in seinen wesentlichen Abschnitten durch die Bemühungen der Herausgeber in der gedruckten Ausgabe aber jetzt leicht zugänglich und lesbar geworden. Um die angewandte Methode kennenzulernen, können wir fast beliebige Abschnitte herausgreifen.

Nehmen wir die Auslegung von 1. Mose (Gen) 4,1–2, der einleitenden Verse der Erzählung von Kain und Abel. Hier bemüht sich Didymus zuerst um die Deutung des Wortsinnes. So erklärt er, indem er verschiedene Parallelstellen (1.Sam 1,19; Gen 24,16; Luk 1,34) heranzieht, das Wort «erkennen» in dem Satz «Adam erkannte Eva, seine Frau» als einen Begriff für den geschlechtlichen Verkehr, «empfangen» in der folgenden Aussage «Und sie empfing und gebar den Kain» als durch menschlichen Samen geschehen. Wenn aber Eva darauf – im hebräischen Urtext in einem Wortspiel zu dem Namen Kain – erklärt: «Ich habe einen Mann erworben durch Gott», wird damit nicht geleugnet, daß Adam und Eva die leiblichen Eltern sind, sondern Eva will sagen, daß alles so von Gott geordnet und gelenkt sei. Hierzu verweist Didymus auf die Parallele Gen 40,8, wo Joseph die gleiche Wendung «durch Gott» verwende anstelle des eigentlich gemeinten «von Gott her». Zu dem anschließenden Satz: «Danach gebar sie Abel, den Bruder Kains» verweist Didymus auf eine – uns nicht erhaltene – Behauptung Philos, Kain und Abel seien Zwillinge gewesen. Das Urteil darüber überläßt er dem Leser, «da es auch möglich ist, daß sie getrennt, zu verschiedenen Zeitpunkten geboren wurden». Diese Auffassung werde auch durch das «Buch des Bundes» (offenbar eine apokryphe jüdische Schrift, die Didymus mehrfach zitiert) gestützt, in der man sogar nachlesen könne, wie groß der Altersunterschied zwischen den Brüdern gewesen sei.

Nach diesen Ausführungen über den Wortsinn geht Didymus zur übertragenen Bedeutung über: «Was alles nun Philo darüber in allegorischer Weise gesagt hat, wird der Gebildete wissen; dennoch muß darüber nach dem Maß des Möglichen gesprochen werden.» Auch wenn er den Namen Philos nicht häufig nennt, setzt Didymus die Kenntnis von dessen Werken (hier von Philos Schrift «De sacrificiis Abelis et Caini») bei seinen Lesern voraus, und seine allegorische Methode hält er für unverzichtbar. Dann ergibt sich als tieferes Verständnis der Erzählung von der Geburt der beiden Brüder: «Die Seele, wenn sie in Irrtum und Sünde fällt, bringt schlechte Nachkommenschaft hervor, wenn aber der Verstand (nus) wieder nüchtern geworden ist und eine Bekehrung hat, dann beginnt sie jene zu verwerfen und die Einführung in die Tugend zu gebären, was zu loben ist. In Kürze, indem sie an Wachstum zunimmt, kommt sie eines Tages zum Vollkommenen.» Was Didymus hier bemerkt, ist nichts anderes, als was bereits Philo gesagt hatte. Auch der Gedanke des moralischen Fortschritts entspricht dessen ethisch ausgerichteter Philosophie.

Auch der im Text folgenden Berufsangabe für die beiden Brüder und der Reihenfolge, in der die beiden Berufe genannt werden, weiß Didymus einen bedeutsamen Sinn abzugewinnen. «Im Hinblick auf die Historie» ist die gegenüber der Reihenfolge der Geburt der Brüder umgekehrte vorangestellte Erwähnung des Berufs eines Hirten für Abel wichtig, denn «Abels (Beruf) war feiner und ehrenhafter als der, um den Kain sich mühte. Denn die beseelten Geschöpfe unterscheiden sich von den unbeseelten im Hinblick auf ihre Natur. Philo hat recht zu sagen, daß diejenigen, die den Befehl über andere und über sich selbst übernehmen wollen, in der Hirtenkunst geübt sein müssen». Hier findet man einen fließenden Übergang von der historischen zur allegorischen Deutung; die erstere ist nur wichtig, weil man aus ihr die andere, tiefere gewinnen kann, auf die es Didymus allein ankommt.

In der Regel beruft sich Didymus nicht ausdrücklich auf Philo, aber dessen Methodik steht auch dann im Hintergrund, wenn er das nicht tut.

Andererseits sieht er durchaus auch im Wortsinn eine wichtige Verständnisebene für die Schrift. Nur selten verzichtet er ganz auf eine wörtliche Deutung, wenn ein historischer Sinn überhaupt nicht vorzuliegen scheint, wie zu Sach 14,8–9a (378,12–13 – das bezieht sich nur auf diese Stelle!). Das kommt beispielsweise in der Erklärung der Erzählung von Sara und Hagar, 1. Mose (Gen) 16, zum Ausdruck, die durch den typologischen Gebrauch, den Paulus in Gal 4,22–26 von den beiden Gestalten Sara und Hagar gemacht hatte, bereits vom Neuen Testament her eine übertragene Auslegungstradition hinter sich hatte. Bei seiner Auslegung von Gen 16,1–2 erinnert Didymus sofort an Paulus, mag sich aber nicht mit dessen Deutung begnügen: «Der Apostel hat nach der Regel der Allegorie die tiefere Bedeutung dieser beiden Frauen in den zwei Bünden (Testamenten) gesehen. Da aber auch das im Wortsinn Enthaltene geschehen ist, ist auch dieses wert, betrachtet zu werden.» Dann erläutert Didymus, daß die «Heiligen» (des Alten Bundes) nicht des Vergnügens wegen heirateten, sondern im Hinblick auf Kinder, daß sie deshalb mit ihren Frauen auch nicht verkehrt hätten, wenn diese nährten, ihr Kind ernährten oder schwanger waren. Daraus ergibt sich ein lobenswertes Verhalten der Sara: Als diese merkte, daß sie keine Kinder bekommen könne, habe sie sich des Verkehrs mit ihrem Mann Abraham enthalten – im Text steht nichts davon – und ihm statt dessen Hagar als Nebenfrau gegeben. «Das zeigt zusammen Enthaltsamkeit und Mangel an Eifersucht bei Sara und Leidenschaftslosigkeit (ein stoisches Ideal!) bei Abraham, der diese Lösung nur auf Initiative seiner Frau und nicht auf eigenen Antrieb akzeptierte und nur nachgab, um Kinder zur Welt zu bringen.»

Didymus schließt diese Betrachtungen, indem er bemerkt: «Auch der Wortlaut ist also nützlich nach dem, was wir überlegt haben.» Im Hinblick auf mögliche tiefere Bedeutungen erinnert er an die Verwendung der Stelle bei Paulus, nennt aber auch Philos Auffassung, der in Sara die vollkommene Tugend und die Philosophie gesehen habe, da sie eine freie Frau gewesen sei (vgl. bes. *De congressu eruditionis gratia* 1–9), die mit ihrem Mann nach den Gesetzen gelebt habe. «Nun wohnt auch die Tugend mit dem Weisen zusammen nach den Gesetzen, auf daß er göttliche Nachkommenschaft aus ihr hervorbringe.» Hagar bezeichne nach Philo die Vorübungen, nach Paulus den Schatten.

Dieses Miteinander von Paulus und Philo ist recht bezeichnend, läßt es uns doch einen Blick tun in die geistige Verfassung des alexandrinischen Theologen, in dessen Denken die griechische Philosophie mit ihrer ethisierenden Allegoristik eine fast ebensogroße Rolle zu spielen scheint wie Paulus und das Neue Testament. Die umgebende, in ihren Grundlagen noch immer heidnische Kultur hatte auf diese Form des Christentums und sein Bibelverständnis einen nicht zu unterschätzenden Einfluß. Wie schon zu Zeiten Philos, war die – im Museum gelehrte – hellenistische Philosophie vorwiegend neuplatonischer Prägung noch im gesamten 4. Jahrhundert die Erziehungsgrundlage auch für gebildete Christen.

Dennoch fühlt sich Didymus durchaus als Theologe. Das wird z.B. deutlich in der Einleitung zu Buch III seines Sacharjakommentars (182,8–26), in der er die geistliche Schriftauslegung beschreibt. Danach ist Gott allein der Geber aller im Bibelwort enthaltenen Wahrheit: «Gott, der nicht täuscht, der Quelle und Vater der Wahrheit ist, hört niemals auf, die zu erziehen und zu lehren, welche sich entschlossen dazu bereitmachen, den Gaben des Heiligen Geistes Raum zu geben. So gibt er ohne Zögern ein Wort der Weisheit und ein Wort der Erkenntnis denen, die es annehmen wollen.» Als Schriftbelege dafür nennt Didymus Jak 1,5–6; Spr 2,6; Ps 94(93),12 und Joh 13,15. Charakteristisch für diese Auswahl und für den Inhalt der dadurch bezeichneten Wahrheit ist, daß Didymus diese als Lehre und ihre Wirkung als Erziehung auffaßt, die zur Erkenntnis führt. Diese kann man jedoch, wie er fortfährt, nur durch Gebet erlangen.

Mit der ethischen Orientierung der Theologie und Frömmigkeit bei Didymus hängt es zusammen, daß ihn u.a. das Hiobbuch besonders interessiert. Der Kommentar zu diesem biblischen Buch wurde ebenfalls in Tura gefunden. Im Vergleich mit anderen Kommentaren, die als Nachschriften von Hörern in oft abruptem Stil verfaßt sind, stellt sich der Hiobkommentar mit seinem eleganten Griechisch von vornherein als literarisches Werk dar. Der Kommentar beginnt dementsprechend auch mit einer grundsätzlichen Überlegung (Hypothese), in der Didymus auf die wesentlichen Inhalte des Hiobbuches eingeht (1,1–8,13). Als wichtigste Punkte nennt er gleich am Anfang, Hiob bringe darin vor, «alles, was sich auf die Urteile Gottes bezieht, und wie nichts von den Übeln, die den Menschen begegnen, ohne Gottes Einwilligung geschieht ... und über das Erdulden und die Verachtung der unwesentlichen Dinge (Adiaphora) dazu das Aufzeigen der (menschlichen) Entscheidungsfreiheit und Belehrung über die verschiedenen Dogmen.» (1,8–20) Die Frage der Rechtfertigung Gottes für sein Handeln (Theodizee) angesichts einer von Übeln durchzogenen Welt ist schon ein durchtragendes Thema des biblischen Hiobbuches. Die Theodizee beschäftigte als philosophisches Problem aber auch die Stoa. Didymus greift stoische Antworten zu dem Problem auf, wenn er (93,25–30; zu Hi 4,1) feststellt: «Es gibt fraglos zwei Gründe für die traurigen Dinge, die den Menschen befallen, der eine die Bestrafung von Sünden, der andere die Standhaftigkeit und die Bewährung der Bedrängten.» Neuplatonisch ist die damit verbundene Theorie von einer zweifachen Art der Einkörperung der Seele: einer erzwungenen, die ihrer Bestrafung dient, und einer freiwilligen, welche der Rettung anderer Seelen dient. Auch sie wird von Didymus übernommen (56,20–28): «Die Seele des Menschen, die unsterblich ist, und nicht nur ein anderes Wesen als der Körper hat, sondern auch ein göttlicheres, wurde mit diesem auf verschiedene Weise verknüpft, entweder indem sie aus eigener Neigung und Sehnsucht den Körper einer Gemeinschaft gewürdigt hat, oder indem sie zum Nutzen derer, die Hilfe brauchen, mit diesem verknüpft wurde.» Hellenistisches Denken verschiedener Herkunft, deren Unterschiede ihm vermutlich gar nicht bekannt waren, sondern die er als popular-philosophische Weltanschauung voraussetzte, fließt ihm in seine Bibelauslegung ein. Der Gedanke der Präexistenz der Seele, den Didymus auch von Origenes übernahm, einer der Gründe für seine spätere Verdammung als Ketzer, wird an dieser Stelle am deutlichsten formuliert.

Die Gestalt des Hiob als «Vorbild in der Standhaftigkeit» (58,28) den Lesern vor Augen zu stellen, «damit er (Gott) den Menschen ein Vorbild und Ziel aufrichte, auf das sie schauen und das sie nachahmen könnten» (275,2–5; vgl. 212,9–11), wird Didymus dadurch ermutigt, daß Aussagen wie Hi 1,1; 13,8 und vor allem 40,8, wo die Septuagintafassung, abweichend vom hebräischen Text, Gott selbst erklären läßt: «Glaubst du, daß ich mich deiner zu einem anderen Zwecke bedient habe, als daß du als gerecht erscheinst?", den Helden des Buches als vorbildlichen Gerechten hinzustellen scheinen (vgl. 35,27; 56,9; 286,26; 364,13). Die Schrift wird verstanden als eine Quelle «göttlicher Erziehung» (107,33; 276,8; vgl. auch Sach-Kommentar 179,15; 212,9; 307,12; 350,9). Dabei wird freilich die Spannung zwischen Rahmenhandlung und Dialogteil des Hiobbuches verkannt und damit die eigentliche Absicht, die nach moderner wissenschaftlicher Erkenntnis das Buch in seiner Endform verfolgt: das Scheitern allen weisheitlichen Verrechnenwollens zwischen Tun und Ergehen eines Menschen angesichts der Unbegreiflichkeit göttlichen Handelns aufzuzeigen. Didymus hat demgegenüber ein optimistisches Gottes- und Menschenbild: Gott als Schöpfer ist gut, und wenn auch alle Menschen als Folge der Erbsünde, wie er häufig betont, mit den wenigen Ausnahmen der «Heiligen», die schon sündlos auf Erden kamen, mit Schuld beladen sind, können sie doch durch Erziehung und Bewährung den Weg zum Guten finden. Gegen die Manichäer, die von einem Prinzip des Bösen ausgingen, das dem Prinzip des Guten dualistisch gegenübergestellt wird, ist auch der Teufel nicht als Teufel von Gott geschaffen, sondern ursprünglich gut, ein abgefallener Engel, der aus Neid die Erben des himmlischen Bürgerrechts von diesem abzubringen sucht. Doch kann der Tugendhafte ihm mit Erfolg widerstehen (2,8–4,30). Das Böse ist – nach einem platonischen Denkmuster – nicht ein Sein an sich, sondern besteht nur in Mangel am Guten.

Nun ist es nicht unsere Absicht, eine Abhandlung über die dogmatischen Lehren des Didymus zu schreiben, sondern uns mit der Art seiner

Bibelauslegung zu beschäftigen. Auch diese kann in einem kurzen Kapitel nicht umfassend, sondern nur an einigen Beispielen belegt werden. Unbedingt nötig ist es aber noch, einen Blick auf den Psalmenkommentar zu werfen, weil dieser sich von den übrigen Kommentaren erheblich unterscheidet. Auf seinen Charakter als Vorlesungsnachschrift haben wir schon hingewiesen. Das bedingt einen anderen – weniger kunstvollen, aber persönlichen und mündlicher Rede entsprechenden – Stil. Wir gewinnen – nicht zuletzt durch die mit in den Text aufgenommenen Zwischenfragen der Hörer, auf die der Lehrer sofort antwortet – einen lebendigen Eindruck von der Vorlesungsstätigkeit des berühmten theologischen Lehrers. In der Methodik unterscheidet sich der Psalmenkommentar – der uns leider nur als Fragment (mit der Auslegung der Psalmen 20–44, nach der Septuaginta-Zählung) erhalten ist – nicht von den übrigen Kommentaren. Auch hier finden wir die Aufteilung zwischen dem Wortsinn und dem tieferen Sinn, dem das Hauptinteresse des Auslegers gilt. Doch gibt er sich große Mühe, auch dem Wortsinn gerecht zu werden. So bemüht er sich zu Ps 39 (40),7 um die Wendung, die er in einigen Septuaginta-Handschriften liest: «Einen Leib hast du mir geschaffen», und bemerkt dazu: «In anderen (Handschriften) steht: ‹Ohren aber hast du mir geschaffen.›» (285,13) Bei einem Ausleger (den er wie üblich nicht nennt) hat er gefunden: «Die Ohren hast du mir durchstochen» (285,18). Zu jeder dieser Fassungen hat er eine mögliche Deutung aus dem Zusammenhang des Psalms heraus gegeben. Darauf fragt einer der Hörer: «Wie verstehen wir es bei Jesus?» Antwort: «Ich sagte, daß die allegorischen Deutungen nicht glatt in den ursprünglichen Bedeutungen aufgehen.» (285,19f.) Anschließend wird dann eine eher direkte Übertragung der Psalmenaussage auf Jesus vorgebracht: «Ich sagte dir, daß die Seele Jesu nicht ein unwandelbares Wesen ist. Sie ist den anderen Seelen wesensgleich, und alles, was sie an Gutem hat, hat sie vom Gott Logos (dem in Jesus Fleisch gewordenen Wort, vgl. Joh 1,14). Da sie nun auch das Gut-Hören hat, hat sie es von dem Heiland (dem Wort).» (285,21f.) Diese Aussage ist zugleich ein Beleg für die eigentümliche Christologie Didymus', auf die wir noch eingehen werden.

Besonders häufig beschäftigt sich Didymus im Psalmenkommentar mit einzelnen Wortbedeutungen. Beispiel: In Ps 24 (25),17 heißt es: «Die Bedrängnisse meines Herzens sind weit geworden.» Hierzu bemerkt Didymus zunächst: «Nicht bei jedem, sage ich, werden die Bedrängnisse weit, sondern (nur) bei dem, der sie tapfer trägt.» Als Beleg dieser Deutung dient die Aussage des Paulus in 2.Kor 4,8: «Wir stehen in jeder Bedrängnis, aber nicht in auswegloser Enge.» «Diejenigen, welche die Sprache der Hebräer verstehen, sagen, daß der Ausdruck ‹in auswegloser Enge stehen›, wenn er neben ‹Bedrängnis› vorkommt, folgendes bedeutet: vorsätzlich bedrängt werden, in die Enge geraten, weil man die

Bedrängnisse nicht tapfer trägt.» (Beispiele: Hi 1,21; Apg 5,41) «Aber auch im Bereich der sichtbaren (weltlichen) Dinge (ist es so): Wer in Erwartung eines Kranzes kämpft und ihn vor Augen liegen sieht, erträgt die Schläge tapfer, freut sich, daß er, obwohl er geschlagen wird, nicht nachgibt. Wenn also das Wort ‹Bedrängnis› mit ‹auswegloser Enge› verbunden ist, bedeutet es, daß man im Geist nicht bedrängt ist, sondern es tapfer erträgt. Wenn in der Schrift jedes von ihnen gesondert steht, bedeuten ‹Bedrängnis› und ‹ausweglose Enge› dasselbe.» (Beispiel: Jes 30,6). (87,17–29)

Aber auch grammatische Fragen, solche des Kontextes, der Zeichensetzung sind Didymus für das Verständnis des Wortsinnes wichtig. Obwohl der Bezug auf die (biblische)Geschichte in den Psalmen nicht so häufig ist, kann auch diese eine Rolle spielen, wie zu Ps 34(35),13: «Ich erniedrigte meine Seele mit Fasten», wozu Didymus bemerkt, daß Fasten auch, wo es geschichtlich vorgekommen sei, wie das Fasten der Niniviten (Jon 3,5 ff.) oder der Juden (Esth 4,16), viel erreicht habe: daß Ninive vor der Zerstörung bewahrt und die Juden vor Haman gerettet worden seien (213,1–4).

Vor allem aber die Häufigkeit, mit der Didymus die Psalmen christologisch auslegt, unterscheidet seinen Kommentar über die Psalmen von denen über andere biblische Bücher. Damit folgt er freilich ebenfalls einer schon seit langem bestehenden christlichen Auslegungstradition. Für das christliche Verständnis des Alten Testaments hatte der Psalter von jeher eine besondere Rolle gespielt. Waren es im Neuen Testament vor allem die messianischen Psalmen, wie Ps 2 und 110, die in ihrem unmittelbaren Bezug auf Christus gedeutet wurden und deshalb besondere Beachtung fanden, aber auch ein Psalm wie Ps 22, dessen Anwendung auf sein Leiden vermutlich auf Jesus selbst zurückging (Mk 15,34/ Matth 27,46), hatte sich die Auslegungsbasis bereits im 2. Jahrhundert erheblich verbreitert. Dabei hatten sich vor allem zwei christologische Deutungsmöglichkeiten entwickelt: Die erste, indem man den «Herrn», an den sich in der Septuagintafassung des Psalters zahlreiche Psalmen richten, im Rahmen eines trinitarischen Grundverständnisses mit Christus gleichsetzte; die andere, indem man die Aussagen des Beters in den Psalmen – als deren Verfasser allgemein David angesehen wurde – typologisch auf Jesus Christus bezog. Diese «Christologie von unten» fand bei Didymus im Rahmen seines speziellen christologischen Ansatzes in der Psalmendeutung einen breiten Raum. Er entfaltet sie auch in der Abwehr konkurrierender christologischer Auffassungen, die er als Irrlehren bekämpft, vor allem der Arianer auf der einen, der Apollinarier auf der anderen Seite.

Für die Christologie, wie sie in Alexandrien im allgemeinen vertreten wurde, war der Ausgang von Joh 1,14 «Das Wort (der Logos) ward

Fleisch» charakteristisch, und zwar in einer neuplatonisch geprägten Deutung. Das Problem, vor dem alle Christologie steht, ist das Verhältnis zwischen dem in Nicäa in der Formel «wahrer Gott von wahrem Gott» ausgedrückten Bekenntnis, das den Sohn innerhalb der Dreieinigkeit dem Vater zuordnet, und dem Menschsein Jesu, an dem die Realität des Kreuzesgeschehens hängt. Athanasius (um 295–373) formulierte seine Christologie gegen die Arianer von Joh 1,14 und Phil 2,6f. her als Annahme des Menschen Jesus durch den präexistenten Logos. Diese Definition ließ aber vieles an der Bestimmung des Menschseins Jesu offen. Apollinaris von Laodicea (ca. 315–vor 392) war einen Schritt weitergegangen: auch er hatte von der Fleischwerdung des Logos gesprochen, aber an der Göttlichkeit des Logos festgehalten («der fleischgewordene Gott») und dabei die eine Natur Christi betont, so daß dieser nicht als voller Mensch, mit menschlicher Vernunft ausgestattet, betrachtet werden kann.

Gegen diese apollinaristische Theorie, ebenso aber auch gegen die Arianer, die Jesus Christus als geschaffen ansahen, aber das Leiden Christi dem, wenn auch geschaffenen, Logos zuschrieben, richtet sich Didymus in seiner Lehre von der menschlichen Seele Christi. Gegen die Doketisten, die einen Scheinleib annahmen, betont er die Realität der Menschwerdung. Diese wiederum ist nötig, damit auch das Kreuz real ist: Zu Ps 23(24),10 «Wer ist dieser König der Herrlichkeit» führt er die Meinung «gewisser Leute» an, die «den Herrn der Herrlichkeit, der gekreuzigt worden ist» (1.Kor 2,9), als den «Gott Logos» verstehen, und zitiert dazu einen (sonst unbekannten) Syllogismus des Apollinaris: «Christus ist der König der Herrlichkeit. Christus ist aber gekreuzigt worden. Also ist der König der Herrlichkeit gekreuzigt worden.» Dazu bemerkt Didymus: «Und diese Leute phantasieren. Das Kreuz ist eine Realität; es ist nämlich das Festnageln eines Körpers: ‹Sie haben mir Hände und Füße durchbohrt› (Ps 21[22],17). Wer behauptet, daß der Gott Logos, der unkörperlich ist, gekreuzigt worden sei, allegorisiert das Kreuz. Wenn aber das Kreuz allegorisiert wird, muß auch die Auferstehung allegorisiert werden. Wenn aber die Auferstehung allegorisiert wird, ist alles, was geschehen ist, wie ein Traum». (73,9–21) Zu der vollen Menschlichkeit Jesu gehört aber auch eine im vollen Sinne menschliche Seele, die zu menschlichem Fühlen und Denken fähig ist. Wir zitierten schon den Psalmenkommentar zu Ps 39(40),7 (285,21f.), in dem Didymus betont, daß die Seele Jesu der Seele aller Menschen gleich sei. Dasselbe betont er auch zu Ps 36(37),11 unter Hinweis auf Matth 11,29 «Ich bin sanftmütig und von Herzen demütig»: «In allen Schriften des Alten und Neuen Testaments wird von ‹Herz› für ‹Verstand› (nus) gesprochen.» (Verweis auf Jes 46,12 und Ez 11,19) «Wenn er also ein Herz hat und dieses Tugend hat – denn er ist sanftmütig von Herzen und demütig –, hat er einen vollkommenen Menschen angenommen.» Als menschliche Seele ist die Seele Jesu nicht unveränderlich wie die Gottheit. Die Fleischwerdung ist «Verwandlung», wie Didymus in ausführlicher Exegese dieses Stichwortes in Ps 33(34),2 – unter Voraussetzung der Gleichung David – Jesus – ausführt (184,31 ff.). Das bedeutet auch die Fähigkeit zu echt menschlichen Gefühlen wie Furcht und Angst. Didymus führt dazu an acht Stellen des Kommentars (zu Ps 21[22],15c: 33,28; zu Ps 21[22],21: 43,18; zu Ps 34[35],17c: 221,33; zu Ps 36[37],24a: 252,33; zu Ps 37[38],6: 263,11; zu Ps 38 [39],12c: 279,26; zu Ps 39 [40],2b: 282,3; zu Ps 40 [41],6: 293,4.6.10) den Begriff «Propathie» ein: das Vorstadium eines Affekts, dem zu erliegen einen echten seelischen Zusammenbruch bedeuten würde (vgl. bes. 252,26–35). Daß Jesus in der Anfechtung (Mk 14,33=Mt 26,37: 43,20; 222,10; 293,7) zusammengebrochen sei, ist undenkbar, denn dann wäre er in Sünde gefallen. Er ist aber nach Hebr 4,15 «versucht allenthalben gleich wie wir, doch ohne Sünde». An diesem letzten Punkt festzuhalten, ist Didymus entscheidend wichtig (vgl. dazu bes. zu Ps 34 [35],17c: 221, 11 ff., wo wir auch eine ausführliche Diskussion des Problems mit den Hörern erleben). Die Menschlichkeit Jesu erlaubt es dem Interpreten, zahlreiche Aussagen in den individuellen Psalmen auf Jesus Christus zu beziehen oder doch mindestens diese Möglichkeit neben anderen zuzulassen. Zwar hält eine solche Betrachtungsweise nicht modernen Erkenntnissen über die ursprüngliche Bedeutung der Psalmen stand, aber unter den damaligen Verständnisbedingungen und Auslegungstraditionen erlaubt sie Didymus eine Christologie, die nicht nur wesentliche neutestamentliche Aussagen aufnimmt, sondern auch ein Verständnis Jesu als «wahrer Gott und wahrer Mensch» gewinnt, wie es auch von neueren Versuchen einer christologischen Definition kaum übertroffen wird.

Daß daneben in dem Kommentar auch Zahlensymbolik (so zur Zählung der Psalmen: 106,23 f.; zur einzelnen Zählung: 106,24 f. u. ö.) und andere Formen allegorischer Deutung eine Rolle spielen, kann nicht verwundern. Daß diese eine alleinige Herrschaft hat wie bei Origenes, wird jedoch durch das Interesse an der vollen Menschwerdung Christi bei Didymus vermieden. Hier scheint auch eine stärker aristotelische Anthropologie statt der neuplatonischen bei Origenes hineinzuspielen. Im philosophischen Synkretismus des hellenistischen Alexandria konnte einmal diese, einmal eine andere Richtung stärkeren Einfluß gewinnen. Häufig begegnet bei ihm auch eine ausgesprochen stoische Begrifflichkeit. Abschließend kann man sagen, daß es sich sehr wohl lohnt, sich mit einem Ausleger wie Didymus näher zu beschäftigen. In seinen wiedergefundenen Kommentaren hat sich eine bedeutende Quelle für die altkirchliche Exegese und Theologie erschlossen.

3. Eine Bibel für das Abendland: Hieronymus

Hieronymus – mit vollem Namen Eusebius Sophronius Hieronymus – wurde in dem Landstädtchen Stridon an der Grenze zwischen Dalmatien und Pannonien (heute Ungarn) geboren. Dessen genaue Lage ist nicht mehr feststellbar, da es in der Völkerwanderung vollständig zerstört wurde. Über das Geburtsjahr streiten sich die Gelehrten. Sich für 331 statt des meist vermuteten 347/48 zu entscheiden, empfiehlt sich vor allem, weil ihn der 354 geborene Augustinus in seinen Briefen als den sehr viel Älteren behandelt. Dann wäre er bei seinem Tode 420 fast neunzig Jahre alt gewesen. Die Familie war christlich und seit langem latinisiert. So war es für den anscheinend wohlhabenden Vater Eusebius offenbar selbstverständlich, seinen Sohn im passenden Alter (11–12 Jahre) in die bestmögliche Schule zu schicken, zu dem berühmten Schulmeister Aelius Donatus nach Rom. In dessen Grammatikschule verbrachte er zusammen mit seinem Jugendfreund aus Dalmatien, Bonosus, dem später vor allem als Übersetzer von Schriften des Origenes und anderer griechischer Theologen bedeutenden Rufinus und möglicherweise auch mit dem aus vornehmer römischer Familie stammenden Pammachius, der später sein treuester Verbündeter in Rom werden sollte, einige Jahre. Das Schulprogramm bestand nach hellenistischem Muster – nur, wie überall im Westen, in lateinischer Sprache – vor allem in Grammatik und Stilkunde, eingeübt an Texten der klassischen Autoren. Statt Homer waren es hier Vergil und Terenz, als Historiker Sallust, und vor allem Cicero, an deren stilistischem, historischem und philosophischem Vorbild man sich ausrichtete. Plautus, Horaz, der Epikuräer Lucrez u.a. kamen hinzu. Hier legte Hieronymus die Grundlagen zu seinen ausgezeichneten sprachlichen Fähigkeiten, die ihn später als einen der bedeutendsten Meister des lateinischen Stils bekannt machten. Etwa mit 15–16 Jahren pflegte man zur Rhetorenakademie zu wechseln. Dort lernte man vor allem öffentlich zu reden, als Vorbereitung für ein Amt in Politik und Verwaltung. Die dort erworbenen rhetorischen Fähigkeiten sind in Hiernonymus' späteren Schriften auf Schritt und Tritt zu spüren – auch wo sie uns etwa in beißender Polemik oder der Neigung zu maßloser Übertreibung wenig sympatisch berühren, ist der Rückschluß auf Hieronymus' Charakter nicht in jedem Fall berechtigt. Dagegen scheint Hieronymus über die antike Philosophie, die seinen Interessen weniger entsprach, nicht so gut unterrichtet gewesen zu sein.

Bemerkenswert ist, daß noch im 4. Jahrhundert eine heidnisch-rhetorische Schulbildung auch für Christen selbstverständlich war. Christliche Schulen wurden erst viel später gegründet. Wir sahen das gleiche für Antiochia gelten. Doch vergaß Hieronymus, auch wenn er die mancherlei weltlichen Vergnügungen, welche die Hauptstadt des Weltreiches bot, mit seinen Freunden reichlich genoß, nicht, daß er Christ war. Er berichtet, wie er sonntags mit christlichen Freunden die Katakomben besuchte, um den dort bestatteten Aposteln und frühchristlichen Märtyrern seine Verehrung zu erweisen. Vermutlich ließ er sich auch in dieser Zeit – wie damals üblich, als junger Mann – taufen. Doch war er auch Liebhaber klassischer Literatur und brachte eine erhebliche private Bibliothek zusammen. Selbst als er später (374) während einer lebensgefährlichen Erkrankung einen Traum hatte, in dem ihm der himmlische Richter vorwarf, er sei kein Anhänger Christi, sondern Ciceros (vgl. ep.22), mochte er sich von seinen Büchern nicht trennen. Wenn er sie danach für Jahre nicht mehr anrührte, waren ihm die heidnischen Schriftsteller und Poeten doch so vertraut, daß er zeitlebens mühelos aus dem Kopf aus ihnen zitierte.

Wir wissen sonst wenig über diese Periode; so ist auch unbekannt, wie lange Hieronymus die Rhetorenakademie besuchte. Für eine Weile ging er mit seinem Freund Bonosus nach Trier (ca.367), wahrscheinlich, um in der damaligen kaiserlichen Residenz die Beamtenlaufbahn anzustreben. Dort nahm sein Leben jedoch eine entscheidende Wendung: Er wurde vom mönchischen Ideal ergriffen, das damals gerade aus dem Osten nach Gallien und dem Westen vordrang. Die das «Leben des Antonius», des ägyptischen Einsiedlers (ca. 250–356), feiernde Schrift des Athanasius hatte viel zu dessen Propagierung beigetragen. Von da an war Hieronymus einer der fanatischsten Anhänger der asketischen Lebensweise, zu der er vor allem auch viele vornehme Damen bekehrte.

Von den folgenden Jahren ist ebenfalls nicht viel bekannt; Hieronymus nennt später u.a. Aufenthalte in Stridon und Aquileia. Dort fand sich eine Gruppe junger Leute zusammen, u.a. Rufinus, die sich dem Bibelstudium und der Askese widmen wollte. Doch die Gruppe hielt nicht lange zusammen. Hieronymus ging bald seiner Wege. Wohl schon 372 brach er in den Osten auf und erreichte in mehrmonatiger Reise über Athen schließlich Antiochia. Dort war er Gast des reichen Priesters Evagrius. In Antiochia nahm er systematischen Unterricht im Griechischen, der Sprache der Gebildeten im gesamten Osten, die er vorher kaum beherrscht hatte. Außerdem hörte er biblische Vorlesungen bei Apollinarius von Laodicea, einem Vertreter der antiochenischen Schule. Daß er später auch den Wortsinn in seine Exegese einbezog, wird er von diesem Lehrer gelernt haben. Doch bald gewannen seine asketischen Ideale wieder Macht über ihn. Kaum genesen von seiner schweren Krankheit, in der er den erwähnten Traum hatte, gab er Pläne für eine Pilgerfahrt nach Jerusalem auf und nahm Aufenthalt bei den Mönchen in der Wüste von Chalkis, nicht weit von Antiochia, wo eine der zahlreichen Felshöhlen sein Quartier wurde. Doch wenn er auch das kärgliche Leben der Einsiedler teilte, hatte er doch durch die Freundschaft des

Evagrius manche Annehmlichkeiten: Bücher zum Studium, vor allem Schriftkommentare, standen ihm zur Verfügung, außerdem Kopisten zum Abschreiben von Handschriften und Stenographen zum Diktat eigener Schriften. Auch begann er dort nach eigenem Zeugnis (ep. 125 – ca. 411) etwas Entscheidendes: er nahm Unterricht im Hebräischen bei einem zum Christentum konvertierten Juden.

Hieronymus blieb nur wenige Jahre in der chalkidischen Wüste. Schon 376 oder 377 schied er von den Mönchen im Streit, u.a., weil sie ihn in den damals überall erbittert ausgefochtenen Kampf um trinitarische Formeln hineinziehen wollten. Nach Zwischenaufenthalten in Antiochia und Konstantinopel begab er sich 382 nach Rom. Dort machte er sich bald so bekannt, daß er von Papst Damasus I. (366–84) zu seinem Sekretär bestellt wurde. Das wichtigste Projekt, das er dort auf Anregung des Papstes in Angriff nahm, war eine durchgreifende Revision und Vereinheitlichung der zahlreichen im Umlauf befindlichen lateinischen, von der Septuaginta herkommenden Bibelübersetzungen. Diese waren an den verschiedensten Orten im lateinischsprachigen Westen für den praktischen Gebrauch in den Gemeinden entstanden, vielfach in ungepflegter Sprache und untereinander stark abweichend. Dabei ging es Damasus zunächst um das Neue Testament. Hieronymus begann diese Arbeit bei den Evangelien, die er auch vollendete. Ob andere neutestamentliche Schriften ebenfalls von ihm bearbeitet wurden, ist ungewiß. Den heutigen Vulgatatext dieser Bücher scheint er nicht zu kennen. Die Probleme, die wir auch aus den modernen Revisionen der Lutherbibel kennen, waren Hieronymus bei seinen Revisionsbemühungen nicht fremd: oft mußte er bei einem durch langen Gebrauch geheiligten Wortlaut bleiben, auch wenn dieser dem Urtext nicht genau entsprach, da ihn zu ändern die Gefühle der Leser verletzt hätte.

In Rom gab Hieronymus auch biblischen Unterricht und widmete sich der Betreuung u.a. einiger vornehmer christlicher Damen, darunter der reichen Witwen Marcella und Paula sowie deren Tochter Eustochium. Sie begeisterte er für sein asketisches Ideal. Dessen eifrige Propagierung, verbunden mit vermutlich berechtigter Kritik am Lebensstil der Geistlichkeit und vorgeblicher «Jungfrauen» (vgl. ep. 22) verschaffte ihm aber auch viele Feinde. Gegen Helvidius, der die christliche Ehe mit Schriftzeugnissen als gleichberechtigte Lebensform verteidigte, schrieb er eine Kampfschrift. Nach dem Tode seines Gönners Damasus (11.12.384) wurde ihm durch Anfeindungen von allen Seiten ein weiteres Verbleiben in Rom unmöglich gemacht (vgl. ep. 45). Verbittert verließ er 385 die Stadt und segelte nach Palästina, wo auch Paula und Eustochium eintrafen. Nach einer gemeinsamen Pilgerfahrt durch Palästina und einem Besuch in Ägypten, der Wiege des Mönchtums – in Alexandria hörte Hieronymus aber auch einige Wochen lang Vorlesungen

Didymus' des Blinden – wurden in Bethlehem ein Männer- und ein Frauenkloster gegründet, dieses nahe der Geburtskirche. An den Ursprungsorten des Glaubens zu leben war für die Gruppe die Erfüllung ihrer höchsten Ideale. Freilich gab es auch vielerlei praktische Sorgen, vor allem finanzielle. Doch fanden sich immer wieder fromme Spender, die, wie anfangs Paula ihren unermeßlichen Reichtum für die Gründung der Klöster, ihr Vermögen für deren Unterstützung zu opfern bereit waren.

In Bethlehem blieb Hieronymus für den Rest seines Lebens. Er widmete sich von nun an der Betreuung der Mönche und Nonnen, seinen zahlreichen Besuchern und Korrespondenten, vor allem aber seiner ausgebreiteten literarischen Tätigkeit. Dabei kam ihm auch die Nähe der Bibliothek in Caesarea zugute, deren reiche Schätze er immer wieder benutzte. Unablässig arbeitete er bis in seine letzten Lebensjahre hinein, in denen zunehmende Erkrankungen seine Schaffenskraft mehr und mehr einschränkten, aber auch Zwischenfälle wie der Überfall wilder Horden auf die Klöster, die beide abbrannten (416).

Biblische Themen spielen auch in nicht wenigen seiner Briefe eine Rolle, die teilweise als kleine Traktate ausgebaut sind und nicht nur für die unmittelbaren Empfänger bestimmt waren. So schreibt er in Ep. 18 A und 18 B an Papst Damasus über Jes 6,1–9, dabei sorgfältig die Septuagintafassung mit den anderen griechischen Übersetzern vergleichend. Damasus liefert er auch eine Auslegung des Gleichnisses vom verlorenen Sohn (Ep.21). «Nichts nämlich, meine ich, könnte ein würdigerer Gesprächsgegenstand unserer Unterhaltung werden, als wenn wir uns über die Schriften unterreden», hatte Damasus seinem jungen Freund einmal geschrieben. «Ich werde fragen, du mögest antworten.» (Ep.35) So legt er ihm verschiedene Fragen über die Patriarchengeschichten vor, die Hieronymus in Ep.36 beantwortet. Andere Anfragen, die an ihn gerichtet werden, betreffen das «Diapsalma» (hebr. «Selah») im Septuaginta-Psalter (Ep.28, an Marcella), den Dienst des jungen Samuel im Tempel von Silo (1.Sam 2,18–19.27–28) (Ep.29, an Marcella). Sogar an zwei Gothinnen, Sumnia und Fretela, schickt er 404 eine ausführliche Abhandlung über die Textverderbnisse im Septuaginta-Psalter (Ep. 106). Man wundert sich, daß die beiden Frauen aus dem kriegerischen Germanenvolk sich für textkritische Spezialfragen interessierten! Doch man erfährt aus dem Briefwechsel, daß die Diskussion über Bibelprobleme unter den christlichen Gebildeten der Zeit eine bedeutende Rolle spielte. Hieronymus galt schon in jungen Jahren als Spezialist dafür, an den man sich gern um Auskunft wandte. Mit der Zeit stieg sein Ansehen immer mehr, und noch zu Lebzeiten galt er als eine der größten Autoritäten in Bibelfragen.

Sogar seine Kommentare über biblische Bücher schrieb Hieronymus häufig auf die Bitte von Freunden hin. Das erklärt auch ihre unsystematische Erscheinungsweise. So begann er kurz nach der Ankunft in Bethlehem eine Reihe von Paulusbriefkommentaren mit einer Auslegung des Philemonbriefes, des letzten und kürzesten, mit dessen Kommentierung er am leichtesten den hartnäckigen Bitten von Paula und Eustochium nach der Deutung eines Paulusbriefes nachkommen konnte. Die regellos erscheinende Reihenfolge seiner Kommentare zu den Kleinen Propheten: Nah, Mich, Zeph, Hagg, Hab (396; viel später, 406, folgten dann die restlichen: Sach, Mal, Hos, Joel, Am) hängt, wie er selbst erklärt (Amos-Komm., Prolog zu Buch III) mit der Selbsteinschätzung seiner Fähigkeiten und den ihm entgegengebrachten Bitten zusammen.

Inhaltlich sind die früheren Bibelkommentare des Hieronymus keiner besonderen Beachtung wert. Man hat seit längerem festgestellt, daß er in weitem Umfang den Inhalt der Kommentare älterer Ausleger, besonders des Origenes, ausschreibt. In dieser Hinsicht kennt er keine Bedenken und nennt auch nicht im einzelnen die Herkunft seiner jeweiligen Ausführungen. Doch folgt er damit nur dem zu seiner Zeit üblichen Vorgehen, denn der Gedanke persönlichen geistigen Eigentums ist nicht vor Beginn der Neuzeit aufgekommen. Hieronymus sagt generell, daß er stets alles Greifbare gelesen habe, um daraus soviele Blumen wie möglich zu pflücken, so auch die Kommentare des Origenes, da dieser «die Schriften in vieler Hinsicht gut ausgelegt, die Dunkelheit der Propheten dargelegt und die größten Geheimnisse sowohl des Neuen wie des Alten Testaments offenbart hat» (Ep.61,2). Die letzte Wendung deutet auf die allegorische Auslegung, die Hieronymus in seinen Kommentaren in weitem Umfang von Origenes übernimmt. Noch in seinem letzten Kommentar, dem über Jeremia (begonnen ca. 414) hat er seine Auffassung über «die Regeln der Kommentare» bestätigt, «in denen zahlreiche Meinungen unterschiedlicher (Verfasser) dargelegt werden, entweder ohne oder mit Erwähnung der Namen der Verfasser, so daß es dem Urteil des Lesers überlassen bleibt, was er am ehesten auswählen muß» (Jer-Kommentar, Prolog, 3).

Das besondere Verdienst des Hieronymus liegt demgegenüber in seinen Bemühungen um die lateinische Bibel. Eine erste Stufe stellt dabei der Versuch dar, die gängige lateinische Fassung des gesamten Alten Testaments durchgreifend zu revidieren. Damit war Hieronymus offenbar in den ersten Jahren in Bethlehem beschäftigt (386–392). Er benutzte dabei die Septuaginta als Grundlage, die er aber mit den anderen griechischen Übersetzungen und auch schon mit dem hebräischen Text verglich, wobei ihm Origenes' Hexapla in Caesarea hilfreich war, weil sie eine Spalte enthielt, in der Origenes einen kritisch bearbeiteten Text der Septuaginta mit Vermerk seiner Zusätze und Lücken gegenüber der hebräischen Fassung wiedergegeben hatte. Hieronymus begann mit der

Revision des Psalters. Dieser Text hatte eine unerwartet reiche Zukunft vor sich: In Gallien eingeführt und deshalb als Gallikanischer Psalter bezeichnet, verdrängte er allmählich die spätere, von Hieronymus aus dem hebräischen Urtext übersetzte Fassung der Psalmen, wurde Bestandteil der Vulgata und des römischen Breviers und in diesem erst 1945 durch eine moderne Übersetzung ersetzt. Moderne Vulgata-Ausgaben enthalten beide Fassungen. Außerdem fertigte er revidierte Fassungen von Hi, 1. und 2.Chron, Spr, Pred, Hoheslied. Danach brach er offenbar diese Arbeit ab, mit deren Ergebnissen er auf Dauer nicht mehr zufrieden sein konnte.

Inzwischen hatte Hieronymus nämlich energische Anstrengungen unternommen, seine Hebräischkenntnisse zu verbessern. Wie er berichtet (Ep.84,3), beschäftigte er dafür einen Juden mit Namen Baraninas als Lehrer, der ihn bei Nacht besuchte, weil er sich vor seinen Glaubensgenossen fürchtete. Auch unter Christen war ein solcher Kontakt mit Juden nicht unumstritten: nach seinem Bruch mit Rufin (er erfolgte 393 wegen eines Streites über die Rechtgläubigkeit des Origenes) griff ihn dieser u.a. deswegen an (Apologie contra Hieronymum 2,12), indem er den Namen des Baraninas polemisch in Barrabas entstellte.

Wie weit die Hebräischkenntnisse bei Hieronymus gingen, ob er überhaupt die Sprache selbständig beherrschte, ist in der Forschung nach wie vor umstritten, auch wenn neuerdings die Auffassung überwiegt, daß man seinen entsprechenden Selbstaussagen durchaus Glauben schenken kann. Seine Mitteilungen, auf welche Weise er bei Juden Unterricht nahm oder sich von ihnen in bestimmten Fragen beraten ließ, sind zu konkret, um einfach beiseitegeschoben zu werden. Ein Verdacht war dadurch aufgekommen, daß manches, was auf den ersten Blick wie eigene Erkenntnis aussieht, nachweislich aus Werken anderer, vor allem den Kommentaren des Origenes, entnommen worden ist. Doch läßt sich die Qualität seiner Übersetzung des Alten Testaments ins Lateinische, von der wir gleich noch hören werden, ohne Kenntnisse der Ursprache kaum erklären. In der christlichen Antike waren diese etwas fast Singuläres, da das Verhältnis zu den Juden schlecht und die rabbinische Literatur für Christen fremdartig und unverständlich war. Auch muß man sich klarmachen, daß es noch keine hebräischen Grammatiken und Wörterbücher gab. Erst im 9. Jahrhundert wurde damit begonnen. So war das Bemühen des Hieronymus um die Ursprache der hebräischen Bibel eine echte Pionierleistung.

Die Kenntnis des Hebräischen schien Hieronymus für ein sachgemäßes Verständnis des alttestamentlichen Textes und seine Übersetzung ins Lateinische auf die Dauer unentbehrlich. «Wie nämlich Zuverlässigkeit der alten Bücher (des Alten Testaments) aus den hebräischen Bänden zu prüfen ist, so verlangt die der neuen (des Neuen Testaments) die Norm der griechischen Sprache» (Ep. 71,5). Die Schwächen der Septuaginta machten es in seinen Augen – auch wenn er die in der Hexapla enthaltenen anderen griechischen Übersetzungen zuhilfe nahm, die eine wörtlichere Wiedergabe des Urtextes und von daher eine Korrektur des Septuagintatextes anstrebten – nicht möglich, einen korrekten Wortlaut zu erzielen. Vom Prolog zu Jes aus, wo er noch eine aus den anderen alten Übersetzungen korrigierte Wiedergabe der Septuagintafassung für möglich hielt, über den Prolog zu Jer, wo er schon auf die gegenüber der hebräischen Fassung «verwirrte» Reihenfolge der Visionen in der griechischen und lateinischen Wiedergabe hinweist, bis hin zu seiner Bemerkung im Prolog zu Dan, daß dort die Kirche nicht die Septuaginta, sondern den Theodotion-Text benutze, da der hebräische Wortlaut von der Septuaginta nicht korrekt wiedergegeben wurde, ist eine zunehmende Einsicht in deren Unzulänglichkeit zu beobachten. Von nun an sollte er immer wieder für die «Hebraica veritas», die «hebräische Wahrheit» eintreten, womit er – was zu beachten ist! – nichts anderes als den hebräischen Urtext im Auge hatte. Diesen für die lateinische Fassung zur Grundlage zu machen, war für das 4. Jahrhundert revolutionär und auch nicht ohne Widerstände durchzusetzen, denn der Glaube an die Inspiration der Septuaginta war, durch jahrhundertealte Tradition gefestigt, allgemein verbreitet. Die Bedenken gegen Hieronymus' Vorhaben, statt ihrer den hebräischen Text als Vorlage zu nehmen, wurden sogar von Augustin in mehreren Briefen formuliert (Ep.28=56 in Hieronymus' Korrespondenz, ca. 394/5; Ep.71=104 bei Hieronymus, 403). U.a. drückt dieser seine Befürchtung aus, wenn Hieronymus' Übersetzung allgemein angenommen würde, würde das einen Riß zwischen der westlichen und der östlichen Kirche bewirken, denn die griechischsprachigen Christen würden an der Septuaginta festhalten. Außerdem berichtet er von einem Tumult, der in Oea (Tripolis) ausgebrochen war, als der Ortsbischof aus Hieronymus' Übersetzung einen Spruch aus dem Jonabuch vorgelesen hatte, in dem ein der Gemeinde unbekanntes Wort vorkam. Hieronymus hatte in Jon 4,6 die dem Jona Schatten spendende Pflanze mit «Efeu» statt «Kürbis» wiedergegeben. In seinem Jona-Kommentar zur Stelle erklärt er ausführlich, weshalb er diese auch in Rom als Sakrileg angesehene Übersetzung gewählt habe: er wolle damit eine in Palästina vorkommende, schattenspendende Pflanzenart bezeichnen, für die es im Lateinischen kein entsprechendes Wort gebe. Man sieht, wie er sich um eine die lokalen, auch naturwissenschaftlichen, Beobachtungen einbeziehende Übersetzung bemüht. Für Sachfragen holt er sich auch vielfach Rat bei rabbinischen Spezialisten.

Sein endgültiges Urteil über die Septuaginta finden wir im Prolog zur Übersetzung der Chronikbücher (vgl. auch Prolog zu Hi). Dort gesteht er zwar ein, daß seine Übersetzung überflüssig wäre, wenn wir die

Septuaginta noch in ihrer ursprünglichen, reinen Fassung, die den Glauben der werdenden Kirche begründet hatte, vor uns hätten. Nun aber zeigten die unterschiedlichen umlaufenden Fassungen – die des Hesychius in Ägypten, die des Lukian von Konstantinopel bis Antiochien, eine mittlere Version in Palästina –, daß die alte echte Tradition verdorben sei. Außerdem beruft sich Hieronymus auf alttestamentliche Zitate im Neuen Testament, die nicht aus der Septuaginta stammten, sondern ähnlich nur im Urtext des Alten Testaments zu finden seien. Dorthin sei zurückzukehren, «von wo auch der Herr spricht und die Jünger die Beispiele nehmen». Die Annahme einer ursprünglichen Inspiriertheit der Septuaginta findet sich nur hier, vielleicht als ein Zugeständnis an die beiden römischen Freunde, denen er das Buch widmete. Andererseits ist Hieronymus bereit, die Legitimität des Gebrauchs der Septuaginta in der Kirche durchaus anzuerkennen, «teils, weil sie die erste ist und vor der Ankunft Christi im Gebrauch war, teils, weil sie von den Aposteln, dort wo sie von den hebräischen (Texten) nicht abweicht, benutzt wird» (Ep.57,11). Aber die fromme Legende über die Entstehung der Septuaginta (vgl. Bd.I,S.24) ist er nicht mehr bereit zu glauben: «Ich weiß nicht, wer zuerst verantwortlich war für die Lüge über siebzig getrennte Zellen in Alexandria, in welchen (die Übersetzer) angeblich einen identischen Text zusammengestellt hätten, da doch Aristeas und Josephus zu einer viel späteren Zeit keinen solchen Bericht gaben, sondern uns erzählen, daß sie übersetzten, nicht prophezeiten, in einer einzigen Halle. Denn es ist eine Sache, ein Prophet zu sein, eine andere, ein Übersetzer: In einem Fall sagt der Geist zukünftige Dinge voraus, im anderen geben Wissen und flüssiger Stil wieder, was der Übersetzer versteht.» (Apologie gegen Rufin II,25)

Bei dem Rückgriff auf die «hebräische Wahrheit» hat Hieronymus auch einen apologetischen Zweck: So verweist er im Vorwort zu den «Psalmen nach den Hebräern» darauf, wie Sofronius, dem er die Übersetzung widmet, von einem Juden ausgelacht wurde, als er Schriftbeweise für den Herrn aus dem Septuaginta-Psalter vorbrachte und der Jude entgegnete, diese seien in der hebräischen Fassung gar nicht vorhanden. Deshalb sei dessen Forderung nach einer neuen Übersetzung aus dem Urtext berechtigt, «weil es etwas anderes ist in den Gemeinden derer, die an Christus glauben, die Psalmen zu lesen, ein anderes, den arglistigen Juden im Hinblick auf einzelne Worte zu antworten». Ähnlich im Vorwort zu Jes: Auch unter denjenigen, die ihn jetzt unablässig wegen seiner Übersetzung zerfleischen, würde der ihm zukünftig noch den Lohn erstatten, «der weiß, daß ich mich deswegen im Erlernen einer fremden Sprache abgemüht habe, damit die Juden nicht länger die Kirche wegen der Unrichtigkeit ihrer Schriften angriffen». In aufkommenden Kontroversen mit ihnen sollten sich die Christen jetzt auf einen Text berufen können, der unbezweifelbar korrekt war und dennoch eindeutig vom Kommen Christi sprach (vgl. Vorwort zu Jos).

Die Hinwendung zur «hebräischen Wahrheit» hatte für Hieronymus auch Konsequenzen im Hinblick auf seine Abgrenzung des Kanons. Aus seiner frühen, «vorkritischen» Periode finden sich Zitate auch aus «deuterokanonischen» (apokryphen) Schriften wie Weisheit Salomos, Sir, Tob, 2.Makk usw. und aus den nur in der Septuaginta enthaltenen Zusätzen zu Dan (Gesang der drei Männer im Feuerofen, Dan 3,51–90 LXX; Susanna, Dan 13 LXX; Bel und Drache, Dan 14 LXX). Aus dem Neuen Testament zitiert er häufig Hebr, obwohl dessen Zugehörigkeit zum Kanon in der lateinischen Kirche bestritten wurde. Eine ausdrückliche Eingrenzung eines engeren Kanons, die den 22 (24) Büchern der hebräischen Bibel entspricht, treffen wir dagegen im Vorwort zu den Büchern Sam-Kön an (dem von Hieronymus als «behelmt», d.h. zu seiner Voraus-Verteidigung gegen die von ihm erwarteten Angriffe bestimmt bezeichneten und darunter bekannt gewordenen Prolog). Nachdem Hieronymus diese Bücher, die er aus dem Hebräischen übersetzt habe, einzeln aufgezählt hat, sagt er ausdrücklich: «Was außerhalb dieser ist, muß als apokryph beiseitegestellt werden.» Als solche nennt er: Weisheit Salomos, Sirach, Judith, Tobias und den Hirten des Hermas(!). Er fügt hinzu, daß er von 1.Makk einen hebräischen Text gefunden habe, es von 2.Makk dagegen nur einen griechischen gebe. Unklar bleibt, ob das Vorhandensein einer hebräischen Fassung in diesem Fall nach Hieronymus für die Zugehörigkeit von 1.Makk zum Kanon spricht. Generell ist aber offensichtlich dies der Maßstab, den er an Kanonizität anlegt. Auch die Reihenfolge der Bücher folgt der hebräischen Bibel. Etwas anders ist es in Ep.53 (an Paulinus, 394). Der Umfang des Kanons ist dort der gleiche, aber die Zwölf Kleinen Propheten werden an den Anfang des Prophetenkanons gestellt und Dan unter die Propheten (nach Ez) eingereiht. Hier macht sich der Einfluß des Septuaginta-Kanons bemerkbar. Eine ähnliche Mischform enthält übrigens auch die Lutherbibel!

Diese Stellung des Hieronymus zum Kanon ist insofern bemerkenswert, als er damit eine in der alten Kirche singuläre Haltung einnahm. Eine ähnliche Position hat erst wieder Luther bezogen; interessanterweise ebenfalls aus philologisch-humanistischen Interessen. Freilich hat sich Hieronymus' Vorliebe für die «hebräische Wahrheit» auf den Kanon der Kirche nicht direkt ausgewirkt, zumal er selbst Tob und Judith mitübersetzt hatte, wohl wissend, daß beide nicht zum hebräischen Kanon gehören (vgl. die Prologe zu den beiden Büchern), und sogar die Zusätze zu Esth und Dan nicht ausgelassen hatte.

Das große Werk der Übersetzung aus dem Urtext ins Lateinische begann Hieronymus um 390 und vollendete es gegen 406. Dabei folgte er nicht der Reihenfolge der Bücher im Kanon, sondern wiederum ihm entgegengebrachten Wünschen oder Gesichtspunkten der Schwierigkeit. Da der «gehelmte» Prolog zu Sam-Kön von der ganzen Bibel spricht, dürfte er mit diesen Büchern begonnen haben. Obwohl, wie man z.B. am Vergleich der beiden Psalmenfassungen: der «gallikanischen» aus der Septuaginta und der «nach den Hebräern», leicht erkennen kann, die Neuübersetzung ungleich besser war als alle älteren, dauerte es bis ins 9. Jahrhundert, ehe dieser Text als der «allgemein verbreitete» (Vulgata) in der ganzen westlichen Kirche anerkannt war. Zu den alttestamentlichen Büchern trat die ältere Revision der Evangelien aus der Feder des Hieronymus; bei den übrigen neutestamentlichen Schriften sind die Übersetzer unbekannt.

Zur gleichen Zeit nahm Hieronymus auch einen neuen Anlauf in seiner Kommentierung des Alten Testaments. Als erstes erschien eine Trilogie technischer Handbücher. Unter Benutzung älterer Wortlisten (die bis ins 3. Jahrhundert zurückreichen) stellte er zunächst eine Liste hebräischer Namen (Onomasticon) zusammen, in denen diese – nach neuerer Erkenntnis meist falsch, oft phantastisch und nur zu einem geringen Teil richtig – etymologisch erklärt werden. Dem folgte eine revidierte Übersetzung des Onomasticon Eusebs von Caesarea (entstanden um 300), eine Liste der palästinischen Ortsnamen mit kurzen topographischen und historischen Angaben, der Hieronymus nur wenig Neues hinzufügte. Am bedeutsamsten ist das dritte Werk: «Hebräische Fragen im Buche Genesis (1. Mosebuch)». Hier diskutiert Hieronymus ausgewählte Wendungen des üblichen lateinischen, auf der Septuaginta beruhenden Textes im Hinblick auf Wortbedeutungen, geographische und historische Sachverhalte erstmals kritisch aufgrund des hebräischen Urtextes, den er regelmäßig auch mit den alten Übersetzungen Aquila, Symmachus und Theodotion vergleicht. Bemerkenswert ist auch, daß es ihm dabei ausschließlich um den Wortsinn geht, den er häufig zu korrigieren sucht, daß er auf allegorische Auslegung vollständig verzichtet. Methodisch war das eine ganz neue Form der Auslegung: ein ausschließlich historisch-philologischer Kommentar. Daß Hieronymus dabei einen großen Teil der Erklärungen aus den «Jüdischen Altertümern» (Antiquitates Judaicae) des jüdischen Historikers Flavius Josephus (37/38–nach 100) übernimmt, entspricht seiner üblichen Arbeitsweise, ebenso, daß er dessen Namen nur dort nennt, wo er gelegentlich gegen ihn polemisiert. Daneben greift er auch eine ganze Menge haggadischen Stoffes auf, jener erbaulichen Erzählungen, die ihm seine jüdischen Gewährsleute mitteilten.

Hieronymus hatte die Absicht, das ganze Alte Testament in dieser Weise zu erklären, aber zu ihrer Ausführung ist er nicht gekommen. Statt dessen begann er eine neue Reihe von Kommentaren, zuerst über fünf der Zwölf Kleinen Propheten (Nah; Mich; Zeph; Hagg; Hab). Nach der Entdeckung der «hebräischen Wahrheit» entwickelte er auch hier eine neue Methodik, die einem modernen Betrachter zwiespältig vorkommen mag, aber durch die besondere Situation bedingt war: Er stellt jeweils seine eigene Übersetzung aus dem hebräischen Urtext und die übliche lateinische Übersetzung der Septuaginta nebeneinander (soweit sie stärker voneinander abweichen) und kommentiert beide getrennt. Tatsächlich mußte er ja um die Anerkennung seiner Neuübersetzung hart ringen (die sich erst Jahrhunderte nach seinem Tode endgültig durchsetzte). Der traditionelle Text war die übliche Grundlage für die «geistliche», d. h. vorwiegend allegorische und typologische Auslegung. Hier übernahm Hieronymus vielfach Aussagen aus den Kommentaren des Origenes, während er für Fragen des Textes und des historischen Hintergrundes auf der Basis des Urtextes auf die zeitgenössische rabbinische Auslegung zurückgriff. Allerdings weist er jüdische Glaubenssätze scharf zurück; so die Auffassung, daß der Messias erst am Ende der Tage kommen und dann Jerusalem wiederaufgebaut werden und über alle Völker herrschen werde (zu Mich 4,11–13; 5,7–14; Zeph 2,12–15); dann würden die heiligen Schriften den Christen genommen und den Juden gegeben werden (zu Mich 7,8–13) usw.

Daß er nach wie vor auch ein Anhänger der geistlichen oder «mystischen» Auslegungsweise war, sehen wir u. a. in seiner Ausdeutung von Ps 45, die er in einem Brief aus dem Jahre 397 (Ep.65, an Principia) entwickelt: Was die historisch-kritische Forschung heute als ein Lied anläßlich der Hochzeit eines Königs charakterisiert, wird von Hieronymus auf Christus und seine Braut, die Kirche, bezogen.

Nach einer längeren Pause kommentierte Hieronymus um 406 dann auch die restlichen der Zwölf kleinen Propheten: Sach, Mal, Hos, Joel, Am. Diese Kommentare sind ebenso aufgebaut und verarbeiten für die «historische» Deutung zeitgenössische rabbinische Exegese, für die «geistliche» benutzen sie weitgehend vorliegende christliche Auslegungen.

Der Daniel-Kommentar (geschrieben 407), mit dem Hieronymus die Auslegung der Großen Propheten begann, ist besonders charakteristisch für seine Art des Umgangs mit einem alttestamentlichen Buch. Hier bringt er keine doppelte Übersetzung, da in der Kirche ohnehin nicht die Septuaginta-Übersetzung, sondern die des Theodotion gebräuchlich sei, die nach seinem Urteil mit dem hebräischen Text weitgehend übereinstimmt. Hinsichtlich der historischen Ansetzung hat er es mit dem besonderen Umstand zu tun, daß der Neuplatoniker Porphyrius (3.Jahrhundert) in seinem Buch «Gegen die Christen» (nur noch in Fragmenten erhalten), Kap. 12, die bemerkenswerte Einsicht geäußert hatte, die dort geschilderten Ereignisse bezögen sich in Wirklichkeit auf die Zeit Antiochus' IV. und der Makkabäer und das Buch sei nicht von dem Propheten Daniel, sondern von einem Zeitgenossen des Antiochus geschrieben, der nicht Zukünftiges prophezeit, sondern zeitgeschichtliche Ereignisse geschildert habe. Dem steht die von Hieronymus geteilte christliche Auffassung gegenüber, wonach «keiner der Propheten so offen von Christus geschrieben habe» (Prolog zum Dan-Kommentar). Andererseits kann Hieronymus sich der (zutreffenden!) Erkenntnis des Porphyrius nicht verschließen, daß sich der bei Dan beschriebene Endkampf auf die Zeit des Antiochus bezieht. Seine Lösung ähnelt dem Ansatz bei Theodor von Mopsuestia: Der Prophet des 6. Jahrhunderts (von dem das Danielbuch zu sprechen vorgibt) hat auf der Ebene der Geschichte zunächst die Ereignisse zur Zeit des Antiochus vorhergesagt. Diese aber sind nur Vorabschattung (Typus) des endzeitlichen Christusgeschehens, auf das der eigentliche, geistliche Sinn des Danielbuches hinweist. Dieser wird auf dem üblichen, allegorischen Wege ermittelt, so etwa, wenn Hieronymus den «Stein, der ohne Zutun von Menschenhand vom Fels abgeschlagen ist» (Dan 2,45), mit dem «Herrn und Heiland, der ohne Geschlechtsverkehr und menschlichen Samen vom Mutterleib» gekommen ist, gleichsetzt. Dennoch folgte er – nachdem er sich in dem Streit um gewisse häretische Lehren des Origenes, den dessen fanatischer Gegner Epiphanius von Salamis im Jahre 393 bis nach Jerusalem getragen hatte, gegen den als Ausleger von ihm hochgeschätzten Meister gewandt hatte – nicht mehr uneingeschränkt den Auffassungen des Origenes. Beispielsweise lehnt er (ohne seinen Namen auszusprechen!) dessen Verständnis von Dan 3,95 f. LXX, Nebukadnezar sei ein Typus des Teufels und seine Bekehrung ein Beweis dafür, daß eventuell selbst der Teufel bekehrt werden und Buße predigen werde, als Fehlexegese ab.

Sein umfangreichster Kommentar, die achtzehn Bücher über Jesaja (geschrieben zwischen 408 und 410), dem nur noch der über Ez und der unvollendete über Jer folgen sollten, zeigt noch einmal die Eigenart seiner Arbeitsweise, in der sich historisch-philologische Interessen mit allegorischer Deutung mischen. Gerade bei diesem Buch waren die Konsequenzen der erst von der modernen kritischen Forschung wiederlegten Voraussetzung, daß das ganze Buch von einem einzigen Propheten stamme, besonders schwerwiegend. Im Prolog sagt Hieronymus, er wolle es «so auslegen, daß ich ihn nicht nur als Propheten, sondern auch als Evangelisten und Apostel lehre». Dem Gebot Joh 5,39: «Suchet in der Schrift...» folgend (das in der christologischen Auslegung des Alten Testaments eine zentrale Rolle spielt), sieht er in dem Bezug auf Christus das wichtigste Ziel jeder Exegese auch dieses Buches. «Daher sind alle Dinge nach der Wahrheit der Historie in geistiger Weise (spiritaliter) aufzufassen, so Judea und Jerusalem, Babylon und die Philister... zu verstehen, daß wir alles in dem Sinne (der Worte) suchen, und für alles dies möge der Apostel Paulus sozusagen als ein weiser Architekt das Fundament legen, das kein anderes ist außer Christus Jesus.» (vgl. 1.Kor 3,11) Damit unausgeglichen gibt Hieronymus aber auch seinen historisch-philologischen Interessen Raum. So baut er als Buch V die (schon 397 fertiggestellte) strikt historische Auslegung der Visionen in Jes 13–23 ein, läßt darauf jedoch in Buch VI und VII eine ausführliche allegorische Auslegung folgen. Zu Jes 7,14 verteidigt er die Lesart der Septuaginta «Eine Jungfrau wird schwanger werden» entschieden gegen «Eine junge Frau wird schwanger werden» in den anderen Übersetzungen. Aber die Ebene der geschichtlichen Fakten hat doch eine grundlegende Bedeutung für ihn: «Auch das sagen wir, nicht daß wir das tropologische (übertragene) Verständnis verdammen, sondern die geistige Auslegung muß der Reihenfolge der Geschichte folgen.» (Buch V, zu Jes 13,19) In Buch V (zu Jes 17,7–8) kann er sogar gegen diejenigen, die dieses Wort als in Christus erfüllt ansehen, kritisch bemerken: «Zwar eine fromme Absicht der Deuter, aber eine, die die Reihenfolge der Geschichte nicht einhält.» Vergleichen wir damit die Auslegung des gleichen Doppelverses in Buch VII, finden wir dort allerdings eine mit dem geschichtlichen Hintergrund dieses Wortes in keinem erkennbaren Zusammenhang stehende übertragene Deutung.

Auffällig ist, wie heftig Hieronymus in dem Kommentar gegen die Juden polemisiert: gegen ihre Unkenntnis der Schrift und ihre Blindheit (zu Jes 1,30; 27,12; 42,18f.), gegen ihre moralischen Schwächen (zu Jes 2,7; 3,3; 45,19; 66,17). Das Schicksal Jerusalems durch die Römer unter Titus und Hadrian (70 und 135) läßt Hieronymus an verschiedenen Stellen im Jesajabuch angekündigt sein (vgl. zu Jes 1,7; 2,11; 3,5; 5,25; 29,1–8 u.ö.). Die Zerstörung des Tempels durch die Römer wird bis zum Weltende andauern (zu Jes 1,12); sie haben als Gottes Heer gegen die in Blasphemie verharrenden Juden gekämpft (zu Jes 59,1–61,8). Dies scheint dem vertrauten Umgang des Hieronymus mit verschiedenen Juden zu widersprechen, liegt aber auf einer anderen Ebene. Es ist ein theologisches Urteil, und noch dazu ein traditionelles. Schon in Justins Apologie fanden wir die Auffassung, daß der Untergang Jerusalems durch die Römer und die Vertreibung der Juden von dort das Zeichen ihrer Verwerfung durch Gott sei. Hieronymus hatte aber auch wegen der Nähe zu Jerusalem die Zerstörungen von damals ständig vor Augen, so daß sie ihn besonders beeindruckt haben werden.

Neben den Juden wendet sich Hieronymus auch gegen verschiedene Häretiker, so gegen die «Semi-Judäer», die Jes 62,10–12 im Sinne der Endzeit deuten, wenn, nachdem die Fülle der Heiden gerettet sein wird, Israel zum Herrn zurückkehren wird (vgl. Röm 11,25f.). Oder zu Jes 65,13: «Dies alles, glauben die Chiliasten (Anhänger des Tausendjährigen Reiches), werde in tausend Jahren erfüllt werden, indem sie glauben, das

Reich Gottes sei Essen und Trinken, und nicht das verstehen, was geschrieben ist: Erwerbt nicht Speise, die vergeht, sondern das Brot des Lebens und der Wahrheit (Joh 6,27).» Zu Jes 64,4 polemisiert er gegen die Gnostiker, die – anders als bei der legitimen Anspielung auf dieses Wort durch den Apostel Paulus (vgl. 1.Kor 2,9) – durch das Zitat aus Jes 64,4 in den apokryphen Schriften Ascensio Esaiae (XI,34) und Apokalypse Eliae (Fragment) und viele ähnliche Aussagen zahlreiche Frauen, vor allem in Spanien und Lusitanien (Portugal), verwirrt hätten. Dagegen habe Irenäus geschrieben. Zu Jes 65,4–5 wendet er sich erneut gegen Marcion, gegen Gnostiker wie Valentin, den Arianer Eunomius. Ein Kommentar zu einem biblischen Buch hat, wie üblich in der alten Kirche, auch bei Hieronymus dogmatische, polemische und apologetische Absichten. Außerdem finden wir aber auch im Jesajakommentar eine Fülle von textkritischen Untersuchungen, für die er die ihm zur Verfügung stehenden unterschiedlichen Übersetzungen in umfassender Weise heranzieht. Auch für eine moderne Exegese ist das nicht ohne Interesse.

Daß der Jesajakommentar überall stark von älteren Kommentarwerken abhängig ist, wird nicht mehr verwundern, nachdem wir Ähnliches auch schon in seinen früheren Kommentaren beobachten konnten. Auch nachdem sich Hieronymus öffentlich von den dogmatischen Irrlehren des Origenes abgewandt hatte, schlachtete er weiterhin reichlich dessen Kommentare aus, dazu auch die Kommentare anderer christlicher Ausleger sowie die zeitgenössische jüdische Exegese, soweit sie ihm zur Verfügung stand. Gewöhnlich bezeichnet man ihn als einen Eklektiker; das trifft sicher zu.

Dennoch hat Hieronymus den Nachruhm verdient, der ihn als einen der großen Lehrer der Kirche ausweist. Wenn nichts anderes, hätte ihn seine große Bibelübersetzung dazu gemacht, die der westlichen Kirche zum erstenmal einen zuverlässigen Text bescherte, der dem Urtext unvergleichlich näher steht als die alten, aus der Septuaginta stammenden Übersetzungen. Sie ist tatsächlich zur Vulgata, zur allgemein gebrauchten und seit Trient sogar zur offiziellen Bibel einer der großen christlichen Konfessionskirchen geworden. Über ein Jahrtausend lang blieb sie unübertroffen, bis Luther aus ganz ähnlichen Motiven, aber unter ungleich günstigeren Bedingungen, den gleichen Weg noch einmal ging. Die Ironie der Geschichte besteht darin, daß die Vulgata zu Luthers Zeiten in ähnlicher Weise die erstarrte kirchliche Tradition verkörperte, wie das einst für Hieronymus die Septuaginta getan hatte, die er durch eine neue, aus der ursprünglichen Wahrheit geschöpfte heilige Schrift ersetzen wollte.

4. Ein Ausleger mit dem Hirtenstab: Ambrosius von Mailand

Ambrosius wurde vermutlich 339 in Trier als Sohn des Oberbefehlshabers (Präfekten) der Prätorianer für Gallien in einer seit längerem christlichen, zum römischen Stadtadel gehörigen Familie geboren. Nach dem frühen Tod des Vaters ging die Mutter mit den drei Kindern nach Rom zurück. Ambrosius' ältere Schwester Marcellina empfing 353 den Schleier der gottgeweihten Jungfrauen. Sein ebenfalls unverheirateter älterer Bruder Uranius Satyrus wurde, bis er bereits 375 verstarb, zu seinem treuesten Helfer in Mailand.

Nachdem Ambrosius in Trier und Rom eine gründliche humanistische, rhetorische und juristische Ausbildung genossen hatte, trat er der Familientradition entsprechend in den hohen Staatsdienst. Nach kurzer Tätigkeit als Advokat am Gerichtshof der Präfektur in Sirmium (bei Belgrad) wurde er Berater des dort residierenden Oberbefehlshabers der Prätorianer für Italien, Illyrien und Nordafrika, Sextus Petronius Probus, und durch dessen Protektion schon um 370 consularis (Gouverneur) der Provinzen Ligurien und Aemilien mit Amtssitz in Mailand.

Mailand hatte sich im 4. Jahrhundert durch den Niedergang Roms zur bedeutendsten Stadt Italiens entwickelt. Es war kaiserliche Hauptresidenz und Sitz der Verwaltung, damit zugleich eine der wichtigsten Diözesen. In Mailand wurde aber auch der bedeutendste innerkirchliche Kampf des Jahrhunderts ausgefochten, der zwischen Arianern und Katholiken (Anhängern des Nicänums). Während die meisten Bischofssitze Italiens von Nicänern besetzt waren, residierte in Mailand der arianische Bischof Auxentius. Der den Westen des Reiches regierende Kaiser Valentinian I. (364–375) war in konfessionellen Fragen neutral und mischte sich in die Kirchenpolitik nicht ein. Doch hatte der Arianismus, auch weil er die Konfession der gotischen Söldner war, bei Hofe keinen geringen Einfluß. Noch war der Kampf zwischen Arianern und Katholiken nicht entschieden.

Ambrosius hatte, da er aus einer christlichen Familie stammte und die weltliche Erziehung nach wie vor in der Hand von Heiden lag, vermutlich von einem Theologen Unterricht in den Grundlehren des Christentums erhalten. Da damals die Sitte herrschte, die Taufe als unwiederholbare Reinigung von allen Sünden spät, womöglich erst auf dem Totenbett zu empfangen, war er noch ungetauft, als im Herbst 373 Bischof Auxentius starb. Ein heftiger Streit um die Nachfolge zwischen Arianern und Katholiken brach unter dem in der Kathedrale zu einer Wahlversammlung zusammengeströmten Volk aus. Da er einen öffentlichen Tumult befürchtete, eilte Ambrosius in seiner offiziellen Funktion als Gouverneur in die Kirche und sprach einige beruhigende Worte zu den erregten Massen. Nach der von seinem Biographen Paulinus überlieferten Legende (Vita Ambrosii 6) soll in diesem Moment ein Kind gerufen haben: «Ambrosius Bischof!» und die Menge, den Streit vergessend, habe den Ruf einstimmig aufgenommen: «Ambrosius Bischof!». Ambrosius, als ungetaufter Laie, habe zunächst alles versucht, seine Berufung abzulehnen, aber als dann auch die Genehmigung des in Trier weilenden Kaisers Valentinian eintraf, sich nicht länger gesträubt. Taufe aus der Hand eines katholischen Bischofs und Bischofsweihe folgten bald. So fand sich Ambrosius unvermutet in der Verantwortung für einen der wichtigsten Bischofsstühle des westlichen Reichs. Durch die feierliche Heimführung der Gebeine seines letzten orthodoxen Vorgängers Dionysius aus dem kappadokischen Exil zeigte er symbolisch seine Entschlossenheit, der katholischen Sache zu dienen, wirkte aber auch für die Versöhnung in seiner Gemeinde, indem er die arianischen Priester im Amt beließ.

Im übrigen entwickelte sich Ambrosius zu einem immer entschlosseneren Vorkämpfer für das nicänische Bekenntnis. 375 starb Valentinian I., sein junger Sohn Gratian wurde im Westen Kaiser. Ambrosius mußte versuchen, ihn für seine kirchenpolitischen Ziele zu gewinnen. Die Stiefmutter Gratians, Justina, neigte zu den Arianern; so war mit Widerstand am Hofe zu rechnen. Ein antiarianischer Erfolg gelang mit der Wahl eines orthodoxen Nachfolgers für den Bischofsstuhl in Sirmium, ein anderer war die Absetzung des arianischen Bischofs Leontius von Salona.

Im Jahre 378 unternahmen die Goten einen fürchterlichen Einfall in den Balkan; bei Adrianopel (Edirne) wurde das oströmische Heer vernichtend geschlagen, der Kaiser des Ostreiches, Valens, kam zu Tode, Gratian wurde für kurze Zeit Alleinherrscher und der Hof aus Sicherheitsgründen von Sirmium nach Mailand verlegt. Das bot Ambrosius die Gelegenheit, auch durch den Eindruck seiner Persönlichkeit, seinen Einfluß auf den jungen Kaiser zu verstärken. Dieser hatte 378 noch in Sirmium ein Toleranzedikt erlassen, das allen Bekenntnissen (außer extremen Richtungen) Gleichberechtigung gewährte. Es wurde 379 durch eine neue Verordnung ersetzt, die alle Häresien verbot. Im gleichen Jahr kam es zu einem ersten Zusammenstoß mit Justina und den von ihr protegierten Arianern: Auf die Fürsprache Justinas hin war den Arianern von Mailand durch den Kaiser eine Basilika zur Benutzung eingeräumt worden. Ambrosius erreichte, daß diese Maßnahme rückgängig gemacht wurde. In Italien und den anderen westlichen Provinzen waren die Arianer zu der Zeit bereits weitgehend zurückgedrängt worden; in den Donauprovinzen hatten sie nach wie vor einen beträchtlichen Anhang. Schließlich erreichte Ambrosius, daß 381 ein Konzil nach Aquileia einberufen wurde, von dem die den Arianern zuneigenden orientalischen Bischöfe ferngehalten wurden. Für die wenigen anwesenden illyrischen Arianer wurde das Konzil zum Tribunal; sie wurden verurteilt. Im gleichen Jahr berief der seit 379 im Osten herrschende Kaiser Theodosius I. (der Große) ein Konzil nach Konstantinopel, auf dem das nicänische Bekenntnis in leicht veränderter Form (Nicäno-Konstantinopolitanum) bestätigt wurde. Damit war der Sieg über den Arianismus vollendet. Auch legte Kaiser Gratian den Titel des Pontifex Maximus ab und ließ den Altar der Göttin Victoria, das Symbol der immer noch am Heidentum festhaltenden Senatoren, aus der römischen Kurie entfernen. Damit war den Resten römischen Heidentums der Todesstoß versetzt.

Nach dem Tode Gratians im Jahre 383, infolge dessen sein seit 375 nominell regierender Halbbruder Valentinian II., immer noch unmündig, unter der Vormundschaft seiner Mutter Justina den gesamten Westen übernommen hatte, kam es 385 noch einmal zu einem Konflikt, als Justina den gotischen Hilfstruppen eine kleine Basilika in Mailand für arianische Gottesdienste zur Verfügung stellen wollte. Als Ambrosius daraufhin zu Verhandlungen vor das kaiserliche Konsistorium zitiert wurde, kam es zu einem Volksauflauf vor dem Palast. Die Kaiserinmutter mußte ihren Plan aufgeben. Der Hof suchte die Schlappe im nächsten Jahr auszuwetzen durch ein Toleranzedikt, das den Arianern Gleichberechtigung und die Erlaubnis, eigene Versammlungen abzuhalten, gewährte. Was nun folgte, schildert Ambrosius in einem Brief an seine Schwester Marcellina (ep.20): Eine größere Basilika wurde für die Arianer konfisziert; die Nachricht darüber erreichte Ambrosius während des Psalmsonntagsgottesdienstes. Daraufhin erläuterte Ambrosius umgehend dem Kaiser brieflich seine Gründe (ep.21), weshalb er sich weigere, vor einem zur Schlichtung eingesetzten Schiedsgericht zu erscheinen, und begab sich persönlich in die bedrohte Kirche. Ringsherum wurde sie von Truppen umstellt. Doch die Gläubigen, begeisterte Anhänger des Ambrosius, hielten in der Kirche aus, während ihr Bischof die Gottesdienste der Karwoche feierte. Hymnen wurden gedichtet, Psalmgesang ermutigte die Gemeinde zum Durchhalten, und als schließlich die Soldaten, welche die Kirche abgeriegelt hatten, zu Ambrosius überliefen, war die Belagerung gescheitert. Der wichtigste Grundsatz, den Ambrosius mit Entschiedenheit gegen den Kaiser verteidigte, war die Freiheit der Kirche vom Staat: «Dem Kaiser gehören die Paläste, dem Bischof die Gotteshäuser» (ep.20,19). Das heißt jedoch nicht, daß der Staat religiös neutral sein darf: Als eine Petition aus dem römischen Senat die Wiederaufstellung des Standbildes der Victoria erbat, protestierte Ambrosius umgehend in zwei Briefen an den Kaiser (ep. 17 und 18). Auch der Staat ist nach seiner Meinung verpflichtet, die alleinige christliche Wahrheit und die sie vertretende katholische Kirche zu schützen, den Häretikern und Heiden dagegen zu wehren.

Berühmt geworden ist auch die Kirchenbuße des Kaisers Theodosius im Jahre 390, zu der ihn Ambrosius nach einem von ihm veranlaßten und zu spät widerrufenen Blutbad in Thessalonica (Saloniki) in einem eigenhändigen Brief (ep.51) aufgefordert hatte. In Trier hatte sich seit dem Tode Gratians 383 der General Maximus als Augustus über die Westprovinzen etabliert. 387 von Valentinian II. gegen einen Barbareneinfall zuhilfe gerufen, bemächtigte er sich dessen Gebiet; der inzwischen in Aquileia residierende Hof flüchtete zu Theodosius nach Thessalonica. Daraufhin unternahm Theodosius im folgenden Jahr einen Feldzug gegen Maximus, der besiegt und danach von seinen eigenen Truppen ermordet wurde. In die Zeit des anschließenden dreijährigen Aufenthaltes des Theodosius in Mailand, in der sich ein herzliches Verhältnis zu Ambrosius entwickelte, fällt die Buße des Kaisers: ohne die kaiserlichen Insignien erschien er eine Zeitlang in der Kirche, bis er nach öffentlichem Schuldbekenntnis wieder zu den Sakramenten zugelassen wurde.

Auf die weiteren politischen Wirren einzugehen, fehlt hier der Raum. 392 stirbt Valentinian II. in Vienne, 395 Theodosius in Mailand, und für beide hält Ambrosius eine uns erhaltene Gedächtnisrede. Mit dem unfähigen, noch kaum erwachsenen jüngeren Sohn und Nachfolger des Theodosius im Westen, Honorius, und dessen tüchtigem, aber selbstherrlichen Oberbefehlshaber und Bewacher, dem Vandalen Stilicho, verbindet Ambrosius nichts. Er widmet sich in seinen beiden letzten Lebensjahren ganz seiner Gemeinde. Sein Tod am 4. April 397 nach längerer Krankheit wird von seinem Sekretär und Biographen Paulinus in erbaulichen Einzelheiten beschrieben.

Trotz seiner vielfältigen kirchenpolitischen Aufgaben, die Ambrosius als Bischof der Residenzstadt Mailand und Metropoliten einer Kirchenprovinz zufielen, nahm er seine Pflichten als Seelsorger und Prediger seiner Gemeinde sehr ernst. «Nicht die Gnade der Propheten, nicht die Tugend der Evangelisten, nicht die Umsicht der Hirten, sondern nur das Bemühen um und das Verständnis im Hinblick auf die göttlichen Schriften, welch letzteres der Apostel (Paulus) unter die Pflichten der Heiligen rechnete, hoffe ich zu erreichen», hat er einmal geschrieben (De officiis ministrorum I,1,3). Diese Pflichten waren ihm plötzlich und unvorhergesehen und ohne eine entsprechende Ausbildung zugefallen, so daß er sich durch ihre Ausübung in sie einarbeiten mußte. Dabei kam ihm freilich seine sprachliche und rhetorische Schulung zu Hilfe, die seine natürliche Redebegabung unterstützte und ihm gestattete, griechische Quellen fließend im Urtext zu lesen. Trotz einer umfangreichen lateinischen Literatur war Griechisch nach wie vor die Sprache einer überlegenen Kultur; vor allem die bedeutendsten theologischen Werke waren auf Griechisch verfaßt. Man bedenke auch, daß Hieronymus seine Übersetzung des Alten Testaments erst kurz vor dem Tode des Ambrosius begonnen hatte und die Vulgata erst viel später in allgemeinen Gebrauch kam. So ist Ambrosius einer der wichtigsten Zeugen für die altlateinische Übersetzung, die er auch in unterschiedlichen regionalen Textformen verwendete. Gelegentlich zieht er aber auch ausdrücklich die Septuaginta heran, die er nicht nur als die kirchlich approbierte Fassung besonders schätzt, sondern auch wegen ihres nach seiner Auffassung klaren und widerspruchsfreien Inhaltes (vgl. Exp.Ps. CXVIII 9,13). In seinen Psalmenkommentaren benutzte er auch Aquila und Symmachus und vergleicht gelegentlich den Wortlaut der drei griechischen Übersetzungen miteinander. Vielleicht stand ihm ein Exemplar der Hexapla zur Verfügung. Andererseits war er ein profunder Kenner Vergils; diese Kenntnis befähigte ihn auch zu einem vertieften poetischen Verständnis der Psalmen.

Ambrosius hat keine hermeneutische Theorie entwickelt. Seine Auslegung diente durchweg der Praxis. Er trug, der Gewohnheit seiner Zeit entsprechend, auch keine Bedenken, dabei in breitem Umfang auf ihm vorliegende Werke zurückzugreifen. Von den Theologen sind es besonders Origenes, den er sehr schätzte, außerdem Basilius der Große, aber auch Euseb von Caesarea, Hippolyt, Didymus und Athanasius. Von jüdischen Schriftstellern benutzte er besonders Philo, kannte aber auch die Schriften des Josephus. Durch seine Erziehung war er auch mit den Traditionen griechischer Philosophie bekanntgeworden, vor allem dem Platonismus und Neuplatonismus, aber auch den Lehren des Aristoteles, von Epikuräern und Stoikern. Die Stoa hatte Seneca im lateinischen Sprachbetrieb bekanntgemacht. Im übrigen hatte die hellenistische Popularphilosophie schon lange zu einer Vermischung aller Systeme geführt. Natürlich kannte Ambrosius Cicero, der als Gewährsmann klassisch-römischer Bildung sich seine Lehren aus allen Philosophen zusammensuchte. Soweit Ambrosius ihre Lehren aufgriff, war das kein Selbstzweck, sondern diente dem einzigen Ziel, auf das es ihm ankam: der Verkündigung der biblischen Botschaft. Im übrigen war er fest davon überzeugt, daß die heidnische Philosophie ihre Weisheit nicht sich selbst, sondern ausschließlich der Bibel verdankte. «Denn auch die Weisen der Welt schöpften aus unseren Gesetzen; denn nicht nämlich konnten sie dieses in die Lehren der Menschen ableiten, wenn sie nicht aus jener himmlischen Quelle des göttlichen Gesetzes schöpfen konnten.» (De excessu fratris I, 42,1–9)

Neben seinem Engagement als Kirchenfürst, zu dem ihn seine Stellung und sein theologisches Engagement verpflichtete, war Ambrosius vor allem Bischof, Hirte seiner Gemeinde. Zu dessen vornehmsten Aufgaben gehörte neben administrativen, richterlichen und exekutiven Funktionen vor allem die Seelsorge und, im Zusammenhang mit ihr, die Predigt (vgl. De officiis ministrorum I,1–4). Die Predigt war ein Bestandteil des Eucharistiegottesdienstes, und da es die Aufgabe des Bischofs war, diesen zu feiern, fiel ihm regelmäßig auch die Predigt zu. Es ist kein Zufall, daß Ambrosius Bibelauslegung vor allem und zuerst in der Predigt betrieb. Die meisten Kommentare, die wir von ihm besitzen, wie vor allem der Kommentar zu Psalm 118 (119) und der Lukaskommentar, sind in Wirklichkeit nichts anderes als überarbeitete Predigten. Der Lukaskommentar enthält auch keineswegs eine versweise Auslegung des gesamten Evangeliums, sondern ausgewählte Stücke; noch dazu werden Abschnitte des Lukasevangeliums ausführlich mit entsprechenden aus dem Matthäusevangelium verglichen. Überall aber scheint die erbauliche Absicht der Erklärung hindurch.

Ambrosius war ein berühmter Prediger. Daran erinnert eine Legende, die sein Biograph Paulinus (Vita, 3,2–4) erzählt: Als Ambrosius als Kind mit offenem Munde in der Wiege schlief, sei ein Bienenschwarm gekommen und habe sich auf Gesicht und Mund gesetzt. Jedoch sei der Schwarm alsbald wieder aufgestiegen und den Blicken entschwunden. Da den Bienen prophetische Gaben nachgesagt wurden, habe ihr Besuch bedeutet: die Reden des Ambrosius seien süß wie Honig, und ihr Aufsteigen zum Himmel, daß Ambrosius die Sinne der Menschen zum Himmel lenkte.

In dem Bild ist schon etwas von dem Charakter der Bibelauslegung des Ambrosius angedeutet. Unangefochtene Voraussetzung dieser Auslegung ist eine uneingeschränkte Hochschätzung der Bibel. In Aufnahme der bekannten Aussage 2.Tim 3,16 kann auch Ambrosius sagen, daß «die ganze göttliche Schrift die Gnade Gottes atmet» (Exp.Ps I,4). In der Schrift kann man Gott selbst begegnen: «Auch jetzt wandelt Gott im Paradiese (1. Mose 3,8), wenn ich die göttlichen Schriften lese. Das Paradies ist das Buch Genesis (1. Mose), in dem die Tugenden der Patriarchen emporkeimen; das Paradies ist das Deuteronomium (5. Mose), in dem die Gebote des Gesetzes sprossen; das Paradies ist das Evangelium, in dem der Baum des Lebens gute Früchte bringt.» (ep. 49/33,3) Für die Identität der Schrift mit dem Wort Gottes kennt Ambrosius mehrere Bilder: Die enge Beziehung zwischen Eucharistie und verkündigtem Wort zeigt der Vergleich mit dem Brot: «Himmlisches Brot nämlich ist das Wort Gottes» (Exp.Luc 6,63), oder der Reden über Jesus mit mehreren Broten, die sich im Mund der Prediger vermehren (Exp. Luc 6,86). Ja, die biblischen Überlieferungen sind wie die Kirche der Leib Christi (Exp.Luc 6,33). Das Bild der Milch (vgl. schon 1.Kor 3,2; Hebr 5,12f.; 1.Petr 2,2) repräsentiert die Erziehung: «Brüste nannte er die zwei Testamente – und richtig Brüste, da der Sohn, nachdem er uns mit einer geistlichen Milch ernährt hatte, (uns) erzog und so Gott darbot.» (De Patr. 51) Hier kommt zugleich die moralische Auslegung zum Ausdruck, die bei Ambrosius wie bei seinen Vorgängern eine wichtige Rolle spielt: «Es gibt auch (Ausleger), die meinen, daß die deutlichen

Gebote des Herrn, die aus dem göttlichen Munde stammen, uns wie Milch zuteil geworden sind, durch die ernährt wir zur Speise des himmlischen Brotes gekommen sind.» (De Patr. 25) Das Bild des Weines und der göttlichen Trunkenheit führt Ambrosius zur Stufe der mystischen (oder spirituellen) Auslegung: «Es gibt auch eine Kraft, die heftiger ist als die des Wortes, wie die des Weines. Eine gute Trunkenheit, die ein Ausschreiten des Geistes zu besseren und fröhlichen Dingen bewirkt, daß unser Geist die Kümmernisse vergißt und durch den Wein der Fröhlichkeit erfreut wird.» (Exp.Ps.CXVIII,24) In der Betonung dieser beiden Auslegungsarten bei Ambrosius macht sich seine starke Abhängigkeit von den griechischen Exegeten fühlbar, die er als seine Vorbilder betrachtet; von den Philosophen besonders Philo. Zu beachten ist aber auch, daß der Wortsinn als historischer Sinn für ihn ohne Interesse ist. Er kommt nur zum Tragen, wenn er sich direkt moralisch auslegen läßt. Die Exegese ist ausschließlich von pastoralen Anliegen geleitet.

Daß Ambrosius auf Philo zurückgriff, bot sich für die Auslegung des Alten Testaments, die bei ihm den Schwerpunkt bildet – aus dem Neuen Testament sind uns nur die zu einem Kommentar verarbeiteten Predigten über das Lukasevangelium erhalten –, geradezu an, da Philo als der Klassiker der allegorischen Exegese bekannt war. Im Hinblick auf die moralische Abzweckung der Auslegung gab es zudem für Ambrosius zu Philo manche Berührungen, und die spiritualisierende Tendenz der Allegorik war beiden gemeinsam.

Allerdings distanziert sich Ambrosius von Philo an einer Stelle ausdrücklich und an vielen Stellen implizit. Einmal nennt er seinen Namen: «Philo aber hielt sich, da er die geistlichen Dinge durch seine jüdische Einstellung nicht verstand, innerhalb der moralischen Dinge.» (De paradiso 4,25) Ambrosius grenzte sich, wie von den Häresien, so auch vom Judentum entschieden ab (das er auch kirchenpolitisch ähnlich rigoros bekämpfte). Unter «geistlichen Dingen» versteht er die christlichen Glaubenswahrheiten, die herauszuarbeiten das eigentliche Ziel seiner Bibelauslegung ist. Auch die Ethik ist dem untergeordnet, denn die moralischen Anweisungen, die man der Bibel entnehmen kann, sind Regeln für die neue Existenz, die der Christ durch das Erlösungswerk Jesu Christi und die Teilhabe an den Sakramenten gewonnen hat. Für die «geistliche» Auslegung benutzt er jedoch unbekümmert die allegorische Methode, die seiner Zeit selbstverständlich ist. Er kann auch den Werken Philos unbekümmert all das entnehmen, was ihm für seine eigene Arbeit nützlich erschien.

Solche Stütze war verständlicherweise besonders willkommen in den ersten Jahren seines Bischofsamtes, als er unvorbereitet in die vielfältigen Pflichten eines Bischofs hineingeworfen wurde: «Ich habe nämlich, als ich von den Gerichtshöfen und den Ehrenzeichen der Verwaltung zum

Priesteramt entrissen wurde, euch zu lehren angefangen, was ich selbst nicht gelernt hatte.» (De off. 1,4)

Verhältnismäßig früh in seiner Karriere hat sich Ambrosius mit der Auslegung des 1. Mosebuches beschäftigt, teils in Predigten, teils auch in schriftlich konzipierten Werken. Die erste Arbeit dieser Art ist die Schrift «Über das Paradies». In ihr verfolgt Ambrosius die Absicht, sich mit den Einwänden auseinanderzusetzen, die der offensichtlich auch in seiner Gemeinde aktive Rationalismus gegen die biblische Paradiesgeschichte in Gen 2–3 vorzubringen pflegte. In klassischer Weise waren diese Einwände von einem Schüler Markions, Apelles, in einer (nicht erhaltenen) Schrift «Syllogismen» formuliert worden. Man ist erstaunt zu sehen, daß dieses Werk aus dem 2. Jahrhundert im 4. noch bekannt und einer Widerlegung wert war, zumal die Sekte der Markioniten zur Zeit des Ambrosius bereits erloschen war. Doch war der antike Rationalismus auch weiterhin virulent und gerade in seiner Kritik an der Bibel eine Beunruhigung für die Gemeinde, der Ambrosius dringend entgegentreten zu müssen glaubte.

Er benutzt dazu das Schema von «Fragen und Antworten», das die christlichen Autoren aus der Philosophie der Aristoteliker und der Homerexegese übernommen hatten. Zunächst nennt er drei Fragen, die Apelles und in seinem Gefolge andere Rationalisten an die biblische Paradieserzählung stellten: 1. «Wie konnte der Baum des Lebens wirksamer zum Leben scheinen als der Lebenshauch Gottes?» 2. «Wenn Gott den Menschen nicht vollkommen schuf und jeder die Vollkommenheit der Tugend sich durch eigene Anstrengung erwirbt, scheint sich dann der Mensch nicht selbst mehr zu verschaffen, als ihm Gott gegeben hat?» 3. «Wenn der Mensch den Tod nicht gekostet hatte, konnte er auf keine Weise kennen, was er nicht gekostet hatte. Also, wenn er nicht gekostet hatte, kannte er (ihn) nicht; wenn er (ihn) nicht kannte, konnte er (ihn) nicht fürchten. Vergeblich also hielt Gott den Tod zur Abschreckung vor, den die Menschen nicht fürchteten.» (De par. 5,28) Weitere Einwände sind: 4. «Nicht immer ist es schlecht, einem Gebot nicht zu gehorchen. Wenn das Gebot gut ist, ist der Gehorsam ehrenhaft; wenn aber das Gebot schlecht ist, nicht zu gehorchen nützlich. Gut aber ist der Baum, der zur Erkenntnis des Guten und Bösen verhilft, da ja auch Gott das Gute und Böse kennt... So scheint der, welcher sie den Menschen verbietet, nicht recht zu verbieten.» (De par. 6,30) 5. «Eine andere Frage: Wer Gutes und Böses nicht kennt, unterscheidet sich nicht von einem Kinde. Das Kind hat aber bei einem gerechten Richter keine Schuld. Ein gerechter Lenker der Welt würde ein Kind niemals zur Verantwortung ziehen, weil es Gut und Böse nicht kannte.» (De par. 6,31) 6. «Wer Gut und Böse nicht kennt, weiß auch nicht, daß es böse ist, dem Gebot nicht zu gehorchen, und kennt auch das Gute nicht, das es bedeutet, dem

Gebot zu gehorchen. Und da er es nicht wußte, verdiente er Verzeihung, nicht Verdammung.» (De par. 6,32) Der obenerwähnten zweiten Frage ähnlich ist die folgende: 7. «Woher der Tod den Adam traf, ob aus der Natur eines solchen Baumes oder aber von Gott? Wenn wir das der Natur des Baumes zuschreiben, scheint die Frucht dieses Baumes stärker zu sein als der lebensschaffende Odem Gottes, wenn, wen der Odem zum Leben erweckt hatte, dann die Frucht dieses Baumes zum Tode gebracht hat» (De par. 7,35). 8. «Wußte Gott, daß Adam seine Gebote übertreten würde, oder wußte er es nicht? Wenn er es nicht wußte, dann ist das keine Versicherung der göttlichen Macht, wenn er es aber wußte und nichtsdestoweniger es befahl, von dem er wußte, daß es nicht beachtet werden würde, so ist es nicht Gottes Sache, etwas Überflüssiges vorzuschreiben. Gott tut nichts Überflüssiges. Also ist die Schrift nicht von Gott.» (De par. 8,38) Auch die neunte Frage bewegt sich in dieselbe Richtung (De par. 8,40). Unsicher ist, ob noch ein zehntes Apelles-Zitat folgt.

Die Einwände des Apelles mögen einem modernen Leser naiv vorkommen – Ambrosius schienen sie gefährlich. Er beantwortet sie zunächst auf derselben Ebene, «damit sie nicht einfache Gemüter durch bösartige Interpretation verführen» (De par. 5,28). So verweist er etwa zu dem Problem, daß der erste Mensch den Tod fürchten konnte, obwohl er ihn nicht kannte, auf die Tiere, die vor ihren natürlichen Feinden eine angeborene Furcht haben: «Wieviel mehr mußte in dem ersten Menschen, der durchweg der Vernunft voll war, eine natürliche Auffassung vorhanden sein, daß der Tod gemieden werden müsse!» (De par. 6,29) Oder er erinnert an die Antwort Evas auf die Frage der Schlange nach dem Gebot Gottes, von dem Baum der Erkenntnis nicht zu essen: Eva wiederholt sie mit den Worten: «Esset nicht von ihr und rühret sie nicht an, damit ihr nicht sterbet!» (1. Mose 3,3) (De par. 12,56) «In dem Befehl ist nichts Unrechtes, aber in der Wiedergabe des Befehls.» Denn um das Böse zu vermeiden, sei durchaus nötig, es zu kennen. Für diese Kenntnis sei es wichtig gewesen, den Baum der Erkenntnis tastend zu erkunden – was sich noch bedeutend davon unterscheidet, seine Frucht zu essen! Aber alle diese Antworten schienen ihm dann doch nur mäßig überzeugend. Deshalb wechselte er schließlich auf eine andere Ebene und nahm dazu die durch Philo für die Auslegung der Urgeschichte benutzte allegorische Methode zu Hilfe. Anlaß dazu ist die Feststellung, daß trotz aller von ihm genannten Gründe aus dem Wortsinn, weshalb der Teufel (in Gestalt der Schlange) im Paradies anwesend sein mußte, die Skeptiker sich nicht zufrieden geben wollten. Ohne daß sein Name fällt, ist die Anspielung auf Philo ganz deutlich: «Vor uns gab es einen, der daran erinnert hatte, daß wegen des Vergnügens und der Sinnlichkeit die Übertretung vom Menschen begangen worden sei, indem er in der

Gestalt der Schlange das Bild des Vergnügens annahm, in der Gestalt der Frau den Sinn der Seele und des Geistes definierte, in dem getäuschten Sinn den übertretenden Geist nach der Historie erklärte.» (De par. 2,10; vgl. dazu Philo, De opif.mundi 59) So kann nun Ambrosius in einem ganzen Block seiner Abhandlung die Ereignisse im Paradies als Geschehnisse im Innern der Seele deuten, ganz in der Art, wie es Philo gewohnt war, und auf diese Weise Anfechtungen durch die rationalistische Skepsis entfernen.

Bereits in dieser frühesten Schrift des Ambrosius finden wir also einen stark apologetischen Impuls: Es geht dem Bischof darum, seine Gemeinde vor den Anfechtungen durch rationalistische Einwände gegen die Bibel zu bewahren und ihren Angehörigen Argumente in die Hand zu geben, die sie gegen die späten Nachfolger des Apelles, die dessen Schrift noch immer benutzten, einsetzen können. Der so gewonnene Eindruck wird durch andere Schriften bestätigt.

Ein bekanntes Beispiel ist der Anfang des Werkes, das aus Predigten über den ersten Schöpfungsbericht (1. Mose 1) entstanden ist und den griechischen Titel «Exameron» (Das Sechstagewerk) trägt. Ambrosius beginnt mit einem Abschnitt (Exam. I,1), in dem er die unlöslichen Widersprüche zwischen den Philosophen in ihren Auffassungen über die Entstehung der Welt darlegt. Vermutlich hat er dabei auf Aristoteles' Schrift «Über die Philosophie» zurückgegriffen. Den Philosophen, die sich nicht darüber einigen können, ob die Materie ewig ist, ob die Welt als ganze Gott ist und deshalb als solcher angebetet werden muß oder nicht, ob vielleicht nur ihre Teile, die einzeln Götter sind, stellt er den ersten Satz der Bibel entgegen, wobei er mit allen Zeitgenossen voraussetzt, daß die Schöpfungsgeschichte Mose zum Verfasser hat und daß dieser den heidnischen Philosophen um Jahrhunderte vorausgegangen ist: «Daher sagte Mose, der im heiligen Geiste voraussah, daß dies die Irrtümer der Menschen sein würden, zu Beginn seiner Rede so: ‹Am Anfang schuf Gott Himmel und Erde›, indem er den Anfang der Dinge, den Urheber der Welt, die Schöpfung der Materie einbegriff. Damit du verständest, daß Gott vor dem Beginn der Welt gewesen ist oder er selbst der Anfang aller Dinge. So wie der Sohn Gottes im Evangelium denen, die sagten: ‹Wer bist du?› antwortete: ‹Was rede ich überhaupt noch zu euch?› (Joh 8,25). Und daß er den Dingen den Anfang gegeben hat zu werden, und daß er der Schöpfer der Welt sei. Er sagt auch schön: ‹Am Anfang schuf›, um die unbegreifliche Schnelle des Werks auszudrücken, indem er die Wirkung der abgeschlossenen Handlung früher als die Entdeckung ihres Anfangs erklärte.» (Exam. I,2,5) Anscheinend bekämpft Ambrosius mit diesem Satz insbesondere die Auffassung der Gnostiker, welche die Materie für ewig und ungeschaffen hielten, so daß Gott nur «Nachahmer der Materie, aus der er nicht nach Belieben, sondern nur nach dem vorgegebenen Muster seine Werke schaffen konnte», ist (1,2.5). Es folgt ein Lob Moses (I,2,6), in dem Ambrosius – dabei offenbar eine Aussage aus den Apostelakten (7,22) aufnehmend – darauf hinweist, Mose sei auf Veranlassung der Pharaonentochter «in aller Weisheit der Ägypter ausgebildet worden»; darauf erinnert er aber auch an seine Rückkehr zur Befreiung seines Volkes und seine Tätigkeit als Prophet, zu dem Gott von Angesicht zu Angesicht sprach (5. Mose 34,10), und als Beauftragten Gottes an den Pharao (2. Mose 4,12). Auch den Namen Moses, den 2. Mose 2,10 mit «Wasser» in Verbindung bringt, erwähnt Ambrosius, doch um ihn zu einem weiteren antiphilosophischen Ausfall zu benutzen: er bedeute nicht, daß alles aus Wasser bestehe, wie der griechische Naturphilosoph Tales gemeint hatte. Der Streit zwischen der Philosophie und der Theologie ist für Ambrosius von vornherein durch die Autorität der Bibel, durch die von Gott geschenkte persönliche Autorität Moses und durch die Tatsache, daß er den heidnischen Philosophen um Jahrhunderte vorausging, entschieden.

Da der Kampf zwischen Heidentum und Christentum, auch wenn das Heidentum zur Zeit des Ambrosius bereits weithin auf dem Rückzug war, noch nicht endgültig beendet war, hatte auch diese apologetische Front für ihn eine seelsorgerlich-missionarische Aktualität, der er mit diesen Ausführungen entsprach. Er gab damit übrigens das Startzeichen für viele spätere Diskussionen.

Ein anderes Beispiel ist «Über Jakob und das glückliche Leben». Ihre heutige Form verdankt diese Abhandlung offenbar der Zusammenfassung mehrerer Predigten. Obwohl diese Struktur also erst das Produkt redaktioneller Arbeit ist, läßt sich hinter ihr ein wohlüberlegter Plan erkennen. Ambrosius beginnt mit einer philosophischen Abhandlung von der Herrschaft der Vernunft über die Leidenschaften (I,1,1-I,2,8); seine Quelle ist hier das früher fälschlich Josephus zugeschriebene sog. 4. Makkabäerbuch, eine jüdisch-hellenistische Schrift aus dem 1. Jahrhundert, in dem die Gültigkeit des stoischen Satzes (vgl. 4. Makk 1,1–12) vor allem am Beispiel des Martyriums des Eleaser sowie der sieben Brüder und ihrer Mutter (vgl. 2. Makk 6,18–7,42) erläutert wird (4. Makk 5,1–17,6). Ambrosius gibt seinen Inhalt teilweise mit eigenen Worten wieder und führt auch eigene Beispiele aus dem Alten Testament für den Vorteil der Mäßigung an (David, der auf das ihm unter Lebensgefahr gebrachte Wasser aus Bethlehem verzichtet, 2.Sam 23,15ff.; De Jac. I,1,3; Jakob, der durch seine Mäßigung das Erstgeburtsrecht von Esau erhält, 1. Mose 25,29ff.; Josephs Weigerung, der Frau Potiphars beizuwohnen, 1. Mose 39,7ff.; De Jac. I,2,6; Jakobs Schelte seiner Söhne Simeon und Levi wegen der blutigen Vergeltung an den Sichemiten, 1. Mose 34,30; De Jac. I,3,7; Adams und Evas Gier nach der verbotenen Frucht im Paradies, 1. Mose 3,1ff.; De Jac. I,3,8). Das 4. Makkabäerbuch ist ein interessanter jüdischer Versuch, vor dem Hintergrund der Grundsätze antiker Ethik die Überlegenheit des Gesetzes Moses als ethische Basis zu erweisen. Auch Ambrosius scheint diese Grundsätze zu teilen, wenn er gleich am Anfang (De Jac. I,1,1) den allgemeinphilosophischen Satz nachspricht: «Die Tugend ist nämlich lehrbar», und: «Der Geist, der auf Vernunft aus ist, geht den Tugenden voraus, (er) zügelt die Leidenschaften». Von der Vernunft als Herrin der Leidenschaften ist in diesem einleitenden Stück noch mehrmals die Rede, und es wirkt wie ein Lehrstück heidnisch-ethischer Anthropologie.

Um so mehr verwundert auf den ersten Blick, daß sich daran ohne längeren Übergang eine freie Exegese von Röm 5,13–8,39, des Kernstücks paulinischer Botschaft, anschließt (De Jac. I,3,10–I,6,26). Aber diese Nebeneinanderstellung intendiert eine Korrektur des heidnischen Menschenbildes, dem Ambrosius anfangs kritiklos zu folgen schien: So ergibt sich aus Röm 7,24f., daß der Mensch nicht frei ist, dem Gesetz Gottes zu folgen, denn der Geist des Menschen ist dem Fleisch unterworfen, «wenn er nicht die Leitung Christi hat». «Deshalb müssen wir uns Mühe geben, daß wir Gottes Gnade erlangen.» «Es kam nämlich der Herr Jesus, der unsere Leidenschaften seinem Kreuz anheften, die Sünden vergeben sollte.» (I,5,17) Hier folgt die ganze christliche Heilslehre, endend mit dem Appell an die Hörer (der Stil der ursprünglichen Predigt wird nun ganz deutlich), das Kreuz Christi in der Nachfolge auf sich zu nehmen und durch alle Bedrängnisse hindurch auf das Ziel zuzugehen. «In ihnen nämlich werden wir bewährt, in ihnen ist glückliches Leben, auch wenn es von vielen Gefahren überflutet wird.» (I,7,27) Darauf kann dann ohne weiteres der typisch stoische Satz folgen: «Nicht nämlich wird der Weise durch Schmerzen des Körpers gebrochen noch durch Unbequemlichkeiten gestört, sondern er bleibt auch in harten Zeiten glücklich.» (I,7,28) Ambrosius hat es geschafft: Er kann seine Absicht verwirklichen, seine Gemeinde ethisch zu ermahnen, aber er hat zugleich den christlichen Ansatz gewahrt, welcher Gottes Gebote als Lebensregeln für die von Christus Erlösten versteht.

In dem folgenden Abschnitt (I,7,28–I,8,39) wird dann, wieder in rationalem Geist, der Weise beschrieben, dessen Leben, weil er der Vernunft folgt, glücklich verläuft. Dabei wird das Leben in Klugheit und Gewissenhaftigkeit dem Leben nach dem Fleisch, dem körperlichen Vergnügen, antithetisch gegenübergestellt, «da ja nicht im Vergnügen des Körpers das Glück des Lebens besteht, sondern im von jedem Ausgleiten der Sünde freien Gewissen» (I,7,28). Hier kommt noch einmal die philosophische Ethik, wie sie die Stoiker Seneca und Cicero oder der Neuplatoniker Plotin vertraten, voll zu Worte, wenn sie Ambrosius auch mit einigen Beispielen aus dem Alten Testament (Hiskia, Jeremia, Daniel, die drei Männer im Feuerofen) illustriert (I,8,36).

Das zweite Buch enthält dann, als Beispielsammlung für das dargestellte Ideal, eine Exegese des Lebens Jakobs (II,1,1-II,9,42), der ein glückliches Leben führte, weil er ein reines Gewissen hatte – wie anders wird der Charakter Jakobs im Alten Testament selbst geschildert! – und eine Schilderung des Martyriums der Makkabäer (II,10,43-II,12,58), zwei ursprünglich selbständige Predigten, jedoch von Ambrosius umgearbeitet und dem neuen Zweck dienstbar gemacht.

Doch auch in der fertigen Schrift ist er dem pastoralen Anliegen treu geblieben. Die Abhandlung will belehren, wie der Christ ein glückliches, d. h. moralisches Leben zu führen hat. Dazu anzuleiten, ist die Aufgabe des Bischofs. Erstaunlich ist, wieweit dabei die Grundsätze antik- heidnischer Moral inhaltlich zur Geltung kommen. Etwa der Gegensatz zwischen Körper und Geist, Motor der asketischen Bewegung in der alten Kirche, spielt, noch ganz in seinem philosophischen Kontext, eine wichtige Rolle. Zwiespältig ist auch die Rolle der Vernunft: Den skeptischen Rationalismus hatte Ambrosius in «Vom Paradies» zu widerlegen gesucht – hier jedoch räumt er der Vernunft einen zentralen Platz ein. Den Arianismus, eine entschieden rationalistische Form des Christentums, hat er heftig bekämpft. Aber auch die Orthodoxie, deren kirchlicher Repräsentant er ist, ist in der antiken Geistigkeit mit zahlreichen Wurzeln verhaftet. Dem kann dann auch die Bibelexegese in weitem Ausmaß dienstbar gemacht werden.

Bei der Entwicklung seiner Auslegungsgrundsätze sucht Ambrosius jedoch eine eigene Linie, die in eigentümlicher Weise das Miteinander von Antike und Christentum in seinem Denken illustriert. Wir finden grundsätzliche Aussagen darüber im Eingang seiner beiden größeren Kommentare, in der Auslegung von Psalm 118 (119) und im Lukaskommentar. Der Anfang des Psalms: «Wohl denen, die ohne Tadel leben, die im Gesetz des Herrn wandeln. Wohl denen, die seine Zeugnisse erforschen, die ihn von ganzem Herzen suchen!» veranlaßt Ambrosius, auf die in seinen Augen bemerkenswerte Reihenfolge der Aussagen des Psalmisten aufmerksam zu machen: «Welch schöne Ordnung, wie voll an Lehre und Gnade! Er sagte nicht zuerst: ‹Die seine Zeugnisse erforschen› – das konnte nämlich nach dem Wortlaut sich nahelegen – sondern zuerst: ‹Wohl denen, die ohne Tadel leben›. Vorher nämlich ist das Leben vor der Lehre zu suchen. Ein gutes Leben hat nämlich auch ohne Lehre Gnade, Lehre ohne Leben hat keine Vollständigkeit... Deshalb ist zuerst der Kampf des Lebens zu üben, die Sitten zu korrigieren. Wenn wir das eingerichtet haben ..., dann mögen wir zu den Studien kommen, Erkenntnis zu erlangen, in seiner Ordnung und Weise. Das erste sind die moralischen Dinge, das zweite die mystischen.» (Exp.Ps.CXVIII,I,2)

Außer diesen beiden Sinnebenen, die Ambrosius seiner Schriftdeutung zugrundelegen will, nennt er noch eine dritte, die «Naturdinge», und findet in den drei Salomo zugeschriebenen Büchern jedenfalls vorwiegend diese drei Aspekte: in den Sprüchen den moralischen, den naturbezogenen im Prediger, den mystischen im Hohenlied (Exp.Ps. CXVIII,I,3). In seinen anschließenden Ausführungen (Exp.Ps.CXVIII,I,5–7) erklärt Ambrosius die Bedeutung von «moralisch» – für uns leicht verständlich – und «mystisch»: dieser bezieht sich auf religiöse Dinge: «Wo ihm also die göttlichen Geheimnisse offenbart werden und er die Freude über die Auferstehung des Herrn anzieht und die Dankbarkeit für die Passion kostet, die Gemeinden der Gerechten sieht»(I,5,7). Nicht erklärt wird, was «Dinge der Natur» sind. Da hilft jedoch der Prolog zum Lukaskommentar weiter. Hier erinnert Ambrosius eingangs (Exp.Luc.prol.2) an die traditionelle (auf Plato und Aristoteles zurückgehende und von Cicero aufgenommene) Dreiteilung der Philosophie: Physik, Ethik, Logik (naturalis, moralis, rationalis). Diese drei Sorten von Philosophie findet Ambrosius auch in den Bezeichnungen der drei Brunnen Isaaks abgebildet: des Brunnens der Vision (1. Mose 24,62), des weiten Raumes (Überflusses) (1. Mose 26,22) und des Schwures (1. Mose 26,33) – eine Idee, die er in «Über Isaak oder die Seele» noch weiter ausgesponnen hatte (De Isaac 20–29).

Interessant ist zu sehen, wie Ambrosius die Einteilung der profanen Philosophie christianisiert. Cicero hatte sie folgendermaßen definiert: «Es war also die schon von Plato akzeptierte dreifache Art des Philosophierens: eine über Lebensführung und Sitten, die andere über Natur und verborgene Dinge, die dritte über die Art der Erörterung und des Urteils darüber, was wahr, was falsch, was richtig und verkehrt in der Rede, was übereinstimmend und widersprüchlich sei.» (Acad.I,19) Ambrosius dagegen definiert die drei Arten des Denkens im Anschluß an die Brunnen Isaaks so: «Die rationale (Weisheit) ist der Brunnen der Vision, weil die Vernunft den Blick des Geistes schärft und die Sicht der Seele reinigt. Der Brunnen des Überflusses ist ethisch, dadurch daß, nachdem die Andersstämmigen, in deren Bild die Laster des Körpers dargestellt werden, gewichen waren, Isaak das Wasser des lebendigen Geistes fand. Der dritte Brunnen (ist der) des Schwures, d. h. der natürlichen Weisheit, die das, was über die Natur oder in der Natur ist, versteht.» (Exp.Luc.prol.2) Hier ist die Aufgabe des rationalen Denkens aus der Funktion formaler Logik umgedeutet in die Aufgabe der Reinigung des Geistes als Vorbereitung auf die Kontemplation, und die Physik wird zur Metaphysik, «denn was bestätigt und sozusagen mit Gott als Zeugen beschworen wird, das umfaßt auch die göttlichen Dinge, da der Herr der Natur als Zeuge der Glaubhaftigkeit herangezogen wird» (ebd.). Auch hier folgt der Hinweis auf die drei Bücher Salomos, nur etwas offener: «Über die rationellen und ethischen Dinge schrieb er in den Sprüchen; über die natürlichen im Prediger, denn ‹Eitelkeit der Eitelkeiten und alles ist eitel›

(Pred 1,2) in dem, was auf der Welt ist, denn ‹die Schöpfung ist der Vergänglichkeit unterworfen› (Röm 8,20); was die moralischen und rationalen Dinge angeht, im Hohenlied: Deswegen weil unserer Seele die Liebe zum himmlischen Wort eingegossen wird und das heilige Gemüt mit dem Rationalen (Spirituellen) sozusagen in Gesellschaft verbunden wird, werden bewundernswerte Geheimnisse enthüllt.»

Ambrosius meint diese unterschiedlichen Eigenarten auch in den Evangelien zu entdecken: Die «natürliche Weisheit» – gemeint ist die Metaphysik! – findet sich im Johannesevangelium: «Denn niemand, wage ich zu sagen, hat mit einer so sublimen Weisheit die Majestät Gottes gesehen. Er hat sich erhoben über die Wolken, über die himmlischen Kräfte, über die Engel, um das Wort zu entdecken, das am Anfang war, und das Wort bei Gott (Joh 1,1) zu sehen.» (Exp.Luc.prol.3) Matthäus ist der Moralist, der Lebensregeln lehrt – das leuchtet vor allem angesichts der Bergpredigt ein. Markus dagegen wird als «rational» beschrieben, offenbar im Sinne des oben erklärten Wortgebrauches, denn hierzu verweist Ambrosius auf den Anfang des Evangeliums (1,2ff.), in dem von Johannes dem Täufer die Rede ist, «damit er (Markus) zur Bewunderung (des Täufers) bewege und lehre, daß der Mensch durch Demut, Enthaltsamkeit und Glauben sich Wohlgefallen erringen muß, wie jener heilige Johannes der Täufer mit jenen Stufen aufstieg, seiner Kleidung, seiner Speise, seiner Botschaft» (Exp.Luc.prol.1.3). Hervorzuheben ist das Stichwort «Glaube», denn paradoxerweise ersetzt der Glaube, zu dem der Mensch durch die rechte Ratio gelangt, als Ziel dieser Vorbereitungen und Voraussetzung tieferer Erkenntnis die formale Logik, die dort bei den Philosophen ihren Platz hat. In einer späten Predigt, der Auslegung des 36.(37.) Psalms, kann Ambrosius die drei Aspekte auch auf den Pentateuch übertragen: «Die ganze Schrift ist entweder natürlich oder mystisch oder moralisch: natürlich in der Genesis (1. Mose), in der ausgedrückt ist, wie Himmel, Meere, Länder gemacht wurden, mystisch im Leviticus (3. Mose), in dem das Geheimnis des Priestertums begriffen ist, moralisch im Deuteronomium (5. Mose), in dem das menschliche Leben nach der Vorschrift des Gesetzes geformt wird.» (Expl.p.XXXVI,1) Im Lukasevangelium meint Ambrosius alle drei Verständnisebenen zu finden, abgesehen davon, daß er dieses Evangelium «historisch» nennt, da Lukas «in einer größeren Fülle von Einzelheiten die Taten des Herrn beschrieb» (Exp.Luc.prol.1). Das gilt aber auch für die anderen Evangelien und die Schrift überhaupt, denn diese drei Aspekte leiten grundsätzlich die Schriftauslegung des Ambrosius.

Auf welchem methodischen Wege diese Auslegungsaspekte gewonnen werden, spielt dabei keine entscheidende Rolle, denn etwa in Psalm 118 (119) oder der Bergpredigt führt schon der Wortsinn ohne weiteres zu einer moralischen Deutung. Sonst kann aber auch die Allegorie zuhilfe genommen werden, um zu einem in den Augen des Ambrosius angemessenen Verständnis zu gelangen.

Wie stark dabei der Aspekt des spirituellen Aufstiegs der Seele maßgebend ist – hier macht sich auch bei Ambrosius der ungebrochene Einfluß des Origenes bemerkbar –, wird besonders im vierten Kapitel von «Über Isaak oder die Seele» deutlich, in dem – neben der Erwähnung der Brunnen Isaaks (De Isaac 4,20–22) und der drei Bücher Salomos (4,23) – die Auslegung von Versen aus dem Hohenlied eine besondere Rolle spielt. Das Kapitel beginnt mit einer Deutung von Hohel 1,4 «Der König führte mich in seine Kammer». Hierzu sagt Ambrosius: «Jede selige Seele dringt in das Innere. Denn sie erhebt sich von dem Körper, entfernt sich weiter von allen Dingen und erforscht und sucht in sich selbst jenes Göttliche, ob sie es denn erreichen könne» (De Isaac 4,11). Reinigung, moralisches Handeln und mystische Erkenntnis, das sind die Stufen des Weges, der den Gläubigen zu Gott führt. Das Schema aus der Philosophie hat die hermeneutische Begrifflichkeit des Origenes ersetzt, aber im Ziel der Auslegung ist sein Einfluß auf Ambrosius zentral geblieben. Aber dieser hat offensichtlich seine Darstellung einem seelsorgerlichen Anliegen angepaßt: Außer dem dreifachen kann man auch ein vierstufiges Schema erkennen: die bereits errungene Vereinigung der Seele mit Gott wird durch fleischliche Versuchungen gefährdet (4,13), und erst Selbsterkenntnis (4,15) führt zur Läuterung, zur Zähmung der Begierden (4,16), zur Nachfolge und dadurch zur Vollendung.

Für das Verhältnis des Alten Testaments zum Neuen ist bei Ambrosius der Ausgangspunkt die Überzeugung von der Einheit der beiden Testamente. Ihre Einheit beruht darauf, daß Gott ihr Gründer ist (ep. 74,1): «Es ist ausgemacht zu glauben, daß beide Testamente einen Urheber besitzen» (De par. 8,38). Dieser Urheber ist mit Christus zu identifizieren: «Da gesagt wird, daß ‹alles durch ihn gemacht ist› (Joh 1,3), wird er als Gründer sowohl des Neuen wie des Alten Testaments bezeichnet, daß die Manichäer keinen Platz zur Versuchung haben» (De Fide, I,8,57). Gegen die mancherlei Sektierer, welche die Autorität des Alten Testaments leugnen, hält Ambrosius entschieden an der Einheit der Schrift fest. Diese Einheit ist aber auch innerhalb der Schrift vom Neuen Testament her begründet: Z. B. bemerkt Ambrosius zum Wort Jesu Luk 4,27, wo dieser auf die Heilung des Syrers Naeman (2.Kön 5,14) im Zusammenhang eigener Heilungen zu sprechen kommt: «Es wird gezeigt, daß das Tun des Herrn mit den alten Schriften übereinstimmt.» (Exp.Luc. IV,49) Aber mehr als das: «Trinke Christus, damit du seine Rede trinkst; seine Rede ist das Alte, seine Rede ist das Neue Testament.» (Exp.Ps. I,33) Die Grundvoraussetzung, daß die ganze Bibel Wort Gottes ist, führt vor dem Hintergrund trinitarischen Denkens zu einer christologischen Interpretation auch des Alten Testaments. In der ganzen

Bibel spricht der dreieinige Gott: «Hier spricht Christus, dort der Vater, dort der Geist zu den Vätern. Dies widerspricht sich nicht, sondern stimmt überein. Was einer spricht, sprechen drei, da es die eine Stimme der Trinität ist.» (Exp.Luc. X,12) Insbesondere aber gilt: «Christus ist es, der gesprochen hat sowohl im Propheten wie im Evangelium.» (De Fide, II,37) Dennoch gibt es eine Rangfolge zwischen Altem und Neuem Testament: «Das erste ist das Gesetz, das zweite das Evangelium, geringer ist dennoch die Furcht als die Gnade.» (Exp.Luc.V,31) Hierin kommt die Erziehungsabsicht Gottes an den Menschen zum Ausdruck: «Das Gesetz folgte in vielem der Natur, um uns dadurch, daß es den natürlichen Begierden stärker entgegenkam, zur Suche nach der Gerechtigkeit zu rufen. Christus schnitt in die Natur ein, da er auch die natürlichen Vergnügungen abschnitt.» (Exp.Luc.VIII,1) Von daher gibt es auch eine Reihenfolge, in der die Testamente gehört werden müssen: «Trinke zuerst das Alte Testament, damit du auch das Neue Testament trinken kannst. Wenn du nicht das erste trinkst, wirst du das zweite nicht trinken können. Trinke das erste, um den Durst zu mildern, trinke das zweite, daß du Sattheit im Trinken schöpfst. Im Alten Testament ist die Reue, im Neuen ist die Freude.» (Exp.Ps. I,33)

In dem Bild des Trinkens ist die Erinnerung an die Eucharistie wach, um die das Denken des Bischofs kreist. Es geht auch hier um die spirituelle Erziehung des Christen, wobei das Gesetz, mit dem Alten Testament identifiziert, und das Evangelium, gleichgesetzt mit dem Neuen, Stufen sind, die auch in dieser Reihenfolge beschritten werden sollten. Auch in mehreren Briefen behandelt Ambrosius dieses Thema, das schon bei Paulus eine Rolle spielt. So erläutert er auf Anfrage in Brief 74 die Stelle Gal 3,24 vom «Gesetz als Zuchtmeister auf Christus», in Brief 75 die benachbarte Aussage Gal 3,10 «Die mit des Gesetzes Werken umgehen, die sind unter dem Fluch». Entscheidend ist für ihn, daß das Gesetz für Christen durch das Evangelium abgelöst wird, seit Christus gekommen ist. Dazu bemerkt er, gegen den Anspruch der Juden auf das Alte Testament, unter Berufung auf Hebr 9,17 – wonach ein Testament erst mit dem Tod des Erblassers in Kraft tritt –, daß sie zwar auch Erben sind, aber ohne ein Erbe (ep.75).

Das Gegenüber der Testamente wird auch in der Gegenüberstellung von jeweils zwei Brüdern veranschaulicht, wobei Ambrosius ebenfalls traditionelle Muster verwendet. Ein wichtiges Motiv ist dabei auch die Absicht, den Übergang des Heils von den Juden zu den Heiden und damit zur (heidenchristlichen) Kirche zu belegen. Schon Paulus hatte in Isaak und Ismael und ihren Müttern Sara und Hagar Typen der beiden Testamente und Völker gesehen (vgl. Röm 9,8f.; Gal 4,21–31). In seinem letzten Werk, der Erklärung des 43.(44.) Psalms, greift Ambrosius dieses Bild, das er schon mehrfach verwendet hatte (vgl. De Abr. I,4,28;

II,10,72; Ep.72), erneut auf, versteht unter den beiden Frauen die beiden Testamente und ihren Söhnen die beiden Völker der Christen und Juden. Das Testament vom Berge Sinai – den Namen deutet Ambrosius als «sein Maß», d. h. das mosaische Gesetz, oder als «sein Lohn»: die Juden wollten lieber durch Werke des Gesetzes als durch Gnade gerechtfertigt werden – gebar die Juden zur Knechtschaft. Dagegen ist Sara das Jerusalem von oben, welches das Volk aus den Nationen gebar, das an Christus glaubt. Entsprechend auch die Söhne: Ismael «ist nach dem Fleisch geboren, da er die göttliche Schrift nach dem Fleisch und nach dem Buchstaben gedeutet hat, nicht nach dem Geist. Der aber von der Freien, ist geboren nach der Verheißung» (Exp.Ps. 43,57). Am Schluß dieses Abschnittes beruft sich Ambrosius ausdrücklich auf Paulus: «Dies ist also die Lösung, da, was der Jude mißachtete, der Glaube der Heiden löste, der von dem Lehrer Paulus den Gemütern der Nationen eingeflößt war». Gegenüber Paulus ist jedoch der Gegensatz zu einer grundsätzlichen Ablehnung der Juden verschärft, die Ambrosius in einem Atem mit den Häretikern nennt: «Deren (Saras) Magd ist die Synagoge oder jede Häresie, die Sklaven, nicht Freie schafft» (De Abr. II,72).

Auch an dem Brüderpaar Kain und Abel (Cain, I,2,5), an Ephraim und Manasse (De Patr. I,2–4; Exp.Ps. CXVIII,14,31–32; Exp.Ps XXXXIII,18) sowie an den Söhnen Thamars und Judas: Phares und Zara (1. Mose 38,27.30) – eine ausführliche Behandlung dazu im Lukaskommentar (Exp.Luc. III,17–29) – macht Ambrosius das Verhältnis der Testamente deutlich, wobei ihr Gegenüber als Gesetz und Evangelium, das sich auch in den beiden Völkern der Juden und Christen (aus den Heiden) spiegelt, im Vordergrund steht. Allerdings kennt auch Ambrosius die Hoffnung auf eine endliche Bekehrung der Juden, die einen freien Dienst des Evangeliums durch alle Völker möglich machen wird (vgl.Ep.77,6f.). Er kann die Aussage des Paulus (Röm 11,25f.) aufnehmen: «Wenn aber die Fülle der Heiden (in das Heil) eingetreten sein wird, dann wird ganz Israel gerettet werden.» (Exp.Ps. 61,29) In seinem letzten Werk, der Erklärung des 43.(44.) Psalms, verbindet er auch das Bild von der mehrfachen Ehe mit dem Verhältnis der Testamente. Das jüdische Volk – die Synagoge – ist dem Gesetz – *nomos* ist masculinum – wie einem Manne verbunden, «aber dem körperlichen (materiellen) Gesetz, nicht dem geistigen, d. h. dem jüdischen Ritus des Gesetzes, durch dessen Fesseln sie gebunden ist, weil sie die Geheimnisse einer legitimen Ehe nicht kennt. Wenn aber das Gesetz tot ist, nämlich die körperliche (materielle) Auslegung des Gesetzes, dann heiratet das Volk, nachdem gleichsam der erste Mann tot ist, den zweiten Mann, der von den Toten auferstanden ist. Es ist auch das Haupt dieser Frau das Evangelium» (Exp.Ps. 43,62). Auch hier steht Paulus im Hintergrund; gleich darauf zitiert Ambrosius Röm 7,2–4 wörtlich. Er fährt fort: «Daher ist der erste Mann das Gesetz (das Alte Testament), später geschieht die Hochzeit des zweiten Mannes, d. h. die Geheimnisse des Evangeliums, denn die beiden Testamente sind sozusagen zwei Ehen. Die eine Ehe ist das Alte Testament, die nach dem Tode des ersten Mannes aufgelöst ist. Deshalb kann diese Frau, der das Gesetz tot ist, zu Recht eine neue Ehe eingehen, das ist das Neue Testament.» Daraus ergibt sich für die Gemeinde, die Ambrosius darauf unmittelbar anredet, daß auch sie dem Gesetz tot sein, d. h. die materielle Auslegung verlassen kann, wenn sie Zugang zum Evangelium hat. Letztlich – und das sollten auch diejenigen beachten, die in neuester Zeit Ambrosius als judenfeindlich kritisieren – hat er ähnlich wie Paulus ein seelsorgerliches Anliegen: Es geht ihm darum, seine Gemeinde vor einer in seinen Augen falschen, die wörtliche Geltung des alttestamentlichen Gesetzes auch für Christen voraussetzenden Haltung zu bewahren. Offenbar sah er eine Gefahr dafür gegeben, und die auf seinem letzten Krankenbett diktierten Ausführungen sind in dieser Hinsicht sein Testament.

Es ist bemerkenswert, in welchem Ausmaß Ambrosius sich auf die Theologie des Paulus beruft. Bezeichnend dafür ist u. a., daß er in Paulus den Wirt sehen kann, dem der barmherzige Samariter den unter die Räuber Gefallenen zur Pflege anvertraut: «Der gute Austeiler, der sogar etwas Zusätzliches austeilt! Guter Austeiler Paulus, dessen Predigten und Briefe gleichsam von der Erkenntnis überfließen, die er empfangen hatte!»(Exp.Luc.,82) Wenn man genau hinsieht, hat Ambrosius erstaunlich viel von paulinischer Theologie begriffen.

Natürlich ist bei Ambrosius auch von alttestamentlicher Verheißung und neutestamentlicher Erfüllung die Rede. «Das Gesetz hat die Aufgabe, Christus vorherzuverkünden.» (Exp.Ps. CXVIII,16,39) «Der ganze Inhalt des alttestamentlichen Gesetzes war nur ein Vorbild des Zukünftigen.» (Exp.Luc. II,56) Die traditionellen Schriftbeweise: Melchisedek (1. Mose 14,18–20; vgl. Hebr 7,1 ff.) als Typus Christi (Ep. 63,49) oder die Stelle von der Jungfrauengeburt (Jes 7,14; dazu De Cain I,10; Exp. Luc. II,4–15.18.78; VII,10 u. ö.) kennt er wie alle Kirchenväter. Insbesondere in David, den er als Verfasser sämtlicher Psalmen ansieht (wie es in der alten Kirche üblich war), erblickt er den Propheten, der in deutlichster Weise Jesus angekündigt habe. «Was andere durch Rätsel ankündigten, das scheint ihm allein in aller Öffentlichkeit und unverhüllt versprochen worden zu sein: daß der Herr Jesus aus seinem Samen geboren werden würde» (Hinweis auf Ps 131(132),11). «In den Psalmen wird uns deshalb Jesus nicht nur geboren, sondern nimmt auch jenes heilsame Leiden des Leibes auf sich, ruht, steht auf, fährt zum Himmel, sitzt zur Rechten des Vaters. Das, von dem niemand vermutet hätte, daß ein Mensch es sagen würde, das kündigte allein dieser Prophet an, später verkündete es der Herr selbst im Evangelium.» (Exp.Ps. I,8) Die letzte

Wendung erinnert zugleich an die auch sonst bei Ambrosius belegte Vorstellung, daß das Alte Testament (=«Gesetz») verschlossen war, bis Christus es öffnete: «Es ist ein berühmtes Geheimnis, daß das Gesetz nicht stark genug war, daß es die Völker überzeugte und die Nationen riefe, oder daß es ja verschlossen war bis zur Ankunft Christi, der uns die prophetischen Orakel darstellte, die Zeugnisse der alten Schrift vortrug und sozusagen einen Mund des Gesetzes öffnete, so daß der Ruf des Glaubens in die ganze Welt gelangte.» (De Abr. II,74) Erst seither, d. h. für Christen, ist das Alte Testament wirklich verständlich. Von daher ist es nicht abgetan, sondern gewinnt neu seinen Wert; das ist besonders wichtig für Ambrosius, der aus dem christlich verstandenen Alten Testament mit Vorliebe die Texte für seine Predigten wählt.

Der Wert des Alten Testaments kommt auch in dem dreiteiligen heilsgeschichtlichen Schema zum Ausdruck, das in der Anwendung auf die Bibel Ambrosius eigentümlich ist. Anstelle des auch bei ihm häufigeren zweiteiligen Schemas, in dem sich Altes und Neues Testament als «Gesetz» (Bezeichnung für das Testament als ganzes, aber auch für die wörtliche, fleischliche Auslegung der Juden) und Evangelium gegenüberstehen, kann er auch eine Einteilung der Heilsgeschichte verwenden, in der das Alte Testament in zwei Perioden auseinanderfällt. Unter anderen Motiven kann wiederum die apologetische Absicht dabei eine Rolle gespielt haben.

Schon der jüdischen Apologetik war das Argument geläufig, daß die heidnische Philosophie ihre Lehren von Mose haben müsse, weil sie viel jünger sei als diese und Mose die Weisheit der alten Ägypter gelernt habe (so u. a. Philo). Das Argument aus dem höheren Alter wurde dann auch vom Christentum übernommen und wurde wichtig für den Kampf mit der klassischen Antike, die sich auf ihre Philosophen und Dichter berief, um ihren höheren Wert gegenüber der neu aufgekommenen orientalischen Sekte – so stellte sich das Christentum für einen Celsus und andere Verteidiger des Heidentums dar – zu zeigen. Ebenso wehrten aber auch die Christen den Anspruch des Judentums auf das Alte Testament ab, indem sie zu zeigen suchten, daß das Christentum bereits früher sei als das Judentum. Die Juden berufen sich auf Mose als den Mittler der Tora – die Christen haben ältere Zeugen für ihren Glauben als Mose! Das betont Ambrosius in seinem Lukaskommentar im Zusammenhang mit der Erwähnung der beiden Thamar-Söhne Phares und Zara: Daß der eine der beiden Brüder, Phares, zuerst eine Hand aus dem Mutterleib streckte, aber dann doch Zara zuerst herauskam (1. Mose 38,28–30), hat für ihn eine tiefere Bedeutung: «Warum streckte der eine die Hand aus dem Mutterleib voraus, ging der andere aus dem Geburtsausgang voraus, wenn nicht, da durch das Geheimnis der Zwillinge das Leben der Völker beschrieben wird, das eine nach dem Gesetz, das andere nach dem

Glauben, das eine nach dem Buchstaben, das andere nach der Gnade? Früher nämlich ist die Gnade als das Gesetz, früher der Glaube als der Buchstabe. Und deshalb schickte der Typus der Gnade seine Hand zuerst voraus, da ja das Handeln der Gnade vorausging, die in Hiob, Melchisedek, Abraham, Isaak, Jakob war, die durch Glauben ohne Gesetz lebten; es glaubte nämlich Abraham, und das wurde ihm zur Gerechtigkeit gerechnet (vgl. 1. Mose 15,6).» (Exp.Luc. III,21) Unschwer erinnert man sich daran, daß sich bereits Paulus auf diese Aussage berief (Röm 4,3; Gal 3,6). Ambrosius folgt auch hier Paulus, wendet seine Argumentation aber in eine andere Richtung. Für Ambrosius ergibt sich aus der Reihenfolge des Auftretens der Männer, die ohne das Gesetz vor Gott gerecht waren – auch Hiob als ein Frommer der Vorzeit, der außerhalb Israels lebte, gehört dazu – vor Mose, daß der auf die Gnade allein gegründete Glaube durch sein höheres Alter auf jeden Fall den Vorrang hat, «denn die heiligen Patriarchen, die von den Fesseln seiner Vorschriften frei waren, glänzten von einer freien und uns ähnlichen Gnade des Evangeliums.» Bemerkenswert ist, daß Ambrosius dabei die Juden – die durch den jüngeren Bruder symbolisiert werden – nicht ausschließt: «Beide Lebensweisen (geschehen) nämlich Gott entsprechend. Denn auch diejenigen, die nach dem Gesetz Moses einen gottesfürchtigen und frommen Kampf kämpften, sind nicht ohne Gnade und Ehre. Aber früher ist die Frucht der Frömmigkeit in den Urhebern als in den Erben.» (Exp.Luc. III,22)

In diesem dreiteiligen Geschichtsschema hat sich die Gesetzesbeobachtung «sozusagen wie eine Scheidewand dazwischen geschoben, und die Lebensweise der Urväter scheint auf eine bestimmte Weise unterbrochen» (ebd.). Wieder liegt eine Erinnerung an Paulus vor (Röm 5,20; vgl. Gal 3,19), die Ambrosius systematisch ausgebaut hat. Worauf es ihm ankommt, sagt er an anderer Stelle: «daß die Geheimnisse der Christen älter sind als die der Juden und die Glaubensgeheimnisse der Christen göttlicher als die der Juden» (De Sacr. IV,10). Die Patriarchen werden zu Vorläufern und Typen der Christen: «Die erste ist also die Frömmigkeitsschule nach dem Evangelium, da wir durch das Kreuz und das Blut Christi glauben, dessen Tag Abraham sah und sich freute (vg. Joh 8,56), dessen Gnade, die im Typus der Kirche dargestellt wird, Noah in geistlicher Erkenntnis vorausfühlte, dessen Stellvertretung im Opfer Isaak nicht ablehnte (vgl. 1. Mose 22,10), den Jakob, da er siegte, anbetete (vgl. 1. Mose 32,25), die rote Farbe von dessen Kleidern Jesaja sah (vgl. Jes 63,2) – denn auch das Leben der Propheten geschieht nach dem Evangelium.» (Exp.Luc. III,23) Die Dreiteilung der Heilsgeschichte findet sich auch an anderen Stellen. So sagt Ambrosius anläßlich der Erklärung des Gleichnisses vom Feigenbaum (zu Luk 13,7) im Hinblick auf die dort erwähnte Frist von drei Jahren, sie habe symbolische Bedeutung, denn auch Christus sei dreimal gekommen: «Er kam zu Abraham, er kam zu Mose, er kam zu Maria, das heißt, er kam im Zeichen, er kam im Gesetz, er kam im Leibe. Seine Ankunft erkennen wir aus seinen Gnadengaben: dort ist Reinigung, dort Heiligung, hier Rechtfertigung. Die Beschneidung reinigte, das Gesetz heiligte, die Gnade rechtfertigte: einer in allen und eines alles. Denn niemand kann gereinigt werden, wenn er nicht den Herrn fürchtet. Niemand verdient das Gesetz anzunehmen, wenn er nicht von der Schuld gereinigt ist; niemand gelangt zu Gnade, wenn er nicht das Gesetz kennt.» (Exp.Luc. VII,166) Klar wird so die Heilsgeschichte in drei Perioden: die Zeit der Patriarchen, die des Gesetzes Moses, die nach der Ankunft des Herrn, eingeteilt. Sie ist aber keine einheitliche Entwicklung, sondern gewissermaßen eine Rückkehr zum Anfang. Denn schon im Leben der Patriarchen war die Gnade Christi Gegenwart.

Neben dieser, das Alte Testament in zwei Perioden gliedernden, Dreiheit kennt Ambrosius übrigens auch die bereits bei Origenes anzutreffende (platonische) Dreigliederung der Heilsgeschichte nach den Stichworten «Schatten-Bild-Wahrheit». Danach bewegt sich die Geschichte vom Schatten über das Bild zur Wahrheit. «Der Schatten (findet sich) im Gesetz (Alten Testament), das Bild im Evangelium, die Wahrheit in den himmlischen Dingen (der eschatologischen Heilszeit).» (De off. I,238; vgl. auch De exc.fratris 2,109)

So wichtig Ambrosius ein rechtes Verständnis des Alten Testaments war – schon im Hinblick auf markionitische Neigungen in seiner Gemeinde –, zentrales Anliegen war ihm die Predigt des in Jesus Christus gekommenen Evangeliums. Er versteht seine Bedeutung vor allem in der Vergebung der Sünden. «Darin ist die Kirche gerechtfertigt als bereits größer denn das Gesetz; das Gesetz kannte nämlich keine Vergebung der Sünden, das Gesetz hat das Geheimnis nicht, durch das verborgene Dinge gereinigt werden, deshalb wird, was im Gesetz weniger ist, im Evangelium zur Vollendung gebracht.» (Exp.Luc. VI,23) Die zweite Hälfte dieser Aussage muß beachtet werden, denn Ambrosius kannte durchaus die in 3. Mose 5,16 vorgesehene Sühnung versehentlich begangener Verfehlungen. Was er im Blick hat, ist die Taufe, durch die allein eine wirkliche Sündenvergebung geschieht, die im Gesetz (Alten Testament) nur vorangekündigt wird. Oder: es kommt auf eine wirkliche Teilhabe an Christus an, die erst seit seinem Kommen ins Fleisch möglich geworden ist. Dies wird z.B. an den Deutungen der Erzählung vom Reichen (Luk 18,18–26) klar, die Ambrosius bei verschiedenen Gelegenheiten gegeben hat. In seiner jetzt in dem Kommentar über Ps 118(119) enthaltenen Predigt über Ps 1 macht er deutlich, daß Jesus mit seiner Aufforderung an den Reichen, der alle Gebote erfüllt zu haben bekennt: «Verkaufe alles, was du hast und gib es den Armen … und komm, folge mir nach» (Luk 18,22) beabsichtigt habe, «daß ihm der Herr sein Teil werde, nicht das Geld, nicht Besitzungen, sondern der wahre Gott» (Exp.Ps. CXVIII,9). Im Lukaskommentar wird diese Deutung noch ausgebaut: Zu der Anrede durch den Reichen: «Guter Meister» und Jesu Zurückweisung: «Was nennst du mich gut? Niemand ist gut als Gott allein» (Luk 18,18f.) bemerkt Ambrosius: «Verschlagene Frage und deshalb fähige Antwort ! Denn jener Erzversucher nennt ihn einen guten Meister, der ihn guten Gott hätte nennen müssen.» (Exp.Luc. VIII,65) Dazu verweist er auf Ps 115(116),11: «Alle Menschen sind Lügner» sowie auf Ps 13(14),3: «Da ist keiner, der Gutes täte, auch nicht einer» und macht klar, daß der Reiche mit seiner Anrede Jesus nur partiell für gut erklärt und damit seine Gottheit geleugnet habe, «denn Gott ist vollkommen gut, der Mensch nur teilweise». «Deswegen (sagt) der Herr: Was nennst du mich gut, den du als Gott leugnest? Was nennst du mich gut, wo doch niemand gut ist als Gott allein? Nicht also streitet er ab, daß er gut sei, sondern bezeichnet sich als Gott; denn wer ist gut, als der, der voll Güte ist?» Der Fehler des Reichen besteht darin, daß er in Jesus nicht das höchste Gut erkennen kann, für das alle irdischen Güter aufzugeben sich lohnt.

Die christozentrische Auslegung der Bibel bei Ambrosius zeigt sich an diesem Beispiel besonders deutlich, aber auch in der Art, wie er das Doppelgebot der Liebe Luk 10,27 interpretieren kann: Die Zuordnung der beiden Gebote 5. Mose 6,5 und 3. Mose 19,18 richtet sich gegen diejenigen, «die sich für Gesetzeskundige achten, (zwar) die Worte des Gesetzes halten, die Kraft des Gesetzes (jedoch) nicht kennen, weil am Anfang das Gesetz sofort sowohl den Vater wie den Sohn verkündet und auch das Geheimnis der Menschwerdung des Herrn angekündigt hat, indem es sagte: ‹Liebe den Herrn, deinen Gott› und ‹Liebe deinen Nächsten wie dich selbst› ... Aber jener, der seinen Nächsten nicht kannte, weil er nicht an Christus glaubte, antwortete: ‹Wer ist denn mein Nächster?›» (Exp.Luc.VII,69f.). Jesus Christus ist der Nächste des Gleichnisses in einem besonderen Sinne, weil er der menschgewordene Sohn ist. Kurz darauf wird der barmherzige Samariter des folgenden Gleichnisses in einer «geistlichen» Deutung mit Anspielung auf Joh 3,13 als der «Samaritaner ... im verborgenen ..., der herabgestiegen ist ..., der dadurch, daß er mit uns zu leiden auf sich genommen hat, unser Nächster und durch das Mittragen der Barmherzigkeit unser Nachbar geworden ist», bezeichnet (Exp.Luc. VII,74).

Die Fälle einer dogmatisch ausgerichteten Exegese ließen sich bei Ambrosius leicht vermehren. Sie hängt damit zusammen, daß er sich als Vorkämpfer der katholischen (nicänischen) Lehre gefühlt und diese jeweils biblisch zu begründen gesucht hat. Denn die Bibel ist für ihn unfehlbare Quelle der Wahrheit: «Folge den Schriften, damit du nicht irren kannst.» (Exp.Luc. II,12) Diese Art Auslegung ist deshalb vor allem in den Werken anzutreffen, die ein dogmatisches Thema behandeln. Ambrosius ist der Verfasser einer Reihe derartiger Werke. Auch darin kommt zum Ausdruck, in welchen Bereichen er sich als Bischof seiner Gemeinde verantwortlich gefühlt hat. So ist etwa das Buch «Über die Sakramente» aus sechs Predigten entstanden, die Ambrosius vor Neugetauften in der Osterwoche gehalten und vermutlich gar nicht zur Veröffentlichung bestimmt hat. Vielmehr wurden sie von einem Stenographen mitgeschrieben und erst nach seinem Tode veröffentlicht. Als Beispiel können wir die Erklärung der Abendmahlsworte Mk 14,22.24 anführen: «Du sagst vielleicht: ‹Das ist mein gewöhnliches Brot›. Aber dieses Brot ist Brot vor den Einsetzungsworten. Wenn die Konsekration hinzutritt, wird aus dem Brot der Leib Christi ... Denn alles, was danach gesagt wird, wird vom Priester gesagt: das Lob Gottes (geschieht), das Gebet wird dargebracht, für das Volk, für die Könige, für die übrigen wird gebetet. Wo es an der Reihe ist, daß das verehrungswürdige Sakrament geschieht, gebraucht der Priester noch nicht seine eigenen Worte, sondern gebraucht die Worte Christi. Also bewirkt das Wort Christi dieses Sakrament.» (De sacr. IV,14) Es folgt ein längerer Abschnitt, in dem Ambrosius darauf hinweist, daß es das Wort des Herrn sei, durch das auch die ganze Schöpfung gemacht sei (De sacr. IV,15). Auch die Schöpfungslehre wird christozentrisch entfaltet. Der zitierte Abschnitt zeigt aber auch, daß für Ambrosius Wort und Sakrament eng miteinander verbunden sind: «Eine gute Weide sind die göttlichen Sakramente; eine gute Weide sind die Worte der himmlischen Schriften, durch deren tägliche Lesung wir geweidet werden, in denen wir uns erholen und Zuflucht finden.» (Exp.Ps. CXVIII,14,2)

Aus dem Stil wird deutlich, daß es sich hier um eine andere Art der Auslegung handelt: sie ist ein Bestandteil der Katechese, wie sie Taufbewerbern und Neugetauften gegenüber geübt wird. Inhaltlich wird man feststellen, daß die katholische Sakramentenlehre schon fest ausgebildet ist, in diesem Fall in der Lehre von der Wandlung der Elemente in der Eucharistie.

Die verschiedenen Weisen, in denen Ambrosius mit der Bibel umgeht, entsprechen eng den Aufgaben, die er als Bischof einer der bedeutendsten Gemeinden des Westens zu erfüllen hatte. Bibelauslegung war für ihn kein Selbstzweck, sondern die Grundlage seiner pastoralen Tätigkeit, sei es als Prediger, sei es als Seelsorger oder Katechet. Ambrosius steht vor uns als Beispiel bischöflich-pastoraler Bibelpraxis, wie sie in zahllosen Gemeinden geübt wurde. Gewiß ist er ein prominentes Beispiel, ein einflußreicher Kirchenfürst, aber als Hirte seiner Gemeinde war er doch nur ein Bischof unter anderen. Eine ähnliche Bedeutung wie in Mailand hatte die Bibel für die bischöfliche Predigtpraxis auch andernorts. Daß ihre Autorität für das Leben der Gemeinden, für die Ethik und die dogmatischen Lehren, die in ihr Geltung erlangten, in dieser Weise bestimmend war, zeigt die entschieden biblische Orientierung in der alten Kirche. Auch in der «frühkatholischen» Periode blieb sie eine Kirche des Wortes. Ambrosius hat daran einen wichtigen Anteil.

5. Mönchisches Leben mit der Bibel: Johannes Cassianus

Vom ägyptischen Mönchtum hatten wir beiläufig bereits im Zusammenhang mit Didymus dem Blinden und Hieronymus gehört. Ägypten war die Wiege des Mönchtums. In der zweiten Hälfte des 3. Jahrhunderts begannen einzelne Christen, sich in die Wüste zurückzuziehen und dort zunächst als Einsiedler (Anachoreten) in Höhlen zu leben. Ihr Ziel, sich der Welt und ihren als verderblich für das Heil angesehenen Einflüssen zu entziehen, verfolgten sie mit einer rigorosen Askese, die mit den Stichworten Armut, Keuschheit und Gehorsam als Grundregeln mönchischen Lebens gekennzeichnet werden kann. Das Ideal war die Rückkehr zu urchristlicher Einfachheit, wobei die leibfeindliche, dualistische Grundstimmung der Zeit für die Motivation eine wichtige Rolle spielte. Vor allem sexuelle Versuchungen bedrängten die Asketen in der Wüste; ständig fühlten sie sich von Dämonen umgeben, gegen deren sinnliche Verführungen und Gaukelbilder sie anzukämpfen hatten. Am bekanntesten sind die Versuchungen des Antonius geworden, die auch in der christlichen Kunst zu einem beliebten Thema wurden. Antonius (ca. 250–356), dessen teilweise legendenhafte, aber im Kern historische Lebensbeschreibung kurz nach seinem Tode von Athanasius verfaßt wurde, gilt als der eigentliche Vater des Mönchtums. Durch die Zusammenführung von Eremiten in Kolonien schuf er die Anfänge zu einer gemeinsamen Lebensform, die von Pachomius († 348) zu einem eigentlich organisierten Klosterleben (Coenobitentum) weiterentwickelt wurde.

Das Klosterleben (für Mönche und Nonnen, oft in örtlich benachbarten Klöstern) breitete sich von Ägypten aus später über die verschiedenen Provinzen des Reiches aus, wobei aber das Ursprungsland lange als vorbildlich galt. Auf Pachomius gehen auch die ersten Klosterregeln zurück, die Vorschriften für die Lebensführung der Mönche (und Nonnen) in allen Einzelheiten enthalten. Im Original koptisch abgefaßt, wurden sie durch eine lateinische Übersetzung aus der Feder des Origenes auch im Westen bekannt. Andere literarische Zeugnise, die uns die Gedankenwelt der ägyptischen Mönche vermitteln, sind die «Sprüche der Väter» (Apophtegmata Patrum) und die spirituellen Schriften des Evagrius Ponticus (346–399), in denen die innere Haltung des origenistischen Mönchtums sichtbar wird. Der Aufstieg der Seele über die moralische Reinigung und die Lösung von allen irdischen Bindungen zur Schau des Ewigen, wie ihn Origenes gelehrt hatte, war für diese Form des Mönchtums die Grundlage aller äußeren und inneren Lebensformen. Man erkennt sie auch noch bei Cassian (als Aussage des Abtes Moyses, Conl.I) in der Beschreibung des Zieles als des «Reiches Gottes» und des Weges dazu als der «Reinheit des Herzens», wofür auch das Wort «Liebe» stehen kann. Sie blieben in ihren Grundzügen auch erhalten und wurden von Ägypten in den Westen weiterverpflanzt, als die von Alexandria ausgehende antiorigenistische Verfolgung 399/400 dem origenistischen Mönchtum ein Ende setzte.

Im Leben der Mönche spielte die Bibel eine wichtige Rolle. Am meisten darüber erfahren wir in den Schriften des Johannes Cassianus (ca. 360–432), der die ägyptischen Mönche und ihr Leben aus eigener Anschauung kennenlernte und darüber aus größerem zeitlichen und örtlichen Abstand berichtete. Cassian, der vermutlich aus dem Gebiet der heutigen Dobrutscha stammte, hatte einige Jahre mit seinem Landsmann und Freund Germanus in einem Kloster in Bethlehem gelebt, ehe er um 392 mit diesem zu einem Besuch der Mönche in Ägypten aufbrach. Aus der ursprünglich geplanten kurzen Informationsreise wurde ein längerer Aufenthalt, der erst mit der Flucht der origenistischen Mönche aus Ägypten endete. Cassian begab sich zunächst nach Konstantinopel zum Patriarchen Johannes Chrysostomos, der als Förderer der Origenisten galt, wurde von diesem gegen seinen Willen zum Diakon geweiht, mußte aber nach dessen Vertreibung im Jahre 403 weiter nach Rom fliehen, wo er Freundschaft mit dem späteren Papst Leo I. schloß. Sein letzter und endgültiger Wirkungsort war Marseille; dort gründete er das Kloster St. Viktor und gleichzeitig ein Frauenkloster. Diese gehörten zu den ersten Klöstern in Gallien.

Cassians Schriften haben wesentlich dazu beigetragen, die Traditionen der ägyptischen Eremiten und Mönche im Westen bekannt zu machen und ihre Klosterregeln in der lateinischen Kirche zu verbreiten. Vor allem die Bedeutung seines Einflusses auf die für das abendländische Mönchtum maßgeblichen Regeln Benedikts von Nursia (Anfang des 6. Jahrhunderts) ist nicht zu überschätzen. Uns interessieren vor allem die das Mönchtum betreffenden Werke: «Über die Regeln der Mönche» (De Institutis coenobiorum), verfaßt zwischen 419 und 426, und die «Gespräche der Väter» (Conlationes Patrum), entstanden 425–429. Das erstgenannte Werk enthält drei Teile: a) drei Bücher über Mönchskleidung, Gebete und Psalmengesang, b) ein Buch Mönchsregeln, c) acht Bücher über die wichtigsten Sünden und ihre Überwindung. Die Conlationes sind aus Gesprächen herausgewachsen, die Cassian und sein Freund Germanus während ihres Aufenthalts in Ägypten mit berühmten Äbten und Mönchstheologen geführt hatten. Die Dialogform entspricht einer antiken literarischen Konvention, in welcher die Rückerinnerung an vor langer Zeit geführte Unterredungen mit Cassians eigenen Gedanken verschmilzt. Auch die Fragen, die Cassian meist Germanus stellen läßt, dürften diesen mehr zum Sprachrohr der Reflexionen des Autors machen. Gleichwohl kann man damit rechnen, daß Cassian im wesentlichen die ägyptischen Mönchstraditionen so wiedergibt, wie sie ihm während seines Aufenthaltes begegnet sind. Denn er ist von ihnen tief beeindruckt und möchte sie zur Grundlage des Lebens in seinen eigenen Klöstern in Gallien machen. Die Gestalten der dort auftretenden Lehrer sind ebenfalls historisch und vermutlich wahrheitsgemäß gezeichnet, auch wenn man ihre Äußerungen nicht als jeweils individuelle Meinungen überinterpretieren darf.

Auch wenn der Umgang der ägyptischen Mönche mit der Bibel nicht das einzige und auf den ersten Blick nicht einmal das zentrale Thema ist, kann man bei Cassian doch eine Menge über die Rolle der Schrift im Klosterleben und im mönchischen Alltag erfahren. Anlaß, davon zu sprechen, gab es für ihn genug, und wenn von der Bibel nicht häufiger die Rede ist, so offenbar deshalb, weil die heilige Schrift ein selbstverständlicher Begleiter der Mönche war.

Ein Problem des Klosterlebens war die unterschiedliche Bildung der Mönche. Die frühen ägyptischen Anachoreten waren vielfach roh und ungebildet, manche konnten nicht lesen und schreiben. Auch Antonius hatte keine Schulbildung genossen (Vita Ant. 72f.) und sprach nur die Volkssprache Koptisch, so daß er mit griechisch sprechenden Besuchern über einen Dolmetscher verkehren mußte (Vita 72.74.77). Auf Koptisch konnte er jedoch die Bibel lesen (vgl. Vita 75) und besaß eine vielbewunderte Bibelkenntnis. Dem Analphabetismus suchte man früh abzuhelfen. Schon Pachomius schrieb in seiner Regel vor: «Wenn jemand ungebildet in das Kloster eingetreten ist (...), wird man ihm zwanzig Psalmen geben oder zwei Briefe des Apostels (Paulus) oder ein Stück einer anderen Schrift. Und wenn er keine Buchstaben kennt (nicht lesen kann), soll in der ersten, dritten und sechsten Stunde jemand zu ihm gehen, der es ihn lehren kann, und der ihm zugeteilt wird. Und er (der Novize) soll vor ihm stehen und eifrig lernen. Später sollen von ihm Elemente geschrieben werden: Silben, Verben und Nomina. Auch wenn er nicht will, soll er zum Lesen gezwungen werden. Niemand soll im Kloster sein, der nicht das Lesen lernt und von den Schriften etwas in den Händen hält.» (Regel 77) Andererseits gab es aber auch hochgebildete Mönche, wie etwa den Abt Joseph, der aus der führenden Familie seiner Heimatstadt Thmuis stammte (Conl. XVI,1), den Abt Moyses (Conl. I) und auch Cassian selbst. In einem Gespräch mit dem Abt Nesteros (Conl. XIV) äußert er einmal ausdrücklich das Bedenken, seine heidnische literarische Bildung, die ihn mitten beim Gebet oder Psalmensingen an die unkeuschen poetischen Lieder, an Fabeln oder belanglose Kriegshistorien denken lasse, könne ein schweres Hindernis zum Heil bedeuten (Conl. XIV,12). Nesteros antwortet darauf, er müsse nur den gleichen Eifer und die gleiche Ausdauer auf das Studium der Bibel verwenden, dann werde dieses die störenden Gedanken vollständig vertreiben (Conl. XIV,13).

Wie schon angedeutet, hatte offenbar jeder Mönch in seiner Zelle einen Text (Codex) aus der Bibel. Mancher hütete ihn so eifersüchtig, daß er ihn von einem anderen nicht einmal flüchtig lesen oder berühren ließ (Conl. I,6). Dies Verhalten wurde mit Recht kritisiert. Handschriften waren damals in der Tat selten und wertvoll. Doch gehörten sie gar nicht den Mönchen, denen jedes persönliche Eigentum verboten war (vgl. Inst. IV,13), und wurden, wie wir aus verschiedenen Regeln wissen, abends eingesammelt und eingeschlossen. Trotzdem führte ein vorgetäuschter Diebstahl eines Codex aus der Zelle eines Mönches durch einen anderen (den später berühmten Abt Paphnutius) zu einer aufsehenerregenden Affäre, über die uns Cassian Conl. XVIII berichtet. Das Abschreiben von Handschriften gehörte schon in den älteren Klöstern zu den regelmäßigen Beschäftigungen der Mönche. Die Sprache der Codices war gewöhnlich griechisch. Woher Cassian auch hebräische Handschriften kannte (Conl. VIII,10; Inst. XII,31), ist nicht sicher.

Zu den asketischen Übungen der Mönche gehörte außer Wachen, Fasten und Beten auch die Beschäftigung mit der Heiligen Schrift, die einen breiten Raum im Tageslauf einnahm. Der dafür häufig verwendete Begriff «Meditation» hat offensichtlich einen konkreteren Inhalt als im heutigen Sprachgebrauch: er meint ein lautes Lesen aus der Schrift oder auch das Aufsagen aus dem Gedächtnis, allein oder zusammen mit anderen. In der Regel des Pachomius wird befohlen, auf dem Weg zu den liturgischen Feiern «etwas aus der Schrift zu meditieren» (Regel 3), gleichfalls auf dem Rückweg zur Zelle (Regel 28). Ebenso soll der Mönch verschiedene Formen von Handarbeit durch die Rezitation von Schriftworten begleiten: so das Klopfen an die Zellwände als Zeichen zum Mittagessen (Regel 36), die Verteilung des Naschwerks nach Tisch (Regel 37), den gemeinsamen Auszug zur Feldarbeit (Regel 59) und die Arbeit selbst (Regel 60). Auch gemeinsames Psalmensingen und Rezitieren der Schriften soll stattfinden, etwa beim Brotbacken (Regel 116). Cassian sagt über die ägyptischen Mönche: «In ihren Zellen widmen sie sich der Arbeit beständig in der Weise, daß die Meditation der Psalmen und der übrigen Schriften nie ganz ausgesetzt wird.» (Inst. III,2)

Außer dieser individuellen Beschäftigung mit der Bibel gab es bereits in Ägypten die Sitte der mehrmals täglichen und nächtlichen Gebetsversammlung (auch wenn sich eine genaue Stunden[Horen-]regelung hierfür bei Cassian nicht findet). Bei dieser Gelegenheit wurden jeweils gemeinsam zwölf Psalmen gesungen, gefolgt von je einer Lesung aus dem Alten und Neuen Testament (vgl. Inst. II-III). Dieses intensive Rezitieren und Hören von Bibeltexten hat nach einer Äußerung des Abtes Moyses einen großen Nutzen: Zwar könne der menschliche Geist nicht das unvermutete Auftauchen von Gedanken verhindern, «aber es ist großenteils unsere Sache, daß die Qualität der Gedanken verbessert wird und entweder heilige und geistliche oder irdische und fleischliche heranwachsen. Deswegen nämlich wird ein häufiges Lesen und eine beständige Meditation der Schriften angewandt, daß uns daraus eine Gelegenheit für das geistliche Gedächtnis geboten wird, deswegen ein häufiges Singen von Psalmen, daß uns daraus eine beständige Reue ermöglicht wird ...» (Conl. I,17). Die Teilnahme an solchen Zusammenkünften und die dort gebotene Gelegenheit, die Bibel zu hören, kann nach Cassian für die Analphabeten unter den Mönchen (die es trotz aller pädagogischen Bemühungen immer gegeben haben muß) zu ihrem geistlichen Fortschritt gegebenenfalls genügen: «Es steht nämlich fest, daß niemand durchweg wegen Unkenntnis der Buchstaben von der Vollkommenheit des Herzens ausgeschlossen wird, noch Ungebildetheit im Wege steht, die Reinheit des Herzens und der Seele zu verstehen.» (Conl. X,14)

Diese beständige Übung mußte wie von selbst dazu führen, daß die Mönche die Bibel weitgehend auswendig konnten. Die Pachomiusregel (Regel 49) ordnet ausdrücklich an, daß der Mönch große Teile der Schrift auswendig lernen soll. Auch Cassian läßt in aller Bescheidenheit durchblicken, daß er die Bibel auswendig kenne (Conl. XIV,1). Dies wird durch beständiges Wiederholen erreicht.

Über das Auswendigkönnen hinaus streben die Mönche jedoch selbstverständlich eine tiefere Erkenntnis der Bibel an. Entsprechend dem bereits beschriebenen Grundansatz geht der Abt Nesteros von der Grundeinteilung aller Erkenntnis in zwei Gebiete aus: «der ersten, der praktischen, ... die in der Besserung der Sitten und der Reinigung von Lastern vollbracht wird; der anderen, der theoretischen, die in der Betrachtung göttlicher Dinge und der Kenntnis der heiligsten Gedanken besteht» (Conl. XIV,1). Die theoretische Erkenntnis bezieht sich auf die Bibel. Cassian kennt hier nach dem Vorbild des Origenes zwei Arten von Deutungen: «die historische Auslegung und das geistliche Verständnis». Von diesem unterscheidet er drei Arten: «die Tropologie (moralische Bedeutung), die Allegorie (übertragene Bedeutung), die Anagogie» (sie bezieht sich auf die «geistlicheren Geheimnisse bis zu einigen erhabeneren und heiligeren himmlischen verborgenen Dingen») (Conl. XIV,8). Für Nesteros ist aber die praktische Seite, d.h. die moralische Vorbereitung zur theoretischen Erkenntnis, zunächst wichtiger: «Haltet daher fest an der Sorgfalt des Lesens ... und beeilt euch mit allem Eifer die jetzt fällige (actualem), d. h. ethische Disziplin als erste vollständig zu verstehen. Denn ohne sie kann auch die, wie wir sie genannt haben, theoretische Reinheit nicht erreicht werden.» Hierzu sind praktische Taten nötig. «Nicht nämlich, indem sie aus der Meditation des Gesetzes, sondern indem sie von der Frucht der Tat her das Verständnis erreichen, singen sie mit dem Psalmisten: ‹Von deinen Geboten her habe ich es verstanden›». (Psalm 119,104, Septuagintafassung) (Conl. XIV,9) Voraussetzung des Verstehens ist außerdem eine unbewegte Demut des Herzens: «Es ist nämlich unmöglich, daß ein unreiner Geist das Geschenk geistlicher Erkenntnis erlangt.» Insbesondere warnt Nesteros davor, Diskutierbegabung und rhetorische Fähigkeiten für geistliche Erkenntnis zu halten, und vor Eitelkeit und Ruhmsucht, die aus angeblichem Wissen entspringen können. Kenntnis der Bibel erlangt man nur durch das Memorieren ihres Wortlautes. «Deswegen ist die Reihe der heiligen Schriften in kluger Weise dem Gedächtnis anzuvertrauen und ohne Unterlaß durchzugehen.» Für das, was dabei unklar bleibt, besteht die Hoffnung, es später durch eine Eingebung zu begreifen, «so daß das Verständnis der dunkleren Bedeutungen, die wir im Wachen nicht in angestrengter Vorstellung begriffen haben, uns, wenn wir ruhen und gleichsam in die Gefühllosigkeit des Schlafes eingetaucht sind, offenbart wird» (Conl. XIV,10). Vor allem auch das Gebet kann einen Weg zum Verständnis der Schrift eröffnen. So verharrte Theodor einmal sieben Tage und Nächte im Gebet, bis ihm durch göttliche Offenbarung die Lösung einer schwierigen Frage klar wurde (Inst. V,33).

Nur eine entsprechende moralische Vorbereitung kann zu wahrer Schrifterkenntnis hinführen. Damit erledigt sich für Nesteros auch der Einwand, den Germanus vorbringt: Wieso können, wenn Herzensreinheit die Voraussetzung für ein rechtes Schriftverständnis ist, «viele Juden und Häretiker, oder auch Katholiken, die in verschiedene Laster verwikkelt sind, sich als solche, die vollkommene Kenntnis der Schrift erlangt haben, der Größe geistlicher Lehre rühmen, während eine zahllose Menge heiliger Männer, deren Herz von jeder Befleckung mit Sünden gereinigt ist, sich mit der Frömmigkeit einfachen Glaubens zufriedengibt und die Geheimnisse tieferen Wissens nicht kennt?» (Conl. XIV,15) Für Nesteros ist klar, «daß Menschen dieses Schlages nur Erfahrung im Disputieren und die Zurüstung zur Beredsamkeit besitzen, im übrigen (jedoch) in das Innere der Schriften und die Verborgenheit der geistlichen Bedeutungen nicht eindringen können» (Conl. XIV,16). Ein Zitat von Jer 5,21 unterstützt diese Aussage. Noch einmal äußert sich eine grundsätzliche Skepsis gegenüber dem Nutzen profaner Bildung: «Soweit nämlich ist diese wahre und geistliche Erkenntnis von jener weltlichen Bildung entfernt, die durch den Schmutz fleischlicher Sünden befleckt ist, daß wir wissen, wie sie bisweilen bei einigen unberedten

Menschen, beinahe Analphabeten in bewundernswerter Weise in Blüte gestanden hat.» (ebd.) Ausdrücklich gewarnt wird davor, die durch mühevolle geistliche Erfahrung gewonnene Erkenntnis aus Ruhmsucht unreinen Menschen vorzutragen (Conl. XIV,17). Man soll sie statt dessen bußfertigen Sündern vermitteln, um sie damit zu trösten.

Mit diesen Grundsätzen hängt offensichtlich auch Cassians auffällige Warnung vor der Benutzung von Bibelkommentaren zusammen. Als Äußerung des Abtes Theodor gibt Cassian sicherlich auch seine eigene Auffassung wieder: «Ein Mönch, der Kenntnis der Schrift zu erlangen wünscht, brauche keineswegs seine Mühen auf die Kommentarbücher zu verwenden, sondern solle lieber allen Geistesfleiß und Herzensneigung auf die Reinigung von den fleischlichen Sünden richten, denn wenn diese ausgetrieben sind, würden die Augen des Herzens alsbald, nachdem der Schleier der Begierden genommen sei, die Geheimnisse der Schriften auf natürliche Weise schauen.» Wenn die Sünden beseitigt sind, «wird das Lesen der heiligen Schriften selbst zur Betrachtung der wahren Erkenntnis auch allein bei weitem ausreichen und nicht die Institution der Kommentatoren brauchen, so wie die leiblichen Augen zum Sehen keine Lehre nötig haben, wenn sie nur vom Star und dem Dunkel der Blindheit frei sind» (Inst. V,34). Es muß darauf hingewiesen werden, daß der hier aufgestellte Grundsatz, als rigoroses Verbot des Kommentarlesens aufgefaßt, im Klosterleben späterer Jahrhunderte teilweise eine der Bibelwissenschaft wenig förderliche Rolle gespielt hat. Augustin hat ihm im Prolog (bes. Prol. 7) seiner Hermeneutik (De doctrina Christiana) ausdrücklich widersprochen. Auf der anderen Seite ist bemerkenswert, daß die Regel Benedikts Kommentare, wenn auch in bestimmter Auswahl, durchaus zuläßt. Dort heißt es (Regel 9): «Zu den Lesungen in den Nachtwachen nehme man die von Gott beglaubigten Bücher des Alten und Neuen Testaments, aber auch Auslegungen, die von anerkannten und rechtgläubigen katholischen Vätern verfaßt sind.» Immerhin existiert auch bei den ägyptischen Mönchen so etwas wie eine Bibelforschung. Inst. XII,27 scheint von einem Vortrag (einer Katechese) zu sprechen, bei dem es einem Zuhörer an der nötigen Konzentration und Aufmerksamkeit fehlt. Solche Katechesen wurden nach der Pachomiusregel von den Klostervorstehern mehrmals in der Woche gehalten und umfaßten auch biblische Fragen. Die conlatio oder Unterredung mit zwei bis drei Teilnehmern, von denen einer der erfahrene Lehrer ist, ist uns in ihrem Verlauf durch die Berichte Cassians überliefert. Nicht jeder wurde dazu zugelassen, sondern es bedurfte hierfür der besonderen Erlaubnis des zu Interviewenden (Conl. I,1). Es war aber auch möglich, daß die Teilnehmer an einem solchen Vortrag hinterher ihre kontroversen Meinungen austauschten. So berichtet der Abt Joseph aus seiner Jugend (Conl. XVI,10): «Ich erinnere mich aus jener Zeit, in welcher mich meine Jugend noch anwies, mich der Gesellschaft der Bücher anzuschließen, daß uns sowohl in der Sittenlehre wie in den heiligen Schriften eine solche Einsicht gegeben wurde, daß wir nichts für wahrer, nichts für vernünftiger hielten als eben diese. Wenn wir dann aber zusammen kamen und unsere Meinungen vorzubringen anfingen, da wurde manches, nachdem es in gemeinsamer Prüfung durchgenommen war, zuerst von einem anderen als falsch und gefährlich bezeichnet und bald darauf durch gemeinsames Urteil als verderblich erklärt und verworfen.» Allerdings war dann doch wieder die Autorität der Väter entscheidend: «Das war nun vorher vom Teufel eingegeben worden und hatte in solchem Lichte geleuchtet, daß es leicht Zwietracht hätte erzeugen können, wenn wir nicht von allem Streiten abgehalten worden wären durch ein von den Vätern gegebenes Gebot, das wie ein göttlicher Wahrspruch beachtet wurde.» Auf der anderen Seite steht die Auffassung des Abtes Serenus (Conl. VIII,4), der im Hinblick auf dunkle Stellen die Meinung vertritt, diese habe der Heilige Geist in die Schriften eingefügt, damit wir uns mit ihnen Mühe machen und ihren Sinn durch Anzeichen und Vermutungen erschließen. Über solche Stellen könne man durchaus diskutieren, und es könne darüber unterschiedliche Meinungen geben, ohne daß das dem Glauben schade. Nur sollte man darüber seine Auffassung gemäßigt äußern und sie nicht als endgültig bewiesen hinstellen. Eine Entscheidung könne letztlich nur durch «offenbare Zeugnisse der Schriften» getroffen werden (Conl. VIII,5). Der Grundsatz, daß Schrift nur durch Schrift ausgelegt werden kann, ist für die mönchische Auslegungsweise sicherlich charakteristisch.

Schrifterkenntnis hat nach mönchischer Tradition, wie sie von Cassian formuliert wurde, primär einen moralisch-spirituellen Charakter. Das Ideal des schriftkundigen Mönches wird etwa durch den Abt Theodor repräsentiert, von dem Cassian bemerkt, er sei «mit höchster Heiligkeit und Erkenntnis ausgezeichnet (gewesen) nicht nur im tätigen Leben, sondern auch in der Erkenntnis der Schriften, die ihm nicht so sehr das Lektürestudium verschafft hatte als allein die Reinheit des Herzens, zumal er kaum einige wenige Wörter selbst der griechischen Sprache verstehen und aussprechen konnte» (Inst. V,33). Von dem Schriftstudium der großen Theologen der Antike, die mit den Mitteln der damaligen Wissenschaft an die Bibel herantraten, aber auch von der auf die Verkündigung gerichteten Auslegung, wie wir sie z. B. bei Ambrosius als einem Gemeindebischof antrafen, ist dieser Zugang zur Bibel charakteristisch unterschieden. Letztlich diente er der spirituellen Erbauung der eigenen Seele. Andererseits wurde durch den täglichen Umgang mit der Schrift hier eine Vertrautheit mit den biblischen Texten erzielt, wie sie, abgesehen von Parallelen aus dem Judentum, in dieser Intensität kaum je wieder erreicht worden ist. In bewundernswerter Konsequenz widmeten sich diese Väter unter härtesten Lebensbedingungen in einer feindlichen Umwelt der an die Schrift gebundenen christlichen Existenz. Sie schufen damit ein Vorbild, das durch die Jahrhunderte hindurch weiterwirken sollte.

6. Bibel und antikes Denken: Augustinus

Augustinus war der bedeutendste Theologe der Spätantike. Sein Einfluß hat die abendländische Theologie bis in die Gegenwart hinein tief geprägt. Nicht nur chronologisch steht sein Wirken am Ende der alten Welt – als er starb, standen die Vandalen vor den Toren seiner Stadt, und der gesamte Westen versank in den Wirren der Völkerwanderung. Er faßte in seinem Denken die mancherlei Strömungen antiker Kultur und der christlichen Überlieferung zu einer eindrucksvollen Synthese zusammen und schuf damit die Grundlagen für die weitere theologische Entwicklung im gesamten Abendland. Wenn wir im folgenden seinen Beitrag zur Auslegung der Bibel betrachten, kommt damit nur ein Ausschnitt aus seinem vielfältigen Schaffen in den Blick, der gewiß nicht der wichtigste war. Doch daß Augustin als erster abendländischer Theologe eine systematisch durchgeführte Theorie über die Auslegung der Bibel – eine biblische Hermeneutik – entwickelt hat, hebt ihn auch auf diesem Gebiet aus der Reihe der bisher betrachteten Ausleger heraus.

Augustinus wurde am 13. November 354 in Thargaste im römischen Nordafrika geboren. Er durchlief die übliche Schulausbildung, ehe er mit 16 Jahren das Studium der Rhetorik in Karthago begann. Mit 18 Jahren fiel ihm Ciceros Werk «Hortensius» in die Hände; unter seinem Eindruck beschloß er, fortan nur noch nach der wahren Weisheit zu suchen. Im weiteren Verlauf seines Studiums erwarb er eine umfassende Kenntnis der antiken Philosophie und der anderen freien Künste. Durch seine christliche Mutter Monnica stand er aber auch schon früh der Kirche nahe, war zumindest Katechumene. Christliche Gedanken haben ihn nie ganz losgelassen. Andererseits führte er ein ungebundenes Leben, das er später tief bereuen sollte. So hatte er von einer Frau, mit der er unverheiratet zusammenlebte, einen Sohn, Adeodatus. Neun Jahre lang (373–382) schloß er sich als «Hörer» einer damals verbreiteten Sekte – zeitweilig stellte sie eine Bedrohung für die Großkirche dar –, den Manichäern an, die in ihrem, auf einen modernen Betrachter abstrus wirkenden System persisch-dualistische (absoluter Gegensatz von Gut und Böse, Licht und Finsternis), gnostisch-markionitische (Ablehnung des Alten Testaments) und christliche Elemente vereinten. Doch konnten die manichäischen Lehren seinem rastlosen Suchen nach Wahrheit nicht genügen. Als der manichäische Bischof Faustus nach Karthago kam, wo Augustin inzwischen selbst Grammatik und Rhetorik unterrichtete, stellte er sich als zu ungebildet heraus, um die kritischen Fragen des wißbegierigen jungen Mannes beantworten zu können. Den äußeren Bruch mit dem Manichäismus vollzog Augustin gleichwohl noch nicht. Im Jahre 383 erhielt er eine offizielle Anstellung als Rhetorikmeister der Stadt Mailand.

Der Aufenthalt in Mailand wurde für die weitere innere und äußere Entwicklung Augustins entscheidend. Vor allem die Begegnung mit Ambrosius, der Eindruck seiner Predigten, brachte eine allmähliche Hinwendung zum katholischen Christentum. Allerdings noch keine schnelle Entscheidung. Zwar brach Augustin bald mit dem Manichäismus und erneuerte sein Katechumenat, aber innerlich geriet er in eine Krise. Hier half ihm zunächst die Lektüre einiger neuplatonischer Schriften (wohl vor allem Plotins und Porphyrs) im Sommer 384. Von da an blieb neuplatonisches Denken zeitlebens ein Grundmotiv Augustins, das, wie wir sehen werden, auch für sein Bibelverständnis wesentlich wurde.

Mit der Bibel war Augustin bei einem früheren Versuch, ehe er sich in das scheinbar rationale System der Manichäer flüchtete, nicht zurechtgekommen. Auf bloße Autorität der Kirche hin wollte er dem «Buchstaben» der Bibel nicht glauben. Ihr Inhalt schien mit den Erkenntnissen, die er durch seine Bildung gewonnen hatte, unvereinbar, und ihre sprachliche Form stand in diametralem Gegensatz zu den Regeln klassischer Rhetorik. Erst in Mailand sollte die Heilige Schrift für seine «Bekehrung» eine Schlüsselrolle gewinnen. Wie bei anderen entschiedenen Christen jener Zeit ging es auch bei Augustin um die Wahl zwischen einem normalen «bürgerlichen» Leben mit Beruf und Familie und dem asketischen Ideal des Verzichts auf Ehe und Besitz. Augustin war inzwischen von seiner Mutter verlobt worden, er hatte eine angesehene weltliche Stellung; er schwankte, wie er sich entscheiden sollte. Erzählungen über die Bekehrung des Rhetors Marius Victorinus und das Leben des Eremiten Antonius steigerten seinen inneren Kampf. Im achten Buch der «Confessionen» – seiner Lebensbeichte, die er an Gott richtet – schildert Augustin den Augenblick im Sommer 386 im Garten seines Hauses, als er aus einem Nachbarhaus eine Kinderstimme hört: «Nimm und lies!» (Conf. VIII,12,29). Er versteht das als Gottes Stimme, schlägt einen Band mit Paulusbriefen auf und trifft auf die Stelle Röm 13,13 f. Alle Unsicherheit ist vorbei; er weiß, daß das asketische Leben für ihn bestimmt ist.

Bald darauf erklärte Augustin seinen Rücktritt vom Amt als Rhetor. In der Osternacht 387 wurde er getauft. Danach kehrte er über Rom und Karthago nach Thargaste zurück, wo er die nächste Zeit zurückgezogen lebte. Monnica war vor der Abreise in Ostia gestorben. Als er sich für eine Weile in der nicht weit entfernten Stadt Hippo aufhielt, wurde er dort (auf Wunsch des Bischofs Valerius) durch Akklamation des Volkes während eines von ihm besuchten Gottesdienstes (wohl im Jahre 390) zum Priester bestimmt. Als solcher wurde er von seinem Bischof mit Predigttätigkeit beauftragt, setzte aber auch die bereits früher begonnene schriftstellerische Wirksamkeit fort. Schriften gegen verschiedene Häresien: gegen die Manichäer, gegen die Donatisten (eine in Nordafrika verbreitete schismatische Bewegung, die das Ideal der reinen Märtyrerkirche vertrat) fallen in diese Zeit, aber auch verschiedene Arbeiten zur Bibel. Auch ein Kloster wurde errichtet, in dem Augustin mit Gleichgesinnten lebte. Später wurde er auf Wunsch des Valerius zuerst zum Mitbischof geweiht, nach dessen Tod (wohl 396) alleiniger Bischof von Hippo. Dieses Amt verwaltete er bis zu seinem eigenen Tode im Jahre 430. In dieser Zeit wurde er – zusammen mit dem Bischof Aurelius von Karthago – immer mehr zum geistigen Führer der afrikanischen Kirche. Den Kampf gegen die Donatisten, die zeitweise in Afrika die Katholiken an Zahl und Einfluß zu überflügeln drohten, führte er in zahlreichen Schriften, aber auch durch zunehmende Unterstützung staatlicher Verfolgungsmaßnahmen und auf vielen Synoden, die gegen sie Entschließungen faßten. Der Kampf gegen die Manichäer (noch in dem großen Werk: «Gegen Faustus», entstanden in den ersten Jahren in Hippo) tritt dagegen in den Hintergrund. Wichtig für Augustins Theologie wurde vor allem die Auseinandersetzung mit Pelagius und seinen Anhängern. Pelagius kam auf der Flucht vor den Westgoten, die unter Alarich im Jahre 410 Rom eroberten und plünderten, nach Hippo und Karthago, wo er auch Augustin begegnete, danach nach Palästina. Er vertrat ein reines Bergpredigt-Christentum, in dem das Evangelium als Verschärfung des Gesetzes verstanden, aber auch die von Gott gegebene Willensfreiheit gelehrt wurde: Der Mensch ist von Natur zum Guten befähigt, er kann das Gesetz erfüllen. Die Sünde ist freie Tat. Augustin hatte dagegen durch die Lektüre der Paulusbriefe erkannt, daß aller guter Wille des Menschen von Gottes Gnade abhängig ist. Das große Thema des Augustinismus, das später auch Luther bewegte, wurde so angeschlagen. In den folgenden Jahren bis zu seinem Lebensende verfaßte Augustin zahlreiche antipelagianische Schriften, in denen Erbsünde und sündiges Begehren (Konkupiszenz) ein zentrales Thema sind. Auch wirkte er maßgeblich an mehreren Synoden mit, die den Pelagianismus verurteilten (zuletzt in Karthago 418).

In den letzten Jahren Augustins hatte der große Kirchenlehrer sich noch mit dem Arianismus auseinanderzusetzen, der mit germanischen Söldnern nach Afrika gekommen war. Damit kündigte sich schon das Ende der römischen Herrschaft an: Im Jahre 429 überschritten die Vandalen die Meerenge von Gibraltar und eroberten Schritt für Schritt die gesamte Provinz. Im Sommer 430 begannen sie die Belagerung von Hippo, die über ein Jahr dauern sollte. Augustin hat die Einnahme und Zerstörung der Stadt nicht mehr erlebt, er starb am 28. August 430.

Augustin hat vor allem Schriften dogmatischen Inhalts hinterlassen. Seine tiefsinnigen Erwägungen über den Gottesstaat (De civitate Dei), über die Trinität (De trinitate), über Prädestination, Erbsünde und Gnade haben die weitere Diskussion über die großen Themen der Theologie bis in die Gegenwart hinein bestimmt. Der Augustinismus ist in diesem Sinne eine Grundstruktur abendländischer Theologie. Dem systematischen Ansatz seines Denkens entspricht es, daß Augustin weniger durch die Eigenart seiner Bibelauslegung hervorgetreten ist – in der Art seiner Schriftinterpretation folgt er weitgehend der Vätertradition –, als daß er eine eigene Abhandlung über das Verständnis der Bibel geschrieben hat, die, wenn man von Ticonius absieht, erste umfassende lateinische Hermeneutik in der Geschichte der christlichen Theologie.

Das Werk «De doctrina Christiana», vielleicht zu übersetzen mit «Über die christliche Wissenschaft», hatte allerdings ein noch umfassenderes Ziel: es sollte offensichtlich eine Art grundlegendes Lehrbuch über all das, was einem christlichen Theologen zu wissen und zu predigen nötig ist, darstellen. Die Vermutung, daß es auf Wunsch des Bischofs Aurelius zur Instruktion seiner Priester abgefaßt wurde, hat viel für sich, wenn sie sich auch nicht im strengen Sinn beweisen läßt. Die Aufgaben eines Predigers erforderten aber vor allem solide Regeln, wie mit der Bibel umzugehen sei.

Aus einem unbekannten Grund hat Augustin das Werk, das er in den ersten Jahren seines Bischofsamtes (395–97) begonnen hatte, zunächst nicht zu Ende gebracht. Als er gegen Ende seines Lebens in den «Zurücknahmen» (Retractationes) noch einmal auf sein früheres Schaffen zurückschaut und korrigiert, was ihm davon unhaltbar geworden zu sein scheint, kommt er auch auf «De doctrina Christiana» zu sprechen (Retr. 2,4): Er habe die Arbeit seinerzeit mitten im III. Buch (nach III,III,35) abgebrochen und erst vor kurzem (426 oder 427) den Schluß (einschließlich Buch IV) hinzugefügt. Zwischen beiden Teilen ist in der Tat ein deutlicher Fortschritt im Umgang Augustins mit der Bibel zu erkennen.

In der Augustinusforschung ist stark umstritten, in welchem Ausmaß Augustin vom neuplatonischen Denken her bestimmt war. Der tiefe Eindruck, den die Lektüre neuplatonischer Schriften auf ihn gemacht hatte, ist nicht zu bezweifeln, und in seiner Terminologie spielt die für diese philosophische Schule typische Begrifflichkeit eine wichtige Rolle. Grundlegend für das neuplatonische Weltbild war die Unterscheidung zwischen der sichtbaren und der intellegiblen Welt. Ziel der Erkenntnis, zu der zu gelangen die höchste Bestimmung der menschlichen Seele (anima) ist, ist die Schau des Höchsten, Einen. Dieses ist jeder Zeit entrückt, es ist ewig und unveränderlich. Alles Irdische ist nur ein Hindernis auf diesem Wege; Aufgabe ist es, die zeitlichen Dinge so schnell wie möglich hinter sich zu lassen.

In welchem Ausmaß Augustin der neuplatonischen Weltanschauung folgt, ist am besten an einem konkreten Text abzulesen. «De doctrina Christiana» ist hierfür aufschlußreich, denn an der Behandlung der Bibel als einer Sammlung für den christlichen Glauben konstitutiver Zeugnisse muß sich erweisen, wie weit ein neuplatonisch geprägtes Denken oder mindestens eine neuplatonische Terminologie trägt. Schon an der Gliederung ist der systematische Aufbau des Werkes zu erkennen: Augustin will in Buch I über die «Sachen», in Buch II über die «Zeichen» handeln (vgl. I,II,2,6), die Gegenstand einer hermeneutischen Erörterung sein können. Die «Sachen» (oder unmittelbar evidenten Gegenstände, vgl. I,II,2,4) gliedern sich in zwei Gebiete: Im ersten Abschnitt, der von I,V,5 bis XXI,19 reicht, wird entfaltet, was Gegenstand des Glaubens ist. Hier beginnt Augustin mit einer trinitarischen Formel: «Die Sachen also, die zu genießen sind, sind Vater, Sohn und Heiliger Geist und ebendiese Trinität» (V,59). Indem er das trinitarische Bekenntnis der Kirche aufnimmt, stellt sich Augustin bewußt in die christliche Tradition. Mit dem Begriff «genießen» verwendet er dagegen einen typisch platonischen Ausdruck. Für den Platoniker ist die Schau des Ewigen höchste Erfüllung. In der Definition, die Augustin der Verwendung des Wortes voranschickt, kommt allerdings schon die Eigenart seines Denkens zum Vorschein: «‹Genießen› ist nämlich, einer Sache in Liebe anhangen wegen ihrer selbst» (I,IV,4). «Liebe» ist ein zentrales Stichwort in seiner Theologie, in der das rein Intellektuelle des neuplatonischen Denkens überwunden wird. In der Beschreibung des dreieinigen (V,5) Gottes greift Augustin wiederum platonische Aussagen auf: Gott ist unaussprechlich (VI,6) – und christliche: «Und doch wollte Gott, obwohl von ihm nichts Würdigeres gesagt werden kann, ... sich an unseren Worten zu seinem Lobe freuen.» Dann folgen wieder philosophische Gedanken: Er ist das höchste Gut (VII,7) über alle sichtbaren und intellegiblen Naturen; er ist das Leben, unveränderlich und die Weisheit selbst (VIII,8).

Nun ist es aber so, daß die Menschen theoretisch alle darum wissen, daß in dem so geschilderten Gott das höchste Gut zu finden ist. «Niemand ist so unverschämt und abgeschmackt, daß er sagte: Woher weißt du, daß ein unveränderlich weises Leben einem veränderlichen vorzuziehen sei?» Und doch leben sie in Wirklichkeit nicht entsprechend dieser Erkenntnis: «Sozusagen durch widrige Winde schlechter Sitten werden die Menschen also vom Vaterland selbst weggetrieben, indem sie dahinterliegenden und niederen Dingen nachjagen als dem, von dem sie bekennen, daß es besser und vortrefflicher ist.» (IX,9)

Hier wird der Übergang von der intellektuellen zur moralischen Sicht deutlich und damit zu dem, was in Augustins Augen speziell christlich ist. «Deswegen muß der Geist gereinigt werden, damit er imstande ist, sowohl jenes Licht zu erblicken wie dem erblickten anzuhängen. Nicht nämlich werden wir zu ihm, der überall anwesend ist, örtlich bewegt, sondern durch das gute Studium und gute Sitten.» (X,10)

Daran kann der zweite Artikel anknüpfen: In der Menschwerdung der Weisheit selbst, in Christus, wird uns ein Vorbild zum Leben gegeben. Für die Stolzen ist es töricht und schwach (XI,11). Dies gibt Gelegenheit zum Zitat von 1.Kor 1,25 und vor allem 1,21, auf das dieser Abschnitt (XII,11–12) zuläuft.

Im weiteren Verlauf wird – im Artikel vom Heiligen Geist, der nur kurz erwähnt wird (XV,14) – von der Kirche gesprochen, der Christus die Schlüsselgewalt (vgl. Matth 16,19) übergeben hat, «daß, wer in der Kirche nicht glaubt, daß ihm die Sünden vergeben sind, sie ihm nicht erlassen werden, wer es aber glaubt und sich von ihnen gebessert abwendet, im Schoße derselben Kirche durch denselben Glauben und die Zurechtweisung geheilt wird» (XVIII,17). Nach einigen Bemerkungen über die «letzten Dinge» (Tod, Auferstehung und ewiges Leben; XIX,18-XI) beendet Augustin diesen Abschnitt mit einer Schlußbemerkung, in der er nochmals auf den Unterschied zwischen «genießen» und «gebrauchen» hinweist: «In allen diesen Dingen sind es nur die, die zu genießen sind, die wir als ewig und unveränderlich erwähnt haben; die übrigen aber sind zu gebrauchen, damit wir zum Genießen jener gelangen können.» (XXII,20) Hier bleibt nun freilich eine Aporie, denn dieses Ewige, Unveränderliche kann in philosophischem Sinne nur Gott sein, während Christus und Kirche nur Mittel, die zu gebrauchen sind, sein können. Dem widerspricht aber der trinitarische Bezug, in den nach christlichem Glauben beide hineingestellt werden.

Wichtig ist auch, zu erkennen, welche Absicht Augustin im zweiten Teil des ersten Buches verfolgt. Dieser zweite Abschnitt ist ebenfalls um ein Schriftzitat herum aufgebaut, und zwar um das doppelte Liebesgebot (Matth 22,37–40; XXVI,27, vgl. XXII,21). Hier gibt es für Augustin das Problem des Widerspruchs zu der platonischen Zielangabe, die nur das eine kennt, Gott, das höchste Gut, zu genießen. Er löst es, indem er die Nächstenliebe in die Gottesliebe hineingenommen sieht, auch in dem Sinne, daß man den Nächsten selbst zur Liebe Gottes bringen müsse (XXII,21). Weitere Probleme, die angesprochen werden, können wir übergehen.

Alles in allem bringt dieser Buchabschnitt eine durch das doppelte Liebesgebot angeregte Meditation der platonischen Definition des höchsten Zieles der Weisheit, des Genießens des höchsten Gutes, christlich mit Gott identifiziert. Das Liebesgebot als Meditationstext bringt Augustin jedoch zu einer charakteristischen Äußerung dieser Definition: Mit dem Stichwort «lieben» wird aus dem rein intellektuellen Bezug der Philosophie ein ethisch-personales Verhältnis. Die eigene Theologie Augustins tritt hervor.

An diesem Punkt entsteht die offene Frage, welche Rolle denn die Heilige Schrift für Augustin spielen kann. Trotz aller Abgrenzung gegenüber dem Platonismus bleibt ja auch seine neudefinierte Zielbestimmung neuplatonischem Denken benachbart. Auch hinter dem abgewandelten Modell steht ein im Ansatz zeitloses Denken. Die Definition Gottes als transzendent und unveränderlich entspricht einem typisch rationalen Seinsdenken. Die Liebe zu Gott und dem Nächsten, die Augustin zum Schlüssel der Heiligen Schrift erhebt, vollzieht sich im Innern des einzelnen Menschen, und die Kirche als Heilsmittler wirkt als durch die Zeiten hindurch im Grundsatz unveränderliche Institution. Wie kann man von dort einen Zugang zur Bibel als einem historischen Dokument der Offenbarung Gottes finden?

Wir sahen bereits, daß die bisherigen Ausführungen Augustins um zwei Schriftzitate herum angeordnet waren. Die Bibel war ihm wie das Glaubensbekenntnis als Erbe der Kirche vorgegeben, ihr praktischer Gebrauch anscheinend selbstverständlich. Viel schwieriger war es von seinen Voraussetzungen aus, ihre Notwendigkeit auch theoretisch zu begründen.

In der Tat lesen wir: «Der Mensch, der sich auf Glaube, Hoffnung und Liebe stützt (vgl. 1.Kor 13,13; dazu XXXVII,41) und sie unerschütterlich einhält, braucht die Schriften nicht, auch nicht, um andere zu lehren. Daher leben viele nach diesen drei (Grundsätzen) auch in der Einsamkeit ohne Bücher.» (XXXIX,43; vgl. auch Enarrationes in Psalmos 119,6: «Die Gerechten und Heiligen genießen das Wort Gottes ohne Lesen, ohne Buchstaben») Das Beispiel der damals sich gerade auch in Nordafrika ausbreitenden Einsiedler – viele konnten weder lesen noch schreiben – steht Augustin dabei vor Augen. Doch ist die Bibel trotzdem nützlich, wenn auch nur im Sinne des «Gebrauchens»: Sie hilft, die Gebote der Gottes- und Nächstenliebe bekannt zu machen. «Damit wir die wüßten und könnten, ist die gesamte zeitliche Verfügung (dispensatio) zu unserem Heil durch göttliche Vorsehung geschehen, die wir gebrauchen müssen, nicht zur sozusagen bleibenden Liebe und Ergötzung, sondern zu einer vorübergehenden, gleichsam eines Weges, gleichsam von Fahrzeugen oder irgendwelchen anderen Instrumenten, oder, um es passender zu sagen: daß wir das, durch welches wir befördert werden, um dessentwillen, wohin wir befördert werden, lieben.» (XXXV,39)

Mit diesen knappen Bemerkungen verweist Augustin auf ein Thema, über das er sich häufiger geäußert hat und das einen zentralen Platz in seinem Denken einnimmt. Die Wendung «zeitliche Verfügung» bezeichnet in der Terminologie Augustins das gesamte geschichtlich vermittelte Wirken Gottes. Die irdische Geschichte, in die auch die Geschichte des alttestamentlichen Volkes Israel und damit die Zeugnisse des Alten Testaments eingeordnet sind, ist ein Mittel, mit dem Gott sich der Lage des in die Welt der Sinne gestellten Menschen anpaßt und ihm so Zugang zur intelligiblen Welt gibt. Der Mittelpunkt dieses zeitlichen Handelns ist die Menschwerdung Jesu. Jesus ist in seiner, der Schwachheit der Menchen angepaßten Gestalt zugleich ein Zeichen (sacramentum), das auf die unsichtbare göttliche Wahrheit verweist, wie auch Heilsbringer, indem er die Menschen durch seine beispielgebende Demut von ihrem Hochmut heilt (vgl. Conf. VII,18,24). Dabei bleibt aber die Vorläufigkeit alles irdischen Geschehens und sein Verweischarakter auf die ewige Wahrheit bestehen, der auch die Bibel als Mittel zum Heil einschließt. Mehr als diese Rolle kann die Bibel für Augustin nicht beanspruchen. Er hat auch einen recht schmalen Kanon im Kanon: «Deswegen, denn jeder weiß, daß das Ziel des Gebotes die Liebe ist, mit reinem Herzen und gutem Gewissen und ungeheucheltem Glauben (vgl. 1.Tim 1,5), wird er, indem er das ganze Verständnis der göttlichen Schriften auf diese drei Dinge bezieht, sicher an die Behandlung dieser Schriften herangehen.» (XL,44) Die Bibel wird also im Sinne eines ethischen Lehrbuches gesehen; auf dem Stichwort «Gebote» (vgl. auch XXII,20; XXVI,57.58; XXX,31) liegt der Ton. Damit ist eine Blickrichtung vorgegeben, die auch für die weitere Behandlung der Auslegungsfrage bestimmend ist, selbst wenn später weitere Gesichtspunkte hinzukommen. Allerdings ist die Schrift, damit sie Lehrbuch der Ethik sein kann, auch Lehrbuch der Glaubenslehre: «Es wird aber der Glaube schwanken, wenn die Autorität der göttlichen Schriften wankt. Außerdem schwindet, wenn der Glaube schwankt, auch die Liebe selbst dahin. Denn niemand kann lieben, wovon er nicht glaubt, daß es existiert.» (XXXVII,41)

Vor diesem Hintergrund entwickelt Augustin im II. Buch seine vielbeachtete Lehre von den Zeichen. Er beginnt mit der Bemerkung, während er in Buch I von den Sachen geschrieben habe, bei denen man nur darauf achten dürfe, «was sie sind, nicht auch ob sie etwas anderes außer sich bezeichnen», solle man bei den Zeichen nun nicht darauf merken, «was sie sind, sondern mehr, daß sie Zeichen sind, das heißt, was sie bezeichnen». In der Verwendung des Zeichenbegriffs war Augustin offenbar nicht originell. Die größte Nähe zu seinem Gebrauch findet sich in der stoischen Logik und Semantik, mit der Augustin offensichtlich vertraut war. Seine Definition eines Zeichens lautet: «Ein Zeichen ist nämlich eine Sache, die außer dem Eindruck, den sie auf die Sinne macht, etwas anderes aus sich in die Überlegung kommen läßt.» (II,I,1) Eine anschließend (I,2) getroffene Unterscheidung ist wichtig: die zwischen natürlichen und gegebenen Zeichen. Natürliche Zeichen hat Augustin gleich anfangs erwähnt: Beispiele sind Spuren, die Tiere am Boden hinterlassen, Rauch, der ein nicht sichtbares Feuer anzeigt, die Trompete, die für Soldaten wichtige Signale gibt. Das letztere Beispiel ist schon nicht mehr glücklich, denn Augustin definiert natürliche Zeichen als solche, «die ohne Willen und ohne irgend eine Absicht etwas anzuzeigen außer sich etwas anderes aus sich erkennnen lassen, wie der Rauch, der das Feuer anzeigt» (I,2). Allerdings sind natürliche Zeichen für den weiteren Gedankengang unwichtig; nur aus systematischen Gründen habe er sie genannt, bemerkt Augustin ausdrücklich.

Wichtiger sind die gegebenen Zeichen. «Gegebene Zeichen sind, welche sich jederart Lebewesen gegenseitig geben, um, soweit sie können, jedwede Bewegung ihres Geistes, Wahrnehmungen oder Einsichten zu zeigen.» (II,3) Dabei geht es um einen Übermittlungsvorgang: «Wir haben keinen anderen Grund (etwas) zu bezeichnen, d. h. ein Zeichen zu geben, wenn nicht um hervorzuholen und in den Geist eines anderen zu übertragen, was der in seinem Geist trägt, der das Zeichen gibt.» (ebd.) Die Bedeutung dieses Vorganges wird dann klar, wenn man Augustins Dialog «De Magistro» («Über den Lehrer») hinzuzieht. Grundgedanke ist dort, daß Zeichen und ihre Übermittlung im menschlichen Geist nichts Neues hervorrufen können; die Sachen, die wir durch den Empfang von Zeichen erkennen, müssen schon im Geist vorhanden sein und werden durch Erinnern aus ihm hervorgeholt.

Von den Zeichen, die sich Menschen geben, richten sich einige an die Augen, die meisten an die Ohren. Insbesondere Worte sind anderen Zeichen überlegen, da diese sich mit Worten wiedergeben lassen, jedoch nicht umgekehrt (III,4). «Da sie aber, nachdem sie die Luft geschlagen haben, sofort vergehen und nicht länger bleiben, als sie tönen, sind für die Worte durch Buchstaben Zeichen eingerichtet worden.» Daß diese Zeichen nicht für alle Völker gemeinsam sind, ist nach Augustin die Folge menschlicher Hybris, von der die Erzählung vom Turmbau zu Babel (1. Mose 11) Zeugnis gibt (IV,5).

Damit ist die Basis gefunden für die folgenden Ausführungen, die eine Einführung in den Umgang mit der Bibel enthalten (V,6–XVII,26). Auch die Bibel, sagt Augustin, mußte aus diesem Grunde, nachdem sie ursprünglich in einer Sprache entstanden war, in verschiedenste Sprachen übersetzt unter den Völkern verbreitet und interpretiert werden (V,6). Hier ist zunächst vor den Schwierigkeiten der Auslegung zu warnen, denn die Schriften können leicht zu Fehldeutungen führen. Dies sei aber gottgewollt, «um durch Mühe den Hochmut zu zügeln und den Verstand vor Überdruß zu bewahren, dem, was leicht zu untersuchen ist, meist wohlfeil erscheint». Hier sieht Augustin die Rolle der Bilder (Beispiel: Hohel 4,2, wo die durch Christus gereinigten Glieder der Kirche gemeint seien), die manches nur umständlich zu Schildernde in eingänglicher Weise evident machen (VI,7). Wenn es auch nicht direkt ausgesprochen wird, steht offenbar die Idee von einer pädagogischen Absicht in der Bibel im Hintergrund: «Nun zweifelt niemand, daß etwas auch durch Gleichnisse lieber erkannt wird und, was mit einiger Mühe gesucht wurde, viel lieber gefunden wird. Wer nämlich überhaupt nicht findet, was er sucht, wird von Hunger geplagt; wer aber nicht fragen (muß), weil es ihm offenliegt, wird oft von Überdruß erschlafft. Deshalb hat der Heilige Geist in bewundernswerter und zuträglicher Weise die Heiligen Schriften so gestaltet, daß er mit den leichter verständlichen Stellen dem Hunger begegnete, mit den dunkleren jedoch den Überdruß verscheuchte.» (VI,8) Im ganzen jedoch enthält die Bibel alles zu wissen Nötige: «Beinahe nichts nämlich von diesen dunklen Stellen läßt sich ermitteln, was nicht anderswo als ganz klar gesagt zu finden ist.» (ebd.)

Nebenbei erfahren wir auch, daß für Augustin der Heilige Geist der eigentliche Urheber der Bibel ist. Er kann aber auch «die Überlegungen und den Willen derjenigen, von denen sie (die göttliche Schrift) geschrieben ist», erwähnen. Man erfährt durch sie «den Willen Gottes, entsprechend dem, wie wir glauben, derartige Menschen gesprochen haben» (V,6). Die spätere Verbalinspirationslehre, die aus den Verfassern der biblischen Schriften willenlose Werkzeuge macht, ist offensichtlich bei Augustinus noch nicht im Blick.

Daß die Bibel im theologischen Denken Augustins nicht den höchsten Platz einnimmt, wird in den folgenden Ausführungen (VII,9–11) noch einmal deutlich. Er stellt dort dem Christen und Bibelleser ein Sieben-Stufen-Schema vor Augen, mit dem er zur Weisheit als zur höchsten Stufe aufsteigen kann. Nur für die drei ersten Stufen benötigt er die Bibel: 1. Gottesfurcht, die zur Erkenntnis des Willens Gottes und Todesschrecken führt; 2. Einverständnis mit der Schrift, «wieweit sie unsere Fehler aufdeckt, soweit wir sie verstehen. Soweit wir sie nicht verstehen, daß wir eher denken und glauben, daß besser und wahrer ist, was dort geschrieben ist, auch wenn es verborgen ist, als das, was wir durch uns selbst wissen können»; 3. Erkenntnis des Lesers anhand der Heiligen Schrift, in der das doppelte Liebesgebot das Zentrum bildet, daß er von der dort geforderten Liebe weit entfernt ist. «Dann aber zwingt jene Furcht, mit der er an das Gericht Gottes denkt, und jene Frömmigkeit, mit der er nicht anders kann, als der Autorität der heiligen Bücher zu glauben und zu folgen, ihn über sich selbst zu trauern.» Durch diese Trauer wird er dazu gebracht, von Gott Tröstung zu erflehen und zu erhalten und gelangt zum 4. Grad: der Tapferkeit, «in der er hungert und dürstet nach Gerechtigkeit (vgl. Matth 5,6). Durch diese Leidenschaft wendet er sich von aller todbringenden Annehmlichkeit der vergänglichen Dinge ab und der Liebe zu den ewigen Dingen zu, nämlich der unveränderlichen Einheit und ebendarin Dreiheit». Die weiteren Grade sind dann: 5. Das Erbarmen, in dem er sich von niederen Gelüsten reinigt und in der Nächstenliebe übt; 6. Feindesliebe und Reinigung des «Auges des Herzens», daß er nicht einmal den Nächsten, wie auch sich selbst, der

Wahrheit vorzieht; 7. Die Weisheit als höchste Stufe. In dem Aufstiegsschema der Seele mit der Weisheit als höchster Stufe erkennen wir das platonische Modell, in das jedoch das christliche Motiv der Buße und die Rolle der Bibel eingefügt sind.

Zur dritten Stufe zurücklenkend, geht Augustin anschließend auf das Bibelstudium im engeren Sinne ein. Er empfiehlt, alle Schriften zunächst zu lesen, und zwar zuerst die kanonischen. Da der biblische Kanon – wie noch heute – nicht unumstritten ist, rät er, der Autorität möglichst vieler katholischer Kirchen zu folgen, «unter denen sicher diejenigen sind, die apostolische Stühle haben und Briefe zu empfangen verdienten». Bemerkenswert ist, daß von einer Sonderstellung des römischen Stuhls nichts gesagt wird. Bevorzugen soll er die Bücher, die von allen katholischen Kirchen anerkannt werden; bei denen, die nicht von allen anerkannt werden, wenn die meisten und bedeutendsten sie anerkennen. Auch diese Bücher seien von gleicher Autorität (VIII,12). Diesen Empfehlungen läßt Augustin dann noch eine genaue Aufzählung aller biblischen Schriften folgen.

Die Lektüre der Bibel soll also den Anfang bilden, mit dem Ziel, sie auswendig zu lernen («dem Gedächtnis anvertrauen») und dadurch zu kennen, auch wenn man sie noch nicht versteht. Der nächste Schritt besteht darin, alles, was leicht verständlich ist, zu erforschen. «Darunter befinden sich alle die Dinge, die den Glauben und die Lebenssitten erhalten, d. h. die Hoffnung und die Liebe.» Danach sollten die dunkleren Aussagen von den verständlicheren her gedeutet werden. «Dabei hilft das Gedächtnis am meisten.» (IX,14)

An dieser Stelle (X,15) kommt Augustin noch einmal auf seine Zeichenlehre zurück. Er unterscheidet zwischen zwei Arten von Zeichen: eigentlichen und übertragenen. Ein eigentliches Zeichen ist z. B. die Bezeichnung «Rind» für eine Art von Vieh. «Sie werden eigentliche genannt, wenn sie angewandt werden, die Dinge zu bezeichnen, für die sie eingerichtet sind.» «Übertragene sind, wenn auch die Dinge selbst, die wir mit eigentlichen Worten bezeichnen, etwas anderes zu bezeichnen gebraucht werden.» Beispiel: das Zitat aus 5. Mose 25,4 in 1. Tim 5,18, wo der «Ochse» den Apostel meint. Außerdem ist zu unterscheiden zwischen unbekannten und doppeldeutigen Zeichen. Zum Verstehen unbekannter Zeichen, d. h. Worten, in der Bibel hält Augustin die Kenntnis der hebräischen und griechischen Sprache für notwendig. Allerdings läßt er später (XVI,23) durchblicken, daß er selbst das Hebräische nicht beherrscht, sondern dafür auf die Hilfe vorliegender Wortdeutungen angewiesen ist. Der Leser der lateinischen Bibel hatte es zu Augustins Zeiten tatsächlich mit einer «ungeheuren Vielfalt lateinischer Übersetzer» zu tun (XI,16). Auch der Vergleich zwischen verschiedenen Handschriften kann helfen, wobei Augustin eine Tendenz zur Harmonisierung erkennen läßt, denn aus unterschiedlichen Wiedergaben von

Jes 58,7 und Jes 7,9 weiß er jeweils in sich sinnvolle Aussagen zu gewinnen (XI,17). Hieran wird deutlich, daß es ihm nicht zuerst darauf ankommt, zum Urtext vorzudringen, sondern mehr darum geht, möglichst viele erbauliche Aussagen aus der Bibel herauszuholen. Er kennt aber auch offensichtliche Fehlübersetzungen, die korrigiert werden müssen (XII,18). Dann muß im Urtext nachkontrolliert werden. Viele stilistisch für das ererbte Latein anstößige Wendungen stammen aus allzu wörtlicher Übertragung des Urtextes. Dies wäre für die gemeinte Sache nicht schlimm, nur könnten im Glauben schwächere Leser daran Anstoß nehmen, die sich fälschlich auf ihre Sprachkenntnisse etwas einbilden. So empfiehlt Augustin z.B. für 1.Kor 1,25 eine einfachere, freie Übersetzung (XIII,20). Unbekannte Worte und Redensarten – zwei Formen unbekannter Zeichen – kann man, wenn sie zu Fremdsprachen gehören, von Leuten lernen, welche diese sprechen; lateinische kann man sich durch Übung einprägen oder, im Falle der Bibel, durch Vergleich verschiedener Handschriften (XIV,21) ermitteln.

Unter den Übersetzungen gibt Augustin der altlateinischen (Itala) den Vorzug, «denn sie ist bewahrender im Blick auf den Wortlaut, verbunden mit Durchsichtigkeit des Sinnes». Die Septuaginta ist – hier beruft sich Augustin auf ihre Entstehung entsprechend der Legende – unter den griechischen Übersetzungen vorzuziehen. «Deswegen ist, selbst wenn etwas anders in den hebräischen Exemplaren gefunden wird, als sie wiedergaben, glaube ich, der göttlichen Vorsehung zu folgen, die durch sie (die 70 Übersetzer) geschehen ist.» (XV,22)

Es gibt nach Augustin verschiedene Ursachen von Mißverstehen biblischer Aussagen. Dazu gehört das Verkennen bildlicher Verwendung von Tieren, Steinen und Kräutern, deren Natur nicht bekannt ist, wie die der Schlange. Zu diesem Beispiel bringt allerdings Augustin zwei typisch allegorisierende Beispiele, denn Jesu Weisung «seid klug wie die Schlangen» (Matth 10,16) wird über die Assoziation «Kopf» auf Christus als das Haupt der Kirche gedeutet, dem wir in Verfolgung lieber unseren Leib opfern sollen. Daß sich die Schlange häutet, gibt Anlaß, an die Mahnung des Apostels zu erinnern, den alten Menschen aus- und den neuen anzuziehen (Eph 4,22.25; Kol 3,9f.). Einleuchtender erscheint uns der Hinweis, die Wendung «reinige mich mit Ysop» (Ps 51,9) sei nur zu verstehen, wenn man die Reinigungskraft kenne, die Ysop auf die Lungen ausübe. Einen ganzen Abschnitt (XVI,25) widmet Augustin der übertragenen (und «mystischen») Bedeutung von Zahlen in der Bibel, wie dem vierzigjährigen Fasten von Mose, Elia, Jesus, der Dreizahl und anderen. Auch die Unkenntnis der Bedeutung von biblischen Musikinstrumenten ist schädlich! (XVI,26)

An dieser Stelle bricht Augustin seine praktisch orientierten Ausführungen über Bibelauslegung und ihre Fehlerquellen ab. Was folgt, ist ein langer, offenbar als Auslegung der Stelle Röm 1,21–23 (vgl. XVIII,28) gedachter Abschnitt über menschliches Wissen und menschliche Kultur. Er füllt den ganzen Rest von Buch II aus. Augustin unterscheidet dabei zwei Sorten von Wissensstoffen: «eine von solchen Dingen, die Menschen einrichten, eine andere, die sie als schon durchgeführt und von Gott her eingerichtet beobachteten» (XIX,29). Zum ersten Gebiet gehört der ganze Bereich des Aberglaubens und Götzendienstes, bei dem Augustin lange verweilt. Das zweite zerfällt in die beiden Untergebiete des sinnlich und des geistig Wahrnehmbaren; die verschiedenen Wissenschaften wie Geschichte, Dialektik, Logik, Rhetorik, Mathematik und Philosophie werden hier aufgeführt. Alle diese Wissenschaften sind, wie Augustin betont, nicht von Menschen erfunden, sondern von Gott gestiftet. An sich sind sie deshalb ebenfalls ein möglicher Weg zur Weisheit. Alle können von Christen gebraucht werden, wie die silbernen und goldenen Gegenstände und die Kleider, die Israel aus Ägypten mitnahm (2. Mose 3,21 f.;12,35–36). Allerdings – und damit schließt Augustin dieses Buch – kann man ohne das Paschaopfer – das ist das Kreuz Christi – nicht aus Ägypten ausziehen und gerettet werden (XLI,62). Hierzu gehört das Pauluswort: «Das Wissen bläst auf; aber die Liebe baut auf.» (1.Kor 8,1; zitiert ebd.) Nur wenn die an sich gottgegebenen Wissenschaften im rechten christlichen Gebrauch, d. h. von Liebe geleitet, angewendet werden, sind sie hilfreich. Unter diesem Vorzeichen ist das durchaus kein Kulturpessimismus!

Aus einer Wendung gegen Ende dieser Ausführungen (XLI,62) geht hervor, daß auch diese sich an den «Studenten der göttlichen Schriften» richten, «wenn er beginnt an ihre Erforschung heranzugehen». Dieser Hintergrund wird an verschiedenen Bemerkungen immer wieder deutlich. Das weite Ausholen Augustins zeigt, daß er dieses Unternehmen vor einem denkbar breiten Horizont betrachtet. Am Anfang von Buch III (I,1) bemerkt er rückblickend, daß außer Sprachkenntnis auch Sachkenntnis für das Verständnis bildhafter Redeweise nötig sei, damit der Ausleger «nicht die Bedeutung und Natur derjenigen Dinge, die wegen ihrer Ähnlichkeit (als Bild) herangezogen werden, verkennt» (vgl. auch II,XVI,24). Hierzu sind die von Gott gegebenen Wissenschaften notwendig, die von Aberglauben und durch Menschen eingerichtetem Götzendienst streng zu trennen sind.

In Buch III geht Augustin dann auf die Zweideutigkeiten in der Schrift (im wesentlichen dem Alten Testament) ein. Zweideutigkeiten können einmal durch im eigentlichen Sinne gebrauchte Worte entstehen, zum anderen durch im übertragenen (allegorischen) Sinne verwendete (III,I,1). Bei den zweideutigen kann es sich nur um ganze Sätze handeln, auf die Augustin deshalb jetzt zu sprechen kommt. Weniger Schwierigkeiten machen dabei die im eigentlichen Sinne gebrauchten Worte (I,1–

IV.8). Hier, wo es sich um zweifelhafte Zeichensetzung, Betonung beim mündlichen Vortrag und ähnliches handelt, geht es darum, den Kontext zu beachten, vor allem aber auch die Glaubensregel (regula fidei), in der die klaren Aussagen der Schrift zusammengefaßt sind. Zur Hauptsache – damit aber auch zu den eigentlichen Schwierigkeiten, wie Augustin gleich bemerkt (V,9) – kommt er erst dann, wenn es anschließend um die übertragen gebrauchten Wörter geht. Hier handelt es sich ebenfalls entsprechend dem, was in Buch I gesagt war, um die Beziehung der «Sachen» zu den Zeichen. Diesmal aber stehen die Zeichen für Figuren, die erst das eigentlich Gemeinte repräsentieren. Dabei entsteht sofort eine Gefahr: «Denn von Anfang an ist zu vermeiden, daß du die figürliche Sprechweise wörtlich nimmst.» Augustin stellt seine Überlegungen zu diesen Problemen unter das Motto: «Der Buchstabe tötet, der Geist aber macht lebendig.» (2.Kor 3,6) Dieses Pauluswort gehört überhaupt zu seinen Lieblingszitaten: wörtlich zitiert kommt es bei ihm mehr als vierzigmal vor, Anspielungen sind noch häufiger. Die allegorische Auslegung ist sein eigentliches Ziel. Am Buchstaben zu haften, ist «elende Knechtschaft des Geistes und über die körperliche Natur das Auge des Verstandes nicht erheben zu können, um das ewige Licht zu schöpfen» (ebd.). «Unter einem Zeichen dient nämlich, wer eine Sache verehrt, die ein Zeichen ist, ohne zu wissen, was sie bezeichnet.» (IX,13) Nun müßten damit eigentlich die alttestamentlichen Zeichen ihren Wert verlieren, da das alte Israel ihre Bedeutung vor dem Erscheinen Christi noch nicht kennen konnte. Diese Schwierigkeit löst Augustin mit der Bemerkung: «Obwohl sie die Zeichen der geistlichen Dinge anstelle der Dinge selbst beachteten, nicht wissend, worauf sie sich bezogen, war ihnen doch eigen, daß sie mit dieser Knechtschaft dem einen Gott aller Dinge, den sie nicht sahen, dienten.» (VI,10) Die Stelle Gal 3,24 vom Gesetz als «Zuchtmeister» auf Christus dient hierzu als Schriftbeleg. Eine echte geschichtliche Betrachtung ist hiermit freilich nicht gegeben. Die Sonderstellung der alttestamentlichen Periode durch den Bezug auf den einen Gott und Schöpfer rettet nicht nur das Alte Testament, sondern führt auch zur Abgrenzung zwischen den damaligen Israeliten und allen selbstgemachte Bilder als Götter verehrenden (VI,11) und diese als Zeichen auf geschaffene Dinge beziehenden (VII) Heiden, wie auch den Juden zur Zeit Jesu, die solchen Zeichen (wie Sabbat und Opfer, V,9) «hartnäckig anhingen und deshalb den Herrn, der diese verachtete, als schon die Zeit der sie betreffenden Offenbarung gekommen war, nicht ertragen konnten» (VI,10). Augustin geht aber noch einen Schritt weiter: Er kennt auch Gestalten des Alten Testaments, die, in einer Zeit der Knechtschaft unter Zeichen lebend, doch geistliche und freie Menschen waren: es sind die Patriarchen und Propheten, welche die Bedeutung der Zeichen (als auf Christus weisend) schon kannten (IX,13).

Die zum Christentum bekehrten Israeliten befreit die christliche Freiheit, indem sie sie durch die Deutung der Zeichen zu den Sachen selbst erhebt; die bekehrten Heiden befreit sie von ihren unnützen Zeichen und unterrichtet sie im Verständnis des geistlichen Sinns der nützlichen (biblischen) Zeichen, stellt sie aber nicht mehr unter deren Knechtschaft (VIII,12).

Von diesen Voraussetzungen her kann Augustin nun zum zweiten Hauptteil von Buch III kommen, einer Anleitung zur Unterscheidung von allegorischer und wörtlicher Rede (X,14-XXIV,34). Dafür genaue Regeln zu finden, war wichtig, um einerseits eine völlige Allegorisierung der Bibel zu vermeiden, die den Lesern ärgerliche Forderungen einfach weginterpretieren könnte (X,15), andererseits zu verhindern, daß moralisch anstößige Texte wörtlich genommen und deswegen das Alte Testament verworfen würde. Das in den Augen vieler Zeitgenossen skandalöse Verhalten der Patriarchen, aber auch des alttestamentlichen Gottes selbst gab – und gibt bis in unsere Tage! – vielfach den Grund ab für eine solche Ablehnung. Hier bietet Augustin in dem bereits in Buch I erwähnten Grundsatz einen inhaltlichen Maßstab an, nach dem sich die Entscheidung für allegorisches oder wörtliches Verständnis richten kann: «Bei figürlichen Redeweisen wird eine Regel helfen derart, daß so lange mit sorgfältiger Überlegung überdacht werde, was gelesen wird, bis die Deutung zur Herrschaft der Liebe führt. Wenn das aber schon im eigentlichen Wortlaut zu hören ist, möge keine figürliche Redeweise angenommen werden.»(XV,23) Klare sittliche Weisungen der Schrift sind im Wortsinn zu nehmen und dürfen nicht allegorisiert werden. Der Gegensatz zwischen Liebe und Begierde ist das Kriterium zum Urteil über jede einzelne Aussage der Bibel. «Liebe nenne ich eine Geistesbewegung, Gott zu genießen um seiner selbst willen und sich selbst und den Nächsten um Gottes willen; Begierde aber eine Geistesbewegung, sich selbst und den Nächsten und irgendeinen Körper nicht um Gottes willen.» (X,16)

Auf der Grundlage der schon in Buch I entfalteten Gesichtspunkte von Sitten und Glaubensinhalten läßt sich ein Urteil über jede biblische Aussage gewinnen, ob sie figürlich gemeint ist oder nicht. «Was immer im Wort Gottes weder auf den Anstand der Sitten noch auf die Wahrheit des Glaubens im eigentlichen Wortlaut bezogen werden kann, sollst du als figürlich erkennen.» (X,14)

Zu warnen ist allerdings vor einem vorschnellen Verurteilen fremder Sitten: «Da nämlich das Menschengeschlecht geneigt ist, nicht aus den Umständen der Begierde selbst, sondern eher aus seiner Gewohnheit Sünden zu beurteilen, geschieht es meist, daß jeder Mensch nur das für tadelnswert hält, was Menschen seiner Gegend und Zeit zu tadeln und verurteilen pflegen, und nur das für billigens- und lobenswert, was die

Gewohnheit derer, mit denen er lebt, zuläßt.» Daraus kann dann aber auch entstehen, daß grundsätzlich als verbindlich anerkannte Gebote oder Verbote der Bibel, die von der Gewohnheit der Hörer abweichen, als figürliche Redeweise gedeutet werden. Hier gilt der Grundsatz analog: «Nicht aber befiehlt die Schrift etwas anderes als Liebe, noch erklärt sie für Schuld etwas anderes als Begierde und belehrt auf diese Weise die Sitten der Menschen.» (X,15)

Aus dem erwähnten Kriterium ergibt sich auch das Urteil über anstößige Aussagen anderer Art: «Was immer als hart und gleichsam wild in Tun und Rede von der Person Gottes oder seiner Heiligen gelesen wird, dient dazu, das Reich der Begierde zu zerstören.» (XI,17) Hierzu zitiert Augustin Röm 2,5–9. Solche Aussagen sind wörtlich zu verstehen. Bildhaft gemeint ist dagegen die dem gleichen Ziel dienende Aussage Jer 1,10. Wenn aber von Gott oder als heilig empfohlenen Menschen geradezu frevelhaft erscheinende Taten und Worte vorliegen, sind sie figürlich aufzufassen. Der sachliche Hintergrund dafür ist, daß, «was bei anderen Personen meist frevelhaft ist, bei der göttlichen oder einer prophetischen Person das Zeichen einer großen Sache ist» (ebd.). Rein logisch ist das freilich ein nicht aufzulösendes Paradox. In solchen Fällen sind «ihre Geheimnisse zur Nahrung der Liebe zu entkernen» (XII,18). Beispiel: die Fußsalbung durch die Frau Joh 12,13 ist gewöhnlich eine zu verurteilende Verschwendung, hier aber ein Zeichen für den guten Ruf, «den jeder durch die Werke eines guten Lebens haben wird, der den Fußspuren Jesu folgt» (ebd.).

Daß die Patriarchen mehrere Frauen hatten, diente reicher Nachkommenschaft und war deshalb nicht verboten. Ähnlich war das Tragen von Talaren und langärmligen Tuniken bei den alten Römern ein Frevel; jetzt ist es das für Vornehme keineswegs mehr (XII,20). Bei aller Vielfalt der Sitten hilft dann aber doch die goldene Regel als ein – allerdings wenig überzeugender – Maßstab für Gut und Böse (XIV,22). Wenn ein Bibelwort eine frevelhafte Tat zu befehlen oder eine wohltätige zu verbieten scheint, ist es übertragen gemeint. Beispiel: Joh 6,54. Röm 12,20 scheint gutes und böses Tun miteinander zu verbinden, deshalb kann die Rede von den «glühenden Kohlen», die aufs Haupt des Feindes gehäuft werden, nur «die brennenden Klagen der Reue, durch die dessen Stolz geheilt wird», bedeuten (XVI,24).

Ein weiterer Maßstab ist, ob eine Handlung aus Lust (libido) oder Pflicht (officium) unternommen wurde, auch wenn dafür jetzt andere Regeln gelten. «Es gibt nämlich vieles, was damals pflichtgemäß unternommen wurde, was ohne Lust nicht geschehen kann.» (XXII,32) Augustin meint, daß die Patriarchen ohne Lust nur um der Nachkommenschaft willen ihren Frauen beigewohnt hätten, ja, daß sie sich um des Himmelreiches willen sofort entmannt hätten (vgl. Matth 19,12), wenn sie nach der Ankunft des Herrn gelebt hätten (XVIII,27). Wir sehen hier, daß Augustin um bestimmter Grundsätze willen – daß die Bibel heiligen Männern unmoralisches Verhalten als solches zuschreibt, ist undenkbar – eine wörtliche Auslegung bestimmter Aussagen für unmöglich hält. Als Beispiel für Mäßigkeit im Umgang mit seinen Frauen wird auch König David angeführt, der noch an seinem Sohn Absalom hing und seinen Tod betrauerte (vgl. 2.Sam 18,33–19,1), als dieser sich bereits seines Harems bemächtigt hatte (vgl. 2.Sam 16,21 f.), der außerdem wegen des einzigen von ihm verübten Ehebruchs sich selbst streng bestrafte (2.Sam 12,5) (XXI,31). Dagegen wird Salomo wegen seiner Vielweiberei getadelt, der seine Weisheit, «die er mit geistlicher Liebe errungen hatte, mit fleischlicher Liebe verlor» (ebd.).

Zum Schluß dieser Erörterungen stellt sich Augustin noch ein neues Problem vor Augen, dessen Behandlung er erst dreißig Jahre später zuendebringen sollte. Es geht um das Verhältnis zwischen mehrdeutigen Zeichen und den «Sachen», die sie bezeichnen. Wenn es sich um figürliche Redeweise handelt, «wird man finden, daß die Worte, aus denen sie besteht, entweder von einander ähnlichen Dingen hergenommen sind, oder von solchen, die in irgend einer Nähe zueinander stehen» (XXV,35). Die einander ähnlichen lassen sich klassifizieren in 1. entgegengesetzte (Beispiele: Sauerteig Matth 16,6.11 und 13,33; Löwe Off Joh 5,5 und 1.Petr 5,8; Schlange Matth 10,16 und 2.Kor 11,3; Brot Joh 6,51 und Spr 9,17); 2. nur verschiedene (Wasser OffJoh 17,15; 19,6 und Joh 7,38); 3.mehrfache. Die dunkleren Stellen sind jeweils nach den klareren zu interpretieren (XXVI,37). Hier gilt die Regel von der inneren Widerspruchslosigkeit der ganzen Schrift, die Augustin im Alter viel klarer bewußt geworden war als in seinen Jugendjahren, wo er sich ausschließlich für den tieferen Sinn der Einzelstellen interessierte. Damit nimmt er freilich nur auf, was dem kirchlichen Schriftverständnis seit langem selbstverständlich war. Für den Grenzfall, daß gar zwei oder mehrere Bedeutungen aus anderen Schriftstellen nachgewiesen werden können, die also alle wahr sein müssen, soll man trotzdem versuchen, den vom Verfasser beabsichtigten Sinn zu finden. Wenn dieser verborgen ist, ist es auch nicht schlimm, «wenn etwas als mit der Wahrheit übereinstimmend aus anderen Stellen der heiligen Schriften gezeigt werden kann». Wenn nicht der Verfasser, hat ihn wenigstens der Heilige Geist gewußt, der ihm die Feder führte. Vielleicht aber hat selbst dieser mehrere Bedeutungen einer Stelle vorgesehen, die dann nebeneinander als göttlich anzusehen sind? (XXVII,38) Wenn aber für einen Ausdruck der Sinn durch den Vergleich mit anderen Schriftstellen überhaupt nicht zu ermitteln ist, sondern nur noch durch vernunftgemäße Überlegungen, darf dieser, auch wenn er nicht vom Verfasser beabsichtigt war, durchaus vertreten werden (XVIII,39). Hier werden

Probleme gesehen, mit denen sich auch die moderne Hermeneutik beschäftigt!

Augustin schließt Buch III mit einem Blick auf die Regeln des Ticonius. Ticonius, ein donatistischer Laie († um 400), hatte ein «Buch der Regeln» (Liber regularum) verfaßt, aus dem Augustin ausführlich referiert (III,42-XXXVII,56). Der Wert der Regeln des Ticonius war offensichtlich, daß er eine Reihe inhaltlicher Gesichtspunkte aufgestellt hatte, welches denn die «Dinge» sein müßten, auf die hin die Heiligen Schriften ausgelegt werden müßten. Daß Augustinus mit dem Hinweis auf Ticonius ebenfalls pädagogische Absichten verfolgt, sagt er ausdrücklich: «Das habe ich deswegen zu sagen nötig befunden, damit das Buch selbst von den Studenten gelesen wird, da es sehr viel dabei hilft, die Schriften zu verstehen, und damit nicht von ihm erhofft wird, was es nicht hat.» (XXX,43) Nützlich sind die Regeln des Ticonius, damit «wir ungefähr alles, was wir im Gesetz, d. h. in den biblischen Büchern, dunkel dargestellt gefunden haben, aufgrund dieser gut bekannten (Regeln), wenn wir sie heranziehen, verstehen können» (XXX,43). Wichtig sind sie vor allem durch ihre Hinweise auf inhaltliche Verbindungen zwischen den einzelnen «Sachen», auf die sich die Deutung beziehen kann. So verbindet die erste Regel (vgl. XXXI,44) das Haupt, Christus, und seinen Leib, die Kirche. Die zweite (vgl. XXXII,45) spricht von dem «zweigeteilten Leib Christi», der wahren und der vermischten Kirche. Die dritte Regel «Über Verheißungen und Gesetz» hat ebenfalls inhaltlich dogmatischen Charakter, während die weiteren Regeln mehr technischer Art sind. So handelt die vierte Regel von Einzelexemplar und Gattung (vgl. XXXIV,47): Oft werde in der Bibel von einer einzelnen Stadt, wie Jerusalem oder Babylon, oder einem einzelnen Menschen, wie Salomo, etwas gesagt, was für alle Völker oder die ganze Menschheit gelte. Die fünfte Regel «Über Zeiten» behandelt die Zählung von Tagen, Jahren usw. Unterschieden wird zwischen Berechnungen nach dem Muster «Teil für das Ganze» (synekdoche nach den Regeln der griechischen Rhetoriker) und echten, in der Bibel für ein Ganzes verwandten Zahlen. Ein Beispiel für die erste Form ist die Berechnung des dreitägigen Aufenthaltes Christi in der Unterwelt Matth 12,40, bei der auch Teile von Nächten bzw. Tagen als volle Einheiten mitgezählt sind. Für die zweite Form wird u.a. die Zahl 144000 (12x12000) für die Gesamtheit der Heiligen (Off Joh 7,4) genannt (XXXV,50–51). Die sechste Regel (vgl. XXXVI,52) behandelt die Rekapitulation: nicht immer wird in chronologischer Reihenfolge berichtet, sondern bisweilen früher Geschehenes nachgeholt. Die siebente, noch einmal inhaltliche Regel «Über den Teufel und seinen Leib» (vgl. XXXVII,55) entspricht der ersten: Wenn in der Bibel vom Teufel gesprochen wird, ist darauf zu achten, ob das Haupt, die Person des Teufels, oder sein Leib, die Gottlosen, gemeint sind, die übrigens auch in der Kirche als einem gemischten Leib (vgl. Regel 2) enthalten sind.

Obwohl Augustin mit den Regeln des Ticonius nicht voll einverstanden ist, scheinen sie ihm doch wichtig genug, sie an den Schluß von Buch III zu setzen. Buch IV bringt dann noch eine Predigtlehre. Verstehen der Schrift und Verkündigung des Verstandenen gehören für Augustin zusammen (vgl. I,I,1=IV,I,1). Die pastorale Absicht des Handbuches wird damit noch einmal deutlich. Die Ausführungen über ein rechtes Verständnis der Bibel wird man also nicht ohne den Hintergrund lesen dürfen, daß sie der Vorbereitung auf die Predigt dienen. Augustin als kirchlicher Theologe und Bischof ist daran zentral interessiert.

Manches in Augustins Handbuch der Bibelauslegung wird einem Leser von heute fremdartig vorkommen. Das neuplatonische und andere antike Denkmodelle sind in der Tat nach heutiger Erkenntnis für ein angemessenes Verständnis der Bibel eine denkbar ungünstige Ausgangsbasis. Man sieht daran, wie fremdartig die Heilige Schrift auf einen gebildeten Menschen der klassischen Antike wirken mußte. Mit seiner Zeichenlehre hat Augustin versucht, diesen Graben zu überbrücken. Das Ergebnis verdient auch deshalb unser Interesse, weil Augustin damit auf Probleme hingewiesen hat, die auch jetzt noch eine Bedeutung haben. Insbesondere die Einsicht, daß Worte Zeichen sind, geschriebene Worte Zeichen für Zeichen, die durch ihre Fixierung als Schrift ihre einmalige Entstehungssituation und damit auch die Absicht ihrer Verfasser, von der Augustin mehrfach spricht, hinter sich gelassen haben, daß es also darauf ankommt, die hinter den Zeichen stehende «Sache» zu erfassen, behält ihr Gewicht bis in die Gegenwart. Verschiedene moderne Systeme, wie der Strukturalismus, beschäftigen sich mit den daraus entstehenden Fragen auf ihre Weise. Das Aufeinander-Angewiesensein von Verstehen der Bibel und ihrer Verkündigung, das Augustin so wichtig ist, hat später Luther zu einem zentralen Thema seiner Theologie gemacht. Mancherlei technische Gesichtspunkte, auf die Augustin hinweist, müssen auch von modernen Auslegern beachtet werden. So würde er sich schon durch dieses Werk einen bleibenden Namen verdienen.

Es ist oft festgestellt worden, daß Augustins eigene Bibelauslegung seine hermeneutische Theorie nicht widerspiegele. In der Tat ist eine genaue Umsetzung nirgendwo zu erkennen, obwohl die allegorische Auslegung in den meisten Kommentaren und Predigten Augustins beherrschend ist. Ein Teil dieser Kommentare wirkt etwas atomistisch: Augustin betrachtet die einzelnen Wendungen des Textes der Reihe nach und bringt zu jeder eine übertragene Deutung ohne Beachtung des größeren Zusammenhangs. Ein Beispiel dafür sind etwa seine Anmerkungen zum Hiobbuch (Adnotationes in Iob). Nicht selten bietet eine solche Exegese weitgehend eine Paraphrase des Textes, wie z. B. ein Teil der Psalmenauslegungen (Enarrationes in Psalmos, Augustins umfangreichstes, recht uneinheitliches Werk). Weitgehend allegorisch ist seine, zum Teil aus Predigten hervorgegangene, Auslegung des Johannesevangeliums (Tractatus in evangelium Johannis), was sich durch den nach altkirchlicher Tradition vorwiegend spirituellen Charakter dieses Evangeliums nahelegte. Aber auch da, wo Augustin die Beachtung des Wortsinns gleichsam zum Programm erhebt, wie in seinem Genesis-Kommentar «nach dem Buchstaben» (De Genesi ad litteram), finden wir nicht das Erwartete, sondern eine teils allegorisierende, jedenfalls aber den Wortlaut zu weitreichenden, oft großartigen Spekulationen nutzende Betrachtungsweise. Zu seinen Arbeiten über die Bibel gehört aber auch ein Werk apologetischer Art, in dem er – wie vor ihm schon Tatian und andere griechische Theologen – gegen heidnische Kritik die inhaltliche Übereinstimmung aller vier Evangelien nachweist (De consensu evangelistarum). Eigentümlich ist Augustins (früh, um 394, entstandene) Auslegung der Bergpredigt nach Matthäus (De sermone Domini in monte), in der er eine perfekte Anweisung über alle für das christliche Leben geltenden Gebote sieht (I,I,1). Schon hier begegnet das siebenstufige Schema für den Aufstieg der Seele zur Weisheit als höchster Vollendung (I,III), das Augustin in den (auf sieben reduzierten) Seligpreisungen (Matth 5,3 ff.) angesprochen findet (I,I,3-II,9). Dieses siebenstufige Schema, in dem sich ihm (unter Berufung auf Jes 11,2 f.) «auch ein siebenfältiges Wirken des Heiligen Geistes» auszudrücken scheint (I,IV,11), dient ihm auch als Maßstab für die Gesamtgliederung der Bergpredigt in sieben Abschnitte. Es kehrt ebenso in den sieben Bitten des Vaterunsers wieder (vgl. bes. II,XI,38: «Mir scheint nämlich die Siebenzahl dieser Bitten mit der Siebenzahl übereinzustimmen, aus der die ganze Predigt hervorging.»). Auffällig ist dieser Kommentar aber nur durch den konstruierenden Versuch einer Gesamtgliederung, nicht durch den ihm zugrundeliegenden Ansatz, der das neuplatonische Aufstiegsschema mit der ethischen Intention verbindet. Er ist freilich noch vor der Begegnung mit Pelagius geschrieben, die Augustins theologische Erkenntnis grundlegend verändern sollte.

Man könnte noch vieles über Augustins Kommentare sagen, die in mannigfacher Weise die spätere christliche Auslegung der Bibel im Westen beeinflußt haben. Dazu fehlt hier der Raum. Deshalb mag an dieser Stelle der kurze Ausblick genügen.

II. Kapitel

Mittler zwischen Antike und Mittelalter

1. Ein Römer auf dem Stuhle Petri: Gregor der Große

Als Gregor um das Jahr 540 in Rom geboren wurde, hatte für Italien eine der dunkelsten Epochen seiner Geschichte begonnen. Der Niedergang der alten Reichshauptstadt, der noch zu Lebzeiten Augustins mit der Einnahme und Plünderung durch den Westgotenkönig Alarich im Jahre 410 für alle Welt sichtbar geworden war, hatte sich in den weiteren Wirren der Völkerwanderungszeit unaufhörlich fortgesetzt. Unter dem Ansturm der Germanenvölker war die Autorität des Imperiums, dessen Zentrum sich schon im 4. Jahrhundert nach Byzanz verlagert hatte, im ganzen Westen zusammengebrochen. Paradoxerweise hatte es unter der Herrschaft des Ostgotenkönigs Theoderich des Großen (489–526) noch eine römische Renaissance gegeben, da dieser seine römischen, im Unterschied zu den arianischen Goten katholischen Untertanen im Auftrag des Kaisers nach römischen Gesetzen durch einheimische Beamte verwaltete und sich römischer Kultur verbunden fühlte. Nach seinem Tode zerfiel sein Reich jedoch recht bald und erlag dem Ansturm der byzantinischen Truppen Kaiser Justinian I. (527–565 Alleinherrscher). Justinian hatte den Ehrgeiz, das Reich im alten Umfang wiederherzustellen. Seine Erfolge dabei waren beträchtlich: Nordafrika wurde den Vandalen, Teile Spaniens den Westgoten entrissen und nach jahrzehntelangen Kämpfen gegen die Ostgoten ganz Italien im Jahre 554 wiedergewonnen. Der Triumph überdauerte die Regierungszeit Justinians jedoch nur wenige Jahre: Schon 568 fielen die Langobarden von Norden her in Italien ein, und da ihnen kaum Widerstand geleistet werden konnte, besetzten sie große Teile Norditaliens. 579 belagerten sie, wenn auch vergeblich, Rom. Schon als Ambrosius dort Bischof war, war Mailand, nicht mehr Rom, kaiserliche Rezidenzstadt gewesen. Theoderich der Große hatte in Ravenna residiert, und von dort aus verwaltete auch der byzantinische Statthalter, später Exarch genannt, die dem Kaiser verbliebenen Teile Italiens.

Das Morden, Brandschatzen und Plündern durch die Truppen der verschiedenen Kriegsparteien hatte das Land verwüstet, das rigorose, durch korrupte Beamte, die in die eigene Tasche wirtschafteten, ins Unerträgliche verschärfte Steuersystem seine Bevölkerung ausgebeutet, Mißernten oder der Raub der Ernte durch ohne Sold gebliebene Soldaten hatten zu Hungersnöten geführt. Dazu kam die Pest, die in periodisch wiederkehrenden Schüben wütete und bis zu einem Drittel der Einwohner dahinraffte. Rom war von den meisten dieser Plagen mitbetroffen, obwohl seine Kornkammer Sizilien weiterhin Getreide lieferte. Dreimal wurde es von byzantinischen Truppen belagert. Krankheiten grassierten. Viele Adlige waren nach Byzanz emigriert. Gebäude standen leer oder verfielen; es fehlte Geld und Interesse, sie instandzuhalten. Das stolze Rom war nur noch ein Schatten seiner selbst.

In diese Welt und diese Stadt wurde Gregor hineingeboren. Er stammte aus einer wohlhabenden Großgrundbesitzerfamilie, die einen Palast auf dem Caelius besaß und in Staat und Kirche einflußreiche Posten bekleidete. In Felix I. (483–492) hatte sie sogar einen Papst gestellt. Gregors Vater Gordianus war Beamter in der päpstlichen Verwaltung. Nach seinem Tode lebte Gregors Mutter fromm in einer Zelle; auch mehrere seiner Tanten führten ein Nonnenleben im eigenen Hause.

Gregor erhielt zunächst die übliche Schulbildung; Griechisch hat er allerdings dort und auch später in Konstantinopel nicht gelernt. Als er 573 ein staatliches Amt innehatte – welches genau, ist unsicher –, faßte er den Entschluß, dieses aufzugeben und selbst Mönch zu werden. Diese Lebensart war nach wie vor sehr populär. Im Familienpalast auf dem Caelius wurde ein dem hl. Andreas geweihtes Kloster eingerichtet, in dem Gregor von da an mit anderen Mönchen unter Leitung eines Abtes lebte. Diese Zeit ging zu Ende, als der Papst (Benedikt I. oder Pelagius II.) ihn um 578 mit einem wichtigen Amt in der römischen Kirche betraute und ihn zum Diakon weihen ließ. Das Amt eines Diakons hatte damals noch einen hohen Rang in der Hierarchie. Als ihn Pelagius II. (579–590) kurz darauf mit der wichtigen Aufgabe eines Apokrisiarius (Nuntius) an den kaiserlichen Hof in Konstantinopel entsandte, nahm er eine Anzahl von «Brüdern» mit und lebte auch dort mit ihnen in klösterlicher Gemeinschaft. Um 586 wurde Gregor nach Rom zurückgerufen und nahm seine Aufgaben als Diakon im Lateran, dem damaligen Sitz der Kurie, wieder auf, wohnte aber weiterhin in dem von ihm gegründeten Andreaskloster.

Der Winter 589/90 war von Katastrophen geprägt; am schlimmsten war eine Überschwemmung des Tiber, der die päpstlichen Vorratshäuser zerstörte, so daß eine Hungersnot folgte, anschließend die Pest. Im Februar 590 erlag ihr Papst Pelagius II. Als Nachfolger wurde Gregor von Klerus, Adel und Volk gewählt. Widerstrebend nur fand er sich in die ihm unter schwierigsten Bedingungen anvertraute Aufgabe, die ein Ende klösterlicher Beschaulichkeit bedeutete. Angesichts des Fehlens staatlicher Autorität war der Bischof von Rom weitgehend für das gesamte Wohl und Wehe der Stadt einschließlich ihrer politischen und wirtschaftlichen Belange verantwortlich. Da der Exarch in Ravenna sich nur um die Verteidigung seiner Residenz kümmerte, galt es die Langobardengefahr mit Geld und Diplomatie zu bannen; auch die Getreideversorgung der Stadt fiel immer stärker der Kirche zur Last. Gregor sorgte sich um diese Aufgaben ebenso, wie er die innerkirchlichen Aufgaben bewältigte. Dazu gehörten Disziplin und Recht in der Kirche wie die Verwaltung des Kirchenguts, die Liturgiereform und die Beziehungen zu den anderen Bischöfen Italiens und Siziliens. Hier stärkte Gregor die Mitwirkungsrechte des Papstes bei den Bischofswahlen, um das Niveau der Amtsträger zu heben. In einem eigenen Buch, der Regula Pastoralis, beschreibt er den idealen Bischof. Durch vorbildliche Lebensführung und durch Lehren und Predigen soll er die Gemeinde leiten und in Zucht halten. So verstand Gregor auch sein eigenes Amt. Charakteristisch ist, daß er sich auch am päpstlichen Hof mit Mönchen als Beratern umgab. Ein Papst und eine Kurie aus dem Mönchsstand: dieses Modell wollte er auch auf Dauer durchsetzen, was ihm freilich nicht gelang, da später wieder die Partei der Weltkleriker ihre Kandidaten durchbrachte. In einem ausgedehnten Briefwechsel versuchte Gregor auch auf die kirchlichen Verhältnisse in anderen Provinzen einzuwirken, etwa in Afrika, wo er, allerdings mit wenig Erfolg, die Donatisten durch Appelle an staatliche Instanzen und die örtlichen Bischöfe zu bekämpfen trachtete.

Von zentraler Bedeutung für die gesamte Entwicklung der Kirche war jedoch sein missionarisches Engagement. Wenig bekannt ist, daß sogar in Italien selbst noch die Aufgabe der Heidenmission bestand, denn besonders auf dem Lande waren viele Bauern unverändert Anhänger der alten Kulte. Auch in anderen Provinzen des Reiches und in Gallien suchte Gregor die weitere Christianisierung zu fördern. Am wichtigsten war jedoch seine Mission der Angelsachsen, zu der er im Jahre 597 vierzig Mönche unter Leitung des Abtes seines Andreasklosters, Augustinus, in das Königreich von Kent, mit der Hauptstadt Canterbury, entsandte. Die von tausenden von Taufen gefolgte Bekehrung des dortigen Königs Aethelbert legte den Grundstein für die von da an fortschreitende allmähliche Bekehrung ganz Englands zum Christentum. Canterbury blieb bis heute die kirchliche Metropole Englands.

Nicht zu vergessen ist, daß Gregor diese bedeutenden Leistungen einer anfälligen, zu häufigen Krankheiten neigenden Konstitution abrang. Weil zu Magenbeschwerden und periodisch wiederkehrenden Fieberanfällen schließlich noch schwere Gicht hinzutrat, mußte er die letzten Jahre seines Pontifikats meist im Bett zubringen, von dem er sich nur zu seinen gottesdienstlichen Pflichten erhob. Obwohl einzelne Fälle von rücksichtslosem Rigorismus gegenüber seinen Mitbrüdern überliefert sind, tritt bei Gregor als grundlegende Charaktereigenschaft die Demut hervor. Der Rückzug aus der Welt in das Kloster entsprang einem tiefempfundenen Gefühl eigener Sündhaftigkeit, dem Gregor an verschiedenen Stellen Ausdruck gab.

Auch die Beschäftigung mit dem Buche Hiob hatte mit dieser inneren Einstellung zu tun. Das Studium der Bibel gehörte zu den Hauptpflichten eines Mönches; Gregor hatte es seit seinem Eintritt in das Kloster intensiv betrieben und setzte es während seines Aufenthaltes in Konstantinopel unvermindert fort. Dort entstand auch sein Hauptwerk, das uns im Folgenden näher beschäftigen soll, die Moralia in Hiob (auch Magna Moralia genannt). In der Widmung an den Bischof Leander von Sevilla, den er als Abgesandten der westgotischen Kirche in Spanien am Hofe kennengelernt hatte, erklärt Gregor selbst die näheren Umstände. Er berichtet dort (Mor., Epistola missoria ad Leandrum 1; CChr.SL 143, p.2,43 ff.), wie ihn seine Mitbrüder und auch Leander gedrängt hätten, ihnen das Buch Hiob auszulegen. Das geschah ursprünglich in der Form mündlicher Vorlesungen. Gregor vollendete in Konstantinopel nur den ersten Teil; später arbeitete er diesen und den Rest schriftlich aus zu einem umfangreichen Werk von 35 Büchern.

Der Widmungsbrief enthält aufschlußreiche Äußerungen Gregors über die Gedanken, die ihn bei seiner Beschäftigung mit dem Buche Hiob bewegten. Er blickt dort zurück auf die Anfänge seiner Bekehrung, wie er sie damals in Konstantinopel seinem Freunde Leander anvertraut hatte, «als ich alles, was mir an mir mißfiel, vor deinen Ohren darlegte: wie ich nämlich lang und weit die Gnade der Bekehrung hinausschob und, nachdem ich bereits von himmlischem Verlangen angehaucht war, es für besser erachtete, mich mit weltlichem Gewand zu bedecken. Mir war nämlich schon eröffnet worden, was ich durch die Liebe zur Ewigkeit erstreben sollte, aber die eingewurzelte Gewohnheit hatte mich besiegt, daß ich die äußerliche Lebensweise nicht wechselte» (Mor., ep.miss.1, l.c. 143,p.1,4 ff.). Gregor folgte in seinem Lebens- und Frömmigkeitsideal einem einfachen, traditionellen Muster: Es galt, angesichts des nahenden Endes – ein Gefühl, das für den patriotischen Römer, der Gregor ebenfalls war, durch den Anblick des allenthalben sichtbaren Zerfalls der geschichtsträchtigen Metropole verstärkt wurde – sich von der Welt ab und dem Ewigen zuzuwenden. Die kontemplative Schau des Himmlischen, die für den Christen zugleich Hoffnung der zukünftigen Welt war, im übrigen aber ein bereits platonisches Ideal, ließ sich in vollem Maße nur durch ein mönchisch zurückgezogenes Leben verwirklichen. Gregor beklagt im Folgenden lebhaft, daß ihm ein solches Leben auf Dauer nicht vergönnt war. Vielmehr habe ihn der Gehorsam gegenüber der Kirche genötigt, immer wieder dem Auftrag zu einer aktiven Tätigkeit in der Öffentlichkeit zu folgen, «zum Dienst des heiligen Altars» (Mor., ep.miss.1, l.c. 143,p.2,21.24), der in den verschiedenen Leitungsaufgaben bis hin zum obersten Hirtenamt mit sich brachte, «daß ich durch den unaufhörlichen Anstoß weltlicher Angelegenheiten hin- und hergetrieben wurde» (ib.,p. 2,37). Doch hoffte er, die Spannung zwischen erstrebter und erzwungener Lebensweise vor allem durch seine Schriften zu überwinden. Zu der Gestalt Hiobs hat Gregor aber auch eine ganz persönliche Beziehung, indem er in Hiob die eigenen Leiden wiedererkennt: «Vielleicht war es ein Ratschluß der göttlichen Vorsehung, daß ich als Geschlagener den geschlagenen Hiob auslegte und durch Prüfungen den Geist des Geprüften besser verstände.» (Mor., ep.miss.5, l.c.143,p.6,195–197)

Im Aufbau seines Hiobkommentars ist Gregor weitgehend durch die Tradition gebunden. Die dort sichtbare methodische Aufteilung in verschiedene Auslegungsebenen entsprach aber auch dem Wunsch seiner ersten Hörer in der kleinen klösterlichen Gemeinschaft der Konstantinopeler Nunziatur. Sie hatten gefordert, «daß ich nicht nur die Worte der Historie durch die allegorischen Bedeutungen auslegte, sondern ferner die allegorischen Bedeutungen auch auf die Einübung der Moral hin anwendete» (ib.,p.2,47–50). Außerdem wollten sie weitere Belegstellen zu jedem Topos hören und ggf. ausgelegt erhalten.

Der Kommentar ist in der Tat nach diesem Muster, das seit Origenes eingeführt und Gregor durch die Tradition überkommen war, angelegt (vgl. auch ep.miss.2, ib.,p.3,86–89; ep.miss.3, ib.,p.4,106–114), wobei das Schwergewicht, den praktischen Intentionen Gregors entsprechend, auf der moralischen oder auch tropologischen Ebene liegt. Als Ziel steht aber immer im Hintergrund, den Leser auf den Weg der Abkehr von der vergänglichen Welt zum himmlischen Ziel zu führen. Technisch geht der Kommentar so vor, wie es antiker Auslegungsweise entsprach: er ist eine Vers-für-Vers-Exegese, in der ein größerer Zusammenhang, auch der Aufbau des Hiobbuches im ganzen, in keiner Weise beachtet wird. Gravierend wird das darin, daß Gregor den Bruch zwischen der Rahmenerzählung des Buches in Hi 1–2, in der Hiob als der seine Leiden mit nicht endender Geduld ertragende gerechte Dulder dargestellt wird, und den Dialogen, in denen er schließlich offen gegen Gott rebelliert und von diesem in die Schranken gewiesen werden muß, nicht zur Kenntnis nimmt. Als Vorbild im gewünschten Sinne eignet sich aber nur die Hiobfigur der Rahmenerzählung. Hier kann Gregor direkt beim Wortsinn einsteigen, dem er zunächst Hi 1,1–4 nachgeht (Mor.,I,1–10,14, l.c. 143,p.24,1–31,19). Der gerechte Hiob kann hier in seinem gesamten Verhalten als vorbildhaft in Anspruch genommen werden.

Die Bindung an die traditionelle Methodik bewirkt jedoch, daß Gregor an dieser Stelle zunächst einmal haltmacht und anschließend die gleichen Verse auf der allegorischen Ebene auslegt: «Nun fordert die Reihenfolge der Auslegung, daß wir den Anfang wiederholen und bereits die Geheimnisse der allegorischen Bedeutungen ausbreiten.» (Mor. I,10,14, l.c.143,p.31,5-17) Daß die allegorische Auslegung der Hiobgestalt Jesus Christus meinen müsse, ist Gregor selbstverständlich. Er sagt es ausdrücklich im Vorwort: Die alttestamentlichen Gerechten von Abel bis Hiob sind wie Sterne am Himmel, die dem wahren Morgenstern vorausleuchteten (Mor.praef.6,13, l.c.143,p.18,1–19,23). «Ihm gehen alle Erwählten, indem sie in rechter Weise lebten, voraus und kündigten ihn an, indem sie mit Taten und Worten prophezeiten. Denn es gab keinen Gerechten, der nicht als Bote, indem er Figur (Typus) für ihn war, gelebt hätte.» (Mor.praef.6,14, l.c.143,p.19,14–26) Entsprechend geht Gregor die ersten Verse des Hiobbuches ein zweites Mal durch, wobei als allegorische Bedeutungen allerdings nicht nur Hinweise auf Jesus Christus (wie bei den symbolisch gedeuteten Namen in Hi 1,1: Hiob = der Trauernde, Uz = der Versöhner; Mor.I,11,15, l.c.143,p.31,1–17; oder im Hinblick auf das tägliche Opfer Hiobs, Hi 1,5, «da ja der Erlöser für uns ohne Unterbrechung ein Ganzopfer opfert», Mor.I,24,32, l.c.143,p.42,2–43,3), sondern auch auf die Apostel (die sieben Söhne Hiobs, Hi 1,2, sollen die Apostel ankündigen, die «mannhaft [zum Predigen] einherschritten», denn Sieben ist die Zahl der Vollkommenheit. Außerdem tendierte die Siebenzahl auf die höhere Zahl der Vollkommenheit Zwölf hin, Mor.I,14,19, l.c.143,p.33,14ff.) und auf die gläubigen Predigthörer insgesamt (das bedeuten die drei Töchter Hiobs, Hi 1,2; sie bezeichnen die drei Stände in der Kirche: Pastoren, Enthaltsame, Verheiratete. Zusätzlich bezeichnen von den in Ez 14,20 genannten exemplarischen Gerechten Noah die Pastoren, Daniel die Enthaltsamen, Hiob die Verheirateten, Mor.I,14,20, l.c.143,p.34,26–48) herauskommen. Abschließend faßt Gregor den derart weiten Anwendungsbereich noch einmal (vgl. schon Mor.praef.6,14, l.c.143,p.19,38–20,43) zusammen: «daß durch die Person des seligen Hiob der Herr angekündigt wird, daß durch ihn das Haupt und der Leib bezeichnet wird, das ist Christus und die Kirche» (Mor.I,24,33, l.c.143, p.43,9–11).

Einen dritten Neueinsatz bei Hi 1,1 bringt die den methodischen Durchgang abschließende moralische Auslegung. Hier schlägt das Herz des Auslegers in besonderer Weise, denn er kommt damit zu der Beschreibung von Weg und Ziel, die er auch für sein eigenes Leben im Auge hat. Gleich zu Beginn dieses Abschnitts charakterisiert Gregor die beiden großen Gruppen, in welche die gesamte Menschheit zerfällt. Da sind einmal diejenigen, «die ihr Leben vernachlässigen und teils vergängliche Dinge erstreben, teils ewige Dinge entweder nicht kennen oder, wenn sie sie kennen, verachten. In keiner Weise erheben sie die Augen des Geistes auf das Licht der Wahrheit, auf das hin sie geschaffen wurden, in keiner Weise richten sie die Spitze ihres Verlangens auf die Schau der ewigen Heimat» (Mor.I,25,34; l.c.143, p.43,5–7.9.–12). Ihnen gegenüber stehen die Erwählten, die «alles Vergängliche als nichtig erachten und, woraufhin sie geschaffen sind, erstreben. Und da zu ihrer Befriedigung nichts außer Gott genügt, findet ihr Geist, durch die Mühe der Nachfrage selbst ermüdet, in der Hoffnung auf ihren Schöpfer und seiner

Schau Ruhe, verlangt, den Bürgern von oben eingereiht zu werden» (Mor.I,25,34, l.c.143,p.43,15–44,19). Es geht also als erstes um die spirituell-kontemplative Lebensweise, die man oft «mystisch» genannt hat, auch wenn dieser Begriff nicht wirklich trifft. Dazu gehört aber auch moralisches Handeln. Hierzu entwickelt Gregor einen Grundsatz aus wörtlicher Anwendung der Aussage Hi 1,1: (Hiob war) «einfach und redlich, gottesfürchtig und sich vom Bösen fernhaltend»: «Wer nach dem ewigen Vaterland verlangt, lebt ohne Frage einfach und redlich. Einfach in den guten Dingen, die er (hier) unten vollbringt, rechtschaffen in den höchsten Dingen, die er im Innersten fühlt.» (Mor.I,26,36, l.c.143, p.44,2–45,5) Im übrigen aber kann Gregor in der moralischen Auslegung die allegorische Methode in reichem Maße verwenden; hier kommt sie überhaupt erst zu ihrer eigentlichen Entfaltung: So bedeuten die sieben Söhne, die Hiob hatte (Hi 1,2), sieben Tugenden des Heiligen Geistes in uns; nach Jes 11,2–3, das Gregor hier heranzieht, sind das «der Geist der Weisheit und des Verstandes, der Geist des Rates und der Tapferkeit, der Geist des Wissens und der Frömmigkeit, der Geist der Furcht Gottes» (Mor.I,27, 38, l.c.143,p.45,6–8). Auch die Aussage über die dreitausend Kamele, die Hiob besaß (Hi 1,3), läßt sich entsprechend ausdeuten: «Indem wir nämlich die Wahrheit der Historie bewahren, können wir in geistlicher Weise entsprechend darstellen, was wir in leiblicher Weise gehört haben.» (Mor.I,28,39, l.c.143,p.46,2–4) Hier ergibt sich dann eine breite Palette von Deutungsmöglichkeiten, bei denen auch die rituellen Maßstäbe priesterlicher Reinheitsvorschriften: daß Kamele wiederkäuen, aber ihre Hufe nicht spalten (vgl. 3. Mose 11,4; 5. Mose 14,7), mit einbezogen werden. Das bedeutet dann nämlich, daß man sich durchaus um irdische Dinge kümmert (sich nicht von ihnen fernhält = die Hufe nicht spaltet), gleichwohl gerade bei der rechten Verrichtung irdischer Geschäfte an der sicheren Hoffnung auf himmlische Dinge festhält = wiederkäut (Mor. I,28,40, l.c.143,p.46,14ff.).

Obwohl der Umgang mit dem Text im Hiobkommentar Gregors nach antiker Sitte atomistisch ist: die einzelnen Wendungen werden ohne Rücksicht auf den Zusammenhang je für sich ausgelegt, fehlt es dem Kommentar keineswegs an einer Systematik. Eine Eigenart ist die strenge Gliederung in die drei methodischen und inhaltlichen Schritte: die Auslegung des Wortsinns = der Historie, dann des typologischen Sinns = der Deutung auf Christus und die Kirche, schließlich als Krönung des moralischen (tropologischen) Sinns, der die spirituelle und moralische Seite christlicher Lebensführung mit meist allegorischen Methoden im Texte aufzufinden trachtet. Gregor hält die drei Schritte klar auseinander, indem er nach der Behandlung einer beschränkten Textgruppe in der ersten Weise und in der zweiten Weise jeweils an den Anfang zurückkehrt und den bereits behandelten Text noch einmal im

Hinblick auf den zweiten oder dritten Aspekt untersucht. Den Übergang kennzeichnet er häufig mit einer einleitenden Bemerkung, etwa bei der Rückkehr zu einer dritten Behandlung von Hi 1,1–5: «Da wir aus der Historie gehört haben, was wir bewundern müssen, erfahren haben im Hinblick auf das Haupt (Christus), was wir glauben sollen, wollen wir nun im Hinblick auf den Leib betrachten, was wir in unserer Lebensführung festhalten sollen.» (Mor.I,25,33, l.c.143, p.43,14–16) Später allerdings verläßt er dieses strenge Schema; ab Buch IV ist es nicht mehr erkennbar. Auch kann man beobachten, daß der Kommentar gegen Ende knapper wird und nicht mehr in gleicher Ausführlichkeit alle denkbaren Deutungsaspekte abklopft.

Es gibt auch durchlaufende systematische Gesichtspunkte. So wird schon im Vorwort bemerkt, daß die Freunde Hiobs, «die, während sie Ratschläge geben, schimpfen, die Figur der Haeretiker ausdrücken, die unter dem Anschein des Ratgebens das Geschäft des Verführens betreiben» (Mor.praef. 6,15, l.c.143, p.20,57–59). Bei Gelegenheit (wie zu Hi 2,11; Mor.III,22,42, l.c.143, p.142,5–9) kommt Gregor darauf zurück; Kernstelle ist für ihn Hi 13,4, wo Hiob die Freunde (in der Vulgata-Fassung) als «Verfertiger von Lügen und Verehrer falscher Lehren» bezeichnet (vgl.Mor.XI,23,34, l.c.143 A, p.606,1 ff.; die Stelle wird auch zu Hi 2,11 zitiert, vgl. Mor.III,22,42, l.c.143, p.142,9–11). Mit Hi 42,8 ist er aber davon überzeugt, daß den Häretikern die Buße und die Rückkehr in die katholische Kirche offensteht, wie zahlreiche Fälle zeigen, «wo der allmächtige Gott häufig jene durch die Erkenntnis der Wahrheit dem Leib der heiligen Kirche einfügte» (Mor.XXXV,8,11, l.c.143 B, p.178,12–14). Eine Strenge systematische Gliederung ist gleichwohl, wie für antike Werke typisch, nirgendwo sichtbar.

Es ist unverkennbar, daß Gregor die allegorische Methodik und auch das Ziel der Auslegung, seine Leser auf den Weg von der sichtbaren Welt fort zur Schau der himmlischen Welt zu führen, von Origenes übernommen hat. Wörtliche Übernahmen festzustellen, ist schwierig; in gewisser Weise war der Ansatz damals Allgemeingut und entsprach vor allem auch dem mönchischen Ideal, dem Gregor mit vielen anderen folgte. Stark ist auch der Einfluß Augustins zu spüren. Das ewige und das Himmlische im Gegensatz zum Irdisch-Körperlichen als platonisches Erbe, aber auch das christliche Bewußtsein, in einer vergehenden Welt zu leben (Gregor spricht von der «gegenwärtigen Welt» als der sündigen, aber auch als der vergänglichen, deren Ende nahe ist, vgl. Mor. ep. miss.1; l.c.143,p.1,10; 2,27–28. – Augustin hatte die Endzeitstimmung beim Fall Roms 410 übrigens bekämpft), bestimmen seine Grundhaltung. Den Römer spürt man in seinen moralischen Anliegen, ganz abgesehen von seinem praktisch-politischen Einsatz für das Wohl der Stadt und ihrer Bürger. Gregor will die heilige Schrift als Grundlage für das tägliche Leben auch jedes christlichen Bürgers verstehen, ebenso wie für Mönche, Priester und Staatsmänner. Das wird auch in seinen Briefen deutlich, in denen er nicht selten von der Bibel spricht; in seinem Widmungsbrief an Leander gebraucht er das anschauliche Bild von der Bibel als einem Fluß, der (zugleich) «flach und tief ist, in dem sowohl das Schaf einhergeht wie der Elephant schwimmt» (Mor.ep.miss.4, l.c.143, p.6,177f.).

Außer den Moralia, seinem Hauptwerk, hat Gregor noch zwei Predigtsammlungen veröffentlicht, die vierzig «Homilien über die Evangelien» (gehalten 591–592, veröffentlicht 593) und zweiundzwanzig «Homilien über Ezechiel» (gehalten 592–593, veröffentlicht 601–602). Die Hauptaufgabe eines Bischofs, die Gemeindepredigt, hat er wenigstens anfangs, als seine Gesundheit es noch erlaubte, zu erfüllen versucht. Aus manchen Gründen nahm sie bei ihm keinen zentralen Platz ein wie etwa bei Ambrosius von Mailand.

Es ist kein Wunder, daß vor allem die Moralia in den folgenden Jahrhunderten im lateinischen Mittelalter eine breite Wirkung hatten. Die äußere Position Gregors trug dazu bei, der Einfluß des römischen Bischofs, wie er ihn tatkräftig zu stärken wußte, vor allem aber der Charakter des Werkes, das sich für den praktischen Gebrauch in den Diözesen und Klöstern empfahl. Das wurde schon zu seinen Lebzeiten sichtbar. Seine große Bescheidenheit, ein wesentlicher Charakterzug, der seiner Demut entsprang, war der Grund seines Ärgers, als er erfuhr, daß Bischof Johannes von Syrakus aus seinen Schriften vor Fremden bei Tisch vortragen ließ: Statt dessen solle er, empfahl ihm Gregor, aus den Schriften alter Kirchenväter lesen (ep.VII,9; CChr.SL 140, p.458,14–19). Ähnlich reagierte er, als er hörte, daß Erzbischof Marinianus von Ravenna aus dem Hiobkommentar in öffentlichen Gottesdiensten (Vigilien) vorlesen ließ, «denn dieses Werk ist nicht allgemeinverständlich (populär) und erzeugt in ungebildeten Ohren eher ein Hindernis als einen Fortschritt» (ep.XII,6, l.c.140A,p.975,47–49). Das hinderte nicht, daß gerade dieses Werk in den folgenden Jahrhunderten eine ungeheure Verbreitung erlangte, wie man an der großen Zahl der erhaltenen Manuskripte und der Tatsache sehen kann, daß der Titel in kaum einem der alten Klosterbibliothekskataloge, die uns bekannt sind, fehlt. Auch wird Gregor und insbesondere seine Moralia in zahlreichen Äußerungen mittelalterlicher Exegeten als das große Vorbild gerühmt, als die Quelle, aus der man immer wieder schöpfen kann.

Man kann durchaus auch originelle Züge an Gregors Schriften erkennen. Für die Geschichte der Bibelexegese wurde er vor allem jedoch als Mittler wichtig. Sein Hiobkommentar vermittelte den Theologen und Bibelauslegern im Abendland in handbuchartiger Form einen Extrakt aus der Kirchenväterexegese, soweit sie in lateinischer Sprache zugänglich war. Vom Erbe der griechischen Kirchenväter trennte weitgehend die Unkenntnis der griechischen Sprache im lateinischen Mittelalter. Insbesondere Origenes war – trotz der Übersetzungsarbeit Rufins – durch seine Verdammung als Ketzer verloren. Augustin wirkte vor allem durch seine Theologie. Auch das Erbe des Hieronymus hatte Gregor aufgenommen, indem er seine Vulgata weit überwiegend als Textgrundlage benutzte. So war es Gregor, der als letzter der Kirchenväter und Nachfahre der alten Römer die altkirchliche Tradition in die neue Epoche hinüberrettete. Seine überragende Autorität hat dazu geführt, daß man ihn geradezu als den Vater der mittelalterlichen Bibelexegese bezeichnen konnte. Sein Werk hat in hohem Maße in das folgende Jahrtausend hineingewirkt.

2. Ein Sammler antiken Erbes: Isidor von Sevilla

Isidor von Sevilla war ein jüngerer Bruder jenes Leander, den Gregor der Große während seines Aufenthaltes in Konstantinopel kennengelernt hatte, und folgte ihm auf den Bischofsstuhl seiner Vaterstadt. Er bekleidete das Hirtenamt von 599 bis zu seinem Tode im Jahre 636. Die Dürftigkeit der Quellen erlaubt leider kaum Angaben über die Jahre davor. Wir wissen lediglich, daß nach dem frühen Tode der Eltern, die aus Cartagena ausgewandert, geflohen oder vertrieben waren, er mit seinen Geschwistern Fulgentius (später Bischof von Astigi) und Florentina (später Nonne) von Leander aufgezogen wurde. Er muß eine gute Schulbildung genossen haben; ob diese aber in einem Kloster oder in der bischöflichen Schule der Stadt erfolgte, können wir nicht sagen. Wenn die damals in Spanien gültige Regel, nach welcher die Bischofsweihe ein Mindestalter von 40 Jahren voraussetzte, zugrundegelegt wird, käme man auf ein Geburtsdatum Isidors kurz vor 560.

Zur Zeit Isidors beherrschten die Westgoten den größten Teil Spaniens; gegen Ende des 5. Jahrhunderts hatten sie dort ihr Reich begründet, das bis zur Eroberung durch die Mauren (seit 711) Bestand hatte. Der Versuch der Rückeroberung durch die Byzantiner unter Justinian I. war nicht über die südöstlichen Küstengebiete mit Cartagena als Hauptstadt hinausgekommen. König Leowigild (568–586) hatte ihnen diese Gebiete wieder abgenommen, die Sueben in Galizien unterworfen und die Franken an der Nordgrenze zurückgeschlagen, so daß jetzt ganz Spanien unter westgotischer Herrschaft stand. Der inneren Einheit war einstweilen jedoch im Wege, daß die Goten dem arianischen Glauben anhingen, der die Gottheit Christi leugnete, während sich die einheimische romanisierte Bevölkerung zum Katholizismus bekannte. Der Versuch Leowigilds, sie zwangsweise zum Arianismus zu bekehren, schlug fehl. Statt dessen trat sein Sohn und Nachfolger Reccared im Jahre 587 zur katholischen Kirche über, gefolgt von fast dem gesamten Volk der Goten. Die 589 folgende gesamtspanische Synode in der Hauptstadt Toledo besiegelte die staatlich-kirchliche Einheit.

Unter den Westgotenkönigen genoß Spanien im 7. Jahrhundert nach einer langen Periode von Invasionen, Kriegen und Zerstörungen erstmals wieder inneren und äußeren Frieden. Die Einheit des Glaubens erlaubte eine schnelle Annäherung der beiden Bevölkerungsteile, wobei die Goten sogar ihre Sprache zugunsten der romanischen Landessprache aufgaben. Die römische Kultur hatte in einigen Landesteilen, zu denen auch die Provinz Baetica gehörte, erstaunlich gut überlebt. Sevilla war die Hauptstadt dieser Provinz, ihr Bischof Metropolit über eine Reihe von Suffraganbischöfen. Obwohl Sevilla nicht die Königsstadt war, hatte Isidor kraft seiner persönlichen Autorität einen bedeutenden Einfluß auf den jeweiligen Herrscher, besonders auf die frommen Könige Sisebut (612–621) und Suinthila (621–631). Beide beanspruchten in der Nachfolge der Kaiser Aufsichtsrechte in kirchlichen Angelegenheiten, waren aber auf den Sachverstand des Kirchenführers angewiesen. Wichtig ist auch seine Rolle auf verschiedenen Konzilien, besonders dem gesamtspanischen von Toledo 633, dem er als dienstältester Metropolit weitgehend seinen Stempel aufdrückte. Dort wurden wichtige Beschlüsse für die Lebensordnungen der spanisch-westgotischen Kirche gefaßt.

Doch nicht diese seine äußere Wirksamkeit als Kirchenfürst ist es, weshalb sich die Nachwelt an Isidor erinnert. Sie tut es vielmehr vor allem wegen seiner einzigartigen Rolle als Übermittler des antiken und altkirchlichen Erbes an das lateinische Mittelalter. Das bedeutendste Zeugnis hierfür sind die um 630 vollendeten, aber erst von Isidors Schüler Braulio mit Kapiteleinteilung versehenen «Etymologiae», in denen das gesamte natur- und gesellschaftswissenschaftliche Wissen der Antike handbuchartig zusammengestellt ist. Isidor hat dabei aus seiner ungemein reichhaltigen Bibliothek geschöpft, die auch nicht wenige seither verlorengegangene Schriften umfaßte, deren Inhalt nur durch ihn bekannt ist. Durch einen besonderen Glücksfall wissen wir einiges über diese Bibliothek, weil uns die Überschriften in Versform, die er an den Eingängen der Abteilungen anbringen ließ, erhalten sind. Originell ist sein jeweiliger Ausgang bei der Ableitung der Wortbedeutungen entscheidender Begriffe. Nach modernen Erkenntnissen sind diese natürlich vielfach kaum haltbar. Doch kommt es darauf nicht an. Entscheidend ist vielmehr, daß Isidor durch seine enzyklopädische Sammlung ein reiches Wissen bewahrt hat. Durch das gesamte Mittelalter hindurch wurde dieses und andere Werke Isidors in Abschriften im ganzen Westen Europas verbreitet und diente zahlreichen Lesern als Informationsquelle.

Den weitgespannten Charakter der Etymologiae sieht man unter anderem daran, daß sie in einem ihrer Bücher (Buch VI: «Über Bücher und kirchliche Ämter») mehrere Kapitel über die Bibel enthalten. Da werden die Schriften des Alten und Neuen Testaments aufgezählt (Kap.1, PL 82,229f.), über ihre Verfasser berichtet und die Namen der Bücher auf Griechisch, Hebräisch und Lateinisch erklärt (Kap.2, PL 82,230–235). Ein Kapitel informiert über die Kanones (Regeln) der Einteilung synoptischer Stellen in den Evangelien: vierfach, dreifach, zweifach vorkommende usw. (Kap.15, PL 82, 242), ein anderes über Bibelübersetzer (Kap.4, PL 82, 236). Diese Ausführungen stehen jedoch bunt gemischt zwischen anderen, die von Bibliotheken (Kap.3, PL 82, 235f.), davon, wer zuerst Bücher nach Rom gebracht (Kap.5, PL 82, 236f.), wer die meisten geschrieben (Kap.7, PL 82, 237), und was es für Arten von Schriften gibt (Kap.8, PL 82, 237–239) berichten. Bei den Schriftstellern wird zwischen heidnischen (Varro, Chalkenterus) und christlichen (Origenes, Hieronymus) unterschieden, die jedoch im Hinblick auf ihren literarischen Ausstoß vergleichbar sind. Technischen Charakter tragen die Kapitel 9–12 (PL 82, 239–241), die von Schreibmaterialien, wie Papyrus und Pergament, und der Herstellung von Büchern handeln. Das christliche, auch das bibelkundliche Wissen läßt sich durchaus einordnen in den Gesamtbereich der Bildung, wie sie ein Bischof in einem frühmittelalterlichen, romanisch geprägten Kulturzentrum zur Ausübung seines Auftrages benötigt. Dieses Bildungsideal wird aber auch bereits in den kirchlichen Schulen vertreten. Man spürt es den Ausführungen Isidors an, daß er sie in der vorliegenden knapp gefaßten Formulierung vor allem für Unterrichtszwecke konzipiert hat.

Auch in den der Bibelauslegung im eigentlichen Sinne gewidmeten Arbeiten Isidors wird seine Absicht deutlich, vor allem den Schatz exegetischer Erkenntnisse der Väter bis hin zu Gregor dem Großen den jüngeren Generationen weiterzureichen. Ganz fern liegt ihm der Anspruch auf besondere Originalität. In den «Fragen zum Alten Testament» (Quaestiones in Vetus Testamentum), die man am ehesten als einen Kommentar bezeichnen kann, macht dies Isidor gleich im Vorwort deutlich: Er habe dort, wie er sagt, in kurzer Form «nicht nur für Studierende, sondern auch für skrupulöse Leser» – «was in ihr (der heiligen Geschichte) figürlich gesagt oder geschehen ist und von mystischen Geheimnissen voll ist, mit Hilfe göttlicher Gnade verfolgt und sie zusammengewebt, wobei wir Äußerungen alter Kirchenväter zusammengestellt haben, gleichsam aus verschiedenen Wiesen gesammelte Blumen nahegebracht, weniges aus vielem kurz zusammengefaßt, vieles auch hinzugefügt oder auch teilweise verändert haben» (Quaest.praef.2, PL 83, 207). In der Tat kann man in dem Werk eine Aneinanderreihung von Auszügen aus Werken aller Isidor bekannten, in lateinischer Sprache zugänglichen Bibelausleger antreffen, die Isidor selbst namhaft macht:

«Indem wir jene Figuren den mystischen Schätzen der Weisen entnahmen, haben wir sie zu einem kurzen Kompendium in eine Form zusammengezogen, in welcher der Leser nicht unsere (Ausführungen) lesen, sondern die der Alten wiederlesen wird. Denn was ich spreche, sagen diese, und meine Stimme ist ihre Zunge. Sie sind genommen von den Autoren Origenes, Viktorinus, Ambrosius, Fulgentius, Cassianus und dem besonders beredten (Verfasser) unserer Zeit Gregor.» (Quaest. praef. 5, PL 83, 209)

Diese Ausführungen spiegeln deutlich den Übergang zu einer neuen Epoche. An die Stelle der Originalität und Kreativität, die wir bei den bedeutenden Bibelauslegern der Periode der Kirchenväter angetroffen haben, tritt nun ein bewußter Traditionalismus, dem es vor allem darauf ankommt, das exegetische Erbe aus den ersten Jahrhunderten der Kirchengeschichte möglichst umfassend zu bewahren. Wesentlich neue Gesichtspunkte ergaben sich nicht mehr; auch bei Isidor finden wir in seiner Behandlung des 1. Mosebuches (Genesis) die bekannte Vers- für Vers-Auslegung, der es auf den spirituellen und moralischen Sinn ankommt. Die übrigen Teile des Werkes, in denen er auf die übrigen Bücher des Pentateuchs, Jos, Ri, 1. und 2.Sam, 1. und 2.Kön, Esr und Makk eingeht, werden zunehmend kürzer und summarischer. Offensichtlich hat es dem vielbeschäftigten Bischof zur weiteren Ausarbeitung an Zeit gefehlt.

In den anderen Schriften Isidors, die sich mit biblischen Themen beschäftigen, sieht man noch deutlicher die pädagogischen Intentionen des Verfassers hervortreten. Die Schrift «Über die Herkunft und das Hinscheiden der Väter» (De ortu et obitu patrum) betrachtet 64 Hauptgestalten des Alten Testaments, besonders im Hinblick auf ihre typologische Bedeutung, sowie 22 Personen aus dem Neuen Testament. Ähnlich auch die «Allegorien der heiligen Schrift» (Allegoriae quaedam sacrae Scripturae). Die zwei Bücher «Über den katholischen Glauben aus dem Alten und Neuen Testament gegen die Juden» (De Fide catholica... contra Judaeos) wollen ebenfalls typologische Entsprechungen zwischen den Testamenten aufzeigen. Ähnlich der (erst vor einigen Jahren wiederentdeckte) Traktat: «Zeugnisse Jesajas über Christus, den Herrn» (Isaiae testimonia de Christo Domino); die anti-jüdische Polemik darin ist traditionell. Ein eigentümliches Werk ist das «Buch der Zahlen, die in den heiligen Schriften vorkommen» (Liber numerorum), in dem die in der Bibel verwendeten Zahlen aufgeführt und auf ihre symbolische und typologische Bedeutung hin befragt werden. Für den Unterricht über die Bibel bestimmt sind auch die «Vorreden zu den Büchern des Alten und des Neuen Testaments» (In libros Veteris ac Novi Testamenti Prooemia) mit kurzen Inhaltsangaben zu den einzelnen Büchern.

Für einen heutigen Betrachter könnte Isidors Platz in der Auslegungsgeschichte der Bibel recht unbedeutend erscheinen. Wenn man jedoch an die Wirkung denkt, die von seinen Werken ausgegangen ist, ändern sich die Perspektiven. Neben den Etymologien und dem die Kenntnisse der antiken Naturwissenschaft zusammenfassenden De natura rerum («Über die Natur der Dinge») haben vor allem auch seine exegetischen Werke, besonders die Quaestiones, eine weite Verbreitung gefunden, wie man an den zahlreichen mittelalterlichen Handschriften und ihrer breiten Streuung im ganzen westlichen Europa ebenso erkennen kann wie an den Zitaten aus Isidor, die sich durch das ganze Mittelalter hindurch bei späteren Bibelauslegern finden. Wenn ihm auch der Ruhm eines originellen Autors nach neuzeitlichen Maßstäben kaum zusteht, ist ihm der eines einzigartigen Vermittlers von antiker Kultur und altkirchlicher Tradition doch sicher. Daß dies auf dem Wege über die ehemals römische Randprovinz Spanien geschah – und von daher wanderten Isidor-Handschriften bis nach Irland und zurück zum Kontinent –, kennzeichnet die ungewöhnliche Situation. In den dunklen Jahrhunderten des Niedergangs der alten Strukturen Europas gab es gerade hier eine Insel der Ordnung, die durch die Symbiose von Romanentum und Germanentum auf der Basis eines gemeinsamen Glaubens möglich wurde. Hier konnte der Kirche und einem ihrer höchsten Amtsträger eine entscheidende Rolle zufallen, wenn er sie zu nutzen wußte. Damit reiht sich Isidor würdig in die Kette bedeutender Bischöfe ein, die nicht in den Lasten ihrer täglichen Amtspflichten untergingen, sondern darüber hinaus einen Beitrag zur Ausformung der christlichen Kultur des Abendlandes leisteten. Die für diese charakteristische Mischung von antikem und christlichem Erbe ist das Ergebnis des Wirkens von Männern wie Isidor, welche die Schätze antiker Bildung nicht einfach mit dem Heidentum untergehen ließen, sondern von ihr bewahrten, was sie auch unter dem Zeichen des Kreuzes für wert erachteten, ihren Zeitgenossen und der Nachwelt erhalten zu werden.

3. Ein gelehrter Klosterbruder im Nordland: Beda Venerabilis

Nach Britannien, einer der abgelegensten Provinzen des Reiches, war das Christentum schon unter römischer Herrschaft gelangt. Im 4. Jahrhundert gab es bereits steinerne Kirchengebäude (z. T. aus heidnischen Tempeln umgewandelt), eine bischöfliche Kirchenorganisation und eine weitgehend christianisierte Bevölkerung. Gegen Ende der Römerzeit war das Christentum sogar über die Reichsgrenzen hinaus bis nach Irland gedrungen. Dann wurde alles anders: Im Jahre 497 wurden die Legionen, weil dringend in Italien benötigt, aus Britannien abgezogen und die ehemalige Provinz sich selbst überlassen. Eine Weile konnten sich noch lokale romanisch-keltische Stammesherrscher halten. Um die Mitte des 6. Jahrhunderts jedoch erhoben sich im gesamten Ostteil der ehemaligen Provinz die zunächst von den Römern als Hilfstruppen angesiedelten Jüten, Angeln und Sachsen. Über das Meer erhielten sie laufend Zuzug von Abenteurern, die auf leichten Booten aus dem nördlichen Germanien heranruderten, auf Beute aus waren, Städte eroberten, aber sich auch allmählich entlang den Flußläufen in dem noch von dichten Wäldern und undurchdringlichen Sümpfen durchzogenen Land als Bauern niederließen. Sie errichteten sieben unabhängige heidnische Königreiche und brachten das Christentum in ihrem Bereich zum Erliegen, während sich im Westen nach wechselvollen Kämpfen britische (keltische) christliche Königreiche halten konnten. Die langdauernde Feindschaft zwischen beiden Bevölkerungsgruppen verhinderte zunächst eine christliche Mission vom Westen aus in die angelsächsischen Gebiete. Erst die von Rom ausgehende Initiative mit der Aussendung Augustins und seiner Begleiter im Jahre 597 brachte einen Umschwung, zunächst in Kent. Nicht ohne Rückschläge kam die Christianisierung der angelsächsischen Reiche dann doch relativ zügig voran. Im nördlichsten der Königreiche, dem Land nördlich des Humber, Northumbrien – zeitweilig zerfiel es noch in die beiden Teilreiche Bernicia und Deira –, spielte dann noch die Mission von Irland her eine Rolle. Dort herrschte eine eigentümliche Form von Kirchenregiment: Nicht wie anderswo die Bischöfe, sondern die Äbte der Klöster führten die Aufsicht über das zu ihrem Kloster gehörende Gebiet; die für Weihen notwendigen Bischöfe waren den Äbten als Mönche unterstellt. Außerdem gab es Differenzen zwischen den britischen und irischen Kirchen auf der einen, den angelsächsischen, von Rom her missionierten auf der anderen Seite über den Ostertermin. Oswald, König von Northumbrien, hatte jahrelang in Irland im Exil leben müssen und war dort zum Christentum bekehrt worden. Als er im Jahre 635 als König heimkehren konnte, wandte er sich an das bedeutende irische Klosterzentrum auf der Insel Iona und erhielt von dort Aidan delegiert, der auf der Insel Lindisfarne, an der Nordostküste Northumbriens, ein Kloster nach irischem Muster errichtete. Lindisfarne wurde aufgrund der Gelehrsamkeit seiner Mönche, ihrer vorbildhaften Frömmigkeit und ihres missionarischen Eifers zum Zentrum kirchlichen Lebens im Lande. Von dort aus missionierten Aidan († 651) und seine Schüler als Wanderprediger ganz Northumbrien, später (nach 656) auch andere angelsächsische Königreiche. Wichtig wurde die Synode von Whitby (nahe York, früher Streaneshalch), zu der König Oswiu gegen Ende 663 Vertreter von Iren und «Römern» in seinem Reiche eingeladen hatte. Er selbst war dem irischen, seine Frau, eine Königstochter aus Kent, und sein Sohn dem römischen Ostertermin gefolgt, für den Wilfrith, ursprünglich in Lindisfarne ausgebildet, später aber in Canterbury für den römischen Brauch gewonnen, nachdrücklich eintrat. Beim König setzte sich der römische Ostertermin durch, dem dann seine Großen folgten. Die meisten Iren aus Lindisfarne kehrten daraufhin in ihre Heimat zurück. Damit war die Grundlage für eine einheitliche englische Kirchenordnung im Einklang mit der Großkirche gewonnen. Vollendet wurde sie durch das Wirken Theodors von Tarsus, eines Griechen aus Kleinasien, als Erzbischof von Canterbury (669–690), der die Neuordnung der angelsächsischen Kirche in 15 Bistümer mit klarer Bindung an Rom erreichte.

Kaum fünzig Jahre nach der Christianisierung Northumbriens wurde der etwa siebenjährige Knabe Beda von seinen Eltern dem Abt des von diesem 674 gegründeten Klosters Wearmouth (in der Nähe des heutigen Newcastle gelegen) als Oblate: zum späteren Klosterleben bestimmter Schüler übergeben. Klostergründer und erster Abt war Benedict Bishop (†689/90), der 681 noch das benachbarte Zwillingskloster Jarrow gründete, wo später Beda sein gesamtes Mönchsleben verbrachte. In seiner Geschichte der Äbte von Wearmouth und Jarrow hat Beda den beiden ersten Äbten Benedict und Ceolfrith (690–716) dankbar als seinen verehrten Lehrern ein Denkmal gesetzt. Beide waren vornehmer Herkunft und sehr gebildet. Insbesondere Benedict Bishop hatte auf mehreren Romreisen für eine reiche Ausstattung seiner Klöster mit liturgischen Gewändern und Gegenständen, vor allem aber mit Büchern gesorgt, Ceolfrith die Bibliothek noch erheblich vermehrt, so daß Beda über eine der bedeutendsten Büchersammlungen des Nordens verfügen konnte.

Äußerlich bietet das Leben Bedas keine besonderen Ereignisse. Mit 19 Jahren wurde er zum Diakon, mit 30 Jahren zum Priester geweiht, aber eine leitende Stellung hat er anscheinend nie in seinem Kloster bekleidet. Von längeren Reisen nach auswärts (außer Besuchen in York und Lindisfarne) ist nichts bekannt. So ist sein gesamtes Wirken äußerst ruhig verlaufen, ausgefüllt mit den Pflichten eines Mönches, wozu nach einer von Benedict Bishop aus mancherlei Vorbildern zusammengestellten Regel vor allem die gottesdienstlichen Aufgaben: liturgischer Gesang und Gebet, daneben auch Handarbeit für den Unterhalt des Klosters, Wohltätigkeit an Bedürftigen und Gastfreundschaft für Fremde gehörten. Insbesondere scheint Beda mit Unterrichtsaufgaben betraut gewesen zu sein, vermutlich in einer klostereigenen Schule. Daraus erwuchs unmittelbar die Herstellung von Lehrbüchern, mittelbar eine reiche Schriftstellerei, durch die Beda seinen außerordentlichen Ruhm begründete. Dieser setzte bald nach seinem im Jahre 735 erfolgten Tode ein und zeigt sich in der großen Zahl von Kopien seiner Werke, die vor allem auf dem Kontinent durch das ganze Mittelalter hindurch verbreitet wurden. Moderne Urteile sehen in seiner «Kirchengeschichte des Volkes der Engländer» (Historia ecclesiastica gentis Anglorum), die er im Jahre 731 vollendete, sein mit Abstand bedeutendstes Werk. Doch Beda selbst und seine mittelalterlichen Leser urteilen anders. In dem kurzen Lebensabriß, den er in das Abschlußkapitel seiner Kirchengeschichte einfügte (Hist.eccl. V,24, ed. Plummer 357), betont er ausdrücklich: «alle Mühe habe ich mir mit dem Nachdenken über die Schriften gegeben», und wenn er anschließend eine (nicht vollständige) Liste seiner Werke bringt, ordnet er diese nicht chronologisch, sondern nach ihrer Wichtigkeit, dabei mit den Bibelkommentaren beginnend.

Es besteht kein Zweifel daran, daß Beda in der Tradition der alexandrinischen Schule der Bibelauslegung zu sehen ist. Wenn, wie man aus einigen Hinweisen geschlossen hat, Theodor von Tarsus und sein Begleiter Abt Hadrian in Canterbury in der mündlichen Lehre der antiochenischen Linie der Betonung des Wortsinnes folgten, so zeigen die hochallegorischen Interpretationen Bedas wie seine Auslegung der Stiftshütte, ihrer Gerätschaften und der Kleidung der Priester (De tabernaculo; CChr.SL 119A,1–139) oder des salomonischen Tempels (De templo; l.c.,141–234), daß er zu der Vorliebe der lateinischen Väter für die übertragene, spirituelle Deutung zurückgekehrt ist. Damit hat er die Grundlagen für die gesamte in die gleiche Richtung weiterlaufende mittelalterliche Exegese gelegt. Daß er das Hohelied durchgehend allegorisch deutet (In Cantica Canticorum; CChr.SL 119B, 165–375), verwundert nicht, da dies der gesamten jüdischen und christlichen Auslegungstradition entspricht. In diesem Kommentar bringt er zunächst eine kurze Widerlegung des (nicht erhaltenen) häretischen Hohenliedkommentars des Julius von Aeclanum (ca. 454), am Schluß (Buch VI) eine Sammlung von verstreuten Äußerungen Gregors des Großen zum Hohenlied, vor allem aus dessen Moralia zu Hiob. Seine eigene Auslegung (Buch I-V) folgt insofern der Tradition, als er die «Braut» im Hohenlied mit der Kirche oder der glaubenden Seele gleichsetzt. Das Gewicht liegt ganz auf der Deutung als Kirche. An einigen Stellen tritt Bedas persönliche Meinung deutlich hervor, so, wenn er auf die Gemeinschaft der beiden Kirchen der Erwählten vor und nach Christus hinweist (Cant.I, CChr.SL 119B, 190,20–25; I,1.3, 193,36ff.; V,7.13,337,823–840) und – ohne ausdrücklichen Verweis auf Röm 11,26ff., aber offenbar in Aufnahme paulinischer Gedanken – für das Ende eine «Vereinigung beider Völker», Kirche und Synagoge, «in Christus» erwartet (Cant.IV,7.1; l.c.,317,85). Daß er «den Spuren der Väter gefolgt» sei (Cant.Vorwort; l.c.180,503), hebt Beda auch hier ausdrücklich hervor. Etwas von seinem ureigensten Antrieb wird aber in der anschließenden Bemerkung deutlich, der Leser möge nicht für überflüssig halten, was er «über die Natur der Bäume oder aromatischer Kräuter» des Orients, «nach dem, was ich in den Büchern der Alten lernte, ausführlicher erklären wollte. Ich habe dies nämlich nicht aus Streben nach Arroganz, sondern um meiner und der Meinen Unerfahrenheit abzuhelfen getan, die wir weit außerhalb der Welt, nämlich auf einer Insel des Ozeans geboren und erzogen, das, was in den ursprünglichsten Teilen des Erdkreises, ich meine Arabien, Indien, Judea und Ägypten geschieht, nicht anders als durch die Schriften derer, die bei jenen dabeiwaren, zu wissen imstande sind»(ebd.).

Auf der anderen Seite hat man darauf hingewiesen, daß Beda aus dem Alten Testament besonders historische Texte erklärt habe: das erste Mosebuch (In Genesim; CChr.SL 118 A), das 1.Samuelbuch (In primam partem Samuelis; CChr.SL 119,1–287), die Königsbücher (In Regum librum XXX quaestiones; l.c., 289–322), Esra und Nehemia (CChr.SL 119A, 235–392). Auch im Neuen Testament ließe sich ein solcher Schwerpunkt, etwa die Auslegung der Apostelgeschichte (Expositio Actuum Apostolorum et retractatio, ed. M. L. W. Laistner) und zweier synoptischer Evangelien, Lukas und Markus (In Lucae evangelium expositio; CChr.SL 120, 1–425; In Marci evangelium expositio; l.c.,427–648) – es fehlt Johannes – aufzeigen.

Nun mangelt es auch in diesen Kommentaren nicht an übertragenen, «geistlichen» Deutungen. Für einen Kirchenlehrer wie Beda war es selbstverständlich, daß das wichtigste Ziel der Bibelauslegung die Erbauung der Hörer und Leser war; wiederholt hat er sich in diesem Sinne geäußert. So im Vorwort des Samuelkommentars: «Wir wollen eifrig danach trachten, nach der Fassungskraft unseres geringen Verstandes jenen gelehrten Schreiber nachzuahmen, der aus seinem Schatze Neues und Altes hervorholt (vgl. Mt 13,52). Denn wenn wir uns nur darum kümmern, Altes aus dem Schatz der Schriften hervorzuholen, d. h. allein die Figuren des Buchstabens nach jüdischer Weise zu verfolgen, was können wir als Leser oder Hörer an tröstender geistlicher Lehre erfahren unter den täglichen Sünden der Verderbnis, unter den zunehmenden Trübsalen der Zeit, unter den zahllosen Irrtümern dieses Lebens?» Für diesen Zweck war die allegorische Methode durch die Tradition vorgegeben. Beda verstand sich in aller Bescheidenheit, die den Mönch auszeichnete, als einen Übermittler von Tradition: «Von der Zeit an, als ich das Priestertum empfing, bis in mein 59.Lebensjahr habe ich mich darum gekümmert, zur heiligen Schrift nach meinen und der Meinen Bedürfnis aus den Werken der verehrungswürdigen Väter kurze Anmerkungen zu machen oder auch zum Ausdruck des (von ihnen gemeinten) Sinnes und ihrer Deutung etwas hinzuzufügen.» (Hist.eccl.V,24,ed. Plummer, 357) Leitend war für Beda demnach die pädagogische Absicht, und er hielt es für seine Pflicht, seinen wenig gebildeten Schülern – man bedenke, daß Northumberland erst seit einem halben Jahrhundert christianisiert war und Latein dort keine lebende Sprache mehr war ! – in leicht faßlicher Weise aus den Schätzen der Väterüberlieferung das Verständnis der ihnen gewiß sehr fremdartigen biblischen Schriften zu eröffnen. Die kritischen Ausgaben seiner Werke, die in neuerer Zeit erschienen sind, machen es überhaupt erst möglich, anhand der Zitate genauer zu erkennen, aus welchen Schriften Beda dafür geschöpft hat. Ursprünglich hatte er sogar dafür gesorgt, daß die Verfasser der Zitate am Rand der Handschriften seiner Werke durch Siglen kenntlich gemacht wurden. Spätere Abschreiber haben das meist nicht beachtet. Am meisten hat er die vier großen lateinischen Väter benutzt: Augustin, Hieronymus, Ambrosius und Gregor, aber noch viele andere, soweit sie in seiner Bibliothek greifbar waren. Nicht auf Originalität, sondern auf die Vermittlung eines soliden Wissens, darauf kam es ihm an.

Wenn wir Beda als Schulmeister verstehen, wird aber auch der andere Aspekt seiner Auslegung verständlich: das Interesse an historischen, geographischen, biographischen oder naturwissenschaftlichen Fakten, das in seinen Kommentaren immer wieder sichtbar wird, womit er sich dann wieder dem Wortsinn zuwendet. Er ähnelt in dieser Hinsicht Hieronymus, von dem er vieles – etwa die lateinische Erklärung hebräischer und griechischer Personennamen, topographische Kenntnisse biblischer Ortsnamen usw. – übernahm, und vor allem Isidor, den er zwar kannte und für vieles ausschlachtete, über den hinaus er jedoch lieber auf die antiken Originale zurückging. Ein Schulmeister war Beda schon in seinen frühesten Abhandlungen: «Über die metrische Kunst» (De arte metrica); «Über (rhetorische) Figuren und Wendungen (De schematibus et tropis); «Über Orthographie». Hier gab er die Stoffe weiter, die in dem antiken Trivium, den drei philologischen Grundfächern, als Basis der sieben freien Künste, enthalten waren. Die darauf aufbauenden vier Fächer des Sachwissens, die mit den drei ersten zusammen die sieben freien Künste bildeten (antik sind es Arithmetik, Geometrie, Musik und Astrologie), werden nach christlicher Tradition wie die drei philologischen Fertigkeiten dem höheren Ziel der Bibelauslegung dienstbar gemacht. Hierin gehört das Werk «Über die Natur der Dinge» (De natura rerum, eine kurze Beschreibung des Kosmos – zusammen mit seinem Titel von Isidor übernommen, aber aus Plinius' Naturgeschichte ergänzt), das keineswegs als Selbstzweck verstanden werden darf. Historische und geographische Kenntnisse dienen dem gleichen Zweck. So bringt Beda als Anhang zu seiner Auslegung des 1. Samuelbuches eine Liste von Ortsnamen, «aus den Werken des seligen Priesters Hieronymus und des Flavius Josephus gesammelt» (CChr.SL 119,273). Eine Liste der Gegenden und Orte in der Apostelgeschichte (Nomina regionum atque locorum de Actibus Apostolorum; CChr.SL 121,165–178) ist ein ähnlicher Kommentaranhang. Ob er Josephus im griechischen Original gelesen hat, ist allerdings umstritten, da es auch lateinische Fassungen gab. Auf Anfrage erläutert er auch besonders historische und andere Sachfragen, wie in den 30 Fragen zu den Königsbüchern (s. o.).

Die beiden Kommentare zur Apostelgeschichte, jetzt in einer modernen Edition vereinigt (ed. Laistner; Wiederabdruck CChr.SL CXXI; Zitate nach der Erstausgabe), liegen in Wirklichkeit Jahrzehnte auseinander. In der «Zurücknahme» (Retractatio) nimmt der alte Beda nach dem Vorbild des «vortrefflichen Lehrers Augustin» (Vorwort, ed. Laistner, 93) seine Jugendschrift noch einmal in die Hand und unterwirft sie einer durchgreifenden Kritik. Der hervorstechendste Zug dieser Revision ist, daß Beda jetzt eine ganze Reihe verschiedener lateinischer Handschriften (außer der Vulgata auch altlateinische) und solche mit dem griechischen Urtext zur Verfügung hat (das von ihm am meisten benutzte Exemplar ist in Oxford erhalten) und dadurch verschiedene Lesarten vergleichen kann, um den ursprünglichen Text zu ermitteln. Die Textkritik, seit Origenes an der Bibel geübt, wird von Beda systematisch betrieben. Wenn z. B. im lateinischen Text von Apg 1,14 der Sinn unklar ist – heißt es: «mit den Frauen und Maria, der Mutter Jesu, und *ihren* Brüdern» oder «seinen Brüdern»; das Lateinische kennt nur ein Pronomen «eius», das für beide Geschlechter gebraucht wird – hilft ein Blick in den griechischen Text, «wo nicht ‹ihre› (*'autes*), sondern ‹seine› (*'autou*) geschrieben ist, was ohne jeden Zweifel bei ihnen ein Pronomen des männlichen Geschlechtes ist» (Retract, ed. Laistner, 96). Für den Sinn ist das wichtig: «Es wollte nämlich der selige Lukas den Lesern mitteilen, daß die Brüder des Herrn zu dieser Zeit am Glauben an ihn teilhatten, von denen vor seiner Passion gesagt war: ‹Denn auch seine Brüder glaubten nicht an ihn.›» (Joh 7,5) Ähnlich, wenn auch rein technisch, ist die Bemerkung zu Apg 2,3: «Und es erschienen ihnen zerteilte Zungen wie Feuer»: Nach Beda handelt es sich bei «Feuer» um einen Genetiv; «im Griechischen steht nämlich *pyros*, nicht *pyr*. Diese Unterscheidung würde leichter hervortreten, wenn mit einem zusätzlichen Wort gesprochen würde, wie brennenden Feuers oder wie strahlenden Feuers.» (ed. Laistner, 98) Ein Vergleich mehrerer lateinischer Handschriften, dazu noch des griechischen Textes verschiedener Bücher, findet sich in einer Bemerkung zu Apg 2,34, einem Passus aus der Pfingstrede des Petrus mit einem Zitat aus Ps 110: «Nicht nämlich ist David zum Himmel aufgestiegen; er sagt nämlich selbst: ‹Der Herr sprach zu meinem Herrn, setze dich zu meiner Rechten›». Hierzu bemerkt Beda: «Einige Handschriften haben ‹spricht der Herr›, aber die griechischen Exemplare in diesem Buch (der Apg) und im Psalter haben ‹sprach der Herr.›» (Retract., ed. Laistner, 104)

Im Vorwort zu der Retractatio weist Beda ausdrücklich darauf hin, daß er gegenüber dem lange zurückliegenden ersten Kommentar die Abweichungen im griechischen Original habe berücksichtigen wollen, die er für vertrauenswürdiger als die lateinische Fassung hält. «Denn daß das griechische Exemplar gefälscht sein sollte, wage ich nicht zu vermuten». Er fordert seinen Leser auf, dies «um der Bildung willen» zu lesen, gleichwohl seinen Text nicht zu verbessern, «außer wenn er das zufällig in der lateinischen Handschrift seiner Ausgabe so gedeutet vorfinden sollte». Dafür beruft er sich auf Hieronymus, der auch seine «hebräische Wahrheit» vortragen, aber die lateinische Fassung nicht entsprechend geändert haben wollte (Retract.praef., ed. Laistner, 93). Hier wird ein interessanter Zwiespalt deutlich: der zwischen dem an dem ursprünglichsten Text interessierten Wisssenschaftler und dem konservativen Kirchenmann, der keine Verwirrung durch verschiedene Textfassungen in dic Gemeinde hineintragen will.

Die beiden Kommentare über die Apostelgeschichte sind auch sonst ein Beispiel dafür, wo Bedas besondere Interessen lagen. Lange Passagen schreibt er in seinem früheren Kommentar, der Expositio, aus seinen Zeugen aus, aber dann kommt ein Punkt, wo er persönliche Fragen hat. Z. B. zu Apg 2,5, wo als in Jerusalem beim Pfingstwunder anwesend genannt werden «Juden aus jedem Volk, das unter dem Himmel ist». «Ich finde es angemessen zu fragen, wer denn diese Juden aus der Gefangenschaft sind?» Da die Gefangenschaft in Ägypten und die in Babylonien längst vorbei waren, die unter den Römern (nach 70) damals noch nicht begonnen hatte, kann es für Beda nur die unter Antiochus (IV; zur Makkabäerzeit) gewesen sein (Exp., ed. Laistner, 16). Wenn dies auch ein Irrtum ist – die Existenz einer ausgebreiteten jüdischen Diaspora durch die ganze Antike hindurch ist seit langem bekannt –, zeigt die Bemerkung doch Bedas persönliche Beschäftigung mit historischen Fragen, auf welche die Traditionsliteratur keine Antwort gab.

Ein ganz andersartiges Interesse zeigt der Aufbau des Genesiskommentars. Auffällig ist, daß dieser Kommentar mit 1. Mose 21,9–10, der Vertreibung Hagars und Ismaels, endet. Ein zufälliger Abbruch gerade an dieser Stelle scheint das nicht zu sein, sondern bewußte Planung. Beda teilt sein Werk in vier Bücher ein, deren jedes an einem markanten Punkt abschließt: Buch I Schöpfung und Fall; Buch II bis zum Ende der Flut und den Noah-Erzählungen in 1. Mose 9; Buch III bis zu Begegnung von Abraham und Melchisedek in 1. Mose 14; Buch IV bis zur Trennung von Isaak und Ismael. Die Absicht scheint eine symbolische zu sein: In Aufnahme von Gal 4,22–5,2, wo Paulus Hagar, die Magd, und Sara, die Freie, mit ihrem jeweiligen Sohn als Typen für den Gegensatz zwischen Gesetz und Verheißung, zwischen den beiden Testamenten und den beiden Jerusalem (dem zeitlichen und dem «von oben») angesprochen hatte, wollte Beda die gesamte Urgeschichte und Patriarchengeschichte als Hinweis auf die beiden Perioden der Heilsgeschichte gelesen wissen. Obwohl im einzelnen viel Material aus den überlieferten Genesiskommentaren Augustins, des Hieronymus und Ambrosius sowie anderer patristischer Literatur aufgenommen ist, bringt Beda so eine durchaus eigene Linie in seine Interpretation nach einer Methode, die man heutzutage einen «kanonischen Ansatz» nennen würde. Im übrigen ist der Kommentar keineswegs auf einmal entstanden. Buch I, das Hexaemeron (die Schöpfung in sieben Tagen), ist ein Kompendium des jungen Lehrers, eine kurze Zusammenstellung wichtiger Aussagen aus Augustins Genesiskommentar. Die weiteren Bücher stammen aus der Feder des reifen Exegeten. Hier gewinnt insbesondere Abraham eine Stellung als der beispielhafte neue Mensch, den Gott begnadigt und dadurch erwählt hat, worin alle Erwählten als seine Söhne eingeschlossen sind. Zugleich ist er der Typus Christi. Darin zeigt sich Bedas wachsendes erbauliches Anliegen.

Wie stark Beda methodische Fragen beschäftigen, sieht man auch daran, daß er im Widmungsbrief seiner Auslegung der Apokalypse Johannis (Explan.Apoc.; PL 93, 131f.) die sieben Regeln des Ticonius aufzählt (die er bei Augustin gelesen hat). Die fünfte Regel (über die Zeiten) meint er auch auf den Symbolwert von Zahlen anwenden zu können, was wiederum eine für ihn typische Beschäftigung charakterisiert. Die sieben Regeln des Ticonius entsprechen den sieben Abschnitten, in die Beda die Apokalypse im ganzen einteilt. Damit erscheint seine Deutung der Apokalypse insofern kongenial, als in dieser selbst die Siebenzahl als Symbolzahl eine wichtige Rolle spielt, angefangen mit den sieben Sendschreiben an die sieben Gemeinden in Kleinasien (Kap. 2–3), über das Buch mit den sieben Siegeln (Kap. 5–8), die sieben Engel mit den sieben Posaunen (Kap. 8–11), die sieben Engel mit den Zornesschalen (Kap. 15–16) bis zu den sieben Häuptern des Tieres (Kap. 17). Daß Beda auf die Regeln des Ticonius zurückgreift, zeigt wiederum sein doppeltes Interesse: auf der einen Seite die geistliche Bedeutung der Schrift überall herauszustellen (insbesondere im Bezug auf Christus und seine Kirche), zum andern auch die von der antiken Hermeneutik bereitgestellten technischen Grundsätze zu nutzen.

Wenn man die auslegungsgeschichtliche Bedeutung eines Exegeten nach dem Platz bestimmt, den er bei der Weitergabe methodischer und inhaltlicher exegetischer Erkenntnisse über die Bibel einnimmt, verdient Beda, mit unter den großen Namen genannt zu werden. In seiner exponierten Situation am Rande Europas, unter einem kaum zur christlichen Zivilisation bekehrten Volke lebend, hat er das antike und altkirchliche Erbe im Verständnis der Bibel bewahrt und in einer Form aufbereitet, wie sie mittelalterlichem Denken entsprach und von den theologischen Eliten der jungen Völker aufgenommen werden konnte, die sich innerhalb und außerhalb der Grenzen des ehemaligen Reiches angesiedelt hatten. Die starke Nachfrage nach seinen Kommentaren in den folgenden Jahrhunderten beweist, wie wichtig Bedas Lebenswerk dafür war. Darüber hinaus ist es für späte Nachfahren nicht ohne Reiz, auch noch etwas von seiner ganz persönlichen Art, seinem Glauben und Denken zu erfahren. In aller Bescheidenheit sah er sich selbst jedoch immer als den Schüler der «Alten»; nur als von ihnen Lernender meinte er in rechter Weise Lehrer sein zu können.

4. Ein Theologe im Dienste Karls des Großen: Alkuin

Wenige Jahre vor dem Tode Bedas, nach neuerer Auffassung um das Jahr 730, wurde in Northumbrien, in der Nähe von York, ein weiterer bedeutender Theologe geboren, dessen Einfluß im Hinblick auf seinen Wirkungskreis und durch seine außerordentliche gesellschaftliche Position über den Bedas noch weit hinausgeht, obwohl Beda ohne Zweifel der fähigere theologische Denker war. Auch Alkuin wurde offenbar schon früh von seinen Eltern, die einer vornehmen Familie angehörten, für den kirchlichen Dienst bestimmt. Bald kam er an die Kathedralschule von York, die damals, unter der Oberaufsicht Egberts, seit 732 Bischof, seit 735 Erzbischof von York, einen hervorragenden Ruf besaß. Egbert, Angehöriger des regierenden Königshauses und Schüler Bedas, suchte in seiner Kathedralschule, deren eigentlicher Leiter und damit Alkuins Lehrer Aelbert war – seit 766 als Nachfolger Egberts selbst Erzbischof –, einen besser ausgebildeten Nachwuchs für seinen Klerus heranzuziehen, aber auch den allgemeinen Bildungsstand des Landes zu heben, indem er die Söhne des Adels in den freien Künsten unterrichten ließ. Beides war dringend nötig, denn heidnische Unsitten wie Trunksucht, Prunk und Gewalttaten grassierten noch immer in England und waren selbst in Klöstern zu finden. Auch in den führenden Schichten war außerdem das Analphabetentum weit verbreitet. Im Kampf gegen die Unbildung war die Schule von York sehr erfolgreich. Ihr Ruhm wurde durch ihre ausgezeichneten Lehrer, vor allem aber durch ihre einzigartige Bibliothek begründet, die Aelbert von überallher, besonders aber von Rom zusammenbrachte. Bald strömten Schüler auch aus anderen Teilen Englands, ja sogar vom Festland herbei. York wurde zum berühmtesten Bildungszentrum des Nordens.

Der Unterricht in den weltlichen und theologischen Wissenschaften war für Lehrer und Schüler in eine geistliche vita communis eingebettet. Obwohl die Schule kein Kloster war und keine Gelübde verlangt wurden, gehörten Stundengebete, gemeinsamer Gottesdienst und gemeinsame Mahlzeiten neben den Schulstunden zum üblichen Tageslauf. Die Disziplin war streng, wie es im Mittelalter üblich war. Doch fehlte es nicht an Ermutigung: Durch seine persönliche Teilnahme am Gottesdienst, indem er gemeinsam mit ihnen zum Gebet niederkniete, gab der Erzbischof allen ein Beispiel. Auch war er jederzeit bereit, in seiner Zelle jedem, der danach verlangte, Auskunft über die Geheimnisse der Heiligen Schrift zu geben; Auslegung war mündliche Lehre, die Wissen und Erbauung vermittelte.

In dieser Umgebung wuchs Alkuin heran. Als er älter wurde, lernte er viel von Aelbert, dem eigentlichen theologischen Lehrer, der ihn in Lehre und Geschichte der Kirche, in den Schriften der Väter, besonders aber in biblischer Exegese unterrichtete. Ihn interessierten aber auch die Naturwissenschaften, besonders die Astronomie, dabei vor allem der Tierkreis und astronomische Zeitberechnungen. Auch diese Kenntnisse wollte er für das Verständnis der Bibel verwenden.

Im ganzen wissen wir wenig aus dieser Zeit, aber offensichtlich war Alkuin, als Aelbert Erzbischof wurde, schon selbst ein berühmter Lehrer. Etwa zu dieser Zeit wurde er auch zum Diakon geweiht; Priester ist er anscheinend nie geworden. Wie Egbert zuvor, verzichtete auch Aelbert im Jahre 778 auf sein Amt, um den Rest seines Lebens († 780) als Mönch zu verbringen. Von seinen beiden bekanntesten Schülern designierte er Eanbald als seinen Nachfolger (Eanbald I., Erzbischof 780–796); Alkuin wurde der Leiter von Schule und Bibliothek.

Der Wechsel auf dem erzbischöflichen Stuhl brachte auch die entscheidende Wende im Leben Alkuins. Im Jahre 780 reiste er nach Rom, um von Papst Hadrian I. (772–795) das Pallium (ein liturgisches Schulterband) für Eanbald als Zeichen seiner erzbischöflichen Würde zu erbitten. Auf dem Rückweg traf er im Frühjahr 781 in Parma mit Karl dem Großen zusammen. Dieser kannte den berühmten Schulmann schon von einer früheren Begegnung und forderte ihn sogleich auf, als Leiter der Palastschule in seinen Dienst zu treten. Karl hatte es sich zum Ziel gesetzt, sein aus vielen Stämmen gebildetes Reich als christliches Imperium zu einen. Die unter der Merowingerherrschaft verwilderten Franken mußte er dafür ebenso wie die eben bekehrten Sachsen an die Grundlagen einer vom Christentum geprägten Bildung heranführen. Durch verschiedene Erlasse suchte er, um allmählich das Niveau von Adel und Klerus zu heben, das Schulwesen (das in den Händen von Klöstern und Bischöfen lag) zu reformieren und zu ordnen. Unter anderem sollte Latein an allen Schulen unterrichtet werden. Seinen Hof wollte er zu einem Zentrum der Bildung machen und umgab sich mit berühmten Gelehrten und Theologen. In der Hofschule wurden die sieben freien Künste gelehrt, dazu und auf sie aufbauend als Krone der Wissenschaft die Theologie. Auch persönlich war Karl an klassischer Bildung, an naturwissenschaftlichen Fragen brennend interessiert, leitete selbst die Reichssynoden und nahm an den Gesprächen der Gelehrten an seinem Hofe teil. Wie im Mittelalter üblich, reiste die Hofhaltung beständig im ganzen Reich umher, in Friedenszeiten von Pfalz zu Pfalz. Erst spät ließ sich Karl, seit 800 Kaiser eines erneuerten (west-römischen) Reiches, endgültig in Aachen nieder, wo er auch seine letzte Ruhestätte gefunden hat.

Alkuin ist seither im Frankenreich geblieben und, bis auf vorübergehende Aufenthalte, nicht mehr in seine Heimat zurückgekehrt. Die Aufforderung, Nachfolger Eanbalds als Erzbischof von York zu werden, schlug er wegen der inzwischen verworrenen politischen Lage in Northumberland aus. Am Hofe Karls hatte er als Lehrer, Ratgeber und Freund des Königs eine Vertrauensstellung gewonnen. In der Bildungspolitik Karls spielte er eine entscheidende Rolle.

Wir haben in einer kleinen Schrift Alkuins ein aufschlußreiches Zeugnis für diese Rolle und zugleich für das Wissenschaftsverständnis, das dem von ihm geleiteten Bildungsprogramm zugrundelag. In der Form eines Dialogs zwischen einem Lehrer und zwei Schülern, die bei ihm ihr Studium beginnen wollen, hat er es an den Beginn der drei Lehrbücher gestellt, die er zu den drei Grundfächern Grammatik, Rhetorik (einschließlich Tugendlehre) und Dialektik verfaßt hatte. Diese kleine Schrift – die jetzt den vielleicht nicht von Alkuin selbst stammenden Titel «Über die wahre Philosophie» (De vera philosophia) trägt (PL 101,849–854) – zeigt deutlich, daß das Studium der sieben freien Künste für Alkuin Teil eines umfassenderen Bildungsweges ist, der den Lernenden stufenweise zur Weisheit führen soll. Hierfür ist nicht nur die Erleuchtung des Logos nötig (Joh 1,9; l.c.850A); das Ziel der Weisheit kann nicht in irdischen Gütern liegen, die vergänglich sind. Die Weisheit selbst ist ewig, wie es die Seele ist (l.c.852B). Um sie zu erreichen, muß man von Stufe zu Stufe emporsteigen, «bis die Federn der Tugenden allmählich heranwachsen, mit denen» man «zur höheren Schau des reinen Äthers» auffliegen kann (l.c.853A). Für diesen Weg ist der Spruch Salomos (Spr 9,1) von dem auf sieben Säulen errichteten Haus, das sich die Weisheit baute, ein Leitbild: wie es sich auf die göttliche Weisheit beziehen kann, «die sich im Leib ein Haus baute und dies mit den sieben Gaben des heiligen Geistes besiegte», oder auf die Kirche als das Haus Gottes, so auch auf die Weisheit, die auf den Säulen der sieben freien Künste erbaut wird (l.c.853B-C). Alle diese Wissenschaften, durch welche die Schüler zu «Lehrern unseres heiligen und katholischen Glaubens und Verteidigern in allen öffentlichen Ketzerstreitigkeiten» werden können, sind jedoch nur Stufen zu dem eigentlichen Ziel, das Alkuin an den Schluß stellt; sie dienen ihrer Ausbildung, «bis ein vollkommeneres Lebensalter und ein im Verständnis festerer Sinn zu den Gipfeln der heiligen Schriften gelangt» (l.c.854A).

Die letzte Aussage ist die entscheidende: Das gesamte Bildungsideal Alkuins und damit das für die karolingische Reform maßgebliche Ziel ist auf das Studium der Bibel als die höchste Form der Weisheit ausgerichtet. Das hängt nicht nur damit zusammen, daß der Studiengang an den kirchlichen Schulen zuvörderst der Ausbildung von Klerikern dient. Entscheidend ist vielmehr das Verständnis von Wissenschaft überhaupt:

Zwar wird das antike Wissen in all seiner Fülle (soweit es der Zeit bekannt war) in den Unterricht aufgenommen, aber es steht von vornherein unter dem Vorzeichen, daß es der Theologie als der höchsten Wissenschaft dienstbar sein muß. Und Theologie ist mit Bibelwissenschaft identisch, sie empfängt von der Bibel her alle ihre Inhalte.

Alkuin fühlte sich für die Verbreitung dieser Form von Bildung im weiten Frankenreich verantwortlich. Dazu gehörte nicht nur der persönliche Austausch mit den Gelehrten am Hof und der königlichen Familie. In einem ausgebreiteten Briefwechsel kümmerte er sich außerdem um die Ausbildung des Klerus in allen Landesteilen, aber auch um Fragen wie die Bekehrung der besiegten Sachsen und Awaren (dazu gehört eine Schrift über Katechese), gab Ratschläge an zahlreiche Korrespondenten, mahnte immer wieder, beantwortete religiöse Fragen. Da eine größere Zahl dieser Briefe erhalten ist, bilden sie eine wichtige Quelle für Alkuins Gedankenwelt. Diese Briefe haben einen auffallend gleichförmigen Inhalt. Wir erfahren aus ihnen so gut wie nichts über Alkuins persönliche Lebensumstände; den größten Teil ihres Inhalts bilden auf geistliche Themen gerichtete Ermahnungen. Wenn an erster Stelle die caritas (Liebe) steht, entspricht das augustinischer Tradition. Caritas meint eine geistliche Qualität, eine Form der Frömmigkeit. Demut, Einmütigkeit (concordia), Nüchternheit sind ihre Voraussetzungen – wie anders sah oft die Wirklichkeit aus! Auf der Moral liegt meist der Ton: Alkuin wird nicht müde, seine früheren Schüler zu frommem Wandel zu ermahnen oder einflußreiche Kirchenführer aufzufordern, in ihren Kirchenprovinzen für die Durchsetzung der Amtsdisziplin in Klöstern und Weltklerus zu sorgen. Die kirchliche Hierarchie, dazu Mönche und, in den neugewonnenen Gebieten, Missionare sind die tragende Schicht in der Gesellschaft. Doch auch an der Bildung von Laien war er interessiert, wie das für den Grafen Wido geschriebene «Laienbrevier» mit dem Titel «Über Tugenden und Laster» (PL 101, 613–638) zeigt. Daß er auch in den zu seiner Zeit aktuellen dogmatischen Streit mit Felix von Urgel und Elipand von Toledo um den sog. Adoptianismus (er behauptete, Jesus sei erst bei seiner Taufe als Sohn adoptiert worden) mit eigenen Schriften eingriff, sei nur am Rande erwähnt.

Inzwischen war Alkuin über 60 Jahre alt, die Last des Unterrichts und des reisenden Hoflebens drückte ihn immer stärker. So bat er um seine Entlassung. Im Jahre 796 berief ihn Karl der Große zum Abt der St.Martin-Abtei in Tours. Das war das bedeutendste Kloster im Lande, mit einem weit verstreuten Landbesitz und etwa 2000 Sklaven. Erst 801 konnte Alkuin, von Alter und Krankheit geschwächt, die damit auf ihm lastenden zahlreichen Verwaltungsaufgaben in jüngere Hände legen. Sein Hauptinteresse galt aber auch dort der bereits bestehenden Klosterschule. Der Ruhm ihres neuen Abtes brachte dieser bald einen großen

Aufschwung. Von vielen Seiten wurden Schüler zur Weiterbildung nach Tours gesandt; Hrabanus, dem Alkuin den Beinamen «Maurus» gab, war einer seiner berühmtesten Schüler. Ihn hatte sein Abt aus Fulda geschickt, wohin er später zurückkehrte.

Doch gerade die Jahre Alkuins in Tours bis zu seinem im Jahre 804 erfolgten Tode waren für ihn die literarisch fruchtbarsten.

Eine große Aufgabe, die ihm Karl der Große übertrug, war die Revision der lateinischen Bibel. Zur Kaiserkrönung in Rom im Dezember 800 konnte Alkuin ihm ein fertiges Exemplar übersenden. Es handelte sich um eine von vielen Irrtümern, die zur Merowingerzeit in die Bibelhandschriften eingedrungen waren, gereinigte Fassung der Vulgata; diese hatte sich jetzt als die maßgebliche Textform durchgesetzt, obwohl örtlich noch ältere lateinische Texte verwandt wurden. Geschrieben wurde die revidierte Fassung in einer schon an der Hofschule entwickelten verbesserten Schrift, der sog. karolingischen Minuskel, die viel klarer lesbar war. Leider ist das Original der Alkuinbibel nicht mehr erhalten, wohl aber frühe Abschriften. Alkuin war nicht der einzige, der sich um einen verbesserten Bibeltext bemühte; das Werk seines Freundes, des Erzbischofs Theodulf von Orleans, war sogar mit einem textkritischen Apparat versehen. Doch setzte sich Alkuins Fassung aufgrund der hohen Autorität ihres Urhebers durch; sie hat bis in den heutigen Vulgatatext hinein nachgewirkt. Auch eine Revision der biblischen Lesungen in dem gottesdienstlichen Lektionar wurde von Alkuin durchgeführt. Ein Zeugnis für das Interesse der karolinischen Bildungsreform am Bibelstudium ist auch der «Schlüssel zur Schrift» (Clavis scripturae), eine Art systematisch geordnete Enzyklopädie zur Bibel, die meist den Handschriften der Theodulf-Bibel angehängt wurde.

In Tours, wo auch Alkuins bedeutendstes dogmatisches Werk «Über den Glauben an die heilige und ungeteilte Trinität» (vollendet 802) entstand, schrieb er vermutlich die meisten seiner Bibelkommentare. Erhalten sind Kommentare über eine Reihe von Psalmen; über das Hohelied, den Prediger, einige Paulusbriefe. Zwei der Kommentare sind besonders hervorzuheben: der Kommentar über die Genesis (1. Mosebuch) und der über das Johannisevangelium. Der relativ kurze Genesiskommentar, den Alkuin nach dem Begleitschreiben (PL 100, 515f. = MGH.ep IV, 122f.) an seinen Schüler Sigulf schickte, hat die Form von Fragen und Antworten. Zum größeren Teil enthält er Ausführungen über historische Probleme, die Alkuin weitgehend aus Hieronymus' Genesiskommentar übernahm, aber pädagogisch knapp zusammenfaßte. Diese Fähigkeit zur Vereinfachung war ein wesentlicher Schlüssel für Alkuins breite und anhaltende Wirkung; die Aufbereitung durch ihn machte seinen Zeitgenossen und Nachfahren das komplizierte exegetische Erbe der Väter zugänglich.

Zu 1. Mose 49, dem Patriarchensegen, äußert sich Alkuin besonders ausführlich. Einleitend antwortet er auf die methodische Frage, ob die dortigen Segenssprüche «historisch oder allegorisch» zu verstehen seien, wo doch Jakob seinen Söhnen gleich eingangs mitteilt (1. Mose 49,1), er wolle ihnen verkündigen, was «in den letzten Tagen geschehen wird». Dazu sagt Alkuin: «Beides (muß man verstehen): die Historie und die Allegorie. Die Historie über die Aufteilung des verheißenen Landes, welches ihren Nachkommen zugeteilt werden mußte. Ebenso die Allegorie (=typologische Bedeutung) über Christus und die Kirche, was sich in den letzten Zeiten ereignen wird. Aber zuerst müssen die Fundamente der Historie gelegt werden, damit das Dach der Allegorie passender auf die zuerst errichtete Struktur aufgebaut werden kann» (Inter. in Gen, PL 100,559). In den folgenden Deutungen kommt die allegorisch/typologische Interpretation, die in Gen 49 traditionell besonders zuhause war, dann durchaus zur Geltung, wobei Gregor des Großen Moralia in Hiob die Vorlage abgeben. Man hat aus der zitierten Grundsatzbemerkung aber doch den Eindruck, daß Alkuin als Bibellehrer der Wortsinn nicht unwichtig ist.

Einen etwas anderen Charakter hat der 801 vollendete Kommentar zum Johannesevangelium. Alkuin widmete ihn Gisela, der Schwester Karls des Großen, Äbtissin des Klosters Chelles bei Paris, und Rotrud, Tochter Karls, die im gleichen Kloster lebte. In einem Brief an Alkuin hatten die beiden Damen ihren dringenden Wunsch nach einer Auslegung des Evangeliums geäußert, die ihrem Fassungsvermögen entspräche: «Wir haben gewiß die in erbaulicher Rede gehaltenen Auslegungen des berühmten Lehrers Augustin zu diesem Evangelium, aber sie sind an einigen Stellen viel dunkler und mit größerer Umschreibung ausgeschmückt, als darin einzudringen der geringen Fassungskraft kleiner Leute, wie wir es sind, guttut» (ep.196,MGH.ep.IV,323–25,324). Der Appell richtete sich also auch hier an Alkuins Fähigkeit, die komplizierte patristische Tradition so zu vereinfachen, daß sie der Aufnahmefähigkeit seiner Zeitgenossen entsprach. Die Bitte war Alkuin willkommen, denn ihm stand das Johannesevangelium besonders nahe. So schreibt er einmal an einen früheren Schüler, den englischen Mönch Calvin: «Schreibe das Evangelium in dein Herz und singe häufiger anstelle der Psalmen das Evangelium, am meisten nach Johannes, in dem die höheren Geheimnisse zu lesen sind» (ep.209,MGH.ep.IV,346–349,349). Alkuin verfaßt diesen Brief, als er bereits an seinem Kommentar arbeitete, «aus den Büchern der Väter», wie er bemerkt (ebd.). Auch hier ist die pädagogische Absicht leitend, seinen Lesern und Leserinnen – die Damen waren an einer erbaulichen Auslegung interessiert – ein brauchbares und verständliches Handbuch in die Hand zu geben. Doch war Alkuin das Johannesevangelium auch persönlich besonders lieb, denn wie alle Zeitgenossen schätzte er es wegen seiner tiefsinnigen spirituellen Aussagen.

In dem Widmungsschreiben an Gisela und Rotrud betont er noch einmal, daß «unter den Verfassern der Evangelien der selige Johannes in der Tiefe göttlicher Geheimnisse bei weitem der hervorragendste ist» (ep.213,MGH.ep.IV,354–57,354=PL 100,741). Kurz, wie Alkuin nach dem Brief an Calvin (vgl.ebd.) sein Projekt gestalten will, ist der Kommentar freilich nicht ausgefallen; vielmehr handelt es sich um sein umfangreichstes exegetisches Werk. Das hängt auch damit zusammen, daß Alkuin wie üblich eine Vers-für-Vers-Exegese betreibt. Vergleicht man seine Ausführungen mit Alkuins Vorlagen bei Beda, Gregor dem Großen, Ambrosius und vor allem Augustins Johanneskommentar (Alkuin nennt ausdrücklich seine Quellen in seinem Widmungsschreiben, ep.213; MGH.ep.IV,357=PL 100,744), ist allerdings eine deutliche Straffung und systematische Aufbereitung des Materials zu beobachten, die eine eigenständige Leistung Alkuins darstellt. Eine seiner Vorlieben, die dabei u. a. hervortritt, ist die Zahlensymbolik, die ihn auch in der Arithmetik beschäftigte. Selbst die Einteilung des Gesamtkommentars in sieben Bücher folgt solchen Gesichtspunkten: Alkuin bemerkt in seinem Widmungsschreiben: «So habe ich auch das ganze Werk unter der Zahl von sieben Büchern zu Ende geführt, indem ich hoffe, daß die siebenförmige Gnade des Geistes eure Herzen inspirieren wird» (ep.213; MGH, ep. IV,357=PL 100,744). Eine Deutung der Zahl «sieben» als Zahl der Vollkommenheit finden wir in Alkuins Genesiskommentar, wo er zu Gottes Ruhe nach der Schöpfung am siebenten Tage (1. Mose 2,2) schreibt: «Wenn du die Zahl sieben in eins und sechs aufteilst, werden die beiden ersten Zahlen vollkommen sein: Die Einzahl nämlich ist ihrer eigenen Natur und Kraft nach vollkommen, die Zahl sechs aber ist als erste bei kunstvoller Berechnung vollkommen: sie setzt sich aus ihren Teilen zusammen, denn eins, zwei und drei machen sechs» (Inter.in Gen, Inter.42, PL 100,520). Hinter Zahlenreihen verbirgt sich für Alkuin eine tiefere Bedeutung, sie sind nicht einfach eine Spielerei.

Im übrigen hat es keinen großen Sinn, auf Einzelheiten in dem Kommentar einzugehen, da er in Form mehr oder weniger ausführlicher Exzerpte aus seinen Quellen deren Ausführungen wörtlich wiedergibt. Wie wir sahen, ist das nicht Unfähigkeit zu eigener Formulierung, sondern ausdrückliches Programm. Unter den gegebenen Umständen war ein solches Vorgehen offensichtlich das einzig mögliche. Das Vorhaben Karls des Großen, der Gelehrten und Theologen, die er in seinen Dienst nahm, und der Kirchenführer im weiten Frankenreich, mit denen er zusammenarbeitete, Klerus und Laien heranzubilden und aus dem Miteinander von klassischer Überlieferung und kirchlicher Tradition die Bildungsgrundlage für eine Führungsschicht zu gewinnen, die in Staat und Kirche Funktionen auf allen Ebenen zu übernehmen befähigt war, konnte, da sie fast auf dem Nullpunkt beginnen mußte, nur langfristig zu einem Erfolg führen. Für die Regierungszeit eines einzelnen Herrschers war es fast ein utopisches Programm, und es war auch nur zum Teil erfolgreich. Bald nach Karls Tode verließen die meisten Gelehrten den Hof; selbst seine Bibliothek wurde in alle Winde zerstreut. Schöpferische geistige Leistungen waren in einer solchen Situation nicht zu erwarten. Deshalb ist die verbreitete Bezeichnung «karolingische Renaissance» für die Periode wenig angemessen. Es bedeutet viel, wenn an eine lange abgerissene Tradition wiederangeknüpft und die Schätze der Vergangenheit in entsprechend aufbereiteter Form lebendig gemacht werden konnten. Hierin liegt auch das Verdienst Alkuins. Seine bleibende Wirkung beruht weniger auf den Produkten seiner schriftstellerischen Tätigkeit. Er wirkte vor allem in seinen Schülern, die in seinen beiden Wirkungsgebieten, in England und im Frankenreich, wichtige Positionen einnahmen. Seine Briefe waren das Mittel, mit ihnen Kontakt zu halten und auf sie einzuwirken.

Auf einen der Schüler Alkuins ist noch näher einzugehen: auf den bereits erwähnten Hrabanus Maurus. Den Beinamen erhielt er von Alkuin und behielt ihn lebenslang bei, ein Zeichen dafür, wie sehr er seinen Lehrer schätzte. Seine Laufbahn ähnelt der Alkuins: zunächst Mönch in Fulda (geboren um 780 und wohl als Kind dem Kloster übergeben), dort und später in Tours an den Klosterschulen ausgebildet, wurde er nach seiner Rückkehr nach Fulda dort Lehrer an der Klosterschule, dann ihr Leiter und schließlich 822 Abt des Klosters. Dieses Amt mußte er 842 aufgeben, da er in einen Loyalitätskonflikt mit Ludwig dem Deutschen (König von Ostfranken 840–876) geraten war. Dieser ernannte ihn allerdings 847 zum Erzbischof von Mainz, wo er 856 starb.

Wir kommen mit Hrabanus in die entscheidende Periode, in der sich die europäischen Nationalstaaten herausbildeten. Mit der Reichsteilung zwischen den drei Söhnen Ludwig des Frommen (814–840), der als letzter noch über das Gesamtreich regiert hatte, durch den Vertrag von Verdun 843 war das Frankenreich in die drei Teilstaaten Westfranken, Ostfranken und dazwischen Lotharingien auseinandergefallen. Damit begann die Entwicklung zu eigenen Kulturräumen und auf die Dauer getrennten Landessprachen. Aus dem Völkergemisch germanischer, romanischer und slavischer Prägung, das in den Reichsteilen zusammenlebte, entstanden allmählich die modernen europäischen Nationen. Die Einheit Europas wurde – bis auf Randgebiete wie Spanien, das unter islamischer Herrschaft stand, aber noch eine bedeutende christliche Minderheit besaß – durch den gemeinsamen katholischen Glauben gewahrt, der durch eine übergreifende hierarchische Kirchenstruktur mit dem Papst in Rom als Oberhaupt gestützt wurde. Freilich boten sich hier immer wieder Konflikte zwischen Papsttum und weltlichen Herrschern an, die eine reibungslose Harmonie nicht aufkommen ließen.

Hrabanus wurde zum wichtigsten Mittler der Bildungstradition für den östlichen Bereich des ehemaligen Frankenreiches, aus dem sich das mittelalterliche «Heilige römische Reich deutscher Nation» entwickeln sollte. Freilich darf man dabei nicht mit Maßstäben modernen Nationalbewußtseins urteilen, das sich erst im 19. Jahrhundert herausbildete. Vor allem das Lateinische als Sprache der Kirche, des Klerus und damit der Gelehrten, die sich über alle Grenzen hinweg in dieser Sprache verständigen konnten, hat bis fast in das 20. Jahrhundert hinein die Ausbildung einer gemeinsamen europäischen Kultur ermöglicht.

Dennoch kann man örtlich geprägte Entwicklungen feststellen, die zu allmählich getrennten Kulturen führten. Hrabanus war besonders wichtig für den deutschen Raum, obwohl er überall in Europa gelesen wurde, wie man an dem Vorkommen seiner Werke in den Bibliotheken feststellen kann. Die Nachwelt nannte ihn den ersten Präceptor Germaniae (Lehrer Deutschlands). Er war ein vielseitiger Gelehrter, ähnlich wie Isidor, Beda und Alkuin, der in allen Wissensgebieten zuhause war. Aber auch für ihn war die Krone der Wissenschaft die Theologie, und Theologie bedeutete vor allem: biblische Exegese. In der Absicht, das gesamte Wissen über die Bibel zu sammeln, das bei älteren Auslegern zu finden war, hat er über fast alle Bücher der Bibel Kommentare geschrieben, die in der üblichen Art kompiliert sind und sowohl Wortsinn wie allegorischen Sinn behandeln. Diese Kommentare, die er in seelsorgerlicher Absicht schrieb, denn er war ein Mann der Kirche, haben seinen Ruhm bei den Zeitgenossen und durch die folgenden Jahrhunderte hindurch begründet. Einige moderne Kritiker haben ihm Mangel an Originalität vorgeworfen. Damit verkennen sie die Situation und das Ziel seiner Bemühungen, das exegetische Erbe der Väter für seine Zeit zu bewahren.

5. Autorität und logisches Denken: Johannes Scotus Eriugena

Welches war die Autorität der Bibel bei der Entscheidung über theologische Lehrfragen und wie wurde mit dieser Autorität in der Karolingerzeit umgegangen? Diesem Problem soll im folgenden Abschnitt nachgegangen werden.

Die angelsächsische Tradition seit Beda, die mit Alkuin und seiner Schule ihren Schwerpunkt in das Karolingerreich verlagert hatte, hatte für den Umgang mit der Bibel eine festgelegte Methodik entwickelt, die in allen Fällen angewandt wurde, wo es galt, eine theologische Sachfrage zu lösen und gegebenenfalls gegen anderslautende Auffassungen zu verteidigen. Dabei bildeten zwei Grundsätze die unumstößliche, von niemandem bezweifelte Voraussetzung: 1. Die Bibel ist die höchste Autorität; was sich durch biblische Aussagen belegen läßt, ist damit als wahr erwiesen. Gegen die Bibel läßt sich nicht argumentieren. 2. Für das Verständnis der Bibel ist die Auslegung der Väter verbindlich. Um den Nachweis der Wahrheit einer theologischen Aussage zu führen, ist es deshalb nötig, zunächst die einschlägigen Bibelstellen aufzuführen. Anschließend müssen aus der patristischen Literatur, besonders aus den Schriften der Theologen, die das größte Ansehen genießen, die das nachzuweisende Verständnis unterstützenden Aussagen zusammengestellt werden. Dieser doppelte Autoritätsbeweis ist zwingend, so daß sich eine weitere Argumentation erübrigt.

Ein Beispiel für einen nach dieser Methodik streng durchgeführten Beweis ist die unter dem Namen Alkuins überlieferte, aber erst einige Jahre nach seinem Tode entstandene Schrift «Über das Ausgehen des Heiligen Geistes» (De processione Spiritus Sancti; PL 101, 63–84). Die Schrift entstammt einer Anfang des 9. Jahrhunderts wieder aufgeflammten Diskussion zwischen der Ostkirche, die in der Formel des Nicäno-Konstantinopolitanums den Geist vom Vater ausgehen ließ, und der durch Augustin geprägten westlichen Tradition, die ihn vom Vater und dem Sohn (*filioque*) herzukommen lehrte. Wie zu erwarten, vertritt sie dabei den Standpunkt der lateinischen Kirche. Um den dreifachen Beweis zu führen, daß 1. der Heilige Geist von Vater und Sohn ausgeht, 2. der Heilige Geist der Geist des Vaters und des Sohnes ist, 3. der Heilige Geist vom Vater und dem Sohne geschickt worden ist, geht die Abhandlung in drei Kapiteln jeweils den gleichen Weg: Zuerst werden die einschlägigen Belege aus der Heiligen Schrift aufgeführt, dann die den betreffenden dogmatischen Satz bestätigenden Aussagen der Väter, wobei anzunehmen ist, daß der Verfasser vorhandene Zusammenstellungen (Katenen) benutzt hat. Unausgesprochene, weil offenbar selbstverständliche Voraussetzung ist, daß mit dieser Aufzählung ein hinreichender Beweis für die Wahrheit des betreffenden Satzes erbracht ist.

Gegenüber dieser traditionellen Vorgehensweise stellt eine neue Methode einen entscheidenden Fortschritt dar, die von Johannes Scotus Eriugena entwickelt wurde. Sein selbstgewählter Beiname «aus Irland gebürtig» weist auf seine Herkunft aus diesem Lande hin, aus dem zu dieser Zeit (auf der Flucht vor den Einfällen der Wikinger) viele Gelehrte ins Frankenreich kamen. Um 845 begegnen wir ihm erstmals am Hofe Karls des Kahlen, Königs des Westfrankenreiches (840–877, seit 875 Kaiser), wo er Lehrer der sieben freien Künste war, aber dem König auch als theologischer Gutachter zur Verfügung stand. Da auch Karls des Kahlen, des letzten bedeutenden Karolingers, Hofstaat beständig im Lande umherzog, fand der Unterricht an verschiedenen Orten statt. Ein wichtiger Wirkungsort Eriugenas war auch Laon, wo er mit Martin, der dort Lehrer an der Kathedralschule war, zusammentraf. Mit ihm zusammen versah er das antike Handbuch der sieben freien Künste des Martianus Capella (Anfang des 5. Jahrhunderts) mit einer umfangreichen Glossierung und deutete auch die heidnisch-mythologische Rahmenhandlung (die Musen steigen aus dem Götterhimmel als Brautwerberinnen herab und mit der Philologie als Braut wieder hinauf) allegorisch als eine umfassende Kosmologie. Vor allem aber lehrte er seine Schüler die Logik als wichtigstes Instrument zur Bewältigung gedanklicher Probleme zu benutzen, wobei der Syllogismus – aus zwei gegebenen Sätzen (Prämissen) wird eine Schlußfolgerung (conclusio) gezogen – die zentrale Methode darstellt. Die antike Logik war zwar auch vorher im Rahmen des Triviums (der drei sprachlichen Grundwissenschaften) bekannt gewesen, aber man hatte sie isoliert behandelt und für die Lösung theologischer Fragen noch nicht eingesetzt. Hier brachte Eriugena einen entscheidenden Wandel.

Zum ersten Mal konnte er einen neuen methodischen Weg einschlagen, als er um 850 in dem sog. Prädestinationsstreit mit dem Sachsen Gottschalk (von Orbais; ca. 806/8–866/70) von Karl dem Kahlen und dem Erzbischof Hinkmar von Reims um ein Gutachten gebeten wurde. Gottschalk hatte in mehreren Schriften eine strenge doppelte Vorherbestimmung (Prädestination) behauptet: In Aufnahme und Verschärfung der Prädestinationslehre Augustins hatte er aus dem Postulat der Unveränderlichkeit Gottes geschlossen, daß dieser von Anfang an einen Teil der Menschheit zum Verderben bestimmt hat, indem er deren Sünde und die daraus folgende Verwerfung im jüngsten Gericht vorausweiß. Der Erwählte kann dann nur an seinem eigenen sittlichen Handeln erkennen, daß er zu den (im Voraus dazu bestimmten) Erwählten gehört. Damit nahm er einen Standpunkt vorweg, der später noch einmal in der klassischen reformierten Prädestinationslehre seit Beda eine Rolle spielen sollte. Demgegenüber sollte Eriugena die gängige kirchliche Lehre verteidigen. Sie weiß zwar auch um den Fall Adams und den dadurch ausgelösten Verlust der Kenntnis des Weges zum Heil, legt aber den Ton auf die wenigstens einem Teil der Menschheit gebotene Möglichkeit, auf Jesus getauft und dann als Glied der Kirche von ihr zur wahren Weisheit zurückgeführt zu werden. Sie besteht darin, zu wissen, worin das wahre Glück des Menschen liegt, und sich in wiedergewonnener Freiheit für dieses zu entscheiden. Dem Fatalismus der Gottschalkschen Lehre wird dadurch gewehrt.

Eriugena sollte also nichts weiter als die übliche Auffassung verteidigen. Dafür begnügte er sich aber nicht mit dem ebenfalls üblichen Autoritätsbeweis, wonach eine Lehre schon dann wahr ist, wenn sie aus der Heiligen Schrift und Vätertexten belegt werden kann. In einer ausführlichen methodischen Überlegung, die er seinem Gutachten («Über die göttliche Vorherbestimmung» – De Divina Praedestinatione) voranstellt (Kap. 1, l.c. 5–9), macht er, unter Berufung auf Äußerungen Augustins (De vera religione, c.5), daß Philosophie (=Wissenschaft) und wahre Religion eins seien, darauf aufmerksam, daß deren Fragen dann auch mit den logischen Mitteln menschlicher Vernunftschlüsse, durch logisches Disputieren, gelöst werden müßten. Deshalb müßten dafür die Regeln der Disputationskunst gebraucht werden. Hierzu nennt Eriugena vier (mit griechischen Begriffen bezeichnete) Verfahren der Problemlösung: das einteilende, definierende, beweisende und rückführende Verfahren (l.c. 6,19–27). Im Hinblick auf die häretische Prädestinationslehre, die es jetzt zu bekämpfen gilt, ist ein Doppeltes zu sagen: «Diese äußerst unvernünftige und grausame Torheit wird zunächst durch göttliche Autorität zurückgewiesen, darauf mit den Regeln wahrer Vernunft zunichte gemacht.» (l.c. 9,105–107)

Nach diesen methodischen Überlegungen beginnt Eriugena seinen Beweisgang zwar mit einem Rückgriff auf die Autorität der Schrift, aber dieser beschränkt sich auf zwei kurze Psalmstellen (Ps 25,10; 101,1; l.c. 9,107–109). Daran schließen sich längere Ausführungen darüber, daß Gottschalks Prädestinationslehre in sich logisch widersprüchlich ist (Kap. 2–3) und deshalb nicht wahr sein kann – der Satz vom Widerspruch ist hier der Maßstab – und, positiv gewendet, daß sich menschliche Willensfreiheit mit göttlicher Vorherbestimmung vereinbaren läßt (Kap. 4–8). Danach erst folgt der Autoritätsbeweis (Kap. 9–15), in dem Eriugena sich auf Vätertexte (besonders aus Augustin) beruft, die seine Argumentation stützen können. Dabei ist die anderorts (Periphyseon I,69:PL 122,513, B-C) auch ausdrücklich ausgesprochene Voraussetzung, daß die Autorität der Väter mit der rational erfaßbaren Wahrheit übereinstimmt. Der Autoritätsbeweis wird also nicht aufgegeben, aber in seiner Bedeutung deutlich zurückgestuft.

Diese bahnbrechende methodische Neuerung, mit der Eriugena die Argumentationsweisen der späteren Scholastik vorwegnimmt, konnte sich allerdings in der karolingischen Epoche noch nicht unmittelbar durchsetzen. Seine Stellungnahme rief mehrere Gegengutachten hervor, die u.a. die Anwendung der logischen Argumentation in Glaubensdingen ablehnten. Zwei Synoden (Valence 855; Langres 859) bekräftigen dieses Urteil auch förmlich.

Doch hat Eriugena selbst seine Methodik auch auf die Schriftauslegung angewandt. Wir haben von ihm (außer Predigten über den Johannes-Prolog) umfangreichere Fragmente eines Kommentars über das Johannesevangelium (zu Joh 1,11–29; 3,1–4,28a; 6,5–14), in denen seine spezielle Sicht deutlich zum Ausdruck kommt. In vieler Hinsicht ist dieser Kommentar durchaus traditionell. Wie alle Kommentare der Zeit, bietet auch er eine Vers-für-Vers-Auslegung. Auch greift Eriugena reichlich auf die Auslegungstradition zurück. Eine Besonderheit ist jedoch, daß er auch die griechischen Väter einschließt. Besonders gut bekannt war ihm – außer Augustin, von dem er den Johanneskommentar und andere Schriften vielfach benutzte – das fälschlich dem in Apg 17,17–34 erwähnten Dionysius Areopagita zugeschriebene, in Wirklichkeit aus dem 5.–6. Jahrhundert stammende Schrifttum, von dem er im Auftrag des Königs eine revidierte lateinische Fassung erarbeitete. Die Schriften des Pseudo-Dionysius genossen unter den karolingischen Gelehrten ein hohes Ansehen. Sie sind stark vom Neuplatonismus geprägt; von daher stammende, aber auch mit Augustin übereinstimmende Einflüsse der neuplatonischen Sicht auf Eriugena sind unverkennbar. Dadurch entsteht auch eine auffallende Nähe zu Origenes. Ebenfalls übersetzte er die Werke des byzantinischen Theologen Maximus Confessor (580–662), wahrscheinlich auch Basilius den Großen (329–379), und konnte mittels seiner, wenn auch unvollkommenen Griechischkenntnisse weitere griechische Väter, wie Gregor von Nyssa, im Urtext lesen.

Auf Pseudo-Dionys greift Eriugena zurück für die Auffassung von einem Heilsweg des Menschen, der in drei Etappen zurückgelegt wird: Reinigung, Erleuchtung, Vollendung (Komm. IV, VII,52–54; SC 180, 316,52–318,54; VI,II; l.c. 330,21–24). Dem entsprechen drei Gesetze: das Gesetz Moses, das nichts als Gesetz war; das Gesetz der Gnade, das Jesus Christus brachte; das dritte Gesetz, bestehend in der reinen Schau der Wahrheit im Jenseits (Auslegung von Joh 1,17; Komm. I; XXIV, l.c. 112,36–114,56). Ihnen sind drei Priestertümer zuzuordnen: das des Alten Testaments, das nur aus dunklen Symbolen besteht; das des Neuen Testaments, teils noch in dunklen Symbolen formuliert, teilweise schon vom Licht der Erkenntnis erleuchtet; das des zukünftigen Lebens, in dem es keine Symbole mehr gibt, sondern nur noch die reine Wahrheit regiert. Eriugena unterscheidet gewöhnlich zwischen zwei Schriftsinnen: dem Wortsinn oder historischen Sinn und dem spirituellen Sinn. Dabei wird der Wortsinn keineswegs abgewertet; er ist, wo er historische Ereignisse erzählt, notwendige Vorstufe zum spirituellen Sinn. Hier herrscht das Verhältnis zwischen Figur (Typos) und spiritueller Bedeutung (Antitypus), wie in dem traditionellen Beispiel von der ehernen Schlange (4. Mose 21,6–9) als Typus für das Kreuz Christi (Komm.III,V.;l.c. 228,62–65). Originell ist dagegen die Beobachtung Eriugenas, daß es auch Aussagen gibt, die schon im Wortsinn keine historischen Fakten meinen; man muß deshalb zwischen «Geheimnissen»(mysteria) und «Symbolen» unterscheiden: «Im eigentlichen Sinne Geheimnisse sind diejenigen, die als Allegorie sowohl als geschehen wie als erzählt überliefert sind. Eine andere Form ist diejenige, die eigentlich ‹Symbol› genannt wird; diese nennt man Allegorie des Gesagten, nicht des Geschehenen.» (Komm.VI,V;l.c. 352,31–34.44–48) Hierzu verweist Eriugena u.a. auf die Gleichnisse des Neuen Testaments (l.c. 354,58ff.). Bei dieser Unterscheidung haben ihm sicherlich seine Kenntnisse der antiken Rhetorik geholfen, wo diese Redeformen bekannt waren.

Der methodische Schritt, den wir in Eriugenas Prädestinationsgutachten feststellen konnten, zeigt sich vor dem Hintergrund der traditionellen Hermeneutik des Johanneskommentars auch dort in einigen charakteristischen Zügen.

Dazu gehört die Charakterisierung der drei Erkenntniskräfte der menschlichen Seele (Eriugena sieht in ihnen eine Entsprechung zur göttlichen Trinität). Nach Eriugena gliedert sich die Seele (anima) in den Geist (animus), die Vernunft (ratio) und den inneren Sinn (sensus interior). Der Geist (oder Intellekt) richtet sich auf die Schau Gottes, um den sie beständig kreist; «und was der Geist von der erhabenen Schau aufnimmt, übergibt er der Vernunft, diese aber vertraut es dem Gedächtnis an». Die Vernunft beschäftigt sich mit den Ursachen der geschaffenen Dinge und ihrer Erkenntnis; der innere Sinn regelt das vegetative Leben des Körpers und wird von dessen fünf Sinnen geleitet (Komm. IV, V; l.c. 304,26–306,39). In den traditionellen (in der Wurzel neuplatonisch gedachten) Aufstieg der Seele schaltet sich ein gegenläufiges Moment ein, indem die Vernunft eine wichtige Mittlerfunktion zwischen der kontemplativen Schau (in der nach wie vor wie bei Origenes das höchste Ziel gesehen wird) und dem Gedächtnis erhält. Dort wird nichts bewahrt, was nicht zuvor die kritische Prüfung der Vernunft durchlaufen hat.

Es gibt noch eine zweite Bewegung: es ist die vom Glauben zum Verstehen. Hinter dem Verhältnis beider Begriffe steht eine lange Auslegungsgeschichte, die besonders von Augustin bestimmt ist und auf die Septuaginta-Fassung von Jes 7,9 zurückgeht: «Wenn ihr nicht glaubt, werdet ihr nicht verstehen.» Für Eriugena ist beides eng verbunden und jedenfalls Glauben ohne Verstehen für das Heil der Seele nicht ausreichend (Periphyseon II,20). Im Johanneskommentar äußert er sich mehrfach zu ihrem Verhältnis. Wenn «fleischlichen» Menschen ein «Symbol» wie der Satz: «Du sollst das Böcklein nicht in der Milch seiner Mutter kochen» (2. Mose 23,19; 34,26) vor Augen kommt oder ihren Ohren vorgetragen wird, so glauben sie lediglich, daß ihm ein tieferer Sinn innewohnt, obwohl sie ihn nicht begreifen. «Das Ganze wird von denen erfaßt, die Geistliches auf geistliche Weise verstehen» (Komm. VI, VI; l.c. 362,68–364,76). Am Beispiel des Nikodemus (Joh 3,4–7) wird deutlich: Es genügt nicht, daß Nikodemus an Jesus glaubt – wenn er nicht den tieferen Sinn der Taufe («aus Wasser und Geist») versteht, kann er nach Jesu Wort nicht in das Reich Gottes kommen (Komm. III, II; l.c. 208,20–25). «Wir haben die Gnade empfangen, durch die wir an ihn glauben, und die Wahrheit, durch die wir ihn verstehen» (Komm. I, XXIV; l.c. 110,20–112,22; zu Joh 1,17).

Nun gibt es aber nach Eriugena zwei Quellen der Erkenntnis: die Natur und die Schrift. In der allegorischen Auslegung der Aussage des Täufers in Joh 1,27 über die Schuhriemen Christi kommt er darauf zu sprechen: Die Schuhe Christi haben einen doppelten Abdruck hinterlassen: im Wortlaut der Schrift und in den Formen der sichtbaren Welt. Denn in beiden: in der sichtbaren Welt und in der Schrift hat er sich inkarniert. «Die Schuhriemen Christi zu lösen» bedeutet übertragen: die Geheimnisse beider zu ergründen (Komm.I,XXIX; l.c. 154,50–156,71).

Dieser Gedanke steht im Hintergrund auch des Hauptwerkes Eriugenas: des aus fünf Büchern bestehenden Periphyseon (De Divisione Naturae), eines Versuchs, die gesamte Wirklichkeit umfassend zu beschreiben. Solche Versuche waren nicht neu: Wir haben gesehen, wie bereits Isidor in seinen «Etymologien» eine Bestandsaufnahme des überlieferten Gesamtwissens seiner Zeit unternommen hatte. Doch Isidor stellte profanes Wissen und Bibelwissenschaften – auch wenn er diese als die höchste Form der Wissenschaft ansah – additiv nebeneinander, wobei er auf die Bibel nur knapp einging. Anders Hrabanus, der – unter der von allen karolingischen Wissenschaftlern geteilten Voraussetzung, daß alle aus der Natur zu gewinnenden Erkenntnisse schon in der Antike gefunden wurden – die gesamte Wahrheit, welche die Bibel enthält, durch eine Auslegung aller ihrer Bücher zu erschließen suchte. Eriugena ging einen dritten Weg: Er war der Auffassung, daß man die Wahrheit über die ganze Wirklichkeit (natura, im umfassenden Sinne : Gott und die Welt einschließend verstanden) nur der Bibel entnehmen kann, wenn man sie in wissenschaftlicher Weise auslegt. Dafür hat er aber nicht die ganze Bibel, sondern nur 1. Mose 1–3 zugrundegelegt. Ein wichtiger Grund dafür war die Erkenntnis – die erst viele Jahrhunderte später wieder voll zum Tragen kam! –, daß in diesen Kapiteln noch keine geschichtlichen Ereignisse berichtet werden, sondern daß es sich um eine mythische Darstellung handelt. Der Prophet Mose, ihr Verfasser, habe lediglich aus pädagogischen Gründen seine Aussagen über die Wirklichkeit in das Schema eines Sechstagewerkes gekleidet: «Denn er konnte nicht auf einmal und zugleich erzählen, was Gott auf einmal und zugleich erschaffen konnte» (Periph.III,31; PL 122,708 C = ed. Sheldon-Williams 3,230,4 f.). Wenn man diese Darstellungsweise in Rechnung stellt, kann man aber die gesamte christliche Wahrheit aus der Schöpfungsgeschichte entnehmen. Man muß sie allerdings, um sie im philosophischen Sinne als Wahrheit zu begreifen, in die Form umsetzen, die sich aus der Anwendung der Logik und ihrer Regeln ergibt.

Die umfangreiche, nach dem Zeitgeschmack als Dialog zwischen einem Lehrer und einem Schüler gestaltete Darstellung verknüpft in einer vorher noch nicht erprobten Weise ein logisch-diskursives Vorgehen mit der Exegese biblischer Aussagen. Eriugena legt zunächst (Buch I) die erkenntnistheoretischen Grundlagen, aus denen sich eine Darstellung der Wirklichkeit ergeben kann. Die Wirklichkeit im ganzen läßt sich danach durch die Verknüpfung von zwei möglichen Einteilungsprinzipien («erschaffend» – *quae creat* – und «erschaffen werdend» – *quae creatur*) in vier Gruppen zerlegen: 1. Gott ist die Wirklichkeit, die «erschafft und nicht erschaffen wird». 2. Die Gründe, weshalb Gott zu einem bestimmten Zeitpunkt bestimmte Dinge erschafft, sind die «erschaffende und erschaffen werdende» Wirklichkeit. 3. Die Dinge, die in Raum und Zeit entstehen, sind «erschaffen werdende und nicht erschaffende» Wirklichkeit. 4. Gott selbst ist, nach dem Ende von Zeit und Raum, die «weder erschaffende noch erschaffene» Wirklichkeit, da sich in ihm alle Dinge vollenden werden. Ein zweites, übergeordnetes Gliederungsprinzip unterscheidet zwischen dem, was «etwas Bestimmtes ist» (*ea quae sunt*), und dem, «etwas Bestimmtes nicht ist» (*ea quae non sunt*). Diese Formulierungen sollen ausdrücken, daß man immer nur das formulieren kann, was man über die Wirklichkeit aussagen kann, nicht, was sie letztlich ist, also nicht, was wahr ist, sondern nur, was wahrscheinlich ist. In diesem Sinne läßt sich dann auch die Anwendung der zehn aristotelischen Kategorien verstehen, mit denen die Wirklichkeit erfaßt werden kann. Eriugena teilt sie in zwei Klassen ein: Kategorien des Zustandes (Wesen, Größe, Lage, Ort) und solche der Bewegung (Beschaffenheit, Beziehung, Haben, Zeit, Handeln und Erleiden). Zusammen kategorisieren sie die Gesamtheit alles Geschaffenen.

Was aber kann man über Gottes Wesen sagen? Hierzu ist der Rückgang auf die Heilige Schrift nötig. Die Kategorien des Handelns und Erleidens lassen sich auf Gott nicht anwenden. Sie drücken eine Bewegung aus, die Anfang und Ende hat. Auf Gott treffen sie deshalb nicht zu. Gott ist, in seinem Wesen betrachtet, ohne Anfang und Ende, also auch ohne Bewegung. Damit folgt Eriugena, wie auch sonst der antiken Logik, dem Gottesbegriff der griechischen Metaphysik. Nun ist er aber überzeugt, daß die Heilige Schrift die Wahrheit über Gott aussagt. Wer sie sucht, muß der Autorität der Bibel folgen. Da aber die Schrift über Gott Aussagen macht, die sich nur auf die geschaffenen Dinge anwenden lassen, müssen diese übertragen gemeint sein. Man kann sie deshalb nur allegorisch deuten. Damit wird diese Auslegungsmethodik methodisch-metaphysisch begründet.

Buch II wendet sich den Entstehungsgründen (*primordiales causae*) für die Wirklichkeit zu. In dem jeweiligen Erschaffenen kann der Mensch den individuellen Ausdruck einer Vollkommenheit erkennen: des Gutseins schlechthin, des Lebendigseins schlechthin usw. und danach streben, es in seinem Leben zu verwirklichen. Bemerkenswert ist, daß Eriugena, an diesem Punkt angelangt, mit der Auslegung der Schrift beginnt und von nun an (Buch II, Kap. 15) alle weiteren Aussagen, nicht nur die über die Entstehungsgründe, sondern auch alle folgenden, ausschließlich über eine Exegese von Gen 1–3 gewinnt. Die Methodik der Allegorese, die ein übertragenes Verständnis zum Grundsatz erhebt, gibt ihm die Möglichkeit dazu.

So sagt Eriugena über den ersten Satz der Bibel: «Am Anfang schuf Gott Himmel und Erde» (1. Mose 1,1): «Wenn ich die Deutungen der vielen Ausleger überdenke, scheint mir nichts annehmbarer und nichts wahrscheinlicher, als daß wir in diesen Worten der Heiligen Schrift, nämlich ‹Himmel und Erde›, die Entstehungsgründe der ganzen Schöpfung verstehen sollten, und zwar, daß mit dem Namen des Himmels die Entstehungsgründe der intelligiblen und himmlischen Wesen, mit der Bezeichnung der Erde aber (die Entstehungsgründe) der sichtbaren Dinge bezeichnet seien.» (PL 122,546 A-B = Sheldon-Williams II, 48,32–50,3) In dieser Weise werden auch die folgenden Aussagen behandelt. Der Satz «Die Erde aber war wüst und leer und Finsternis über dem Abgrund» (1. Mose 1,2) deutet darauf hin, daß die Entstehungsursachen für uns unfaßbar waren, ehe die geschaffenen Dinge aus ihnen hervorgegangen waren (PL 122,548 A–552 C=Sheldon-Williams II,52,36–62,23). Das anschließende «Und Gottes Geist schwebte über den Wassern» bedeutet, daß Gott sie «gleichsam als Grundlagen und Prinzipien aller von ihm stammenden Naturen am Anfang schuf und sein Geist (nicht durch örtliches Erhobensein, sondern durch die Erhabenheit der Erkenntnis) über ihnen schwebt» (PL 122,553 A =Sheldon-Williams II, 62,33–36).

Aus den bisher zitierten ersten Worten der Bibel ergibt sich für Eriugena zugleich ein systematischer Ort für die Lehre von der Trinität (Buch II, Kap. 20–22): «‹Am Anfang schuf Gott Himmel und Erde›, das heißt der Vater unter dem Namen Gottes und sein Wort unter dem Namen ‹Anfang› und wenig später der Heilige Geist, wo er sagt: ‹Der Geist Gottes schwebte›» (PL 122,555 C=Sheldon-Williams II,68,32–35). In der Schöpfungslehre wird nicht nur der erste Artikel, sondern die gesamte Trinitätslehre verankert. Damit fällt eine dogmatisch zentrale Entscheidung, die Bestand hat, auch wenn ihre methodische Anbindung heute nicht mehr überzeugt. Daß die göttliche Dreieinigkeit unteilbar sei, daran hat die christliche Lehre unbeirrbar festgehalten, auch wenn es immer wieder Bestrebungen gegeben hat, die eine oder andere Person: den Vater als Schöpfer, Christus, oder den Geist zu isolieren.

Auf Buch III brauchen wir nur kurz hinzuweisen: In ihm zeigt Eriugena, daß Gott sich den Menschen auch in den Gesetzmäßigkeiten (rationes aeternae) der geschaffenen Dinge zu erkennen gibt. Während Kap. 5–23 die theoretischen Grundlagen hierfür erörtern, gehen Kap. 24–40 zur Exegese der dazu gehörigen biblischen Aussagen über, und zwar in einer Erörterung des ersten bis fünften Schöpfungstages. Wichtig hierbei ist, daß es sich jeweils um Aspekte zum Verständnis des Schöpfungsganzen handelt und die zeitliche Aufeinanderfolge der Schöpfungstage und -werke rein erzählerische Gründe hat. Den sechsten Schöpfungstag erörtert Eriugena an dieser Stelle nicht, denn der Lehre vom Menschen, die hier enthalten ist, will er das folgende Buch widmen.

Der Leitgedanke dieser schließlich zwei Bücher (Buch IV und V) füllenden Ausführungen ist platonisierend: durch den und in dem Menschen wird die gesamte Schöpfung zu ihrem Schöpfer zurückkehren. In diesem Zusammenhang wird zunächst eine Anthropologie (Lehre vom Menschen) entwickelt. Sie enthält mehrere Grundaussagen: 1. Der Mensch ist der Inbegriff der Schöpfung. Dies wird anhand des Berichts über die Schöpfung der Landtiere (fünfter Schöpfungstag; 1. Mose 1,24f.) begründet (Buch IV, Kap. 3–10). 2. Der Mensch ist das Ebenbild Gottes (Buch IV, Kap. 11–14; 1. Mose 1,26–27). 3. Um den dritten Aspekt zu belegen, geht Eriugena zu der Paradieserzählung in 1. Mose 2–3 über. Dabei ist zu bedenken, daß die Erkenntnis über die unterschiedliche Herkunft dieser Kapitel gegenüber Kap.1 erst modern ist; vorher verstand man die gesamte Schöpfungsgeschichte als eine Einheit. Als dritten Punkt spricht Eriugena von der Doppelnatur des Menschen: Einerseits ist dieser vollkommen, sündenfrei und deshalb glückselig. Dies entnimmt Eriugena der Beschreibung des Paradieses (Buch IV, Kap. 15–18). Andererseits ist der Mensch unvollkommen und ein Sünder. Das zeigt die Erzählung über die Vorfälle im Paradies (Kap.19–26).

In Buch V schließlich spricht Eriugena von der Rückkehr der Schöpfung zu ihrem Schöpfer. Zur Begründung geht er gleich zu Beginn von einem biblischen Text aus (Kap.1–2). Ein moderner Leser würde nicht erwarten, daß dies gerade die Erzählung von der Vertreibung aus dem Paradiese ist (1. Mose 3,22–24). Die eigenwillige Interpretation Eriugenas hängt hier an einem einzigen (lateinischen) Wort. Nachdem der Mensch von dem Baum der Erkenntnis gegessen hat, so daß er nun weiß, was gut und böse ist, vertreibt ihn Gott aus dem Garten mit den Worten: «Nun aber, *damit (ne)* er *nicht* ausstrecke seine Hand und auch vom Baum des Lebens nehme und esse und lebe ewiglich ...» Sinn und Zusammenhang scheinen klar zu sein, und auch Eriugena kennt die übliche Auffassung: «daß der Mensch aus dem Paradies vertrieben worden sei, damit er nicht vom Baum des Lebens nehmen und ewig leben könne» (PL 122,861 A), aber er lehnt sie ab. Statt dessen wählt er für das *ne* eine andere Wiedergabe: Für ihn drückt es vielmehr eine zweifelnde Frage Gottes aus, der es durchaus für möglich hält, daß der Mensch auch nach seiner Vertreibung aus dem Paradies zu seiner vollkommenen Natur zurückkehren könnte: «Er sagt nämlich: ‹Vielleicht streckt er ja seine Hand aus und ißt und lebt in Ewigkeit›. Als ob er sagte: ‹Daß er nicht vielleicht seine Hand ausstreckte und vom Baum des Lebens nähme und äße, und ewig lebte!› Als ob er sagte: Nicht also muß man über den Untergang des Menschen klagen und über seinen Sturz aus dem Paradies trauern; nicht nämlich ist ihm die Hoffnung der Rückkehr gänzlich genommen. Vielleicht nämlich (*ne*) wird er seine Hand ausstrecken, d. h. sich in den Tugenden um das Erlernen guten Handelns bemühen, und die Speise reiner Kontemplation verzehren, durch deren Kraft er ewiglich leben wird ...» (PL 122,862 D)

Das inhaltliche vorgegebene Ziel, eine charakteristische (griechisch-idealistische) Anthropologie, steuert auch hier die Exegese, wie es für die allegorische Auslegung tyisch ist.

Inhaltlich fällt Eriugena in seinen Auffassungen keineswegs aus der ihm vorgegebenen Tradition heraus. In der üblichen Weise stützt er seine Auffassungen auch in diesem Werk an vielen Stellen auf die ihm bekannten Väterschriften. Seine Theologie zeichnet sich keineswegs durch Originalität und Tiefe aus. Bahnbrechend – wenn auch nicht sofort – ist vielmehr sein methodischer Neueinsatz: Indem er ein System entwickelte, theologische Aussagen sowohl mit den Mitteln aristotelischer Logik zu entfalten wie sie in allegorischer Interpretation aus der Bibel herauszulesen und dabei beide Wege miteinander zu verbinden, leitete er eine neue Periode ein, die in hohem Maße von dem Neben- und Miteinander dieser beiden Methoden bestimmt war. Es ist deshalb nicht falsch, ihn als den ersten scholastischen Bibelausleger zu bezeichnen.

III. Kapitel

Bibel und Theologie im Mittelalter

1. Wege der Traditionsbewahrung: Katene und Glosse

a) Aus der ostkirchlichen Tradition stammt die *Katenenüberlieferung*. Ihre Anfänge sind nach den uns erhaltenen Handschriften in das 6. Jahrhundert zu setzen. Damals begann man, um den Benutzern von Kommentaren die Arbeit mit ihnen zu erleichtern und ihnen für die Erklärung einer biblischen Aussage auf einen Blick eine Übersicht über die Deutungen der bekanntesten Väter in die Hand zu geben, Katenen zusammenzustellen. Katena heißt «Kette» und deutet darauf hin, daß die Väterzitate zu einer bestimmten Stelle wie auf einer Perlenschnur hintereinander aufgereiht werden. Der Benutzer kann zu einer Bibelstelle (*Lemma*) die wichtigsten Deutungen sofort beieinander finden. Der Begriff wurde allerdings erst verhältnismäßig spät (Anfang des 14. Jahrhunderts) auf diese Art von Kommentaren angewandt.

Die Katenenüberlieferung ist weitgehend anonym. Immerhin werden in den Überschriften einiger alter Handschriften dem Anfang des 5. Jahrhunderts in Gaza lebenden Prokopius (etwa 475–528) Katenen zugeschrieben. Vielleicht ist er der Erfinder dieser Methode. Ein erheblich später lebender Katenenbearbeiter ist Niketas von Herakleia, der, bevor er Metropolit in dieser Stadt wurde (als solcher wird er im Jahre 1117 erwähnt), Leiter der Patriarchatsschule in Konstantinopel war. Das Abfassen von Katenen hatte also pädagogische Gründe und hatte mit der Theologenausbildung zu tun. Wir werden an Beda, Alkuin und andere westliche Kirchenlehrer erinnert, denen es im Rahmen ihrer Schultätigkeit und der daraus entspringenden Schriftstellerei ebenfalls darum ging, ihren Schülern das vorhandene exegetische Wissen nahezubringen. Wir gehen also nicht fehl, wenn wir die Katenen als Lehrbücher bezeichnen.

Der Auslegungsgeschichtler sieht das Vorhandensein von Katenenüberlieferung mit einem lachenden und einem weinenden Auge. Einerseits hat dieses System dazu geführt, daß nicht wenige Kommentare, die zur Zeit der Abfassung der Katenen ihren Verfassern noch als ganze zur Verfügung standen, nicht weiter tradiert und dadurch verloren wurden. Dies hatte gewiß auch finanzielle Gründe, denn die handschriftliche Herstellung von Kopien ganzer Bücher war teuer, und kleinere Bibliotheken konnten sich den Besitz aller dieser Kommentare nicht leisten. Auch die Katenen enthalten jeweils nur eine Auswahl aus den Kommentaren der bekanntesten Theologen. Auf der anderen Seite ist es möglich, aus den vorhandenen Katenen inzwischen verlorengegangene

Werke wenigstens teilweise zu rekonstruieren. In die Katenen wurden neben den bereits kanonisch gewordenen Vätern der ersten Jahrhunderte später auch neuere Werke aufgenommen, gelegentlich auch solche von Häretikern, wenn den Verfassern einzelne ihrer Auslegungen wichtig erschienen. Wenn die genannten Verfasser bekannt sind, läßt sich aus ihrem Vorkommen auch etwas über das vermutliche Alter einer bestimmten Katene entnehmen.

Später wurden Katenen auch im Westen angefertigt, zuerst als Übersetzungen aus griechischen Quellen. Die Tradition wurde auch in der Zeit nach der Erfindung der Buchdruckerkunst weitergeführt. Unter dem Titel «goldene Kette» (catena aurea) wurden derartige Werke noch bis in das 18. Jahrhundert hinein gedruckt. Dafür sorgten vor allem römisch-katholische Theologen, die sich auf die in den Katenen überlieferte alte Tradition gegen die reformatorischen Lehren beriefen. So enthalten die von Jesuiten herausgebrachten Kateneneditionen nicht selten eine gegen die reformatorische Lehre gerichtete Einleitung. Doch sind dies Spätentwicklungen, die über die von uns betrachtete Periode hinausführen.

In weiterem Sinne – auch diese Verwendungsweise kann man häufig antreffen – kann man von Katenen auch dann sprechen, wenn Väterzitate in Bibelkommentaren, wie sie im Westen üblich wurden, kettenartig aneinandergereiht werden. Diese Methode ist mit dem Verfahren der Glossierung verbunden, von der im folgenden Abschnitt die Rede sein soll.

b) Die *Glossierung* ist eine andere Form der Traditionsübermittlung. Das griechische Wort *glossa* hat die Urbedeutung «Zunge, Sprache»; als Fachbegriff meint es «Kommentar». Die Bezeichnung als «glossa ordinaria», die heute gebräuchlich ist, ist erst seit dem 14. Jahrhundert bezeugt. Aus dem Wort *glossa* für «Sprache» hat sich die Spezialbedeutung entwickelt, die eine ganze bestimmte Art der Bibelkommentierung meint. Ihre Erfindung wurde im Mittelalter einem Theologen zugeschrieben, der an der uns schon durch Eriugena bekannten Kathedralschule von Laon tätig war, Anselm von Laon († 1117). Er und nach ihm sein Bruder Radulf († 1131/33) leiteten diese Schule seit etwa 1080 und machten sie weithin berühmt. Eine im 16. Jahrhundert entstandene falsche Zuweisung an Walafried Strabo, Abt der Reichenau, einen Schüler des Hrabanus Maurus († 849), ist erst in neuerer Zeit als Irrtum entlarvt worden.

Man urteilt heute allerdings differenzierter über die Urheberschaft an dem Verfahren. Glossierte Bibelhandschriften gab es bereits seit der Karolingerzeit, wenn sie auch noch nicht die spätere systematische Form aufwiesen. Diese wurde anscheinend erstmals in Laon entwickelt. Doch war Anselm nicht als einziger daran beteiligt. Von Anselm selbst stammen Glossen zu den Psalmen, zum Johannesevangelium und den Paulusbriefen. Sein Bruder Radulf kommentierte das Matthäusevangelium.

Der Magister Gilbert Universalis (oder Porretanus, de la Porrée, geboren in Poitiers, wo er seit 1142 Bischof war und 1154 starb), ein Schüler oder Mitarbeiter Anselms, bearbeitete den Pentateuch, die Propheten, Klagelieder und wahrscheinlich auch die Bücher Josua bis 2.Könige. Besonders beliebt waren und deshalb mehrfach bearbeitet wurden die Glossen zum Psalter und den paulinischen Schriften. Der Kommentar Anselms, die «Kleine Glosatur», wurde erst von Gilbert («Mittlere Glosatur») und dann noch einmal von Petrus Lombardus («Große Glosatur») überarbeitet. Andere Teile der Bibel, wie die Prophetenbücher, wurden dagegen stark vernachlässigt.

Dem Glossenwerk kann man seinen Ursprung aus der Schule noch deutlich ansehen. Ein glossiertes biblisches Buch enthält – in der endgültig ausgestalteten Form, die sich allerdings erst nach einer längeren Entwicklung herausbildete – zwei Arten von Glossen: die Interlinearglosse und die Marginalglosse. Die Interlinearglosse ist zwischen die Zeilen des mit weitem Abstand geschriebenen Bibeltextes eingefügt und enthält nur kurze erklärende Stichworte. Hier finden sich vielfach auch grammatische Erörterungen, Bemerkungen zu unterschiedlichen Lesarten oder zur Gliederung des Sinnes sowie Paraphrasen des Textes. Auch werden einzelne Ausdrücke erklärt. Dazu gehören z.B. auch etymologische Deutungen hebräischer Namen, die allerdings nicht direkt aus Kontakten mit zeitgenössischen Juden herstammen, sondern allesamt traditionell aus Hieronymus übernommen sind. Der Elementarlehrer (baccalaureus biblicus) an der Kathedralschule, der seinen Schülern in der Vorlesung einen biblischen Text erläuterte, hatte auf diese Weise für den ersten Durchgang die notwendigen Hilfen parat. Die eigentliche Wissenschaft begann dann erst mit der Marginal- oder Randglosse. Hier waren die Kommentare der Väter und neuerer Theologen wie Beda oder Hrabanus Maurus zu der betreffenden Bibelstelle zusammengestellt, über die der Meister dann seine Hörer informieren konnte. Auf dieses Wissen, nicht auf die eigene Meinung des Lehrers kam es vor allem an. Allerdings hat Gilbert Universalis auch seine eigenen Glossen mit in die Glossierung aufgenommen. Der «Liber pancrisis» stellt neben den Aussagen der Väter auch die Lehren der Magister (magistralia) zusammen. Die Intention ist also ähnlich wie bei der Katenenüberlieferung, nur das System ist ein anderes.

Wir haben Grund dazu, die große Gelehrsamkeit, die sich in diesem Schulsystem zeigt, und das Wissen von Meistern wie Anselm zu bewundern. Allerdings konnten manche Zeitgenossen das auch anders sehen. Einen interessanten Blick hinter die Kulissen tun wir in einem Bericht Abaelards (1079–1142) über seine Erlebnisse während seines Aufenthaltes auf der Schule von Laon in seiner unter dem Titel «Historia calamitatum» («Geschichte der Mißgeschicke» – aber diese Bezeichnung stammt nicht von Abaelard selbst) bekanntgewordenen Autobiographie. Abaelard schildert seinen Lehrer sehr negativ: «Ich kam also zu diesem alten Mann, dem mehr lange Erfahrung als Geist und Gedächtnis einen Namen gemacht hatte. Wenn jemand zu ihm unsicher kam, um ihn wegen irgend einer Frage anzugehen, kam er noch unsicherer zurück. Er war zwar bewundernswert in den Augen seiner Hörer, aber ein Nichts im Anblick derer, die ihn befragten.» (Historia calamitatum, ed. Monfrin, 68) Sicher war diese Kritik einseitig und überspitzt und steht ganz anderslautenden Urteilen gegenüber, welche die große Gelehrsamkeit des Meisters rühmen, aber sie zeigt gut die Schwäche auf, die in einem solchen System bloßer Traditionsvermittlung lag. Abaelard nahm sich aus Protest dann vor, den Propheten Ezechiel, zu dem es keine Kommentierung gab und der als besonders schwer verständlich galt, ohne jedes Hilfsmittel auszulegen. Dafür wurde eine besonders dunkle Stelle als Probestück ausgewählt. Vor einer großen Hörerzahl bestand Abaelard diese Probe glänzend. Doch verbot Anselm verständlicherweise die Fortsetzung.

Etwa seit dem Jahre 1200 ist die vorher noch uneinheitliche Glossenüberlieferung in eine Standardform gebracht worden. Dies geschah in Paris, wo, wie wir sahen, Petrus Lombardus († 1160) die Glossen Anselms und Gilberts zum Psalter und den Paulusbriefen während seiner dortigen Lehrtätigkeit (1154–59) noch einmal erweiterte. Das war während der Zeit, als die dort befindlichen bischöflichen Schulen begannen, sich auf die um 1200 entstehende älteste europäische Universität hin zu entwickeln. Sowohl Gilbert wie Petrus haben ihre Kommentierungen noch im fortlaufenden Text geschrieben. Im laufenden Zusammenhang folgte auf eine Bibelstelle dann jeweils die Auslegung mit der Auflistung der vorhandenen Deutungen. In dieser Zeit hat man auch begonnen, die Bibel einschließlich der Glossatur in Vorlesungen zu kommentieren: eine Glossa über die Glossa! Die Anordnung in Interlinear- und Marginalglossatur hat sich erst später verfestigt.

Die Erforschung der Glosse ist mit großen Schwierigkeiten verbunden, weil eine kritische Textausgabe noch nicht existiert. Wohl gibt es ältere Drucke, aber der am leichtesten zugängliche, die Ausgabe von Migne (PL 113–114), welche den Druck von Douai 1617 wiedergibt, läßt die Interlineargolsse aus und kann so keinen zutreffenden Eindruck von dem Werk vermitteln. Den ganzen Reichtum von Tradition, der in einem derartigen Werk gespeichert wurde, kann man erst spüren, wenn einem eine alte Handschrift vor Augen liegt, in deren kunstvoller Raumökonomie die Sorgfalt sichtbar wird, mit welcher die Verfasser sich bemühten, sowohl den Bibeltext selbst wie auch die Kommentierung durch die Geschichte der Kirche hindurch, die sie als eine Einheit betrachteten, zu bewahren. Der unlängst erschienene Nachdruck eines früheren Druckers erleichtert den Zugang dazu.

2. Anfänge der Scholastik: Sentenzen und Quaestionen

Aus der *lectio divina,* dem Bibelstudium, das nach älterem Verständnis das gesamte theologische Wissen enthielt und deshalb auch der alleinige Gegenstand des theologischen Studiums war, hat sich erst allmählich eine stärker von der Bibel gelöste theologische Lehre entwickelt. Die Anfänge dieser Entwicklung können wir noch sehr gut in der Schule von Laon verfolgen. Anselm von Laon ist nicht der erste, der Sentenzen – theologische Lehrsätze – formuliert hat, aber bei ihm kann man ihre Entstehung aus einer exegetischen Vorlesung besonders gut studieren. Auch kündigt sich bei Anselm die Loslösung solcher dogmatischer Aussagen von der Bibelauslegung erst an, und es dauerte noch eine Weile, ehe sie in größerem Ausmaß wirksam wurde. Die Sentenz steht in engem Zusammenhang mit der Quaestio: Im Zusammenhang mit der Erörterung einer biblischen Aussage konnte es zu einer Diskussion kommen, eine Frage (Quaestio) wurde aufgeworfen, auf die der Meister in einem Exkurs antwortete. Diese längeren Ausführungen zu einem theologischen Sachthema hatten dann die Tendenz, sich auch quasi selbständig zu machen, von ihrer ursprünglichen Funktion der ausführlicheren Erklärung einer biblischen Aussage zu entfernen. Auch wurden diese Exkurse wahrscheinlich nicht sämtlich in den geschriebenen Kommentar aufgenommen; man kann mit einer zusätzlichen mündlichen Lehrtätigkeit Anselms rechnen. So kam beispielsweise im Zusammenhang mit dem Satz des Paulus im Römerbrief: «Das Gesetz ist zwischeneingekommen» (Röm 5,20) die Frage nach der Bedeutung des Gesetzes auf, und Anselm ging ihr in längeren Ausführungen nach. Dabei kommt er dann auch noch auf die Stelle Röm 7,7–24 zu sprechen. Hier verfällt er wieder auf den für ihn üblichen Durchgang durch die einzelnen Aussagen dieses Abschnittes (Lottin, Psychologie V, 89–93).

Dieses Element hatte dann im Laufe der Zeit eine Tendenz zur Verselbständigung. Die Schwierigkeit, sich die nötigen Bücher zu beschaffen, dazu die erheblichen Kosten der Manuskripte, der große Umfang vieler Väterschriften, der es schwierig machte, das Wichtige vom Unwichtigen zu scheiden, all diese äußeren Gründe hatten schon relativ früh dazu geführt, daß Florilegien (Sammlungen von Auszügen) aus einzelnen Kirchenvätern hergestellt wurden, so aus den Schriften Augustins oder Gregors des Großen. Großen Ruhm erwarb sich Petrus Lombardus (ca. 1100–1160), der nach Studien in Italien und Reims an der Kathedralschule von Paris lehrte. Im Jahre 1159 wurde er zum Erzbischof von Paris berufen, starb aber schon nach einem Jahr der Amtsausübung. In den Jahren 1148–52 schrieb er vier Bücher Sentenzen, in denen er eine systematisch geordnete Zusammenfassung des gesamten dogmatischen Wissens bot. Fortan dienten sie als Lehrbuch der Dogmatik, die nun einen eigenen Studienabschnitt bildete, der sich an das Studium der *artes liberales* und das Bibelstudium anschloß. Eine parallele Entwicklung war die zunehmende Verselbständigung der Quaestionen, aus der sich eine eigene Methodik der Disputation theologischer Probleme entwickelte. Dazu trug auch die Gegenüberstellung scheinbar einander widersprechender Sentenzen und ihre Harmonisierung bei, wie sie ursprünglich aus der Kanonistik stammte, vor allem aber von Abaelard in seinem Werk «Sic et non» («Ja und Nein») beispielhaft vorgeführt wurde.

Die Zeit der Frühscholastik ist auch dadurch gekennzeichnet, daß jetzt wieder umfangreichere theologische Werke systematischer Art geschrieben wurden, die mit der Bibelkommentierung nicht in unmittelbarem Zusammenhang stehen. Eine besondere Bedeutung kommt in dieser Hinsicht dem Werk Anselms von Canterbury (1033–1109) zu. Wie Petrus Lombardus stammte auch er aus der Lombardei und trug vor allem während seiner Wirksamkeit als Prior, später Abt der Benediktinerabtei in Bec in der Normandie und Leiter der dortigen Klosterschule zum theologischen Ausbildungswesen bei. Seit 1093 war er Erzbischof von Canterbury. Von seinen Schriften sind das «Monologion» (Selbstgespräch), das «Proslogion» (Anrede) und das Werk «Cur Deus homo?» («Warum ist Gott Mensch geworden?») besonders wichtig. Schon im Monologion, in dem die Seele bei sich selbst über Gott, sein Wesen und Wirken spricht, ist der Seinsbezug zwischen Gott und der Seele der Ermöglichungsgrund dieses Nachdenkens, nicht die Bibel. Erst recht gilt dies für das Proslogion, in dem das wissenschaftliche Programm Anselms entfaltet wird. Der berühmte Leitspruch *fides quaerens intellectum*: «Der Glaube befragt den Verstand» zeigt an, daß hier die Vernunft, nicht die Schrift, den Maßstab abgibt, an dem theologische Erkenntnisse gemessen werden. Die dialektische Methode ist es denn auch, die Anselm für die Beantwortung der Frage nach dem Grund der Menschwerdung Gottes in seinem berühmtesten Buch anwendet.

Dies alles bedeutet nicht, daß die Bibel in der Periode der Frühscholastik ihre Rolle als sacra pagina, als zentrales Offenbarungszeugnis, einbüßt. Nur verliert sie die Monopolstellung, die sie anfangs hatte. Die Disputation, in der es um die Beantwortung von Quaestionen geht, erobert einen eigenen Raum in der theologischen Ausbildung neben dem Bibelstudium, und die Erstellung von dogmatischen Werken gewinnt als Leistung eigenes Gewicht neben der Erstellung von Kommentaren. Das hängt auch mit der Höherbewertung der Rolle der ratio zusammen, die wir seit Eriugena beobachten können. Nicht daß damit die Bedeutung der Autorität, der Bibel und der mit ihr verbundenen Auslegungstradition, geleugnet werden sollte: Auch die neue Form des Theologietreibens versteht sich nicht anders als ein zusätzlicher Weg, diese Autorität, und damit die Grundlage des Glaubens, zu begründen.

Anselm von Canterburys Grundsatz *fides quaerens intellectum* gibt diese Haltung recht adäquat wieder.

Weil sich diese Entwicklungen in der ersten Hälfte des 12. Jahrhunderts in breitem Umfang beobachten lassen, hat man gern von dieser Periode als einer «Renaissance des 12. Jahrhunderts» gesprochen. Andere Erscheinungen dieser Zeit, wie eine erneute Beschäftigung mit der antiken Überlieferung, ließen sich hinzufügen, die eine solche Charakterisierung nahezulegen schienen. Heutzutage ist man allerdings in der Verwendung derartiger Schlagworte vorsichtiger geworden. Auch von der karolingischen Epoche hat man, wie wir sahen, als von einer «Renaissance» gesprochen. Dort ist die Bezeichnung fast noch sachgemäßer, da in der Tat ein völliger geistiger Neuaufbau im Karolingerreich bewerkstelligt wurde. Das trifft in dieser Weise für das 12. Jahrhundert kaum zu. Der Neuaufbruch ist allerdings in dieser Periode nicht zu übersehen.

Wieder war das Schulwesen der eigentliche Ort, wo diese geistigen Bewegungen ihren Platz fanden – wenn man von den ganz andersartigen Impulsen, die sich zur gleichen Zeit an den Höfen entfalteten: der Liebesdichtung und dem Troubadourwesen, absieht. Aber auch das Schulwesen war nicht einheitlich. Ein wesentlicher Unterschied bestand zwischen den Klosterschulen, die ihre Blütezeit vor allem im 11. Jahrhundert erlebten, und den unter der Aufsicht der Bischöfe stehenden Kathedralschulen. Auf die Dauer entwickelten sich die Klosterschulen vorwiegend als Hort der Tradition, während die Kathedralschulen sich vorwärtsweisenden Entwicklungen öffneten. Dies hing auch mit den überragenden Persönlichkeiten zusammen, die an diesen Institutionen wirkten und dort ihren Einfluß ausübten.

Bedeutsam ist noch, daß die wesentlichen geistigen Entwicklungen im Bereich der Theologie sich im 12. Jahrhundert in Frankreich abspielten. Hier war es mehr und mehr Paris, das als Residenz der Kapetinger und Zentrale des Reiches die Kapazitäten anzog. Verschiedene Schulen bestanden hier nebeneinander und als Konkurrenz zueinander, was auch den theologischen Streit zwischen den Häuptern dieser Schulen anfachte, abgesehen von den sachlichen Differenzen, die zwischen ihnen ausgetragen wurden.

3. Dialektik und Exegese: Abaelard

Dies wird besonders deutlich im Lebenslauf des theologischen Denkers, dem wir uns nun zuwenden wollen. Wir sind ihm schon mit einem Zeugnis aus seinem persönlichen Lebensbericht begegnet, in dem er eine sehr subjektiv-persönliche, nicht von Konkurrenzneid freie Schilderung seines zeitweiligen Lehrers Anselm von Laon gibt. Anselm von Laon war eine Generation älter als Abaelard; die kritische Haltung, die dieser zu seinem Lehrer einnahm, kennzeichnet deutlich die veränderte geistige Gesamtsituation.

Abaelard hat ein unruhiges Leben geführt, aus dem uns nicht wenige Daten nur sehr unvollständig überliefert sind. Die wichtigste Quelle ist seine «Historia calamitatum», ergänzt durch Briefe (seine Korrespondenz mit Heloise, deren Echtheit allerdings nicht ganz unbestritten ist) und die Nachrichten, die wir seinen übrigen Werken und den gegen ihn gerichteten Schriften seiner Gegner entnehmen können. Abaelard – der Doppelvokal in seinem Namen ist getrennt zu sprechen – wurde 1079 als Sohn eines Ritters in Le Pallet (Palais) in der Bretagne geboren (Beiname deshalb *Palatinus*). Sein Vater war nicht ungebildet und kümmerte sich um die Bildung seiner Söhne. Abaelard, schon als junger Mensch von der Liebe zur Wissenschaft ergriffen, verzichtete auf seine Rechte als ältester Sohn und begab sich als Student der *artes liberales* auf die Wanderschaft. Dabei beschäftigte er sich zunächst vor allem mit der Philosophie (Dialektik). Die Hauptpositionen im damals beginnenden Universalienstreit lernte er bei den Begründern der beiden Denkschulen unmittelbar kennen: Roscelin von Compiègne, der eine Schule in Loches leitete, lehrte den sog. Nominalismus – danach sind die Allgemeinbegriffe nichts weiter als willkürlich festgelegte Zeichen ohne objektive Realität –, während Wilhelm von Champeaux, den Abaelard um 1100 als Lehrer der Dialektik an der Kathedralschule zu Notre Dame in Paris hörte, den sog. Realismus vertrat: Real sind nur die allgemeinen Ideen der Dinge, die Einzelgegenstände nur ihre individuelle Verkörperung. Schon hier wurde Abaelards Streitsucht sichtbar: Er überwarf sich mit Wilhelm, verließ Paris und wirkte anschließend selbst als Lehrer der Dialektik in Melun und Corbeil. Nach einer Weile zwang ihn eine schwere Krankheit, diese Tätigkeit aufzugeben und einige Zeit zu Hause zu verbringen. Nach der Genesung kam er 1108 erneut nach Paris und setzte sein Studium bei Wilhelm fort, diesmal in Rhetorik und an dessen neuem Wirkungsort, dem Stift von St. Viktor. Über die Bedeutung dieses Stiftes wird später noch mehr zu sagen sein. Wieder kam es zum Streit, denn Abaelard war seinem Lehrer intellektuell überlegen und nötigte ihn, seine Lehre von den Realien zu modifizieren. Abaelard mußte vorübergehend nach Melun ausweichen, kehrte aber nach einiger Zeit zurück und gründete nun auf dem Genofevaberg (Mount St. Geneviève) auf dem linken Seineufer bei Paris – damals noch eine einsame, bewaldete Gegend – ein Stift mit einer eigenen, stark besuchten Schule. Überallhin folgten ihm die Studenten in Scharen, denn er hatte eine mitreißende Art der Lehre. Wilhelm war unterdessen eine Zeit abwesend gewesen, kam aber nun zurück, und bald begann der Streit von neuem.

Der Schritt seiner Eltern, in ein Kloster einzutreten, scheint die entscheidende Wende in der Laufbahn Abaelards eingeleitet zu haben. Er entschloß sich jetzt zum Theologiestudium. Da Anselm von Laon der berühmteste Lehrer seiner Zeit war, begab sich Abaelard zu ihm nach Laon. Von den Vorfällen dort haben wir schon gehört. Auch Anselm konnte den Ansprüchen Abaelards nicht genügen.

Wieder ging Abaelard nach Paris, vollendete dort den Ezechielkommentar und begann erneut zu lehren. Da nahm sein Leben eine weitere Wende durch die Bekanntschaft mit Héloise. Das siebzehnjährige hochgebildete junge Mädchen hatte er als ihr Hauslehrer bei ihrem Onkel, einem Kanoniker mit Namen Fulbert, kennengelernt und war bald in Liebe zu ihr verfallen. Heimlich hatte er sich mit ihr getroffen. Als Fulbert dessen gewahr wurde, war Héloise bereits schwanger. Abaelard brachte sie zu seiner Schwester, wo sie einen Sohn, Astralabius, zur Welt brachte. Dann folgte eine heimliche Heirat, die auch Fulbert geheimhalten sollte. Als er das nicht tat, leugnete Héloise die Heirat, die sie aus Liebe zu Abaelard eigentlich nicht gewollt hatte. Als verheirateter Mann hätte Abaelard seine Theologenlaufbahn aufgeben müssen. Grausam rächte sich Fulbert: In einem nächtlichen Überfall ließ er Abaelard von gedungenen Knechten entmannen.

Nun trat Abaelard in das bekannte Kloster St.Denis bei Paris ein; Héloise wurde auf seinen Wunsch Nonne im Kloster Argenteuil, später dort Priorin. Aber weder in St.Denis, noch später als Abt des Klosters St.Gildas von Ruys in der Bretagne (seit 1125/26) fand Abaelard den ersehnten Frieden. Seine Streitsucht und sein ethischer Rigorismus brachten ihn immer wieder mit den eigenen Klosterbrüdern in Konflikt. Zeitweilig hatte er sich in die Nähe von Nogent an der Seine zurückgezogen und dort ein Bethaus errichtet, das er dem Paraklet (vgl. Joh 14,16.26; 16,13) weihte. Dieses Anwesen vermachte er 1128/29 Héloise und ihren Nonnen, als diese aus Argenteuil vertrieben wurden. Um 1135/36 kehrte er nach Paris zurück und nahm dort seine Lehrtätigkeit in Philosophie und Theologie wieder auf. In dieser Zeit schrieb er auch seine theologischen und exegetischen Hauptwerke. Zunehmend hatte er jedoch in dieser Zeit mit den Angriffen seiner theologischen Gegner zu kämpfen.

Dieser Kampf hatte gewiß unterschiedliche Gründe, deren Verquikkung nicht leicht zu durchschauen ist. In ihm standen sich vor allem zwei imponierende Persönlichkeiten gegenüber: Wortführer der Gegenpartei war Bernhard von Clairvaux (1090–1153), Reformator des Mönchtums im Rahmen des Zisterzienserordens und Vertreter einer traditionellen, an der Meditation der Schrift und der persönlichen Erfahrung des göttlichen Geistes orientierten Theologie. Abaelard hatte mit ihm manches gemeinsam; so war auch er an der Reform der monastischen Lebensführung leidenschaftlich interessiert und hatte dafür den Konflikt mit den Insassen der Klöster, in denen er lebte, riskiert. Doch im Gegensatz zu Bernhard schätzte er die Rolle der Vernunft, der Dialektik, für die Lösung theologischer Probleme hoch ein und hatte von daher auch ein ganz anderes Verhältnis zur Heiligen Schrift.

Der Kampf begann zunächst damit, daß ein Freund Bernhards, Wilhelm von St. Thierry (ca. 1085–1148), wie er Zisterzienser und Vertreter einer antirationalistischen, mystisch gefärbten Theologie, das theologische Hauptwerk Abaelards, die «Theologia Scholarium», und den von einem Schüler Abaelards stammenden «Liber Sententiarum», den er fälschlich ebenfalls für ein Werk Abaelards hielt, in die Hände bekam und daraufhin in einer Streitschrift 13 ihm zweifelhaft erscheinende Lehren zusammenstellte. Diese schickte er an Bernhard von Clairvaux und an den Bischof von Chartres. Daraufhin tat Bernhard alles, um eine Verurteilung Abaelards zu erreichen. Unter anderem hielt er eine gegen ihn gerichtete Predigt vor Studenten in Paris und schrieb Briefe an den Papst und mehrere Kardinäle. Auf einer Synode in Sens 1140 erreichte er eine Verurteilung von 19 Lehren Abaelards, indem er am Vorabend der Eröffnungssitzung die Bischöfe auf seine Seite brachte. Kurz darauf verurteilte der Papst (Innozenz II., 1130–43) auch Abaelards Person als Häretiker. Dieses Urteil wurde allerdings später auf Betreiben des Abtes von Cluny, Petrus Venerabilis, aufgehoben, bei dem Abaelard auf dem Wege nach Rom, wo er persönlich vorsprechen wollte, Zuflucht gesucht hatte. Auch gelang es Petrus, Abaelard mit Bernhard zu versöhnen. In einem zu Cluny gehörigen Nebenkloster ist er 1142 friedlich gestorben.

Unter den Werken Abaelards sind zwei Bibelkommentare, die er während seiner letzten Lehrtätigkeit in Paris verfaßte: eine «Expositio in Hexaëmeron» (Kommentar über die Schöpfungserzählung) und ein Römerbriefkommentar. Da der letztere für seinen persönlichen Auslegungsstil besonders charakteristisch ist, lohnt es sich, auf ihn näher einzugehen. Bedeutsam ist bereits der Abstand zwischen diesem Kommentar und den Kommentaren der Schule von Laon; nicht so sehr in der Methode – hier sind nur graduelle Unterschiede festzustellen – als vielmehr in dem Ausmaß persönlicher theologischer Auffassungen.

Zur Methode kann man sagen, daß Abealard wie seine Zeitgenossen einen dreifachen Schriftsinn unterscheidet: den historischen, moralischen und mystischen (allegorischen) Sinn. Letzterer umfaßt den typologischen und den anagogischen (auf die endzeitliche Erfüllung bezogenen) Sinn. Allerdings finden sich diese drei Auslegungsweisen nur in dem alttestamentlichen Kommentar zur Urgeschichte. Der Römerbrief wird weitgehend wörtlich ausgelegt. Auch dies entspricht der Tradition, denn ein Paulusbrief ist in seiner Intention – das dürfte grundsätzlich auch schon für Paulus selbst gelten – bereits eine Interpretation der Schrift und kann nicht noch einmal auf eine Metaebene gehoben werden. An Stellen, wo Abaelard rückblickend auf alttestamentliche Vorgänge zu sprechen kommt, ist ihm die typologische (*figurative*) Bedeutung ganz geläufig: So ist Christus der «figurierte Isaak» (CChrCM 11,152,977, zu Röm 4,24); der materiale Tempel des alttestamentlichen Israel ist Figur des «geistigen Tempels», des «Leibes Christi» (l.c. 92,528–533) usw. An diesen traditionellen Deutungen ist nichts Auffälliges. Stärker zu beachten ist das Ausmaß, in dem Abaelard Exkurse in seinen Kommentar einbaut, in denen er theologische Grundsatzfragen (Quaestionen) diskutiert. Zwar sahen wir, daß die Methode auch schon in der Schule von Laon geübt wurde, aber diese Exkurse sind bei Abaelard häufiger und umfangreicher. Daran kann man sein besonderes Interesse an derartigen Fragestellungen erkennen. Er ist, das wird schon hier deutlich, in erster Linie Systematiker. In den Exkursen kommt er auf grundsätzliche Probleme zu sprechen, die er zum Teil in seinen dogmatischen Schriften ausgeführt hat, teilweise auch für die Zukunft zu behandeln verspricht – nicht immer ist er tatsächlich dazu gekommen –, zu einem nicht geringen Teil aber auch nur im Rahmen des Römerbriefkommentars diskutiert. So kann man anhand dieses Kommentars ein Gutteil von Abaelards systematisch-theologischem Denken rekonstruieren.

Was einem Beobachter von heute dabei besonders auffällt, ist, daß trotz der grundsätzlich wörtlichen Auslegung der theologische Grundansatz des Paulus von Abaelard so wenig getroffen wird. Das zeigt sich besonders eindrücklich in seiner Behandlung der paulinischen Rechtfertigungs- und Versöhnungslehre. Blicken wir zunächst auf seine Bemerkungen zu Röm 1,17, finden wir dort den Begriff «Gerechtigkeit Gottes» sofort durch die Formel «seine gerechte Vergeltung» wiedergegeben, und zwar «bei den Erwählten zur Herrlichkeit, bei den Gottlosen aber zur Strafe» (l.c. 65,624f.). Lesen wir ein Stück weiter, finden wir zu der Wendung «aus Glauben in Glauben» : «Das bedeutet, indem er (Gott) uns durch den *Glauben* an die (= die sichere Erwartung der) Strafen zum *Glauben* an die Belohnungen anleitet.» (l.c. 65,630f.)

Wird hier anscheinend einer Verdienstethik das Wort geredet, nimmt Abaelard in der großen Quaestio, die sich an die Behandlung von Röm 3,24–26 anschließt, aber den gesamten Abschnitt 3,21–26 im Blick hat, in einer etwas anderen Weise zum Problem der Rechtfertigung Stellung (l.c.113,124–118,270). Hier weist Abaelard zunächst die offenbar in der Schule von Laon gelehrte Auffassung zurück, Christus habe durch die Erlösung die Menschen aus der Gewalt des Teufels befreit. Hierzu wäre – das ergibt sich nach einer Reihe anderer Erwägungen – ein bloßer Befehl Gottes ausreichend gewesen, der die Menschen allein zur Strafe für eine Zeit dem Teufel übergeben hatte. «Warum aber war es nötig, daß der Sohn Gottes, indem er das Fleisch annahm, so oft so langes Fasten, Schmähungen, Geißeln, Speichel, endlich den äußerst harten und schandbaren Tod zu erdulden wie auch das Kreuz mit den Schächern auf sich nahm?» (l.c. 116,205–209) Wie, so fragt sich vor allem, war der Tod eines Unschuldigen für die Vergebung der Sünden vieler Schuldiger nötig? Konnte Gott dies nicht einfacher tun?

Die Antwort Abaelards auf diese Fragen ist folgende: «Uns aber scheint, wir sind dadurch im Blute Christi gerechtfertigt und mit Gott versöhnt, daß er uns durch diese einzigartige uns erwiesene Gnade, indem sein Sohn unsere Natur annahm und in ihr uns durch Wort und Beispiel unterrichtete und bis zum Tode standhielt, enger mit sich verband; auf daß die wahre Liebe seinetwegen nichts mehr zu dulden scheue.» (l.c.117,242–248) «Gerechter wird ein jeder, *d. h. ein umfassend Gott Liebender*, nach dem Leiden Christi als vorher, da eine vollendete Wohltat umfassender zur Liebe entzündet als eine (nur) erhoffte.» (l.c. 118, 253–255) Abaelard faßt zusammen: «So ist unsere Erlösung jene höchste durch das Leiden Christi (erweckte) Liebe, die uns nicht nur von der Knechtschaft der Sünde befreit, sondern uns die wahre Freiheit der Kinder Gottes erwirbt, daß wir mehr aus Liebe zu ihm als aus Furcht alles erfüllen, der uns eine so große Gnade erwies, als nach seinem eigenen Zeugnis (vgl. Joh 15,13) eine größere nicht gefunden werden kann.» (l.c. 118,256–261) Das Stichwort «Liebe» erinnert an Augustin, bei dem es einen zentralen Platz einnahm. In einem langen Exkurs (l.c.201,469–204,594; im Anschluß an die Behandlung von Röm 7,13) preist Abaelard die Liebe (*caritas*) als die Erfüllung des Gesetzes, wobei er ausführlich Augustin zitiert, bei dem dieser Begriff im Mittelpunkt seines Denkens stand. Dennoch wird man sagen müssen, daß Abaelard von der Gnadenlehre Augustins nichts übernommen hat, der wie kein anderer das Anliegen des Paulus verstanden hatte. Sein Moralismus steht vielmehr der Lehre des großen Widerparts Augustins, des Pelagius, nahe – wie ihm das auch schon seine zeitgenössischen Gegner vorgeworfen haben. Eine wahre Erlösung durch das Opfer Christi ist nicht wirklich nötig; wenn auch in einer sublimiert formulierten Weise, wird vielmehr der irdische Jesus (wie man in einer modernen Formulierung sagen würde) in seiner Haltung zum Vorbild, durch das innerlich überwältigt der Christ nun in der Lage ist, in ähnlicher Weise ein durch die Liebe bestimmtes Leben zu führen.

Von der Lehre des Paulus ist einiges, wenn auch nur scheinbar, beibehalten. Dazu gehört, in Auslegung von Röm 3,22, die Aussage, daß die Gläubigen die Gerechtigkeit (= Liebe) in der Seele, nicht in den Werken haben (l.c. 112,71–73), ferner, daß Juden und Heiden in gleicher Weise gerechtfertigt werden (l.c. 112,74–89). Dadurch, daß alle diese Aussagen im Kontext der Grundsatzdeutung stehen, erhalten sie einen gegenüber der Absicht des Paulus veränderten Sinn. Es geht tatsächlich um die Vorbildhaftigkeit des duldenden Leidens Christi. Das wird noch einmal unterstrichen dadurch, daß Abaelard betont, auch die «alten Väter seien von dieser Liebe, wenn auch in geringerem Maße, entzündet» gewesen (l.c. 117,248–251).

So, wie Abaelard die Rechtfertigung im Römerbriefkommentar darstellt, bietet er sie bereits in der sublimiertesten von ihm erreichten Form. In dem etwas älteren dogmatischen Werk «Theologia Christiana» (IV, 60–63; CChrCM 12,290–293) wird die Sendung Christi in simplerer Form als pädagogisches Unternehmen gedeutet: Christus ist die «fleischgewordene Weisheit Gottes» (l.c. 291,882; 292,891) und «eben diese Weisheit ist Fleisch geworden, damit in uns durch Erleuchtung die Kenntnis der wahren Weisheit wohne» (l.c. 292,895 f.). Alles Tun des Herrn im Fleisch (während seines Erdenlebens) hatte eine «erzieherische Absicht» (l.c. 292,912 f.).

Da Schuld und Strafe und die Befreiung von beiden nach Abaelards Verständnis von Gott individuell ausgeteilt werden, kann er mit dem Dogma von der Erbsünde nichts anfangen. In einer langen Quaestio zu Röm 5,19 (CChrCM 11,163,336–175,732) nimmt er zu dem Problem Stellung. Schuld kann nach Abaelard nicht vererbt werden, da sie ebenso wie ein Verdienst von dem freien Urteil des Menschen abhängt. Von Adam und Eva geerbt hat deshalb die Menschheit nicht die Schuld, sondern nur noch ihre Folge, die Strafe. Diese Strafe, die im leiblichen und ewigen Tod der Nachkommen der Ureltern besteht, kann aber von Gott dem einzelnen erlassen werden. Dies geschieht durch das Sakrament der Taufe. Daraus entsteht allerdings die zusätzliche Frage, weshalb dann dem Menschen nicht auch die Unsterblichkeit zurückgegeben wird. Die Antwort Abaelards darauf lautet: «Wie ich glaube, bleibt diese Strafe eines körperlichen und vorübergehenden Todes bestehen, damit wir um so weniger dieses zeitliche Leben erstreben, um so leichter durchschauen, daß es ein Ende haben wird, und das um so stärker lieben, welches wahrhaftig glückselig ist und kein Ende hat.» (l.c. 175, 726–729)

Die geschilderten Anschauungen Abaelards hängen mit seinem grundlegenden moralischen Rationalismus zusammen. Mit diesem steht er freilich nicht isoliert da, sondern läßt sich mit manchen Vorgängern und Nachfolgern vergleichen. Die Grundlegung dieses Rationalismus findet sich in dem Römerbriefkommentar schon bei der Behandlung von Röm 1,19–20 (l.c. 67,689–71,817). Dort bemerkt Abaelard, anknüpfend an die Bemerkung des Paulus, daß man Gottes unsichtbares Wesen von Anfang der Welt an in seinen Werken habe erkennen können, dies sei schon den Heiden durch das «natürliche Gesetz» (*lex naturalis*) möglich gewesen: «durch die Vernunft, die er gegeben hatte, d. h. das natürliche Gesetz» (l.c. 67,702 f.). Was der Welt durch das geschriebene Gesetz (die Heilige Schrift) über die Natur Gottes offenbart ist, war den Menschen schon vorher durch die natürliche Vernunft bekanntgemacht worden (l.c. 67,707–710). Viele Zeugnisse über die Trinität seien schon bei den heidnischen Philosophen zu finden (l.c. 67 f.,710–715). Für den Rationalisten Abaelard ist also eine doppelte natürliche Gotteserkenntnis möglich: aus den Werken der Schöpfung nach Paulus und aus der gottgegebenen natürlichen Vernunft. Beide Erkenntnisweisen wirken dabei zusammen. Nach Abaelard läßt sich das Geheimnis der Trinität: die Einheit in der Dreiheit und wie die drei Personen sich zueinander verhalten, auch durch irdische Gleichnisse veranschaulichen. Beispiel: eine Statue aus Erz. Das Erz und die Statue aus Erz sind gleicher Substanz und doch in ihren Eigenschaften verschieden. «Und obwohl dem Wesen nach (*essentialiter*) Erz und erzene Statue das gleiche sind, ist dennoch die Statue aus Erz, nicht das Erz aus der Statue. So auch in der göttlichen Trinität: Obwohl es dieselbe Substanz der drei Personen ist ..., sind dennoch die drei Personen in ihren Eigenschaften verschieden.» (l.c.806–810) Gerade derartige gewagte Vergleiche sind bei den Gegnern Abaelards auf heftige Kritik gestoßen. Anders ist es allerdings mit der Menschwerdung Gottes in Jesus Christus: «Das Geheimnis nämlich der Inkarnation konnte mit der menschlichen Vernunft aus den sichtbaren Werken Gottes keineswegs vorgestellt werden, wie die Macht Gottes und seine Weisheit und Güte aus den Dingen, die sie sahen, leicht wahrgenommen wurden.» (l.c. 68,725–728)

Abaelards Auffassung vom Alten Testament läßt sich vor allem aus seinen Bemerkungen zum mosaischen Gesetz, der *lex scripta*, entnehmen. Mit der Tradition betont Abaelard, daß das Beschneidungsgebot nur für Isaak und seine Nachkommen gelte (l.c. 87,379–386). Zu Röm 3,20 wird bemerkt, daß Beschneidung, Opfer, Halten des Sabbats figürliche Vorschriften sind, die vor Gott nicht rechtfertigen, wenn sie «fleischlich» (*carnaliter*), nicht «geistlich» (*spiritualiter*) erfüllt werden (l.c. 111,33–40). Sie müssen aber erfüllt werden, solange das Gesetz «lebt», d. h. solange seine Erfüllung durch Gott vorgeschrieben ist (l.c. 188,23–27, zu Röm 7,1).

Im Gesetz sind jedoch auch moralische Vorschriften enthalten, die, als Gebote von Gottes- und Nächstenliebe, das natürliche Gesetz wiederholen. Wie Abaelard in einer ausführlichen Quaestio zu Röm 7,6 ausführt (l.c. 190,126–196,301), erreichen sie dieses jedoch nicht, da mit dem «Nächsten» jeweils nur der Angehörige des Volkes Israel gemeint ist. Weiter diskutiert Abaelard die Frage, weshalb dieses Gesetz nur irdische Verheißungen und nicht auch die des ewigen Lebens gehabt habe. Die Antwort lautet: Da das Gesetz (nach Hebr 7,19 und Mt 5,27; 5,20) auch unvollkommene Gebote enthielt, konnte es für sein Einhalten keine vollkommene Belohnung geben. Das Streben nach Irdischem konnte nichts Vollkommenes erreichen.

Wie aber – damit entsteht eine neue Frage – konnte das alttestamentliche Gesetz nicht zum Leben führen, wo doch die dort vorgeschriebene Gottes- und Nächstenliebe zum Heile ausreicht? Hierzu ist wiederum darauf zu verweisen, daß das alttestamentliche Gesetz unter dem «Nächsten» nur den Volksgenossen oder den Freund versteht. Es fehlt das Gebot der Feindesliebe. Dabei kommt Abaelard allerdings in eine Schwierigkeit durch Jesu Wort an den reichen Jüngling (Mt 19,17–19), wo Jesus diesem das Leben zuspricht, wenn er die Gebote hält. Das entspricht der Antwort auf die Frage des Schriftgelehrten im Hinblick auf das Doppelgebot der Liebe (Luk 10,28). Dieses Wort steht im Zusammenhang mit dem Gleichnis vom barmherzigen Samaritaner. Abaelard löst die Schwierigkeit durch eine allegorische Deutung des Gleichnisses: «Jener Samaritaner, der dem Verwundeten Barmherzigkeit erwiesen hatte, das ist Christus, der den Juden wahrhaft ein Nächster war.» Wenn also der reiche Jüngling zu dieser Zeit seinen Nächsten liebte, war auch Christus eingeschlossen, und das erwarb den Anspruch auf ewiges Leben (l.c. 192,179–187).

Abaelards Römerbriefkommentar ist im ganzen gesehen insofern etwas Neues, als er in einem Zeitalter des Traditionalismus erstmals wieder eine ganz individuell gefärbte Auslegung der Schrift unternimmt. Auch in diesem Kommentar findet man an vielen Stellen Zitate aus älteren und jüngeren Auslegern, die Abaelard zur Stützung seiner Argumentation heranzieht. Aber diese ist doch ganz eigenständig und in sich systematisch von ihm entwickelt. Man spürt den Ausführungen ab, daß Abaelard in seinem eigentlichen theologischen Interesse ein Systematiker ist. Das hängt auch mit seiner Schulung in Dialektik und seiner lebenslangen Lehrtätigkeit auf diesem Gebiet zusammen. Deutlich nehmen die Quaestionen in der Form langer Exkurse einen zentralen Platz in seinem Kommentar ein. Dabei ist aber das Prinzip der Vers-zu-Vers-Exegese beibehalten. Deshalb ist die Stellung der Quaestionen durch den jeweiligen Kontext bestimmt, an dem eine Frage auftauchte. In seinen eigentlich systematischen Werken, vor allem der immer wieder bearbeiteten «Theologia», hat Abaelard vielfach die gleichen Themen in einer nach Sachgebieten geordneten Weise behandelt. Das Nebeneinander von Bibelkommentaren und systematischen Darstellungen zeigt die Einwirkung der Tradition; in dieser Hinsicht steht Abaelard auf der Wende zu einer neuen Periode, wo die Trennung zwischen beiden Methoden deutlicher hervortreten sollte. Die stark angefeindete Stellung, in der er zeitlebens gewirkt hat, hat nicht verhindert, daß seine Nachwirkung groß gewesen ist. Er hatte zahlreiche Schüler, die teilweise eigene Sentenzenbücher verfaßten. Seine eigenen Schriften wurden viel gelesen. Besonders durch seine Methodik wurde er bahnbrechend. Außer der Methode des *Sic et Non*, die nicht von ihm erfunden worden war, aber durch ihn populär wurde, war es vor allem die Quaestio, die Disputation einer systematisch bedeutsamen Frage, die sich durch seinen Einfluß im Schulbetrieb weiter ausbreitete und schließlich eine beherrschende Stellung erhielt.

Abaelard ist es übrigens auch gewesen, der die Bezeichnung *theologia* für die rationale Spekulation über die *doctrina sacra* («heilige Lehre» oder Dogmatik) aufgebracht hat.

4. Klösterliche Schriftauslegung: Rupert von Deutz

Noch zu wenig beachtet ist die Bedeutung eines Benediktinermönches für die Geschichte des Bibelverständnisses, der zur Blütezeit der Schule von Laon lebte, aber in ganz anderer Weise mit der Bibel umging. Es ist Rupert, am Ende seines Lebens Abt des Klosters Deutz auf dem anderen Rheinufer bei Köln (ca.1076–1129). Er ist neben und vor Bernhard von Clairvaux, der einige Jahre jünger war als er, einer der bedeutendsten Vertreter des monastischen Bibelverständnisses. Wenn anstelle Bernhards, der gewöhnlich viel stärker beachtet wird, hier die Bibelauslegung Ruperts vorgestellt wird, soll seiner wahren Bedeutung etwas mehr Gerechtigkeit zuteil werden. Bernhard hatte durch seine Position im Zisterzienserorden eine größere Breitenwirkung, die bei Rupert stärker eingeschränkt war. Dennoch lohnt es sich mindestens ebenso, sich mit seinen Arbeiten zu beschäftigen. Daß seine Wirkung nicht gering war, können wir an der verhältnismäßig großen Zahl von Handschriften erkennen, die von seinen Werken noch existieren – obwohl gerade sein Hauptwerk wegen seines großen Umfanges seiner Verbreitung große Hindernisse in den Weg legte.

Genauere Nachrichten über das Geburtsdatum und die Herkunft Ruperts fehlen, aber es ist anzunehmen, daß er aus der Gegend von Lüttich stammte, wo er nach der Sitte der Zeit als *puer oblatus*, von seinen Eltern dem Kloster dargebrachter Knabe, also schon als Kind, in das St. Laurentiuskloster aufgenommen wurde. Etwa um 1108 wurde er von Bischof Otbert von Lüttich zum Priester geweiht. Sein Leben wäre ähnlich gleichförmig verlaufen wie das Bedas, und er hätte das Kloster zeitlebens nicht verlassen, wenn nicht ein Zwist zwischen seinem Abt Berengar und dem damals neu geweihten Bischof Otbert ihn mit dem Abt in ein dreijähriges Exil nach Evergnicourt bei Reims (1092–1095) getrieben hätte, ehe er wieder nach St. Laurentius zurückkehren konnte. Die beiden großen Lütticher Benediktinerabteien St. Jakob und St. Laurentius hatten die von Cluny im 11.Jahrhundert ausgehende durchgreifende Reform übernommen, die den Benediktinerorden zu den alten klösterlichen Idealen zurückgeführt und viele Mißbräuche abgestellt hatte, verfügten über reich ausgestattete Bibliotheken und stellten bedeutende geistige Zentren in Niederlothringen dar. So waren die Studienbedingungen für den wißbegierigen jungen Mönch sehr günstig. Nach der Unterbrechung durch das Exil, in dem er schon ein dramatisch-liturgisches Gedicht über den Schutzheiligen des Klosters geschrieben hatte

(«Carmina de sancto Laurentio»), nahm er seine Studien wieder auf und erhielt bereits vor seiner Priesterweihe selbst einen Lehrauftrag, wobei er wegen seiner Bibelkenntnisse viele Schüler um sich scharte. Nach der Weihe, zwischen 1108 und 1111, schrieb er, zunächst noch anonym, sein erstes, der Liturgie gewidmetes Buch «De divinis officiis» (Über die Gottesdienste). Dieses Werk reiht sich unter verschiedene andere ein, die seit dem Ende des 11. und im 12. Jahrhundert durch die von Cluny ausgehende, von den Päpsten geförderte Kloster- und Liturgiereform hervorgerufen wurden. In der von Mißbräuchen gereinigten Klosterordnung spielte die Bibel eine bedeutende Rolle: bei den sieben durch die Regel vorgeschriebenen Horen und der Meßfeier als Höhepunkt jedes Tages bildete sie die Grundlage für die Gebete und Lesungen. In seinem Werk bemühte sich Rupert, den Sinn der Liturgie, das Proprium der Feste durch das Jahr hindurch und die Vorschriften für die liturgische Gestaltung von den biblischen Texten her aufzuschließen, die dabei verwendet wurden. Als Mönch lebte Rupert täglich mit der Bibel und lernte von selbst ihre Texte auswendig. Auch waren die Benediktiner gewohnt, über die Heilige Schrift zu meditieren und ihr ganzes Leben nach ihr zu gestalten. Rupert geht jedoch über das übliche Maß hinaus, wenn er das gesamte monastische Leben geradezu mit der Meditation der Schrift gleichsetzen kann. Er rühmt «die glänzenden Zeichen des contemplativen Lebens, welche sind: die Worte Gottes zu hören, sie durchzukauen, die Geheimnisse der göttlichen Schriften sowohl mündlich vorzutragen wie mit dem Griffel zu schreiben» («In Apocalypsim» VI,10, PL 169, 1014 D–1015 A). Auch darin unterscheidet sich seine Haltung von der sonst üblichen, daß er nicht nur die Meditation über die Schrift, sondern Predigt und schriftliche Kommentierung als spezifische Aufgaben ansieht. Man kann immer wieder spüren, wie Rupert die Schrift schon damals in Fleisch und Blut übergegangen war. Wenn wir sein Gesamtwerk überblicken, stellen wir fest, daß Bibelkommentare den größten Anteil an ihnen haben. Rupert ist auf sie stets besonders stolz gewesen und hat dreimal (1125, 1126 und 1128) Listen von ihnen angefertigt, in denen seine heute bekannteren polemischen Werke kaum erwähnt werden. Neu war auch, daß Rupert über die gesamte Bibel Kommentare schrieb; seine Vorgänger hatten sich jeweils mit der Auslegung einzelner Bücher begnügt, auch wenn manche, wie Beda und Hrabanus Maurus, nach und nach fast alle biblischen Bücher behandelt hatten. Andererseits wollte er nicht mehr für die Lösung theologischer Fragen der bloßen Autorität der Väter vertrauen, was in seiner Zeit eine fast revolutionäre Neuerung bedeutete. Auch für Rupert spielte die Vätertradition eine bedeutende Rolle; er zitiert wie andere mittelalterliche Theologen immer wieder Augustin und Gregor den Großen, daneben auch Ambrosius, Hieronymus, Cassian, Benedikt von Nursia und

Hilarius. Dennoch betont er mehrfach, daß auch die Väter an der Schrift zu überprüfen seien, und wagt, ihnen eigene Urteile gegenüberzustellen. Damit rief er bei manchen Zeitgenossen Protest hervor, die ihm vorwarfen, sein eigenes Neues dem bewährten Alten entgegenzusetzen, wie wir aus Briefen Ruperts an den Abt Kuno von Siegburg und Erzbischof Friedrich von Köln aus den Jahren um 1117 erfahren (vgl. W. Oehl: Deutsche Mystikerbriefe, 11.14). Für seine Bibelauslegung konnte Rupert in der Klosterbibliothek auf alle gängigen Väterkommentare zurückgreifen. Er war aber stolz, wenn es ihm gelungen war, eine über die Väter hinausgehende Einsicht gewonnen zu haben; er bekennt einmal dankbar, daß «wahrhaftig Gott mir sein Buch, d.h. die Heilige Schrift öffnete und ich etwas Besseres gesagt habe als viele Äußerungen der heiligen Väter, deren Gedächtnis in der heiligen Kirche mit Recht berühmt ist» (Super Mt., CChrCM XXIX, 373,381–83; vgl. auch den Prolog zur Auslegung der Johannisapokalypse, PL 169,825–28).

Seine selbständige Haltung blieb allerdings nicht ohne Folgen für ihn: In einigen Streitfragen – so hatte er geleugnet, daß Judas bei Jesu letztem Mahl mit den Jüngern dabeigewesen sei – erregte er öffentlichen Widerspruch (vor allem von seiten des Scholastikers Alger von Lüttich) und wurde dadurch in heftige Auseinandersetzungen verwickelt.

Während er noch damit beschäftigt war, eine Antwort zu entwerfen – sie mündete in der Abfassung eines umfangreichen Kommentars zum Johannesevangelium –, gab es einen neuen Zwischenfall. Ein Mitbruder war von einem Studienaufenthalt in Laon zurückgekehrt und hatte – entstellt – als dortigen Lehrsatz berichtet: «Gott will, daß das Böse geschieht, er hat auch Adams Sünde gewollt.» Dies veranlaßte Rupert zu einer Widerlegung in einer Studie «De voluntate Dei» (Über den Willen Gottes) und einer weiteren «De omnipotentia Dei» (Über Gottes Allmacht). Darin betont er, als Zeugnis der Schrift und der Vernunft, daß Gott im Gegenteil das Böse haßt und verwirft. Nur die Schrift, nicht die Lehre berühmter Magister, könne ihm zur Richtschnur dienen. Der hieraus entstehende langandauernde Streit mit seinen Mitbrüdern zwang ihn – vermutlich 1116 – sein Kloster zu verlassen und sich zur Abtei Michaelsberg in Siegburg zu begeben. Dieses Kloster hatte eine eigene Reform erlebt und sich unter Leitung des Abtes Kuno II. zu einem wissenschaftlichen Zentrum entwickelt. Dort vollendete Rupert 1117 sein theologisches Monumentalwerk «De trinitate» (Über die Dreieinigkeit), das uns noch näher beschäftigen muß. Zwischendurch war er gezwungen, auf neue in seinem alten Kloster St.Laurentius gegen ihn erhobene Anschuldigungen hin sich durch einen persönlichen Besuch in Laon zu verteidigen, wo aber Anselm gerade gestorben war. Er ging dann nach Siegburg zurück, bis er, wahrscheinlich 1120/21, zum Abt des

Kloster St.Heribert in Deutz gewählt wurde. Dort schrieb er neben vielen anderen Werken, darunter auch Kommentaren über das Hohelied und das Matthäusevangelium, den «Anulus seu Dialogus inter Christianum et Judeum», eine in die Form eines Dialogs gekleidete, in Wirklichkeit jedoch den christlichen Standpunkt im Verständnis der Heiligen Schrift gegenüber dem jüdischen kontroverstheologisch vertretende Darstellung. Die Form ist die eines Disputs, in dem nicht nur mit der Schrift, sondern auch mit der Vernunft argumentiert wird. Ein ehemaliger Jude, Hermannus, bekennt später (Hermannus quondam Judaeus, Opusculum de conversione sua, ed. G. Niemeyer, MGH, QG 4, 1963), durch Rupert bekehrt worden zu sein. Auch in Deutz hatte Rupert manche Kämpfe zu bestehen, politische mit seinen Nachbarn, dem Erzbischof Friedrich I. von Köln und dem Grafen von Berg, und theologische mit seinen alten Gegnern. 1128 erlebte er einen Brand von Deutz, der das Kloster knapp verschonte. Er begann noch ein letztes Werk «De meditatione mortis» (Über die Meditation des Todes), das er wegen seines am 4. März 1129 erfolgten Heimganges nicht mehr vollenden konnte.

Das Hauptwerk Ruperts «De sancta trinitate et operibus eius» (Über die heilige Dreieinigkeit und ihre Werke), dem wir uns jetzt zuwenden wollen, wurde mit Recht als der bedeutendste heilsgeschichtliche Entwurf seit Augustins Schrift über den Gottesstaat («De civitate Dei») bezeichnet. Es ist zugleich das umfangreichste Werk Ruperts. Wegen des riesigen Umfangs konnte es zur Zeit seiner Entstehung nicht in einer einzigen Handschrift untergebracht werden; es füllte vielmehr mit seinen 42 Büchern sechs Bände, die sich wahrscheinlich nur eine einzige Bibliothek (in der Abtei Prüfening bei Regensburg) vollständig leisten konnte. Glücklicherweise gibt es jetzt eine moderne kritische Ausgabe (CChrCM XXI-XXIV).

Die wichtigste Eigenart des Werkes besteht darin, daß Rupert eine Gesamtdarstellung der Heilsgeschichte von der Weltschöpfung bis zum Weltende mittels einer die ganze Bibel vom 1. Mosebuch bis zur Apokalypse Johannis abschreitenden Exegese liefert.

In einem kurzen Vorwort (CChrCM XXI, 125–127) erläutert Rupert die Grundsätze, die ihn dabei geleitet haben: Da es den Menschen auf ihrem Erdenwege nicht möglich sei, den Glanz des dreieinigen Gottes zu schauen, könnten sie dies wenigstens zu einem Teil durch die Betrachtung seiner Werke tun (vgl. auch Vict.1,3; MGH, QG V,7). Er teilt dabei die Heilsgeschichte, die unauflöslich in die Weltgeschichte eingebettet ist, nach dem am weitesten übergreifenden Schema, das durch die leitende Thematik bestimmt ist, in drei Perioden ein: die Werke des Vaters, die Werke des Sohnes und die Werke des Heiligen Geistes. In einem kurzen Vorwort erklärt er die Grundsätze, die ihn dabei geleitet haben.

Die erste Periode reicht «von der Entstehung des ersten Lichtes bis zum Fall des ersten Menschen», die zweite «vom Fall ebendieses ersten Menschen bis zur Passion des zweiten Menschen Jesus Christus, des Sohnes Gottes», die dritte «bis zum Ende der Weltzeit, d. h. der allgemeinen Auferstehung der Toten» (De sancta trin.prol., CChrCM XXI,126,53–57). Natürlich muß er sich wehren gegen den naheliegenden Vorwurf, er wolle damit das Tun des dreieinigen Gottes auseinanderreißen. Deshalb betont er: «Selbstverständlich wirkt die untrennbare Trinität unteilbar als ein Gott. Jedoch ist, bei den einzelnen von ihnen, d. h. dem Vater und dem Sohne und dem Heiligen Geist, wie die Eigenart der Person, so bei der Vollendung der Welt das je eigene Handeln zu betrachten, nämlich daß die Schöpfung des Vaters, die Erlösung des Sohnes, die Erneuerung der Schöpfung des Heiligen Geistes eigenes Werk sei. Endlich, da der Vater durch den Sohn alles tut und der Heilige Geist über den Wassern schwebt (vgl.1. Mose 1,2), wirken ja zwei Personen zusammen mit der einen handelnden.» (l.c. 126,59–66)

Ein zweiter wichtiger Grundsatz, an anderer Stelle von ihm ausgesprochen, lautet, daß die Heilige Schrift die Schatzkammer ist, die «alles, was Gott von Anfang der Schöpfung an bis heute getan hat», enthält (De Glorific. I,4, PL 169,17). Da die Bibel der einzige zuverlässige Bericht über die Werke Gottes ist, muß der Wortsinn auf jeden Fall ernstgenommen werden. Wichtig ist Rupert vor allem aber der geistliche Sinn, den er oft auch pauschal von dem wörtlichen unterscheidet, obwohl ihm durch Augustin die sieben Auslegungsregeln des Tyconius und außerdem die dreifache Unterscheidung Gregors des Großen zwischen wörtlichem, allegorischem und tropologischem (moralischem) Sinn bekannt sind.

Ruperts Absicht ist es, das Werk des dreieinigen Gottes durch sämtliche Bücher der Schrift hindurch zu verfolgen. Dies konnte er allerdings nur erreichen, indem er seinen anfangs eingeschlagenen breiten Stil (neun Bücher über das 1. Mosebuch, vier über das 2. Mosebuch) auf die Dauer verkürzte (je zwei über das 3.–5. Mosebuch, je eins über Josua und Richter/Ruth usw.). Bei der gesamten Auslegung ist klar erkennbar, daß Rupert nichts anderes im Auge hatte, als eine *summa* sämtlicher möglicher Aussagen über Gott und sein Werk zu bieten. Daß er es in keiner anderen Form als der eines durchlaufenden Bibelkommentars abfassen zu können meinte, ist kennzeichnend für seine mönchisch geprägte Theologie. Im klösterlichen Milieu herrschte noch die alte Form, Theologie zu treiben, fern von den Disputationsformen der Kathedralschulen. Ruperts Theologie ist in strengem Sinne schriftgebunden; damit ist etwas ganz Wesentliches über sie gesagt. Das heißt aber nicht, daß die Vernunft bei ihm keine Rolle spielte; sie ist als Instrument nur in den Vorgang der Exegese integriert.

Die Reihenfolge der behandelten Themen entspricht weitgehend der in den zeitgenössischen Sentenzenwerken. Rupert beginnt seinen Kommentar, indem er gleich mit einer trinitarischen Deutung des Kosmos einsetzt. Dadurch daß er zu den Eingangsworten des Schöpfungsberichtes: «Am Anfang schuf Gott Himmel und Erde» die Aussage aus 1. Mose 2,1 hinzusetzt: «So sind Himmel und Erde gemacht worden und ihr ganzer Schmuck (*ornatus*)», gewinnt er eine Dreigliederung und kann zu dem Schluß kommen, «daß der Himmel wahrhaft nach der Person des Vaters, die Erde aber nach der Person des Sohnes geschaffen, der Schmuck beider ... nach der eigenen Person des Geistes gemacht sei» (CChrCM XXI, 129, 23–26). Denn der Himmel ist wie der Vater körperlos, so auch sein Schmuck, die Engel. Der Sohn sollte nach dem Willen des Vaters irdische Substanz annehmen. Daß aber der Heilige Geist der Schmuck von Himmel und Erde ist, ergibt sich aus 1. Mose 1,2: «Der Geist Gottes schwebte über den Wassern.»

Auch die nächste Deutung zu 1. Mose 1,1 bringt eine dogmatische Lösung. Hier geht es um die Worte «Am Anfang schuf», lateinisch: *in principio*. Hierzu beruft sich Rupert auf die Stelle Joh 8,25, wo Jesus sagt: «Warum rede ich überhaupt noch mit euch?» Dieses «überhaupt», griechisch *ten 'archen*, wird im Lateinischen durch *principium* wiedergegeben. Nach Rupert bezeichnet Jesus an der Johannesstelle mit dem Wort sich selbst. Wenn es demnach heißt: «Im Prinzip», meint das nach allegorischer Deutung der Stelle, wie sie Rupert gewohnt ist: Die Erschaffung der Welt geschah in Christus. Die Schöpfungsmittlerschaft des Sohnes, eine der wichtigsten Aussagen der Trinitätslehre, läßt sich also in der biblischen Formulierung wiederfinden. Das ist ein anderer Weg als der übliche, aus der Schöpfungsmittlerschaft der Weisheit nach Spr 8,22ff. gewonnene.

Eine der nächsten Fragen, die Rupert anschneidet, stammt schon aus Augustins Genesisauslegung und wurde auch in der «glossa ordinaria» überliefert: Warum heißt es: «Gott schuf Himmel und Erde» und nicht, wie in den folgenden Aussagen: «Gott sprach: Es werde Himmel und Erde»? («In Genesim», I,4; l.c. 131, 112ff.). Von den drei Antworten, die Rupert hierauf gibt, entsprechen zwei formaler Satzlogik: 1. Da *principium* nach dem Ebengesagten das Wort, d.h. den Sohn Gottes meint (vgl.Joh 1,1), wäre es überflüssig gewesen zu sagen: «Im Worte sprach Gott ...» 2. «Es werde» konnte Gott nicht sagen, da am Anfang noch nichts da war, also niemand, dem er es hätte sagen können. Das ist genau die Art der Argumentation, wie sie auch in den Disputationen der Magister an den Schulen üblich war. Die zweite Antwort hat darüber hinaus aber auch eine wichtige inhaltliche Bedeutung: In ihr weist Rupert nämlich die bei Augustin anzutreffende Auffassung zurück, es habe schon eine formlose Materie gegeben, der durch das «es werde» des Sohnes Form gegeben wurde («De Genesi ad litteram» I,3–4; CSEL

28,7–8). An dritter Stelle wird die Meinung der «Philosophen» zurückgewiesen, Gott habe nur die verschiedenen Formen geschaffen, wogegen die Materie, die *hyle*, mit Gott gleich ewig sei.

Eine für Rupert wichtige Aussage, auf die schon mehrfach angespielt wurde, steht auch in 1. Mose 1,2 : «Und der Geist Gottes schwebte über den Wassern»(«In Genesim» I,8; l.c. 134,225ff.). Dieses Bild vergleicht er mit der Henne, durch deren Brutwärme das Ei ausgebrütet wird. Nicht nur über den Wassern, sondern auch über dem Trockenen habe der Geist gebrütet; er sei nämlich die Liebe und Güte Gottes, durch die er die Schöpfung mit sich verbunden habe. So ist die Mitwirkung der ganzen Dreieinigkeit bei der Schöpfung festgestellt.

Auf der anderen Seite gibt es auch Stellen, wo Rupert ein wörtliches Verständnis des Schöpfungsgeschehens bevorzugt. So zu 1. Mose 1,22–25, wo er das spirituelle Verständnis der «Wasser über dem Firmament» als Engel zurückweist und für einfaches Wasser plädiert, allerdings in einem Urzustand, um das physikalische Problem zu lösen (l.c. 151-154).

Zum Paradies, das von anderen Auslegern allegorisch ausgelegt wurde, betont er, daß es sich um einen lokalisierbaren Garten mit realen Bäumen gehandelt habe, und versucht, seine Lage genauer zu bestimmen, wobei er antike Schriftsteller heranzieht («In Genesim», II,2,24–25.29; l.c. 212–14.19–21).

Den großen Mittelteil in Ruperts Werk nimmt das Werk Christi ein. Er findet es – dabei traditonelle Wege der typologischen und allegorischen Auslegung aufnehmend – in den Figuren und Geheimnissen des Alten Testaments vorgebildet. Die Zeit des Wirkens des Sohnes teilt er, wie schon Augustin und Beda, in sieben Perioden ein. In der ersten Periode, von Adam bis Noah, war Christus nur durch Taten präfiguriert, in der zweiten, von Noah bis Abraham, in Taten und Worten, in der dritten, von Abraham bis David, durch direkte Verheißungen. Zur Zeit des babylonischen Exils und kurz danach wurde durch den Neubau des zerstörten Tempels der neue Priester (Jesus Christus) vorgebildet, der bei Sacharja angekündigt wird. Damit beginnt das fünfte Zeitalter bis zur Inkarnation Christi. Mit der Inkarnation fängt das sechste Zeitalter an, das noch andauert. Diese sechs Zeitalter entsprechen den sechs Schöpfungstagen («In Genesim» III, 34ff.; l.c. 276–280).

Auffällig, aber für die Zeit charakteristisch ist, daß Rupert das Wirken Christi vor allem im Alten Testament sucht; den vier Evangelien widmet er nur ein einziges Buch (Buch XXXIII, CChrCM XXIII, 1781–1822). Es geht eben kaum um das irdische Wirken Jesu; wichtiger ist die allegorisch-typologische Ebene, d.h. der geistige Sinn der Schrift, um den sich die Auslegung ganz in der von Origenes herkommenden Tradition bemüht.

Für die Eigenart der Schriftauslegung Ruperts charakteristisch ist auch die Art, wie er die Rolle der Vernunft als Mittel zur Erkenntnis der Schriftwahrheit versteht. Gegen den Vernunftgebrauch in der Schultheologie von Paris und Laon wendet er ein, daß die bei ihr gebräuchliche Dialektik das göttliche Heilsgeheimnis rational zu begreifen versuche. Die Notiz in 2. Sam 6,19, wonach Gott die Leute von Bet-Schemesch gestraft habe, weil sie die Lade Jahwes angeschaut hatten, gibt ihm Anlaß, die Kirchenmänner zu kritisieren, «die nicht aus Liebe zum Lernen, sondern aus Ehrgeiz und Neugier gewagt haben, in den Schriften nach den Geheimnissen der Gottheit zu forschen, und zu Hauptketzern geworden sind, weil Gott entschieden hat, daß die Hochmütigen nicht zur Erkenntnis der Wahrheit zugelassen werden» (De sanct.trin.XXII; CChrCM XXII,1223). Kinder Gottes genannt zu werden, wird niemandem zuteil, der es nicht als Gnade aus dem Blut Christi empfängt und annimmt, und die «Aufgeblasenen und (vor Ehrgeiz) Strotzenden mögen wissen, daß, auch wenn sie selbst zu wissen scheinen, wieviel sie wollen und wieviel sie können, dennoch das Wissen dieses Namens nicht erreichen können» (In Apoc.II,II; PL 169,881). Dazu ist die Erneuerung durch den Heiligen Geist nötig, der «durch eben diese Erneuerung den um diese Sache Wissenden und Gelehrten durch seine Berührung vollendet» (ebd.). Heiliger Geist und Vernunft sind aber nach Rupert kein Gegensatz, sondern – wie er in seinem Kommentar zu Joh 1,4 f. und 1,9 ausführt (CChrCM 9,14–18,22 f.) – die jedem Menschen von der Schöpfung her eingegebene Vernunft wird erst dann zur wahren Erkenntnis geführt, wenn sie durch den Heiligen Geist erleuchtet wird, und zwar durch das wahre Licht, das Jesus Christus ist. Unter dieser Voraussetzung ist sie aber ein Werkzeug, mit dem durchaus rationell gearbeitet und eine unbefangene Deutung der Schrift unternommen werden kann.

Außer seinem Hauptwerk über die Werke der Trinität hat Rupert noch eine ganze Reihe anderer Bibelkommentare geschrieben. Besonders beachtet wurde sein Kommentar zum Johannesevangelium, der als einziger auch ins Deutsche übersetzt wurde. Nach dem Johanneskommentar Augustins, den Rupert in vielfältiger Weise auswertet und dem er doch mit innerer Freiheit gegenübersteht, war dies der erste selbständige Kommentar über dieses Evangelium, das einen Ausleger wie Rupert wegen seines theologischen Tiefsinnes faszinieren mußte. Mit seinem Hauptwerk über die Werke der Trinität ist dieser Kommentar dadurch verbunden, daß auch hier die Meditation über den dreieinigen Gott, über Jesus als den Sohn Gottes, die Inkarnation und die Werke des Heiligen Geistes im Mittelpunkt der Betrachtung steht. Die Tradition der «geistlichen Schriftlesung», wie sie im mittelalterlichen Mönchtum gepflegt wurde, spiegelt sich überall in diesen Seiten. Ziel des Auslegers muß es sein, wie Rupert schon im Vorwort schreibt, die Zeugnisse der Schrift über den Sohn Gottes «mit ganzem Herzen zu erfassen, mit ganzer Seele zu begehren und über alles ... zu lieben» (CChrCM 9,6 = Lesungen über Johannes, ed. R. Haacke, I, XX). Wie der Kaufmann auf der Suche nach der kostbaren Perle (Mt 13,45) muß der Leser des Evangeliums alles «verkaufen, um diese eine Perle erwerben zu können: allen Staub fleischlicher Begierden muß der aus den Augen des Herzens reiben, der in der Schule Christi aus den heiligen Schriften lernen will» (ebd.). Askese und meditative Konzentration sind Vorbedingungen zu einem Verständnis, das mehr als rationale Erklärung, nämlich ein Leben mit der Schrift zum Ziel hat. Gerade das bedeutet für Rupert Erkenntnis im Vollsinne. Daß der Weg dazu in Stufen erfolgt (Komm. zu Joh 1,33, CChrCM 9,72f. = Lesungen I, 68f.) erinnert an Origenes, in dessen indirekter Gefolgschaft auch Rupert steht, selbst wenn seine unmittelbaren Vorbilder in den Reihen der kirchlich rezipierten Ausleger zu suchen sind.

Wie sich die Auslegung des Johannesevangeliums konkret gestaltet, sei noch an den Ausführungen Ruperts zu der Begegnung Jesu mit der Samaritanerin am Brunnen (im Ausschnitt Joh 4,7–15: CChrCM 9,196–202 = Lesungen I,206–213) vor Augen geführt. Die Frau ist, nachdem sie das Wasser von Jesus empfangen hat, für Rupert das Bild für die (aus Nichtjuden gebildete) Kirche, der das lebendige Wasser geschenkt wird, nämlich die Gnade des Heiligen Geistes, die von der ewigen Gottheit in die Seelen der Menschen strömt und diese mit sich zu seinem Ursprung, ins ewige Leben zurückströmen läßt. «Bevor es aber dorthin strömt, wird es in dem, der es trinkt, zu einem Quell und gießt in seinem Herzen Ströme von Weisheit und Erkenntnis aus.» (CChrCM 9,201 = Lesungen, I, 212) Bevor sie aber empfängt, ist sie Bild für «das dürstende und lechzende Heidenvolk, es lief um die Wette in seiner Unvernunft zu jener Lehre der Philosophie dieser Welt» – hier zählt Rupert Stoiker, Epikuräer, Platoniker und die übrigen Philosophenschulen auf, die alle meinten, «in ihren Schulen werde der Weg zur wahren und höchsten Glückseligkeit verkündet» (CChrCM 9,196 = Lesungen I, 206).

Daß gerade das Johannesevangelium zu einer derartigen übertragenen Auslegung einlädt, ist verständlich, sind doch in ihm die Stilmittel der tieferen Bedeutung und des kreativen Mißverständnisses tragende Gestaltungselemente. Rupert ist es aber auch sonst gewöhnt, mit einem mehrfachen Schriftsinn zu rechnen. Sein Kommentar zum Hohenlied ist deshalb beachtlich, weil er in diesem, im Gegensatz zu der üblichen christlichen Deutung, nicht das Verhältnis zwischen Christus und der Kirche allegorisch angesprochen sieht, sondern ihn auf Maria deutet. Doch mag, um die Eigenart seiner Auslegung darzustellen, das bisher Gesagte genügen. Man hat Rupert einen Vermittlungstheologen genannt, weil er, auf der Schwelle zu einem neuen Zeitalter stehend, die alten Wege mit den neuen Interessen in Einklang zu bringen versuchte.

Es ist nicht ohne Bedeutung, daß einige Schriften Ruperts, vor allem der Johanneskommentar, in der Reformationszeit im Druck erschienen. Die Reformatoren würdigten in ihm den Autor, der die gesamte Theologie in der Heiligen Schrift selbst verankerte und eine getrennt von der Schriftauslegung ihre Systeme bauende disputierende Scholastik ablehnte. In dieser mönchischen Tradition des Lebens mit der Schrift stand ja auch der Reformator Luther selbst, der sich dieses Erbe für eine neue Zeit der Kirche anverwandelte. Damit ist zugleich gesagt, wie vieles beide Theologen außer dem zeitlichen Abstand trennt. Gleichwohl verdient es Ruprecht, daß wir uns mit ihm beschäftigen. Sein Andenken ist lange Zeit in der modernen Forschung zu Unrecht weithin in Vergessenheit geraten.

5. Historie und tieferer Sinn: Hugo von St. Viktor

Als wir Abaelards Lebenslauf verfolgten, sind wir bereits den Schulen von Paris begegnet. Er selbst hatte zeitweise auf der Kathedralschule studiert und eine eigene Schule auf dem Mont St.Geneviève begründet. Dort residierten Säkular-Kanoniker, später – nach der Reform des Klosters unter dem Einfluß von Papst Eugen II. (1145–1153) – reguläre Kanoniker. Nach Abaelard lehrten dort Alberich und Robert von Melun, beide Vertreter der durch Abaelard begründeten dialektischen Schultradition. Um die Wende zum 12. Jahrhundert können wir eine zunehmende Bedeutung der Schulen in und um Paris beobachten. Vorher waren Orte in der Provinz wie Laon, Chartres oder Melun bedeutende Bildungszentren, aber mit dem Erstarken der Dynastie der Kapetinger – bedeutende Herrscher waren Ludwig VI. (1108–1137) und Ludwig VII. (1137–1180) – nahm die Bedeutung der Metropole erheblich zu. Die wichtigste Bildungsstätte war die Kathedralschule auf der Ile de France, an der Wilhelm von Champeaux († 1121/22), damals Archidiakon an Notre-Dame, ca.1095–1108, lehrte. Eine weitere entstand, wie St.Geneviève, auf dem linken Seineufer, im Jahre 1108 durch die Gründung des Stifts St.Viktor. Wilhelm von Champeaux war der Gründer und lehrte dort noch von 1108–1113, ehe er Bischof von Châlon-sur-Marne wurde. Diese Erhebung brachte auch für die Schule von St.Viktor bedeutende Verbesserungen: St.Viktor wurde königliches Stift und mit erheblichem Grundbesitz ausgestattet, so daß es wirtschaftlich unabhängig war.

Die Struktur der Schulen hatte sich um die Wende zum 12. Jahrhundert gegenüber der vorangegangenen Periode erheblich verändert. Zur Karolingerzeit und noch danach hatten die Schulen vornehmlich der Ausbildung des Klerus, in den Klöstern der Mönche, gedient. In der Gestalt Abaelards begegnen wir dagegen dem wandernden Scholaren, der sich von Schule zu Schule begibt, je nach dem dort lehrenden berühmten Magister. Der Ehrentitel Magister kommt jetzt auf, der einen als solchen hauptberuflich tätigen, später dann auch offiziell lizenzierten Professor bezeichnet. In den Domschulen trägt, unter der Oberaufsicht des Bischofs, das Domkapitel, dem der Leiter der Schule (scholasticus) angehört, die Verantwortung für den Unterricht, in den Klöstern gibt es ebenfalls einen mit dieser Aufgabe betrauten Schulleiter. Nicht selten steigt dieser auch zu der Würde eines Priors oder Abtes auf. Daran erkennt man die Bedeutung, die ein Kloster seiner Schule zumaß. Der Ruhm mancher Klöster beruhte tatsächlich auf der Bedeutung ihrer Schule. Doch waren im Gegensatz zu den Domschulen die Kloster- und Stiftsschulen weiterhin fast ausschließlich der Ausbildung ihres Nachwuchses gewidmet. Das gilt offenbar auch für die Schule von St. Viktor nach dem Fortgang ihres Gründers Wilhelm von Champeaux. Auch Hugo von St. Viktor, mit dem wir uns näher beschäftigen wollen, war wie seine Nachfolger Kanoniker.

Man muß übrigens auch zwischen Kanonikern, also Weltpriestern, und den eigentlichen Mönchsorden unterscheiden. Zwischen ihnen bestanden vielfach erhebliche Rivalitäten. Von den Orden waren die traditionsreichen Benediktiner, die rein kontemplativ lebten, die vornehmsten. Aber auch sie erlebten mehrfach Reformen, von denen die cluniazensische und die zisterziensische die bedeutendensten waren. Die jüngeren Orden, wie Franziskaner und Dominikaner, hatten nicht nur eine andere Lebensweise, sie pflegten auch eine andere Art des Umgangs mit der Schrift.

Hugo wurde wahrscheinlich zwischen 1097 und 1099 an einem unbekannten Ort geboren. Die Tradition, daß er von Herkunft ein Sachse (aus der Gegend von Halberstadt) war, ist nicht unbegründet, aber nicht schlüssig zu beweisen. Er selbst schweigt darüber. Daß junge Leute von weither nach Paris kamen, vom Ruhm der dortigen Schulen angezogen, war so häufig, daß die Nachricht glaubhaft ist. Nach 1114, als Gilduin Abt von St. Viktor geworden war, wurde Hugo in das Stift aufgenommen. Unbekannt ist, ob er in St. Viktor auch Unterricht erhalten hat, sicher jedoch, daß er dort selbst gelehrt hat. Diese Tätigkeit muß er vor dem Erscheinen seiner ersten, dem Unterricht entstammenden Schriften aufgenommen haben, die vor 1125 verfaßt worden sind. Im übrigen scheint er, ähnlich wie Beda, in den Klostermauern ein ruhiges, verhältnismäßig ereignisarmes Leben geführt zu haben. Lediglich von einigen Reisen wird berichtet. Im Jahre 1141 ist er gestorben, nach unseren Begriffen noch ein junger Mann, aber die durchschnittliche Lebenserwartung war gering in jener Zeit.

So unauffällig das Leben, so bedeutsam ist die Rolle, die Hugo in der Geschichte der Schriftauslegung und der scholastischen Theologie als ganzer gespielt hat. Dabei umfassen seine Schriften das gesamte Unterrichtsprogramm seiner Schule. Hierfür ist besonders das enzyklopädische Hauptwerk Hugos ein Zeugnis, das «Didascalion de studio legendi» (Lehrbuch über das Studium des Lesens, d. h. der Wissenschaft). Aus dem Gesamtaufbau und der Darstellung im einzelnen ergibt sich ein wichtiger Unterschied gegenüber dem dialektischen Denken Abaelards und seiner Schule: Die weltlichen Wissenschaften, von deren Studium in den drei ersten Büchern die Rede ist, sind wohl die notwendigen ersten Schritte auf dem Wege zu einer vollkommenen Erkenntnis, aber sie werden nicht in das eigentliche theologische Studium integriert, von dem die drei letzten Bücher handeln.

Mit dem enzyklopädischen Ansatz steht Hugo in der Schultradition, die man auf Isidor von Sevilla zurückführen kann, von dem er auch in vielfältiger Weise abhängig ist. Ein Student hatte zunächst auf dem Gebiet der freien Künste zu lernen, ehe er sich der *sacra pagina*, dem Studium der Heiligen Schrift, d. h. der Theologie, zuwenden konnte. Im Unterschied zu Abaelard, der die Dialektik mitten in die Behandlung der Theologie hineinbrachte, hielt Hugo an der älteren Auffassung fest, wonach die Kenntnis der freien Künste die Vorbedingung für das sich daran anschließende höhere Studium der Heiligen Schrift ist, das aber im übrigen durch seine besondere Würde davon abgehoben ist. So sagt er z. B. ausdrücklich, «daß alle natürlichen Künste der göttlichen Wissenschaft famulieren und die niedrigere Weisheit in rechter Ordnung zur höheren hinführt» (De sacr. prol. VI, PL 176,185 C). Gegen die Dialektiker, die mit ihren Disputen die Wahrheit zu finden trachteten, war er immer kritisch eingestellt.

Den Inhalt der ersten Bücher, in denen das Wissen der Antike ausgebreitet wird, hat Hugo aus der Tradition übernommen, die mit den antiken Schriftstellern wie Cicero und Quintilian beginnt – ebenso für jeweilige Fachkenntnisse bei den entsprechenden Spezialisten, wie Galen für die Medizin, Vitruv für die Architektur usw. –, dann aber durch Boethius, Cassiodor, Isidor von Sevilla, Beda und die karolingischen Schulhäupter weitervermittelt worden war. Für ihn charakteristisch ist jedoch die Gesamtauffassung von der Bedeutung der Wissenschaften, deren Ursprung er ausdrücklich nachgeht. Der Eingang seines Buches (nach dem Vorwort) ist zwar noch traditionell geprägt, wenn er im Anschluß an Boethius und die von ihm ausgehende Kommentartradition von der Weisheit sagt, daß in ihr «die Form des vollkommenen Guten besteht» (Did. I,1, ed. Buttimer, 4,4f.). Man muß diese Tradition kennen, um den Sinn dieser Aussage zu verstehen; sie ist christologisch gemeint: die göttliche Weisheit ist in Christus inkarniert (vgl. Joh 1,14). Durch die Erkenntnis der Weisheit aber erkennt der Mensch sich selbst, und zwar nicht durch die Erkenntnis äußerer Dinge, sondern in sich selbst: «Denn sein unsterblicher Geist, erleuchtet durch die Weisheit, erkennt sein Prinzip und versteht, wie unangemessen es wäre, daß er etwas außer sich suchte, dem, was er selbst ist, genug sein konnte,» (l.c.4,7–9) «Und dies ist die Würde unserer Natur, die wir alle haben, aber nicht alle gleichermaßen kennen: ... Wir werden nämlich durch die Lehre wiederhergestellt, daß wir unsere Natur erkennen, und daß wir lernen, außerhalb nichts zu suchen, was wir in uns finden können. Denn der höchste Trost im Leben ist das Studium der Weisheit, denn wer findet ist glücklich, und wer besitzt selig.» (l.c. 6,3–11)

Diese Aussagen sind insofern bemerkenswert, als die antike Sicht, nach der der Mensch selbst im Mittelpunkt seines Denkens steht, in bestimmter Hinsicht wiederaufgenommen wird. Darin zeigt sich eine typische Denkweise des 12. Jahrhunderts. Nicht zu Unrecht hat man von dieser Zeit als von der einer «Renaissance» gesprochen. Dennoch ist das philosophische Denken nach Hugo göttliches Handeln, weil die Weisheit von Gott kommt, menschliches Tun dagegen sich in der Sorge für die vergängliche Körperlichkeit erschöpft. Hiervon spricht Hugo in Kap. 8 des ersten Buches (l.c. 15,10ff.). Handlungen, die zur Wiederherstellung unserer Natur dienen, sind göttliches Tun, dagegen solche, die nur das für unsere Schwächen Notwendige bereitstellen, menschliches Tun. Dahinter steht – und darin bleibt Hugo Theologe – der Gedanke vom Menschen als Ebenbild Gottes. Dabei unterscheidet Hugo zwischen Einsicht (intellegentia) und Wissen (scientia): menschliche Handlungen entspringen dem Wissen, göttliche der Einsicht. Auf dieser Grundlage entwirft er ein System für die freien Wissenschaften, wobei dem Trivium (den drei Künsten Grammatik, Dialektik, Rhetorik) besondere Bedeutung zukommt. Daneben findet auch das Quadrivium seinen traditionellen Platz, mit den Fächern Arithmetik, Musik, Geometrie, Astronomie. Hinzu kommt noch ein weiteres Einteilungsschema von Theorik, Praktik, Mechanik, Logik, wobei die Theologie ihren Platz bei der Theorik findet, die Ethik bei der Praktik, während eine Reihe handwerklicher Fähigkeiten wie Weberei, Nautik, Jagd, Medizin unter Mechanik eingereiht werden (zusammenfassend Did. VI,14; l.c. 130,15–132,3).

Im zweiten Teil seines Werkes, in den Büchern IV-VI, handelt Hugo von den biblischen Wissenschaften. Auch hier geht er in der Art eines Lehrbuches vor, so daß wir in Buch IV zunächst allerlei Einleitungswissenschaftliches über die Bibel beider Testamente lesen: über Namen und Einteilung der Bücher Alten und Neuen Testaments (IV,2), über die Verfasser des Alten Testaments – hier finden wir, wie zu erwarten, die vorkritische Auffassung, die Mose als Verfasser der fünf Mosebücher ansieht, usw. – (IV,3) und die des Neuen (IV,6), über die Apokryphen (IV,7; 15) usw. Wir lesen aber auch über die *canones* der Konzilien (IV,11), über die vier Hauptsynoden, ökumenischen Konzilien (IV,12), über authentische (IV,14) und nichtauthentische (IV,15) Väterschriften.

Für Hugo umfaßt die Heilige Schrift nicht nur die Bibel, sondern auch die Werke der Kirchenväter und die Entscheidungen der ökumenischen Konzile; sein Kanonsbegriff geht in die Kirchengeschichte über. Auf der anderen Seite folgt er Hieronymus in der Abgrenzung des alttestamentlichen Kanons; die deuterokanonischen Bücher rechnet er, anders als Isidor, nicht zum Kanon, sondern zu den Apokryphen. Außerdem können wir aus den Ausführungen entnehmen, wie zahlreich die Titel waren, die Hugo kannte und vermutlich auch selbst gelesen hat; offensichtlich war er ein hochgebildeter Mann.

Von besonderem Interesse sind die anschließend in Buch V entwickelten hermeneutischen Grundsätze Hugos. Hier finden wir ein Kapitel über den dreifachen Schriftsinn, den Hugo nach einem der zu seiner Zeit üblichen Schemata (das er von Gregor dem Großen übernommen hat, während Augustin und Beda einen vierfachen Schriftsinn unterschieden) in historischen, allegorischen und tropologischen (moralischen) Sinn einteilt. Die sieben Regeln des Tyconius (vgl. o.) übernimmt er (IV,4) wörtlich, mit kleinen Änderungen, aus Isidor von Sevilla (Etym.I,19,1–19). Aus diesen hermeneutischen Grundvoraussetzungen heraus entwickelt Hugo sein gesamtes Bibelverständnis: Historie – das bedeutet zugleich den Wortsinn wie das Geschehen, das sich in ihm ausspricht: ausdrücklich betont Hugo, daß «beim Reden Gottes nicht nur die Worte, sondern auch die Sachen etwas zu sagen haben» (V,3, l.c.96, 24f.). Allegorie und Tropologie sind zugleich die Hauptthemen der Bibel wie auch die Methoden, sie auszulegen. In traditioneller, letztlich auf Origenes zurückgehender Weise versteht er die «Frucht» der Bibellektüre, auf die ihm alles ankommt (vgl.V,6), als einen in vier Schritten aufwärtsführenden Weg der Seele. Diese vier Schritte sind Lektüre (Lehre = *doctrina*), Meditation, Gebet und Handeln (V,9,l.c. 109,15) und, davon etwas abgesetzt, als höchster, fünfter Schritt die Schau (*contemplatio*), «in welcher ... bereits in diesem Leben vorweggekostet wird, was der zukünftige Lohn des guten Werkes sein wird» (V,9; l.c.109,17). Alle diese Gedanken sind uns nicht fremd; sie spiegeln die typisch abendländische Form der Frömmigkeit, wie sie sich insbesondere im Mönchtum entwickelt hatte. Hugo ist bewußt ein Wahrer der Tradition, auch gegenüber andersartigen Strömungen seiner Zeit.

Wichtig ist jedoch – und in dieser Hinsicht hat die Einstellung Hugos besondere Beachtung gefunden –, daß er gegenüber seinen Schülern besonderen Wert auf eine angemessene Berücksichtigung auch des historischen (=Wort-)Sinnes legt. Es komme darauf an, «daß du zuerst die Geschichte lernst und die Wahrheit der geschehenen Ereignisse, indem du von Anfang an bis zum Ende repetierst und, was geschehen ist, wann es geschehen ist, wo es geschehen ist, und durch wen es geschehen ist, klug dem Gedächtnis anvertraust. Dies sind nämlich die vier Dinge, die besonders in der Geschichte erforderlich sind: Person, Handlung, Zeit und Ort» (VI,3; l.c.113,24–114,2). Dabei ist der Begriff «Historie» in einem erweiterten Sinn zu verstehen: «Wenn wir die Bedeutung dieses Wortes in einem weiteren Sinne gebrauchen, ist es nichts Unangemessenes, daß wir ‹ Historie› nennen nicht nur die Erzählung von Ereignissen, sondern jenen ursprünglichen Sinn jeglicher Erzählung, die mit dem eigentlichen Wortsinn ausgedrückt wird.» (VI,3; l.c.115f.) Gegenüber denen, die «sofort philosophieren wollen» (l.c.114,8f.), betont Hugo die unbedingte Notwendigkeit, zunächst die philologischen und historischen Grundlagen zu legen. Deren sogenannte «Wissenschaft» ist mit denen von Eseln vergleichbar! Offenbar hatte Hugo Gründe zu solch kräftigen Ausdrücken! Seine Hörer waren nur zu gern bereit, den mühseligen Weg über das Erlernen des Wortsinnes und der in ihm enthaltenen historischen Einzelheiten zu überspringen. Nun mögen zwar die Hörer einwenden – offensichtlich haben sie es häufiger getan : «Ich finde viel in den historischen Dingen, die zu nichts nützlich zu sein scheinen – warum soll ich mich mit derartigen Dingen beschäftigen?» (VI,3; l.c.115,11f.) Dem stimmt Hugo zwar zunächst zu, weist aber alsbald darauf hin, daß solche Dinge zwar nicht für sich genommen, aber in einem größeren Zusammenhang gesehen durchaus wichtig und für das Verständnis unentbehrlich seien. Deshalb gilt: «Lerne alles, du wirst später sehen, daß nichts überflüssig ist!»

Schon an diesen Äußerungen kann man erkennen, daß Hugo durchaus ihm eigene Auffassungen vertritt, auf denen seine besondere Bedeutung für die Geschichte der Bibelauslegung beruht. Übrigens hat er die wesentlichen Aussagen über die Heiligen Schrift noch einmal in dem etwas jüngeren Werk «De Scripturis et scriptoribus sacris» (Über die heiligen Schriften und Schriftsteller) in gleicher Weise wiederholt.

Um sie zu würdigen, müssen wir anschließend einen Blick auf sein systematisches Hauptwerk werfen, das er zwischen 1130 und 1137 schrieb : «De sacramentis Christianae fidei» (Über die Geheimnisse des christlichen Glaubens [PL 176,173–618]). Zentral für diese Darstellung ist die grundsätzliche Unterscheidung, die Hugo trifft zwischen dem «Werk der Gründung» (*opus conditionis*) und dem «Werk der Wiederherstellung» (*opus restaurationis*). Bereits im Prolog kommt er darauf zu sprechen: «Es gibt nämlich zwei Werke, in denen alles enthalten ist, was gemacht wurde. Das erste ist das Werk der Gründung. Das zweite ist das Werk der Wiederherstellung. Das Werk der Gründung ist, wodurch gemacht wurde, daß wurde, was nicht war. Das Werk der Wiederherstellung ist, wodurch gemacht wurde, daß besser wurde, was verlorengegangen war. Daher ist das Werk der Gründung die Erschaffung der Welt mit allen ihren Elementen. Das Werk der Restauration ist die Inkarnation des Wortes mit allen seinen Geheimnissen» (De sacr.prol., 2;

PL 176,A-B. Fast mit gleichem Wortlaut auch De Scripturis II; PL 175,11 A-B). In dem «Werk der Wiederherstellung» ist vor allem auch das «Geheimnis der menschlichen Erlösung» einbegriffen. Diese dogmatische Grundunterscheidung zwischen den beiden Werken wirkt sich auch auf die Betrachtung der Schrift aus. Der Prolog spricht im folgenden Kapitel darüber, wie die Schrift der Reihe nach von den beiden Werken handle: zunächst, in der Urgeschichte, von der Schöpfung der Welt, «die wegen des Menschen gemacht wurde», danach, «wie der Mensch ... auf den Weg der Gerechtigkeit und des Gehorsams gebracht wurde, dann, wie der Mensch gefallen ist, zuletzt, wie er wiederhergestellt worden ist» (l.c.,184 B-C). Wichtig ist, wie aus dem ersten Zitat sofort sichtbar wird, daß Hugo das Werk der Wiederherstellung zentral christologisch auffaßt. Von daher ist auch seine gesamte Schriftdeutung bestimmt. Daraus ergibt sich unmittelbar die dreifache Schriftauslegung, die er gleich anschließend (prol.IV; l.c. 184 C–185 A) erwähnt.

Das Gesamtschema der Darstellung in «De sacramentis» ist von daher als eine Exegese der Heiligen Schrift aufgebaut. Das erste Buch ist (nach traditonellem Muster) ein *Hexameron*: eine Auslegung des Siebentagewerkes der Schöpfung; daran an schließt sich die Auslegung der Erzählung von Paradies und Fall des Menschen (1. Mose 2–3). Buch II setzt mit der Zeit der Gnade ein, die nach Joh 1,17 – im Gegensatz zur Zeit des Gesetzes, das durch Mose gegeben ist, was Hugo allerdings nicht erwähnt! – durch Jesus Christus gekommen ist. Der Inhalt dieses ganzen Buches ist dann allerdings keine Bibelauslegung, sondern eine dogmatische Abhandlung, die vor allem über die Sakramente und Ordnungen der Kirche spricht, wobei sehr praktische Fragen abgehandelt werden, die damals aktuell waren. Für Hugo wird die Zeit der Gnade also in der Kirche und ihrer ganz konkreten gegenwärtigen Gestalt Wirklichkeit; er ist ein echt katholischer Denker. In diesem Teil seines Werkes zitiert er häufig Augustin und andere Kirchenväter, wie er überhaupt der Tradition breiten Raum gibt. Daß er gleichwohl dem Zeitschema verbunden bleibt, erkennt man in Buch II, Abschn. 17 und 18, wo er vom Ende dieser Zeit und von der zukünftigen Welt spricht. An anderen Stellen, denen wir uns noch zuwenden müssen, hat er Genaueres über die Periodisierung auch des mittleren Teils der Geschichte gesagt.

Hier ist von besonderem Interesse die Schrift «De arca Noe mystica» (Über die mystische Arche Noah). Es handelt sich dabei um den zweiten Teil einer Vorlesung über die Arche, die Hugo mit einem längeren ersten Teil einer allegorischen Auslegung der Konstruktion der Arche begonnen hatte. Nach Beendigung dieses Teils der Vorlesung hatte Hugo eine, teils farbige Zeichnung der Arche angefertigt, wobei viel Phantasie mit im Spiele ist, denn die Beschreibung in 1. Mose 6,14–16 bietet außer den

Angaben über Länge, Breite und Höhe der Arche und der Notiz, daß sie drei Stockwerke haben solle, nicht allzuviele Einzelheiten. Jedenfalls ist die Arche nach der biblischen Darstellung ein rechteckiger Kasten. Hugo fügt hinzu, daß sie in der Mitte durch eine durchlaufende Säule gehalten ist, die zugleich den Baum des Lebens im Paradies wie Christus darstellt, «der nach seiner menschlichen Gestalt, die er angenommen hat, in der Mitte der Kirche gepflanzt ist» (PL 176, 684 A). Da er in der Mitte steht und durch alle Stockwerke reicht, trägt Christus seine ganze, durch die Arche repräsentierte Kirche. Die Länge der Arche bezeichnet die (zeitliche) Erstreckung der Kirche, und zwar von Beginn der Schöpfung an bis zum Ende der Zeiten, «da die heilige Kirche in ihren Gläubigen von Anfang an beginnt und bis zum Ende der Weltzeit dauern wird. Wir glauben nämlich, daß es keine Zeit von Anfang der Welt bis zum Ende gegeben hat, in der nicht an Christus Glaubende gefunden werden» (PL 176, 685 B). Die obere Hälfte der Arche bis zur Säule bezeichnet die Generationen von Adam bis Christus, die untere die Periode von der Menschwerdung bis zum Ende der Zeiten. Dabei handelt es sich von Adam bis Christus um die leibliche Abstammungslinie, danach um die geistliche von Petrus und den anderen Aposteln zu den späteren Kirchenleitern, «die wie geistliche Söhne den Vätern in der Leitung der Kirche folgten» (PL 176, 685 C). Später (Kap.IV; PL 176, 686 B–687 D) führt Hugo dies noch im einzelnen aus, wobei von Adam bis Christus die über die Patriarchen und Davididen laufende Genealogie aus Luk 3,23–38 (in umgekehrter Reihenfolge) aufgenommen wird, während im zweiten Teil als Nachfolger Petri die Päpste bis zu dem gerade regierenden Honorius II. (1124–1130) aufgezählt werden. Für die bis zum Ende der Welt folgenden soll noch Platz gelassen werden! Es ergibt sich also eine durchlaufende heilsgeschichtliche Linie.

Die drei Stockwerke der Arche geben Anlaß für eine weitere Unterteilung (Kap.V; 688 A-B). Es ist die Einteilung der Heilsgeschichte in drei Perioden: 1. die Zeit des natürlichen Gesetzes, vom Anfang bis zu den zwölf Patriarchen, 2. die Zeit des geschriebenen Gesetzes, von den zwölf Patriarchen bis zur Fleischwerdung des Wortes (Jesu Christi), 3. die Zeit der Gnade, seither bis zum Ende der Welt. Dem entsprechen auch drei Arten von Menschen: 1. die Menschen des natürlichen Gesetzes, 2. die Menschen des geschriebenen Gesetzes, 3. die Menschen der Gnade (l.c. 688 C). Damit ist allerdings nur der in der jeweiligen Periode vorherrschende Menschentyp gemeint: «Wenn wir verständig aufmerken, finden wir in diesen einzelnen Perioden alle diese Arten von Menschen.» (l.c. 688 D) Einzelne Vertreter des Typs «Menschen des geschriebenen Gesetzes» und «Menschen der Gnade» gab es schon in der Periode des natürlichen Gesetzes, einzelne des Typs «Menschen des natürlichen Gesetzes» noch in der Periode des geschriebenen Gesetzes, und schon damals einzelne des Typs «Menschen der Gnade». In der Periode der Gnade sind alle drei Typen vorhanden. Aber für den jeweiligen Zeitraum ist die jeweils vorherrschende Art beherrschend, die anderen leben jeweils im Verborgenen, nur ihren nächsten Angehörigen bekannt. Es gibt allerdings auch Verwerfungen: In der Zeit des geschriebenen Gesetzes haben sich viele Vertreter des natürlichen Gesetzes versteckt, indem sie ihre Fehler verbargen, da sie von den Strafdrohungen des Gesetzes abgeschreckt wurden. Sie sind im Zeitalter der Gnade nach der Offenbarung des gnädigen Gottes und der Aufhebung der Strafe wieder ans Licht getreten.

Wir sehen hier den Entwurf eines heilsgeschichtlichen Schemas vor uns, den Hugo im Weiteren dann noch durch zusätzliche, diffizile Distinktionen ergänzt. Die Beschriftungen der einzelnen Bauteile der Arche in ihren drei Stockwerken mit Begriffen und ihre Ausdeutung erlaubt, eine Entwicklungsgeschichte der Tugenden zu konstruieren, die ständig fortschreitet. Grundlage dafür ist die Aussage, die sich im Zusammenhang mit der generellen Einteilung der Zeitalter findet: Danach «konnte das natürliche Gute im Menschen durch die Sünde zwar verdorben werden, aber nicht vollständig ausgelöscht werden. Denn es lebt bis heute ein Funken natürlicher Vernunft im Geist des Menschen, durch den er zwischen Gut und Böse unterscheiden kann» (l.c. 689 A-B). Dabei beruft sich Hugo auf die Aussagen des Paulus in Röm 2,14. Da die Arche die Kirche symbolisiert, ist das Wachsen der Tugenden allerdings in ihrem Raum angesiedelt. Dort wachsen die Christen heran von der Hochmut zur Furcht (vor der Strafe), weiter zum Schmerz (über die Sünde), dann zur Liebe; von der Geduld über das Mitleid zur Reue; von der Unwissenheit über die Erkenntnis zur Meditation und Kontemplation (l.c.692 C-D). Auf hundertzwanzig Treppenstufen – zwölf Treppen (die Lehre der Apostel) mit je zehn Stufen, entsprechend dem Dekalog –, welche die drei Stockwerke der Arche verbinden, schreiten sechzig Männer und Frauen aufwärts zu Gott. So ergibt sich eine folgerichtige Gesamtentwicklung der Kirchengeschichte, die mit der Heilsgeschichte identisch ist. Zugleich aber sind die Grenzen zwischen Kirche und Welt fließend: Was im Raum der Kirche geschieht, prägt zugleich die Weltgeschichte als ganze. Das «Werk der Wiederherstellung», als welches Hugo die Weltgeschichte im ganzen charakterisiert, gliedert sich in drei Perioden: die Periode vorherrschender Finsternis, nämlich die Zeit vor der Fleischwerdung des Wortes, die Zeit des Körperlichen (wirksam in den sichtbaren Sakramenten der Kirche) und die Zeit des Spirituellen (das sich unsichtbar durch die Sakramente verwirklicht; De arca Noe morali IV,9; PL 176, 679).

Neben solchen spekulativ-allegorisierenden Ausdeutungen, die allerdings einen die Weltgeschichte als ganze ausleuchtenden Aspekt haben und insofern ebenfalls ein geschichtliches Interesse verraten, hat Hugo in seinen exegetischen Vorlesungen sich ausführlicher als zu seiner Zeit üblich mit dem Wortsinn beschäftigt und zu ihm und den historischen Umständen einer Textaussage Anmerkungen geliefert. Offenbar nicht er selbst, sondern seine Schüler haben derartige Anmerkungen gesammelt. Leider ist die gedruckte Fassung in der *Patrologia Latina* keineswegs vollständig, wie die teilweise abweichenden Stoffe in den erhaltenen Anmerkungen zeigen. Auch scheint lange nicht alles, was Hugo mündlich vorgetragen hat, durch Aufzeichnung erhalten geblieben zu sein. Dennoch können wir uns aus dem Vorhandenen einen guten Eindruck von der Gesamthaltung machen, in der Hugo seine Auslegung durchgeführt hat. Bemerkenswert ist bereits, was er zu Beginn seiner «Erklärenden Anmerkungen zum Pentateuch» (Adnotationes elucidatoriae in Pentateuchon; PL 175, 29–86) sowie den entsprechenden Anmerkungen zu den Richter- und Königsbüchern – es handelt sich dabei um eine Sammlung von Bemerkungen zum Text und den für das Verständnis des Wortsinnes nötigen Erklärungen über Wortbedeutungen, historische Umstände und andere Sachprobleme – über die Septuaginta sagt. Er scheut sich dort nicht, ausdrücklich festzustellen: «Die siebzig Ausleger haben aus menschlichem, nicht aus göttlichem Geist gesprochen, und deshalb, wenn sie, als Menschen, irrten, ist dies in keiner Weise unangemessen.» (l.c.;32 A) Statt dessen kommt es auf die *hebraica veritas*, die hebräische Wahrheit an: «Denn in der Tat fehlt in der obengenannten Septuagintaausgabe vieles, das in der hebräischen Wahrheit (dem hebräischen Urtext) gefunden wird» (l.c.;30 A) – was anschließend durch Beispiele aufgewiesen wird. Statt der Septuaginta zu folgen, sollte man den Urtext vorziehen, «die authentischen Bücher, d. h. die hebräischen, in denen die erste Autorität und Wahrheit enthalten ist» (l.c.; 31 A).

Obwohl sich Hugo damit einer bekannten Forderung des Hieronymus anschließt, ist eine direkte Benutzung von dessen Büchern kaum nachweisbar. Eher können wir vermuten, daß Hugo – wie dann später sein Schüler Andreas von St.Viktor († 1175) – selbst Hebräisch gelernt hatte. Das wäre für die Zeit eine erstaunliche Leistung. Dafür spräche, daß sich in seinen «Adnotationes» zuweilen direkte Zitate aus rabbinischen Kommentaren finden, wie zu 1. Mose 49,12 (PL 175,59) aus Raschis Pentateuchkommentar, oder zu 2. Mose 1,15 (PL 175,61) aus dem Pentateuchkommentar von dessen Enkel Raschbam (Samuel ben Meïr), der ein Zeitgenosse von Hugo war. Eine andere Möglichkeit wäre, daß er Kontakt hatte mit Juden in Paris, denn das jüdische Viertel befand sich damals im Zentrum der Stadt, auf der Ile de la Cité. Im einzelnen lesen wir dann vieles, was an moderne Auslegungsmethoden erinnert, mit dem Interesse Hugos für Sachprobleme und historische Fragen. Das heißt freilich nicht, daß er sich nicht auch mit den höheren Stufen der allegorischen und tropologischen Exegese beschäftigt hätte. Auch für ihn ist es unbezweifelbar dieser höhere Sinn, dem das wörtliche Verständnis dienen muß. In seinem Kommentar über die Klagelieder Jeremiae (PL 175,255–322) führt er die dreifache Exegese in exemplarischer Weise vor. Bemerkenswert ist, daß er jedoch sogar der von ihm selbst durchgeführten Niederschrift seiner Predigten über den «Prediger Salomo» (PL 175,113–256), in denen er eine tiefsinnige spirituelle Auslegung durchgeführt hatte, ein auf methodische Sorgfalt dringendes Vorwort voranstellte (l.c.; 113 C–115 C). Dort betont er nicht nur, daß sich ein Text durch angemessene Beachtung des wörtlichen Sinnes für das Verständnis erst richtig aufschließt, sondern auch, daß diejenigen sich ebenso schuldig machten, «die leugnen, daß in der Heiligen Schrift ein mystisches Verständnis und allegorische Tiefe zu suchen sei, wo es vorkommt, wie diejenigen, die in lästerlicher Weise dafür eintreten, eines einzubringen, wo es nicht vorkommt» (l.c.; 115 A). Dennoch war Hugo in seiner persönlichen Frömmigkeit ein tiefreligiöser Mann, der sich in Kontemplation und Gebet um die Einheit mit Gott durch die Betrachtung seiner Werke, vor allem der Schrift mühte. Dennoch empfahl er den Studenten dringend, sich methodisch von den philologischen und historischen Kenntnissen hochzuarbeiten bis zu der Stufe des allegorischen Verständnisses. Auch dogmatisches Wissen ist hierzu unentbehrlich. So hoch der «mystische» Sinn auch zu schätzen ist – ohne solide Grundkenntnisse sollte sich kein Anfänger daran wagen.

Hugo ist der Lehrer vieler Studenten gewesen, und seine pädagogischen Fähigkeiten müssen, wie wir aus seinen Schriften noch deutlich erkennen können, ganz ungewöhnlich gewesen sein. Durch seine Tätigkeit nahm das Stift St.Viktor nicht nur einen außerordentlichen Aufschwung; er bildete auch mehrere bedeutende Schüler aus. Von den beiden bedeutendsten hat Richard († 1173) besonders die allegorische Auslegungsmethode ausgebaut, während Andreas der Erklärung des Wortsinns den Vorzug gab. Dabei hat er sich stärker noch als sein Meister auf den hebräischen Urtext des Alten Testaments gestützt und seinen Studenten die Kenntnis des Hebräischen empfohlen. Leider fehlen gedruckte Ausgaben seiner Schriften.

6. Ein Mönch erwartet das Zeitalter des Geistes: Joachim von Fiore

Joachim wurde um 1135 in Celico bei Cosenza, der Hauptstadt der Provinz Kalabrien, geboren, die damals zum Reich der in Sizilien und Oberitalien herrschenden Normannen gehörte. Sein genaues Geburtsdatum kennen wir nicht, doch soll er um 1195 gegen 60 Jahre alt gewesen sein. Sein Vater war Notar am normannischen Königshof in Palermo, und für diese Position wollte er auch seinen ältesten überlebenden Sohn gewinnen – zwei Brüder waren früh gestorben. Vermutlich ist Joachim auch eine Weile in der Kanzlei in Palermo tätig gewesen, ehe er (um 1166/67) eine Reise in den Orient antrat. Daß er dabei auch in Byzanz gewesen sei, ist vermutlich eine Legende. Doch dürfte er über Tripolis in Syrien nach Palästina gereist sein. Dort besuchte er u. a. Mönchskolonien am Toten Meer (vgl. «Concordia novi ac veteris testamenti» I,2, 3 a) und Jerusalem und erlebte, wenn wir seiner in Bruchstücken erhaltenen ältesten Lebensbeschreibung trauen dürfen, auf dem Berge Tabor, der Opferstätte des Propheten Elia (vgl.1.Kön 18), eine Offenbarung über die beiden Testamente. Dieses Ereignis ließ ihn die weltliche Laufbahn aufgeben und fortan in Mönchskutte durchs Land ziehen.

Nach der Rückkehr aus Palästina hauste er zunächst als Einsiedler in der Nähe des Ätna, kehrte aber schließlich in seine Heimat Kalabrien zurück. Auch eine dortige Begegnung mit seinem enttäuschten Vater soll ihn nicht von seinem Entschluß abgebracht haben, fortan von der Welt getrennt zu leben. Zunächst hielt er sich eine Weile in Sambozina, einem nördlich von Cosenza gelegenen Zisterzienserkloster auf, ohne allerdings dort einzutreten. Nach einiger Zeit verließ er vielmehr diese Abtei und predigte von einer einsamen Klause aus den Bewohnern eines in der Nähe liegenden Tales. Doch kamen ihm mit der Zeit Bedenken, ob dies ohne Priesterweihe zulässig sei. So ging er zum zuständigen Bischof in Catanzaro, um die Weihe nachholen zu lassen. Die Begegnung auf dem Rückweg mit einem griechischen Mönch, der ihn an das Gleichnis vom unnützen Knecht (vgl. Mt 25,30) erinnerte, brachte die entscheidende Wende: Zum Mönch bekehrt, trat er in das nahe Kloster Corazzo ein, das die Zisterzienserregel übernommen hatte. Schon bald stieg er dort zum Prior auf, und nach dem Rücktritt des Abtes wurde er zu dessen Nachfolger gewählt. Unwillig, dieses Amt mit seinen Verwaltungsaufgaben zu übernehmen, floh er zunächst, wurde aber dann doch zur Annahme überredet. Er hat das Kloster dann mehrere Jahre verwaltet und lange vergeblich versucht, es einem Zisterzienserkloster anzuschließen. Dies gelang erst 1188 durch das Eingreifen Papst Clemens III. (1187–1191), den er in Rom aufsuchte.

Mit den Päpsten hatte er bereits früher Kontakt, wie seine Begegnung mit Lucius III. (1181–1185) im Jahre 1184 zeigt, der ihn gebeten hatte, eine kurz zuvor gefundene anonyme Prophetie auszulegen. Damals stand Joachim bereits im Ruf eines Propheten, den er allerdings selbst ablehnte. Er soll einmal geäußert haben, er wolle nichts als ein Ausleger der heiligen Schrift sein, wofür ihm Gott den «Geist der Unterscheidung» (*spiritum intelligentiae*) gegeben habe. Von Lucius erhielt er auch eine (im Zisterzienserorden notwendige) spezielle Erlaubnis zum Bücherschreiben, die auch von Clemens III., mit dem er befreundet war, bestätigt wurde. Dieser forderte ihn 1188 auf, seine Werke zum Abschluß zu bringen und dem päpstlichen Stuhl vorzulegen; auch befreite er Joachim auf dessen Bitte hin von seinen Pflichten als Abt. Er wollte seine Zeit jetzt ganz seinen Schriften widmen. Bald danach gründete Joachim ein eigenes Kloster im abgelegenen Silvatal und nannte es St. Giovanni in Fiore. Es war zugleich die Gründung eines neuen Ordens, dem Joachim eine – leider nicht erhaltene – revidierte Zisterzienserregel gab. Er hat bis zum 17. Jahrhundert bestanden. Auch dort lebte Joachim nicht von der Welt abgeschnitten: Eine Begegnung mit dem englischen König Richard Löwenherz, der auf einem Kreuzzug 1190–91 in Sizilien überwinterte und von ihm eine Prophetie über den Ausgang des Kreuzzugs forderte, sowie erstmals 1191 mit Kaiser Heinrich VI., der 1194 sein Landesherr wurde († 1197), danach mit dessen Witwe Konstanze (die sich vor ihm zur Ablegung der Beichte demütig auf den Boden gesetzt haben soll) und im Frühjahr 1200 mit dem kleinen Friedrich II., die er in Palermo in Klosterangelegenheiten aufsuchte, sind bezeugt. Innozenz III. (1198–1216) war ihm wohl weniger gewogen. In seinem Testamentsbrief aus dem Jahre 1200 an diesen Papst drückte er jedoch seine volle Loyalität gegenüber dem Heiligen Stuhl aus, auch in Glaubensdingen. Er wollte ein treues Glied der Kirche sein und ist es bis zu seinem Tode am 30.3.1202 geblieben.

Das steht im Gegensatz zu seiner Nachwirkung bei radikalen Spiritualisten wie Gerhardus von Borgo San Donnino, dessen mit einem radikalen neuen Vorwort («Liber Introductorius») versehene Neuausgabe der Hauptschrift Joachims im Jahre 1254 den Protest der Pariser Professoren verursachte und eine päpstliche Untersuchungskommission auf den Plan rief, die 1255 in Anagni tagte und sorgfältig Joachims und Gerardos Aussagen gegeneinander abwog, sowie zu den sich seit 1270 von ihrem Orden abspaltenden Franziskanerspiritualen. Doch sind, wie wir noch sehen werden, die Wurzeln zu dieser sich offen gegen die Kirche in ihrer gegenwärtigen Form wendenden Radikalisierung in den Schriften Joachims durchaus vorhanden.

Mit Rupert von Deutz haben wir schon einen bedeutenden Bibelausleger kennengelernt, der aus der typisch klösterlichen Auslegungstradition herstammte. In den Klöstern und Konventen wurde in anderer Weise mit der Schrift gelebt, als das in den Schulen und aufkommenden Universitäten der Fall war. Es ging hier nicht um das zweiseitige Verhältnis von rationalem Denken und biblischen Inhalten, sondern einzig um den spirituellen Gehalt der Schrift. Methodisch wurde er durch die *collatio* erforscht: in kontinuierlicher Auslegung eines Textes durch den Vergleich mit anderen Bibelstellen, durch rhetorische und grammatische Untersuchungen, wie wir es in der älteren Auslegungstradition schon angetroffen haben. Das Ziel der *lectio evangelica* bestand in der Meditation des Textes, die zu Gebet und Kontemplation führen sollte. Sie stand im Mittelpunkt des Lebens der kontemplativen Orden, wozu die Benediktiner gehörten. Von ihr her wurde das Leben der Mönche und Nonnen gestaltet. Aus ihr gewann man aber auch die Maßstäbe für alle theologischen Urteile, die eng an ihre Aussagen gebunden waren. Das hinderte jedoch nicht, daß es auch unter Mönchen recht originelle theologische Denker gab. Einer von ihnen war Joachim von Fiore, dessen Andenken bis heute nicht vergessen ist.

Im Hintergrund der monastischen Bibelauslegung, wie sie Joachim verkörpert, stand im ausgehenden 12. Jahrhundert zugleich die Frontstellung gegen die scholastische Schultheologie, wie sie an den städtischen Zentren und den dort bestehenden Kathedralschulen, im 13. Jahrhundert dann an den sich herausbildenden Universitäten getrieben wurde. Joachim unterstreicht mit Leidenschaft die Vorzüge des Eremitenlebens, «wo es nicht die literarischen Studien gibt, nicht die Doktoren der kirchlichen Institution», wo «die Liebe aus reinem Herzen und nicht geheucheltem Glauben» herrscht im Gegensatz zu denen, die «von scholastischer Wissenschaft aufgebläht sind» (Tract.294,25–26). Nicht nur das: auch die mönchische Lebensform als solche wurde in einem gewissen Gegensatz gegen die verfaßte Kirche mit ihren Klerikern, ihren weltlichen Gütern und ihren vielfach verweltlichten Lebensformen geführt. Innerhalb des Mönchtums gab es dann noch die Auseinandersetzung zwischen den älteren Orden, vor allem den Benediktinern, die inzwischen selbst wohlhabend und vornehm geworden und dabei in eine Krise geraten waren, und – trotz der innerhalb des Benediktinertums selbst aufgebrochenen Reformbewegung von Citeaux – die Bewegung hin zu radikaleren Lebensformen. Bei Joachim äußerte sich diese zeitweise durch Eremitentum, das er dann allerdings zugunsten einer doch an die Zisterzienser angelehnten Ordensregel aufgab, vor allem aber auch in seinen grundsätzlichen Urteilen über die verfaßte Kirche, die er zwar nicht direkt aussprach, die aber seiner Gesamtauffassung von der Heilsgeschichte deutlich zugrundeliegen. Insofern steht er durchaus im Zusammenhang mit den Reformbewegungen gegen Ende des 12. und zu Beginn des 13. Jahrhunderts, die nach dem Abklingen der Wirkungen der älteren Reformbewegung im 11. Jahrhundert einen neuen Anlauf zur Reform der institutionellen Kirche machten. Diese Tendenzen waren bei Joachim zugleich mit starken Endzeiterwartungen verbunden, wie sie sich zur gleichen Zeit in apokalyptischen Strömungen innerhalb und außerhalb der Kirche zeigten.

Allerdings muß man, wie schon angedeutet, zwischen Joachims eigenen Äußerungen und dem, was spätere Spiritualisten aus ihnen gemacht haben, sorgfältig unterscheiden. Joachims globale Theorien sind in großen Zügen in den letzten Jahrzehnten häufig diskutiert worden, vor allem auch wegen der ideologischen Konsequenzen, die manche aus ihnen zu ziehen beabsichtigten, aber ihre exegetischen Wurzeln sind viel weniger bekannt, als sie es verdienten. Dem stand lange Zeit auch das Fehlen kritischer Ausgaben seiner Werke entgegen. Inzwischen sind wenigstens die wichtigsten in zuverlässigen Texten greifbar. Moderne Übersetzungen gibt es dagegen so gut wie überhaupt nicht. Wahrscheinlich hängt das damit zusammen, daß Joachim auf keinen Fall ein Denker nach heutigem Geschmack ist; die strenge Bindung aller seiner Gedanken an die Auslegung der Bibel macht die Lektüre seiner Schriften nicht einfach.

Die drei grundlegenden Werke Joachims sind das «Konkordienbuch» («Liber Concordiae novi ac veteris Testamenti» = Conc.), die Auslegung der Apokalypse Johannis («Expositio in Apocalypsim» = Exp.) sowie der «Zehnsaitige Psalter» («Psalterium decem chordarum» = Ps.). Die zwei ersten hat Joachim vor 1182 begonnen, zusammen mit ihnen das dritte 1184 vollendet. In seinem Testamentsbrief von 1200 sind alle drei als ein Ganzes erwähnt. Später begann Joachim noch einen (eine Harmonie der vier Evangelien anstrebenden) Kommentar über die Evangelien («Tractatus super quattuor Evangelia» = Tract.), den zu Ende zu führen ihn der Tod hinderte. Kleinere Schriften sind u.a. ein Handbuch zur Apokalypse («Enchiridion in Apocalypsim» = Ench.), eine Abhandlung «Gegen die Juden» («Contra Iudeos» = c.Jud.), in dem es um die Wertung des Alten Testaments geht, schließlich eine Lebensbeschreibung Benedicts von Nursia (ca. 480–547), aus der, wie auch aus anderen Äußerungen Joachims, seine hohe Wertschätzung gegenüber dem Ordensgründer hervorgeht.

Eine interessante Arbeit, deren Echtheit allerdings bis heute nicht unumstritten ist, haben wir noch in dem «Buch der Figuren» («Liber figurarum» = Lib.fig.) vor uns. Hier wird das Geschichtsbild Joachims, vielleicht aus der Hand der Jünger, möglicherweise aber auch von ihm selbst, in symbolischen Zeichnungen gestaltet. Das dies geschehen sein könnte, ist nicht so unwahrscheinlich, wenn wir an das Beispiel Hugos von St. Viktor denken. Das Veranschaulichen von inhaltlichen Aussagen durch Zeichnungen gehörte zu den damals gängigen Unterrichtsmethoden. In der Tat eigneten sich Joachims Theorien in hervorragender Weise für eine bildliche Darstellung.

Gegenüber systematischen Werken wie den Summen der Scholastiker ist die Aufbereitung fortlaufender Kommentare, wie sie die monastischen Bibelausleger vorgelegt haben, für den modernen Leser kompliziert. Nirgends, auch nicht in seinem mehr systematischen Werk, der «Concordia», entwickelt Joachim seine Anschauungen im Zusammenhang; man kann nur Äußerungen im Kontext der Auslegung biblischer Aussagen finden. Dennoch hat Joachim, abgesehen von gewissen Unausgeglichenheiten, die auch mit den Unterschieden zwischen den von ihm übernommenen Traditionen zusammenhängen, durchaus eine theologische Gesamtauffassung. Das geschlossenste seiner Werke ist sicher die «Concordia», doch kommt Joachim auf seine Lieblingsthemen auch an anderen Stellen immer wieder zu sprechen.

Achtet man auf die exegetischen Voraussetzungen Joachims, fällt einem zunächst in die Augen, daß er wie andere die aus der Tradition überkommenen Grundmethoden anwendet. Er kennt durchaus auch die traditionellen exegetischen Methoden und im ganzen einen fünffachen Schriftsinn (er sieht die fünf Sinne – den wörtlichen, historischen, moralischen, allegorischen und anagogischen – durch die fünf Apostel, die das Evangelium zu den Griechen brachten, versinnbildlicht: Petrus, Andreas, Paulus, Barnabas und Johannes; Tract.289,17–24). Joachim kennt aber auch eine zwölffache Entfaltung der Schriftsinne, die sich aus den drei Quellen des «Buchstabens» – das sind Altes und Neues Testament, dazu noch die Schriften der Kirchenväter (Ps. 262 d) – entwickeln. Sie ergeben sich, wenn man zu den fünf traditionellen noch die sieben weiteren hinzuzählt, die Joachim ebenfalls als sprituell betrachtet, die man statt dem allegorischen jedoch dem typologischen Bereich zuzurechnen hat. Grundsätzlich ist auch die Verwendung der Typologie ein Erbe, das Joachim bereits von der alten Kirche übernommen hat; nur auf der konsequenten Ausgestaltung dieser Methodik beruht seine Eigenleistung. Sein besonderes Interesse liegt in der Zusammenschau (Concordia) sowohl der beiden Teile der Bibel wie – bei der Auslegung der Apokalypse – bei den in diesem Buch ausgesprochenen, oft durch Zahlen angedeuteten Symmetrien der Heilsgeschichte. Joachim hat in einer berühmten Äußerung (Exp. 39bc) einmal den Empfang der Einsicht über diese Entsprechung der beiden Testamente und in die volle Deutung der Apokalypse auf eine (zwischen 1190 und 1195 empfangene) unmittelbare Erleuchtung zurückgeführt. Auch die beiden buchstäblichen Sinne betrachtet Joachim übrigens als spirituell; sie hätten für ihn keine Bedeutung, «wenn wir in ihnen nicht etwas Geistiges vorangekündigt glaubten» (Conc. I,12; 48,71 a). Denn: «Der historische Buchstabe beider Testamente ist vom Heiligen Geist mehr dafür hervorgebracht worden, um dadurch etwas zu bezeichnen, als daß der Buchstabe selbst gekannt würde wegen der (darin beschriebenen) Ereignisse.» (Conc.V,74, fol.103 a) Wenn man von den beiden buchstäblichen Sinnen absieht, entsprechen die übrigen zehn den zehn Saiten der Harfe, einem Sinnbild für den Psalter (ebd.), das Joachim auch als Überschrift für sein Psalmenbuch gewählt hat. In der Einleitung zu diesem Werk hat Joachim die innere Vorgeschichte der Entstehung dieses Werkes dargestellt. Danach hatte er mehrere Stadien von Frustration und Enttäuschung zu durchschreiten, bis er durch Psalmensingen zu einem neuen Gleichgewicht der

Seele kam, das in der Anbetung gipfelte. Neben der Harfe (Psalter) hat auch die Kithara als das zweite Hauptsaiteninstrument mehrfache symbolische Bedeutung.

Es ist das typologische Verständnis, das er vor allem den «Pastoren» der Kirche ans Herz legt (Exp. 4,13,162b). Es entfaltet sich direkt aus dem Wortsinn (vgl.ebd.). Dabei kann er allerdings all die Bilder gebrauchen, die für die allegorische Auslegung der Schrift charakteristisch sind und ein spiritualistisches Verständnis andeuten. So ist die Schrift für ihn wie ein gläsernes Meer, kristallhart, bis der Geist darüber weht (Exp. 106a–b). Durch die harte Schale des Buchstabens muß man zum Kern hindurchdringen (Exp. 39b u.ö.). Auch die Typologie ist demnach eine «geistige» Form der Schriftdeutung; nur ist ihr Ziel ein anderes.

Wie schon aus dem Titel seines Hauptwerkes «Concordia» («Harmonie» der Testamente) hervorgeht, ist das Verhältnis der Testamente zueinander, d.h. der Vergleichsaspekt auf einer geschichtlichen Ebene, für Joachim der entscheidende Ausgangspunkt. Berühmt geworden ist hierfür sein aus der Vision Ez 1,15ff. übernommenes Bild, wonach die beiden Testamente wie ein Rad im anderen ineinanderliegen (Conc. II,1,1; 61,209ff.). Vom Ansatz her könnte man also von Typologie im traditionellen Sinn sprechen. Dies ist aber nur die eine Ebene. Hinzu kommt sofort eine zweite: Ein wichtiger Gesichtspunkt ist für Joachim, daß die Geschichte der Kirche und die in ihr sich abspielenden Ereignisse in einer engen sachlichen Beziehung zu Ereignissen und Gestalten in der Schrift stehen. Ausgangspunkt hierfür ist die paulinische Auffassung von der Kirche als dem «Leib Christi» (vgl. Röm 12; 1.Kor 12). Daraus schließt Joachim, daß die Ereignisse und Personen der Kirchengeschichte die in der Schrift enthaltene Geschichte Christi fortsetzen und vollenden: «Diese Dinge (die alttestamentlichen Geschehnisse) sind alle in Christus erfüllt und müssen noch vollkommener erfüllt werden im Leibe Christi», schreibt er z.B. zu ApkJoh 3,7 (Exp. V,1; fol.89c). Die beiden Bereiche Altes und Neues Testament sind also durch einen dritten, die Kirche, zu ergänzen. Dieses Prinzip wird von Joachim bis ins einzelne durchgeführt; er bemüht sich zu zeigen, «daß das Neue, das dem Alten entspricht, sich teilweise in den Königen, teilweise in den römischen Bischöfen, vor allem aber im ganzen Leibe Christi erfüllt, besonders wo etwas Geheimnisvolles (*mysticum*) geschieht, da wir alle Gläubigen ein Leib sind in Christus» (Conc. II,1,2,14b).

Daraus entwickelt sich als weitere Ebene die Gliederung der Heilsgeschichte in Perioden. Auch dieser Ansatz ist im Grundsatz traditionell. Klassisch ist die Einteilung in vier Weltalter bei Augustin geworden. Joachim übernimmt sie, aber fügt den vier Weltaltern noch ein fünftes hinzu: 1. «vor dem Gesetz» (*ante legem*), 2. «unter dem Gesetz» (*sub lege*), 3. «unter dem Evangelium» (*sub evangelio* , oder auch *sub littera evangelii* u.ä.), 4. «unter dem geistigen Verständnis» (*sub spirituali intellectu*), 5. «im Vaterland» (*in patria*), bzw. «in der offenbaren Gottesschau» (*in manifesta visione Dei*). Wenn man allerdings berücksichtigt, daß die beiden ersten Zeiträume gewöhnlich unter dem Dach des Alten Testaments zusammengefaßt werden und der fünfte schon außerhalb der Zeit liegt – was Joachim auch selbst erkennt («uneigentlich, nicht eigentlich wird er Zeitraum genannt»; Exp. 5c) –, kommen eigentlich nur die traditionellen drei Epochen heraus. Diese bilden ohne Frage das Grundgerüst der Aufteilung der Geschichte in Zeitalter, wie Joachim sie in der «Concordia» (Conc.V, 84; 112b) formuliert: «Drei Status der Welt legen uns die Geheimnisse der göttlichen Schrift nahe: Der erste, als wir unter dem Gesetz waren; der zweite, als wir unter der Gnade waren; der dritte, den wir als bevorstehend erwarten, unter reichlicherer Gnade.»

Aber mit der bloßen Aufteilung der Geschichte in Perioden wird man der Eigentümlichkeit des joachimitischen Denkens noch nicht gerecht. Eigentümlich für ihn ist das symbolische Verständnis bestimmter biblischer Personen in der biblischen Geschichte. Dieses Verständnis ist zwar auch nicht ganz neu, denn bereits bei Paulus findet sich die Einteilung der Heilsgeschichte nach den Personen, die eine jeweilige Periode eingeleitet haben, am Beispiel Adam und Christus (Röm 5,12–21; vgl. auch zu Hagar und Sara Gal 4,21–31). Aber bei Joachim ist das System ungleich breiter ausgebaut. Die Konkordie zwischen beiden Testamenten beruht bei Joachim wesentlich auf den Personen: «Als Konkordie im eigentlichen Sinne bezeichnen wir die Ähnlichkeit gleicher Proportion des Alten und Neuen Testaments. *Gleicher* sage ich im Hinblick auf die Zahl, nicht auf die Würde, da nämlich Person und Person, Stand und Stand, Krieg und Krieg sich aus einer Parallelität heraus gegenseitig mit ihren Gesichtern anschauen: wie Abraham und Zacharias, Sara und Elisabeth, Isaak und Johannes der Täufer, Jakob und der Mensch Jesus, die zwölf Patriarchen und die Apostel gleicher Zahl, und ähnliches; so daß alles (Geschehen), wo es sich ereignet, nicht nach allegorischem Verständnis, sondern im Hinblick auf die Konkordie beider Testamente zu deuten sicher ist. Denn *ein* wirklich geistliches Verständnis geht aus beidem hervor.» (Conc II,1,2; 62,1–8) Offenbar sind ihm Figuren auch zur Fixierung und Veranschaulichung seiner Gedanken unentbehrlich: «Aber wir können das besser zeigen, wenn wir Figuren des Beispiels wegen wählen.» (Exp.15c)

Die Typologie als Vergleich der beiden Testamente und die Herausarbeitung ihrer Entsprechungen bildet zwar die auslegungsgeschichtliche Voraussetzung Joachims, aber indem er sie auf alle Perioden der Heilsgeschichte bezieht, geht er weit darüber hinaus. «Die Konkordie, von der wir gesprochen haben, ist den drei Ständen der Erwählten (Laien, Priestern und Mönchen) und den drei Status der Welt zuzuschreiben.»

(Conc. II,1,27; 113,11f.) Joachim kann die Typologisierung von Personen beider Testamente noch ein ganzes Stück weiter treiben. In Conc.5 (und Ps.265a) geht er von dem Gegenüber von Hagar und Sara als den beiden Frauen Abrahams in Gal 4,21ff. aus und unterscheidet sieben Ebenen typologischen Verständnisses. Überhaupt spielt Zahlensymbolik bei ihm eine große Rolle, was nicht zuletzt mit seiner Affinität zur Apokalyptik zusammenhängt. Auf den sieben Ebenen können die drei Personen Abraham, Hagar und Sara verschiedene heilsgeschichtliche Größen symbolisieren; von den alttestamentlichen Gruppen und Institutionen über die geschichtliche Synagoge und Kirche und ihre Amtsträger bis zu dem himmlischen Jerusalem der Endzeit und seinen Bewohnern. Allerdings bleibt dabei von der ursprünglichen Absicht des Paulus, der ein christologisches Ziel im Auge hatte, nichts mehr übrig. Immerhin handelt es sich um ein im Grundansatz traditionelles Schema.

Es überlagert sich allerdings mit einem weiteren, das die Fortsetzung des oben zitierten Textes anspricht: «... Wir glauben an einen lebendigen Gott –, daß einer der Vater sei, auf den sich geistlich das Alte Testament bezieht. Daß einer der Sohn sei, auf den sich geistlich das Neue bezieht. Daß einer der Geist sei, der aus beiden hervorgeht: auf den sich geistlich das mystische Verständnis bezieht, der, wie gesagt ist, aus beiden hervorgeht.» (Conc. II,1,2; 62,10–13) Der Dogmengeschichtler wird bemerken, daß Joachim hier die Lehre der westlichen Kirche übernimmt, die im Streit mit der Ostkirche in dem *filioque* den Ausgang des Heiligen Geistes vom Vater *und* dem Sohne behauptet hatte.

Das trinitarische Schema führt Joachim aber nun einen entscheidenden Schritt in der heilsgeschichtlichen Anwendung über das bisher Gewohnte hinaus: aus dem Gegenüber der beiden Testamente und den ihnen zuzuordnenden heilsgeschichtlichen Zeiträumen wird eine Abfolge von *drei* Zeiträumen. Dabei rücken die beiden ersten, die Perioden des Alten und des Neuen Testaments, nahe aneinander, während die dritte ihnen antithetisch gegenübertritt: «Endlich, wie der Buchstabe des früheren Testamentes der Zeit vorausging, die man die Zeit der Gnade nennt, so geht der Buchstabe des Neuen Testamentes der Zeit voraus, die eine größere Gnade bieten wird, da sie uns Gnade um Gnade (vgl. Joh 1,16) geben wird.» (Tract. 191,23–26) Auch das Neue Testament wird so zum «Buchstaben» (so auch Tract. 21,26–22,2), die durch Christus gekennzeichnete Periode zu einer Übergangszeit, auf die eine Zeit des Geistes als die höherwertige noch folgt! Die Kommission zu Anagni hat gerade das als den ersten Irrtum Joachims an die Spitze ihrer Kritik gestellt: «daß das ‹ewige Evangelium›, das mit der Lehre Joachims identisch ist, die Lehre Christi und deshalb das Alte und Neue Testament übertrifft». Der Gegensatz zwischen Buchstabe und Geist ist zwar paulinisch (vgl. bes. 2.Kor 3,6), hier aber wird eine Konsequenz aus ihm gezogen, die Paulus nie in den Sinn gekommen wäre: daß Heilige Schrift und Geist Gegensätze sind! Aber gerade dies ist die Botschaft der Spiritualisten aller Zeiten.

Zur Durchführung des Schemas greift Joachim wieder auf die ihm überkommene Auslegungstradition zurück, wenn er im 5. Buch der «Concordia» die Stadien der Geschichte nach den sieben Tagen der Weltschöpfung entsprechend 1. Mose 1 (*Hexaëmeron*) einteilt. Danach bringt die erste Deutung (Conc. V,3–9) eine Erklärung der sieben Schöpfungstage als sieben Stadien der alttestamentlichen Geschichte von Adam bis Christus, die zweite (Conc. V,10–19) als sieben Stadien der noch in das Alte Testament hineinreichenden, aber auch das Neue Testament und die bisherige Kirchengeschichte einschließenden Geschichte vom judäischen König Ussia (Ozias) bis zur Gegenwart, die dritte (Conc. V,20–23, nicht zu Ende geführt) als die «sieben künftigen Zeitalter» von der Gegenwart bis zum Weltende, die vierte (Conc. V,24–30) als die sieben Zeitalter der Geschichte als ganzer, wobei die sechste Periode mit Christus beginnt, aber in naher Zukunft endet, um das siebente Zeitalter zu eröffnen, das bis zum Weltende reichen wird. Wichtig ist in all diesem der Entwicklungsgedanke, der sich in der Ablösung der verschiedenen Zeitalter und der zu ihnen gehörenden Stände äußert: von den alttestamentlichen Figuren geht es über die neutestamentlichen zu den Institutionen und Ämtern der Kirche (den Bischöfen unter dem römischen Bischof als ihrem Haupt und den Priestern) und von dort zu den Figuren der Endzeit, wobei die jeweils zu einer früheren Periode gehörenden Ämter in der folgenden ihre Bedeutung verlieren.

Das Miteinander der verschiedenen Berechnungsmethoden, das wieder der Vorliebe Joachims für Zahlenspekulationen entspringt, erleichtert gewiß nicht den Überblick. Doch fällt eine Tatsache in die Augen: die Perioden der Heilsgeschichte lösen nicht einfach einander ab, sondern überlappen sich. Während die dem ersten Schöpfungstag entsprechende Periode nach traditionellem Muster das Alte Testament bis zu Christus umfaßt, läßt Joachim die zweite Periode bereits mitten im Alten Testament bei Ussia beginnen und bis zur Gegenwart andauern. Dadurch wird zweierlei bewirkt. Zunächst ergibt sich für die Gegenwart Joachims ein Einschnitt von großer Bedeutung. In naher Zukunft wird die Wende zu einem neuen Zeitalter erwartet, das sich von dem bisherigen grundsätzlich unterscheiden wird. Die Rückverlegung des Beginns des zur Zeit Joachims gegenwärtigen Zeitalters in das Alte Testament hinein schwächt andererseits, wie wir noch sehen werden, die Rolle Jesu Christi innerhalb der Heilsgeschichte ganz entscheidend. Darüber hinaus ist aber auch das dritte Zeitalter, das Zeitalter des Geistes, nicht nur reine Zukunft: Wenn Joachim es in einem seiner Einteilungsschemata bereits mit dem Ordensgründer Benedikt von Nursia beginnen läßt, greift es in der Lebensform des Mönchtums auch schon in seine Gegenwart hinein.

Das Geschichtsschema findet sich an anderen Stellen noch weiter ausgebaut und kompliziert. Lehrreich ist z.B. die Tafel Lib.Fig. XVIII, in der sich mehrere Ebenen überlagern. Nach dem Sieben-Tage-Schema reichen die ersten fünf Tage von Adam bis zu Johannes dem Täufer, der als Vorläufer Jesu die alttestamentliche Periode abschließt und zugleich die neue, sechste beginnt, die bis zur Gegenwart andauert. Mit der Gegenwart soll dann nach Joachim (oder seinen Schülern) das siebente Zeitalter anbrechen, das durch den Heiligen Geist charakterisiert ist. Ein anderes Schema ist die Generationenberechnung, die ihre Perioden jeweils nach zehn Generationen (zu je 30 Jahren) einteilt. Hier reicht die erste Periode (*tempus*) vom Anfang bis Ussia, die zweite bis Serubbabel, die dritte bis Christus und dann die folgenden vier bis zur Gegenwart. Wieder anders ist die uns schon bekannte nach den drei *Status*, von denen der dritte mit dem Zeitalter des Heiligen Geistes identisch ist. Diesem Schema ist wiederum ein, jedoch anders gerechnetes Zehn-Generationen-Schema zugeordnet. Es ergibt sieben *secula* (Perioden) von Adam bis zum Priester Zacharias, dem Vater Johannes des Täufers (vgl. Luk 1,55–66). Er leitet eine Periode ein, die – obwohl mit dem zweiten *Status* identisch – auch mit dem siebenten Zeitalter (*Septima etas*) gleichzusetzen ist. Dieses aber ist schon als Zeit der Ankunft des Heiligen Geistes gekennzeichnet.

Dieses mehrschichtige Zeitenschema (Tafel XIX bringt eine noch kompliziertere Konstruktion) deutet die Vielfältigkeit an, mit der Joachim nach unterschiedlichen Zahlenschemata die Heilsgeschichte periodisieren kann. Die Zahlensymbolik als solche ist ebenfalls ein altes Erbe. Deshalb dürfen die Abweichungen zwischen den Einzelberechnungen als solche nicht zu ernst genommen werden. Das übergreifende Schema der drei Zeitalter ist sicherlich das wichtigste. Und dabei ist das Entscheidende das dritte Zeitalter, das Zeitalter des Geistes, das jedenfalls nicht mit der Gegenwart identisch ist, sondern als erst bevorstehend erwartet wird. Es soll die Gegenwart ablösen, die jedenfalls nach Joachim noch nicht das von ihm erhoffte spirituelle Heil bringt.

Auf der anderen Seite sind die Übergänge zwischen den Zeitaltern, die auf den ersten Blick auffallen, nicht ohne Bedacht gewählt. Der uneingeweihte Leser wird sich wundern, daß ein wichtiges Zeitalter gerade mit dem König Ussia (Asarja) begonnen wird, von dem in 2.Kön 15,1–7 vor allem seine Erkrankung an Aussatz berichtet wird. Die Erklärung scheint darin zu liegen, daß unterhalb seines Feldes der Name des Propheten Jesaja eingetragen ist, der nach Jes 1,1 seine Tätigkeit unter diesem König begonnen hat. Jesaja aber galt schon seit der alten Kirche als der wichtigste alttestamentliche Prophet, dessen Verkündigung direkt auf Christus bezogen wurde. Das wird bestätigt durch die Deutung der Trompete in ApkJoh 1,10, nach Joachim ein Bild für den Zusammenklang von Altem und Neuem Testament. Sie ist in der Mitte geteilt durch einen Knoten, der nach Joachim die Periode von «Ussia und Jesaja bis zu Johannes dem Täufer» als die zweite Weltzeit abgrenzt (Exp. 40d). Eine weitere Überlegung muß Zacharias, dem Vater Johannes des Täufers, gelten. Warum beginnt mit ihm ein neues, offenbar entscheidendes Zeitalter?

Zacharias selbst ist eigentlich nicht die entscheidende Figur, sondern (wie schon in dem vorangegangenen Zitat) sein Sohn Johannes der Täufer. Das wird an der Behandlung seiner Person im *Tractatus* besonders deutlich. Johannes der Täufer ist eine der Leitfiguren für die Charakterisierung der heilsgeschichtlichen Epochen. Das *Kind* Johannes kennzeichnet den Beginn einer neuen Periode, und zwar der Zeit der Kirche, die noch Milch zu sich nimmt anstelle fester Speise (vgl. 1. Kor 3,2). Das hängt zusammen mit der Auslegung der Kindheitsgeschichte bei Lukas, in der Johannes neben Jesus eine so große Rolle spielt (Luk 1,5–25.39–45.57–66). In seinem Evangelienkommentar hat Joachim die Kindheitsgeschichte bei Lukas und bei Matthäus besonders ausführlich behandelt. Joachim faßt auch die Person Johannes des Täufers als Symbol auf. Johannes ist einerseits – als Erwachsener – noch eine Verkörperung der alten Ordnung. Andererseits weist seine Figur als Kind schon prophetisch auf das Wachstum der Kirche voraus, das von Johannes an bis zur Gegenwart andauert. Diese Aussagen begegnen übrigens in dem berühmten Passus (Tract. 6,29–7,18), in dem Joachim die vier Evangelien charakterisiert und vier Zeitaltern zuordnet: Mt gehört zum Alten Testament, Luk zur Kirchengeschichte, Mk, der von der Predigt Jesu zu seiner Reifezeit handelt, bezeichnet die spirituelle Lehre (nach 1.Kor 2,6), Joh die «unaussprechliche Weisheit», die mit der Ankunft Elias in der Zeit des Geistes zu erwarten ist. Hierzu zitiert Joachim die Aussage 1.Kor 13,12a: «Wir sehen jetzt durch einen Spiegel...» – wie überhaupt das Kapitel 1.Kor 13 einer seiner Lieblingstexte ist. Er kann die Vierzahl der Evangelien aber auch auf die vier Tiere in der Berufungsvision Ezechiels (Ez 1,5ff.) beziehen: Hieraus ergeben sich die bekannten Symbole für die vier Evangelisten: Mensch, Löwe, Stier und Adler, und daraus wieder die vier Zeitalter (Tract. 143,22–144,9; vgl. auch Lib.Fig., Pl.XV). Weiter bezeichnet die Taufe Johannes des Täufers die jetzige Zeit der Kirche, «wo wir sind», die Taufe Jesu dagegen die Zukunft, «wo wir sein werden» (Tract. 114, 10–12). Aber die Zukunft bricht schon in der Gegenwart an: «Je mehr sich diese Welt dem Ende nähert, um so verächtlicher beginnt zu sein, was durch Johannes bezeichnet wird; um so klarer und erhabener aber, was durch Christus bezeichnet wird.» (Tract. 272,1–3)

Es fällt auf, daß Jesus Christus durchaus nicht die zentrale Figur ist. An der genannten Stelle wird von Jesu Kindheit und seinem Erwachsensein gesprochen, aber die Zeit der Kindheit Jesu ist eigentlich eine Vorausschau der Erwartung des *Geistes*; seine Figur spielt in der Einteilung der Zeiten keine Rolle. Jesus als Mensch ist «Typus des Heiligen Geistes» (Exp. 23c)! Symbolisch sind Kindheit und Erwachsensein Jesu für die Kirche in ihrem Wachstum von der «Milch» zur «festen Speise». Das «Fruchtbringen» der Kirche dagegen wird nicht von Jesus, sondern von Zacharias (z.B. Conc. IV,2,1; 405,13f.) an gerechnet, d.h. eigentlich von Johannes dem Täufer: «Und da im ersten Status der Welt, der ... von Mose anfing, nach der Beschneidung aber von Abraham, Gott Vater seine Herrlichkeit zeigte, machte im zweiten Status, der mit Johannes dem Täufer anfing, der Sohn sich dem christlichen Volk bekannt, dessen Vollendung mit der Ankunft Elias zusammenfällt.» (Tract. 23,21- 24,1) Die geringe Rolle Jesu, die ihm Joachim zuschreibt, kann man auch an seiner Behandlung des «Parakleten» (Trösters) im Johannesevangelium sehen. Während der Paraklet bei Joh streng auf Jesus bezogen bleibt und ihn während seiner Abwesenheit vertritt (vgl. Joh 16,14), zitiert Joachim (der den «Parakleten» übrigens nie so nennt, sondern nur «Geist der Wahrheit») fast ausschließlich Joh 16,13a (Tract. 9,19–20; 177,17–18; 199,3–4; 292, 7–8) und bezieht den von Jesus gebrachten Geist entweder auf ein spirituelles Verständnis der Schrift im Gegensatz zum «fleischlichen» oder auf die Geistfülle der Endzeit (dazu auch Ps. 259d–260a).

Hier ist besonders die Rolle Elias hervorzuheben: «Sicherlich bezieht sich der dritte Status, der mit Elia beginnt, auf den Heiligen Geist, deswegen weil er in ihm seine Herrlichkeit zeigen wird wie der Vater im ersten, der Sohn im zweiten.» (Tract. 24,7–10) Joachim erläutert anschließend, zwar sei der Geist schon nach der Auferstehung Jesu «nach dem Wortsinn» ausgegossen worden (Apg 2), aber «nach seiner Fülle» werde er erst kommen, wenn er sich durch die Bekehrung auch der Juden (vgl. Röm 11,26.31) durch Elia und seine Gefährten erweisen werde.

Der wiederkommende Elias ist für Joachim in Anknüpfung an Mt 17,11 (der Vers wird aber aus seinem Zusammenhang gerissen, vgl. V.12!) der Bringer des neuen Zeitalters des Geistes: «Wie er einst den Altar, der eingerissen war, mit neuen Steinen wieder aufbaute (vgl. 1. Kön 18,32), wird der Heilige Geist, den er selbst bezeichnet, ... das Krumme in Gerades richten und das Höckerige in glatte Wege.» (Tract. 291,7–11) Das Opfer Elias auf dem Karmel – wir erinnern uns, daß Joachim selbst einmal dort war und möglicherweise sein entscheidendes spirituelles Erlebnis dort hatte – ist für ihn ein zeichenhaftes Ereignis; er selbst sieht sich in der Rolle Elias am Anfang seines Concordien-Buches: «Wir haben mit Elia einen Altar zu bauen aus der Erde selbst. Die Erde ist unten anzuordnen, damit Wasser darauf gegossen werden kann, indem wir Feuer vom Himmel erwarten, das Erde und Wasser verzehren wird – indem wir ein spirituelles Verständnis erwarten, das jene irdene Oberfläche des Buchstabens, die von Erde ist und von Irdischem spricht, ... verzehre.» (Conc. II,1,1; 60,198–202) Für dieses neue Zeitalter erwartet Joachim (nach 1.Kor 13,9–10) eine Abkehr der Menschen davon, «zu eifern für die Grundsätze jener Wissenschaft, die dem Stückwerk entspricht»! Statt dessen werden sie «das Auge des Herzens auf jene Fülle des Geistes richten, den er (Jesus) im Heiligen Geist versprochen hat, indem er sagte: ‹Wenn jener Geist der Wahrheit kommen wird, wird er euch die ganze Wahrheit lehren› Joh 16,13» (Tract. 292,5–7). Hier wird das spiritualistische Ideal sichtbar, in dem der Kern der apokalyptischen Hoffnung Joachims liegt. Er erwartet für die bevorstehende Endzeit auch eine grundlegende Verwandlung des Menschen; den vom Geist Verwandelten wird auch ein «geistiger Verstand» verliehen werden (Exp. zu ApkJoh 2,8; 64a). Mit den Apokalyptikern teilt er auch die drängende Erwartung eines unmittelbaren Bevorstehens der Endzeit: Er schreibt seine *Concordia*, «weil die vorherbestimmte Zeit da ist. ... Wenn jemand aus dem Hause Lots ist, eile er, sich aus den Grenzen Sodoms zu entfernen; wenn einer aus der Familie Noahs ist, soll er sich aufnehmen lassen unter die, die in der Arche gerettet werden» (Conc. V,119; fol.135b).

Mit dieser Endzeit sind für Joachim aber auch ganz konkrete Hoffnungen für die Zukunft der Kirche verbunden, «da jener große Elias, der kommen wird, um alles zu vollenden, die monastische und eremitische religiöse Lebensweise einführen wird. Und wie dem Wortsinn des früheren Testamentes besonders der Stand der Laien entspricht, dem (Stand) der Kleriker der Buchstabe des Neuen, so stimmt das geistige Verständnis mit dem Stand der Mönche überein» (Tract. 195,18–22). Er kann auch von dem «ehelichen Stand» für die erste, von dem «klerikalen Stand» für die zweite, von dem «spirituellen Stand» für die dritte Periode sprechen (zu der dann wieder die Mönche («die wirkliche Mönche sind»; Tract. 84,6) gehörten. Auch die Gestalt des Simeon (Luk 2,25–28.29–32) wird von Joachim bei der Exegese jener Stelle (Tract. 85,22–88,9) in eine entsprechende Deutung einbezogen: Der junge Johannes der Täufer repräsentiert den Klerus, der junge Jesus «bezeichnet die Gabe des Geistes mit dem Stand der Mönche» (Tract. 86,3–4). Bei näherem Zusehen ist sein Bild von der Zukunft also ganz speziell von den Idealen seines Standes, des Mönchtums, und zwar seiner eremitisch geprägten Variante, inspiriert. Damit stimmt auch die Beschreibung seines *ordo conventualium* (Stand der Klosterangehörigen) als «die in der Einsamkeit einfach leben» (Tract. 85,3–4) überein. Noch nicht die spätere offene monastische Revolte, aber doch eine innere Abkehr von der verfaßten Kirche wird darin sichtbar. Diese wird nicht als solche abgelehnt –

deshalb konnte Joachim stets seine Loyalität zum jeweils regierenden Papst bekunden –, aber sie ist eine Übergangserscheinung für die augenblicklich noch andauernde Weltepoche. Mit dieser Erwartung überein stimmt aber auch eine noch etwas andere Periodeneinteilung, wie sie sich in der «Concordia» findet, wonach das Zeitalter des Geistes als dritte Periode der Heilsgeschichte bereits mit Benedikt von Nursia und seinem «spirituellen Volk» beginnt, dem Gründer des Ordens, dem Joachim (in der Spielart der Zisterzienser und seiner eigenen Ordensgründung) angehörte (Conc. II,1,4; 67,26–28; IV,2,1; 405,14f.; V,21, fol.70d). Überhaupt spielt Benedikt eine große Rolle für ihn, dem er, wie wir sahen, eine eigene *Vita* gewidmet hat.

Aus dieser mönchisch geprägten Zukunft ergibt sich dann auch die berühmt gewordene Hoffnung Joachims auf eine «Geistkirche» (*ecclesia spiritalis*; Tract. 86,15) oder auch «spirituelle Ordnung» (*ordo spiritalis*; Tract. 87,28 u.ö.), durch welche die erwartete Endzeit charakterisiert sein soll. Dabei spielt die Stelle Dan 7,27 eine bedeutende Rolle, wonach in der Endzeit dem «Volk der Heiligen des Höchsten» die Herrschaft übergeben werden soll (vgl. u.a.Tract. 25,9–11; 35,17–18 u.ö.). Ebenso wird Apk 14,6 für die joachimitische Rede vom «ewigen Evangelium» herangezogen. Oder er spricht vom «Evangelium des Geistes» (Tract. 304,24–25). In dieser Zeit werden sich alle äußeren Formen der Kirche zwar nicht völlig auflösen, aber ihre Struktur, durch die mönchische Lebensgemeinschaft charakterisiert, wird mit der Amts- und Klerikerkirche nicht mehr zu vergleichen sein. «Der Stand der Kleriker wird mit dem Ende der 42. Generation nach der Menschwerdung des Herrn aufhören.» (Conc. IV,2,2; 6–8 u.ö.) In der Geistzeit werden die Geistgetriebenen (*spiritales,* Conc. V,49,fol.84c u.ö.) die Kirche darstellen. Der Ausdruck «geistliche Menschen» (*homines spiritales*) ist ein Kernbegriff Joachims, wobei die Belegstellen 1.Kor 2,15 und Ps 82,6 häufig zitiert werden. Diese kann Joachim auch die «Kleinen des Anfangs des Geistes» nennen, über die der Geist Gottes ausgegosssen werden soll (nach Joel 2,28) oder die «Knaben» (*pueri*), die geistliche Kinder haben werden (Tract. 90,26–91,1; 91,13). «Da im ersten Status der Welt der Stand der Laien glänzte, in dem zweiten der Stand der Kleriker ..., ist es nötig, daß der Stand der Mönche glänzt, besonders von der Ankunft Elias an.» (Tract. 155, 6–9) Bezeichnenderweise soll die Institution des Papsttums allerdings weiterbestehen. Darin mag sich die erwähnte Loyalität Joachims dem Heiligen Stuhl gegenüber ausdrücken. Vielleicht ist es auch nur Vorsicht, wenn Joachim erklärt: «Nicht also, was fernsei, wird der Stuhl Petri aufhören, welcher der Thron Christi ist, ... sondern verwandelt in höheren Glanz wird er beständig bleiben in Ewigkeit.» (Conc. V,65,fol.95d) Hier wäre auch die später berühmt gewordene Erwartung eines «Engelpapstes» (*Papa angelicus*) zu erwähnen, die bei Joachim einen

Ausgangspunkt hat, indem er einmal den Engel der Apokalypse (ApkJoh 7,2) auf Christus *und* seinen Statthalter, den römischen Papst, deutet (Exp. 120d).

Das Aufhören der alten Ordnung wird – obwohl Joachim das nicht so klar ausdrückt – auch das Ende der Sakramente bedeuten. Er spricht einmal von 1260 Jahren (=42 Generationen), «in denen die Sakramente des Neuen Testamentes bestehen» (Conc. V,89,fol.118a). Die Kommission von Anagni hat noch andere in ähnliche Richtung gehende Äußerungen Joachims zusammengestellt (Nr. 133ff.). Joachim erwartet ein Zeitalter des Geistes, in dem die Wahrheit nicht mehr stückweise, sondern unmittelbar erkannt werden wird (Zitat aus 1.Kor 13). Wenn der Geist die Gläubigen «alle Wahrheit lehren wird» (Zitat von Joh 16, 13), werden die materiellen Zeichen, die Sakramente, nicht mehr nötig sein, sie werden ihren Dienst getan haben (Conc. V,84,fol.112a–c). Aus der Erwartung des Anbruchs einer umwälzend neuen Epoche haben spätere Leser Joachims immer wieder geschöpft, auch Revolutionäre bis in unsere Tage, die allerdings die wahren sprituellen Absichten Joachims, die sie nicht mehr verstehen konnten, in ihr Gegenteil verkehrt haben. Nicht die Welt sollte ja verändert werden, sondern die Formen geistlichen Lebens, nicht Herrschaft, sondern ein meditatives Leben mit der Schrift war das Ziel.

So bleibt Joachim ein besonderer Platz in der Auslegungsgeschichte. Seine Gestalt ist allerdings charakteristisch für eine Haltung zur Schrift, für die es in der weiteren Kirchengeschichte noch zahlreiche Beispiele geben sollte. Typisch dafür ist der Gegensatz zwischen «Buchstabe» und «Geist»: der Geist ist alles, der Buchstabe nichts. Wie man bei Joachim sieht, wird damit die äußere Realität der Kirche großenteils bedeutungslos. Mit ihr werden in der Periode des Geistes Priestertum und Sakramente verschwinden. In der Anschauung Joachims wird eigentlich nur eine Tradition fortgesetzt, die in den mönchischen Idealen der Abkehr von der Welt seit der alten Kirche angelegt war. Das Mönchtum ist denn auch die einzige Institution, die nach seiner Erwartung in der Endzeit Bestand haben wird. Insofern ist er allerdings kein Revolutionär, sondern der Vertreter eines spezifischen Konservatismus. Spätere Spiritualisten haben aus seinen Endzeitschilderungen Konsequenzen gezogen, die er selbst bestimmt nicht gewollt hat.

7. Bibel und Aristoteles: Thomas von Aquin

Wir tun einen weiteren Schritt in das 13. Jahrhundert, das man theologiegeschichtlich als die Periode der Hochscholastik bezeichnen kann. «Hochscholastik», weil sich in dieser Zeit der scholastische Wissenschaftsbetrieb organisatorisch voll entfaltet hatte, aber auch, weil das denkerische Bemühen um die theologischen Inhalte jetzt mit Hilfe philosophischer Kategorien und Inhalte eine höchste Blüte erreichte, über welche die weitere Entwicklung nicht mehr hinausgekommen ist.

Die Situation in dieser Epoche läßt sich an Leben und Werk eines Mannes, der in seiner geistigen Leistung alle seine Zeitgenossen überragt, in exemplarischer Weise darstellen. Es ist Thomas von Aquin.

Das genaue Geburtsjahr des Thomas ist unbekannt; am wahrscheinlichsten sind die Jahre 1224 oder 1225. Thomas stammte aus einer adligen Familie lombardischer Herkunft und wurde als Sohn des Ritters Landulf und seiner Frau Donna Theodora auf deren Stammschloß Roccasecca im Königreich Sizilien, halben Wegs zwischen Rom und Neapel, geboren. In der Nähe der heutigen Ruine liegt das Städtchen Aquino, von dem Thomas seinen Herkunftsnamen erhalten hat. Er war der jüngste von zahlreichen Geschwistern und wurde nach der Sitte der Zeit von seinen Eltern im Alter von fünf Jahren dem Benediktinerkloster Montecassino als *oblatus* übergeben. Vermutlich hofften sie, daß er in dem vornehmen Kloster aufgrund seiner Abstammung einmal zum Abt aufsteigen würde. Allerdings waren die Zeitumstände der Verwirklichung dieser Pläne nicht günstig: Im Königreich Sizilien herrschte (von 1198–1250) Kaiser Friedrich II., der Hohenstaufer, und dieser lag periodisch im Streit mit dem Papst um die Vorherrschaft in Italien. 1239 brach der Streit wieder aus, die Truppen des Kaisers fielen in den Kirchenstaat ein und vertrieben aus dem Kloster Montecassino alle Mönche, die nicht in Friedrichs Reich geboren waren. Nur acht konnten bleiben, so daß auch die Oblaten nicht mehr weiter versorgt werden konnten. Auf Rat des Abtes schickte Landulf daraufhin seinen Sohn in die Landeshauptstadt Neapel, wo Friedrich II. im Jahre 1224 in Konkurrenz zur päpstlichen Universität Bologna ein *studium generale*, wie es damals hieß, d. h. eine Universität, in der man die sieben freien Künste studieren konnte, gegründet hatte. Neapel war unter Friedrich ein Zentrum der Weltoffenheit; besonders zum orientalischen Raum, zum byzantinischen Griechentum und vor allem dem Islam waren die Beziehungen des Kaisers ausgezeichnet. Seinen Hof hatte er mit Gelehrten geschmückt, die arabische Kultur und islamischen Lebensstil vermitteln konnten. Insbesondere Aristoteles wurde auf dem Wege über seine arabischen Deuter wie Ibn Sînâ (Avicenna, 980–1037) und vor allem Ibn Rusd (Averroës, 1126–1198), der in Toledo den unverfälschten Aristoteles wieder zu Ehren gebracht hatte, und deren Übersetzung ins Lateinische dem Westen erneut und nun sehr nachdrücklich vermittelt. Neben arabischen Gelehrten war es vor allem der Philosoph Petrus von Hibernia (Irland), der den ursprünglichen Aristoteles lehrte. Der junge Thomas konnte also in Neapel den Aristotelismus aus erster Hand kennenlernen.

Neapel wurde für Thomas' Lebensweg noch in anderer Hinsicht bestimmend: er lernte dort die Dominikaner kennen. Der damals noch junge Orden – von dem Spanier Dominicus Guzmán (ca. 1175 –1221) im Jahre 1215 in Toulouse gegründet und 1216 von Papst Honorius III. bestätigt – war (neben den Franziskanern) einer der beiden Bettelorden (Mendikanten), die einen neuen Aufbruch in die monastische Bewegung brachten. Das erneuerte Ideal der apostolischen Armut war eine der Triebkräfte dieses Aufbruches. Als Hauptaufgabe hatte ihm sein Gründer die Predigt (zunächst gegen die Albigenser oder Katharer, eine gnostische Sekte in Südfrankreich) mitgegeben, zuvor ausschließlich eine, oft vernachlässigte Pflicht der Bischöfe (Ordo praedicatorum = O. P.). Bald trat auch die Lehre, in Verbindung mit den neugegründeten Universitäten, hinzu. Konvente wurden u. a. in Paris, Toulouse und Neapel begründet; die Zahl der Ordensmitglieder wuchs beträchtlich. Thomas war von der Lebensführung der Dominikaner so beeindruckt, daß er kurz nach dem Tode seines Vaters, vermutlich 1244, in den Orden eintrat.

Da die Dominikaner in Verlegenheit waren, was sie mit dem Mitglied einer so mächtigen Adelsfamilie des Landes in ihrem Konvent anfangen sollten, schickten sie ihn mit dem gerade in Neapel anwesenden Ordensgeneral Johannes von Wildeshausen in Richtung Bologna auf die Reise. Offenbar war die Familie mit Thomas' Entschluß tatsächlich überhaupt nicht einverstanden, denn auf dem Wege wurde die Gruppe überfallen und Thomas mit Gewalt auf das Stammschloß Roccasecca entführt, wo er über ein Jahr festgehalten wurde. Er ließ sich aber nicht von seinem Entschluß abbringen. Schließlich durfte er abreisen und wurde von seinem Orden nach Paris geschickt. Dort hatte sich seit Anfang des Jahrhunderts die Universität aus der Kathedralschule und den Lehranstalten auf dem linken Seineufer nach und nach konstituiert (die Verleihung der Autonomie durch das Statut Papst Innozenz III. im Jahre 1215 war ein entscheidender Schritt). Vier Fakultäten hatten sich gebildet: Theologie, Freie Künste, Kanonisches Recht und Medizin. In Paris war Thomas wahrscheinlich Schüler Albert des Großen († 1280), der (seit 1246 als Magister der Theologie) am dortigen Dominikanerstudium lehrte. Seit dem Statut von 1231 hatten die Bettelorden Lehrstühle innerhalb der Theologischen Fakultät der Universität, darunter die Dominikaner schließlich zwei. Mit Albert ging Thomas 1248–1252 nach Köln. Albert, der seine hervorragende Begabung erkannte, machte ihn dort zu seinem Mitarbeiter. Als *Baccalaureus biblicus* hatte er die Aufgabe, kursorisch über die Bibel zu lesen. Wie dies durch knappe Glossierung geschah, haben wir schon in einem früheren Kapitel kennengelernt. Die zweite Stufe der Karriere eines Wissenschaftlers erreichte er bei seiner Rückkehr nach Paris im Jahre 1252 als *Baccalaureus sententiarius*; als solcher hatte er über die Sentenzen des Petrus Lombardus (s. o.) zu lesen.

Erst 1256 wurde er, nach päpstlicher Intervention, als Magister zu voller Lehrtätigkeit zugelassen. Mit diesem neuen Amt kehrte er zur Bibel zurück, denn die Amtspflicht eines theologischen Magisters bestand in der Auslegung der Heiligen Schrift, nun auf einer neuen, vertieften Grundlage.

Im Jahre 1259 – nach einer überaus erfolgreichen Lehrtätigkeit in Paris – wurde Thomas von seinem Orden nach Italien zurückgerufen. Am päpstlichen Hof, der in diesen Jahren zwischen verschiedenen Orten in der Umgebung Roms wechselte, erst in Orvieto, dann in Viterbo, war er dann die meiste Zeit tätig, dazwischen als Leiter des Studienhauses der Dominikaner in Rom (1265–67). Das waren ruhige Jahre, in denen Thomas auch die wichtigsten seiner Werke beginnen konnte.

Dann aber sah der Orden die Notwendigkeit, ihn erneut nach Paris zu entsenden. Dort war ein heftiger Streit über die Rolle des Aristoteles für die Theologie ausgebrochen. Albert der Große und Thomas hatten durchgesetzt, daß im Theologiestudium der Dominikaner auf das System des Aristoteles als Hilfe für das theologische Denken zurückgegriffen werden sollte. In Paris lehrte jedoch seit 1265 in der Fakultät der Freien Künste der Philosoph Siger von Brabant (ca. 1240–1284) einen radikalen Aristotelismus, der ein absolutes Recht der Vernunft in ihrem Bereich und dabei z. B. die Ewigkeit der Welt, einen unpersönlichen Gott («unbewegter Beweger») und einen allgemeinen Geist (*nous*) statt des individuellen Geistes jedes Einzelmenschen vertrat. Das Postulat einer doppelten Wahrheit (Wahrheit des Glaubens und Wahrheit des Denkens) schien greifbar nahe. Deswegen wurde von konservativer Seite, die am heilsgeschichtlichen Entwurf uneingeschränkt festhielt, der Aristotelismus als grundsätzlicher Feind der Theologie angesehen. In Paris vertrat sie der Franziskaner-Magister Bonaventura (s. u.), der mit zeitweilig großem Erfolg dafür kämpfte, Aristoteles aus dem Theologiestudium gänzlich fernzuhalten. Die mittlere Position der Dominikanertheologen, die Aristoteles in den Dienst der Schrift nehmen wollten, hatte da einen schweren Stand.

Zunächst ging der Streit eher ungünstig aus, indem sich Bonaventura durchsetzte; 1272 wurde Thomas nach Neapel zurückgerufen, wo er seine letzte Lebenszeit noch einmal im heimischen Studienhaus lehrte. Am 6. Dezember 1273 erlitt er einen Zusammenbruch. Die Gründe sind unklar. Jedenfalls hat er von da an keine Zeile mehr geschrieben. Er soll gesagt haben, daß ihm alles, was er bisher geschrieben habe, wie Stroh vorkomme. Kurz danach wurde er von Papst Gregor X. (1271–1276) zu dem von diesem einberufenen ökumenischen Konzil in Lyon beordert. Auf der Reise dorthin ist er am 7. März 1274 gestorben.

In seiner recht kurzen Lebenszeit – Thomas war noch nicht 50 Jahre alt, als er starb – hat er ein ungemein reichhaltiges Werk hinterlassen.

Dazu gehören vor allem zwei «Summen», also Gesamtdarstellungen der christlichen Lehre, die «Summa contra Gentiles» (Summe gegen die Heiden) und die trotz ihres enormen Umfanges unvollendet gebliebene «Summa theologiae», das theologische Hauptwerk des Thomas, außerdem ein Sentenzenkommentar, «Quaestiones disputatae» (Disputationen zu Fragen der Hörer und mit andern Magistern), Kommentare zu den Werken des Aristoteles und Bibelkommentare. Welch enormes Arbeitspensum Thomas zeitweise bewältigte, kann man an der Nachricht aus seinem zweiten Pariser Aufenthalt ermessen, wonach er gleichzeitig drei Sekretären drei verschiedene Texte diktiert haben soll. Die allgemeine Unsicherheit hinsichtlich des Entstehungsdatums der einzelnen Werke gilt auch für die Bibelkommentare; im ganzen umfassen sie seine gesamte Wirkungszeit.

Der Charakter der Bibelkommentare unterscheidet sich je nach der Art ihrer Entstehung. Ursprünglich wurde die Auslegung jeder einzelnen biblischen Schrift von Thomas während seiner Tätigkeit als Magister an den verschiedenen Orten und in den aufeinanderfolgenden Wirkungsperioden mündlich in der Vorlesung vorgetragen und von seinen Studenten oder auch einem damit beauftragten Schreiber mitgeschrieben. Diese Vorlesungstätigkeit wurde durch regelmäßige Disputationen unterbrochen, gelegentlich auch durch außerordentliche, dafür besonders angesetzte Disputationsveranstaltungen über ein von den anderen Magistern gewünschtes Thema (*Quodlibet*). Außerdem wurde jedesmal über den ausgelegten Text gepredigt. Die mitgeschriebenen Vorlesungen (*reportatio* oder *lectura*) wurden teilweise später von Thomas selbst durchgesehen und korrigiert. Es gab aber auch das schriftlich vom Autor abgefaßte Werk (*ordinatio*). Die beiden «Summen» sind solche Werke. Von den Bibelkommentaren sind die meisten (teilweise auch korrigierte) Vorlesungsnachschriften. Es gibt von Thomas Kommentare zu folgenden biblischen Büchern: Jes, Jer, Kgl, Ps, Hi, Mt, Joh, Paulusbriefe. Ein Hoheliedkommentar, den Thomas auf dem Sterbebett diktiert haben soll, ist offenbar nicht erhalten geblieben. Eine Glossierung der vier Evangelien mit Zitaten aus den Kirchenvätern («Catena aurea» «Goldene Kette», offiziell «Glossa continua» «Fortlaufende Glosse») folgt noch dem älteren Muster (s.o.). Sie ist allerdings dadurch ausgezeichnet, daß Thomas auch griechische Kirchenväter – wenn auch in lateinischer Übersetzung – in seine Exzerpte aufnimmt und daß er nicht nur Mt, sondern die vier Evangelien zusammen behandelt.

Über die Rolle der Bibel in der Theologie des Thomas kann man sich nur ein angemessenes Bild machen, wenn man die bisher geschilderte Entwicklung im Auge hat und auch die institutionellen Voraussetzungen seiner Tätigkeit nicht übersieht. Obwohl scheinbar die Lehrwerke, die großen Summen, nach Umfang und Gewicht im Mittelpunkt des literarischen Œuvre stehen, sind sie doch von den Lehraufgaben des Magisters her ein Nebenprodukt. Schon der offizielle Titel des Magisters: *magister* (oder: *doctor*) *in sacra pagina* (Lehrer der Heiligen Schrift) zeigt die zentrale Rolle der Bibelauslegung an. Die Hauptaufgabe des Thomas im Studienprogramm war nach wie vor die Auslegung der Bibel. Die Morgenstunden jedes Arbeitstages, also die beste Arbeitszeit, waren den exegetischen Vorlesungen gewidmet. Die Disputation war dem untergeordnet, und wenn die Summen ein Schreibtischwerk darstellen: eine Ausarbeitung theologischer Themen nach systematischen Gesichtspunkten, so stehen sie nach Ursprung und Inhalt mit der Bibelauslegung doch nach wie vor in Verbindung. Dies zu erkennen ist für das Verständnis ihres Inhalts von zentraler Bedeutung. Auch die Summa war zu nichts anderem bestimmt, als den Sinn der Schriftaussagen zu beleuchten. Äußerlich sichtbar ist dieser Zusammenhang noch an der Tatsache, daß in den Aufbau der Summa drei tragende exegetische Abschnitte aufgenommen sind: 1. Über die Schöpfung (I, 44–119), 2. über das Gesetz (II,1,90–108), 3. über Jesu Person und Wirken (II,3,1–59). Sie sind nicht Beigaben, sondern verraten eine der Bibel folgende heilsgeschichtliche Sicht. Strukturell deuten sie außerdem darauf hin, daß die Systematik der Summa nicht allein dogmatischen Prinzipien folgt, sondern nach wie vor von der Bibel ausgeht.

Im Abschnitt über das Gesetz unterscheidet Thomas zwischen der *lex aeterna*, dem «ewigen Gesetz», das nichts anderes ist als die ewige Weisheit Gottes, mit der er die Welt regiert (II,1,93), dem natürlichen Gesetz (II,1,94) und dem «menschlichen Gesetz» (dem positiven Recht; II,1,95–97) auf der einen, den biblischen Gesetzen auf der anderen Seite. Ausführlich handelt er erst von diesen. Charakteristisch ist dabei die Unterscheidung zwischen dem «alten» und dem «neuen» Gesetz. Das alte Gesetz ist das im Alten Testament enthaltene (II,1,98–105). Es ist gültig für jedermann, sofern es mit dem natürlichen (moralischen) Gesetz übereinstimmt. Ein langer Abschnitt (II,1, 100) wird hierbei dem Dekalog gewidmet, von dessen Geboten nachgewiesen wird, daß sie mit den moralischen Vorschriften des natürlichen Gesetzes übereinstimmen. Sofern die alttestamentlichen Gebote moralisch sind, waren sie sogar rechtfertigende Gebote, «insofern sie nämlich die Menschen auf die rechtfertigende Gnade Christi vorbereiteten, den sie auch ankündigten» (II,1,100,12). Nicht allgemein gültig ist das alte Gesetz, sofern es Zeremonialgesetz ist. Als solches war es nur gültig für die Juden. Aber es hatte ebenfalls die Qualität, Christus figürlich anzukündigen (II,1,102,2). Insofern hatte es also für die Juden Heilsbedeutung!

Anschließend (II,1,106–108) handelt Thomas «vom evangelischen Gesetz, das neues Gesetz genannt wird» (II,1,106, prooem.). Für das neue Gesetz gilt u.a. Gal 5,6: es ist «der Glaube, der durch die Liebe wirkt»

(II,1,108,2,1). Als Inhalte werden genannt: die Sakramente (II,1,108,2), überhaupt «in äußeren Dingen nur das ..., wodurch wir in die Gnade geführt werden» (ebd.), außerdem die moralischen Vorschriften, die schon im alten Gesetz vorhanden waren. Hierzu gilt insbesondere: «Die Rede, die der Herr auf dem Berge vortrug (die Bergpredigt), enthält die gesamte Information über das christliche Leben. In ihr werden die inneren Beweggründe des Menschen geordnet.» (II,1,108,3) Vorher hatte Thomas bemerkt, daß als innere Akte die Gebote des neuen Gesetzes schwerer zu halten sind als die alten (II,1,107,4). Das wird aber aufgewogen durch die Aussage, daß das neue Gesetz ein ins Innere eingegebenes Gesetz ist (II,1,106,1), oder: «die Gnade des Heiligen Geistes selbst als innerlich gegebene» (II,1,106,2). Daraus ergibt sich auch die Antwort auf die Frage, ob das neue Gesetz rechtfertigt: als diese innerlich gegebene Gnade: ja, nicht jedoch als äußerliches Gebot (ebd.). Das ganze ist ein nicht schlecht gelungener Versuch, mit scholastischen Distinktionen den theologischen Gehalt der biblischen Aussagen zu bestimmen.

Für Thomas ist es nach vielen seiner Äußerungen unzweifelhaft klar, daß die Bibel die einzige Quelle der Wahrheit ist. Das zeigt sich sogleich zu Beginn seiner Summa, wo er auf die selbstgestellte (sicherlich aber zuvor von seinen Studenten aufgeworfene) Frage, ob es außer den philosophischen Disziplinen noch eine andere Lehre geben müsse, antwortet, «daß es zum Heil des Menschen nötig war, daß eine Lehre nach göttlicher Offenbarung besteht, außer den philosophischen Disziplinen, die mit menschlicher Vernunft erforscht werden» (I,1,2,s.c.). Zusätzlich war es nach Thomas aber auch nötig, «daß der Mensch über die Dinge, die mit der menschlichen Vernunft erforscht werden können, durch göttliche Offenbarung unterrichtet würde» (ebd.). «Daher hindert nichts, daß mit denselben Dingen, über welche die philosophischen Disziplinen entsprechend dem handeln, was durch das Licht menschlicher Vernunft erkennbar ist, sich eine andere Wissenschaft beschäftigt entsprechend dem, was durch das Licht göttlicher Offenbarung erkannt wird.» Denn: «Die Wahrheit von Gott, wenn sie durch Vernunft erforscht würde, würde (nur) von wenigen, und durch lange Zeit, und vermischt mit Irrtümern, erkannt werden, wo doch von der Erkenntnis seiner Wahrheit das ganze Heil des Menschen abhängt.» (I,1,1) Hier kann Thomas sogar von zwei Theologien sprechen: «Von daher unterscheidet sich eine Theologie, die sich auf die heilige (Schrift-)Lehre bezieht, ihrer Art nach von jener Theologie, die als Teil der Philosophie gesetzt wird.» (I,1,2, ad 2) Aber damit sind nicht zwei Wissenschaften, sondern nur zwei Aspekte derselben Wissenschaft gemeint: die doppelte Wahrheit entspricht gerade nicht dem Standpunkt des Thomas, der vielmehr die Philosophie in den Dienst der Theologie nehmen will. Theologie aber ist *Schrift*theologie, das wird in anderen Äußerungen ganz klar. Wenn Thomas in den folgenden Artikeln von *sacra doctrina*, «heiliger Lehre», spricht, wechselt dieser Begriff ab mit *sacra Scriptura,* «heiliger Schrift», und ist offensichtlich mit dieser synonym. Ja, an einer Stelle findet sich die ausdrückliche Formulierung *sacra Scriptura seu doctrina*, «heilige Schrift bzw. Lehre» (I,1,2, ad 2). Allerdings bedeutet dies nicht, daß Thomas Schrift und Lehre identifiziert. Die heilige Schrift bleibt Gegenstand des Glaubens; das theologische Nachdenken geschieht jeweils auf einer davon abgeleiteten Grundlage. Es stellt den Versuch dar, mit Mitteln der Vernunft, die vom Glauben erleuchtet ist, die in der Schrift enthaltene Wahrheit zu ergründen. Daß *sacra doctrina*, theologische Lehre, eng auf die Schrift bezogen bleibt, erkennt man auch daran, daß es bei Thomas noch keine Aufspaltung der Theologie in verschiedene Fächer gibt: sie ist ausschließlich *biblische* Theologie.

Zugleich fehlen Aussagen bei Thomas, die für die neuere römisch-katholische Theologie charakteristisch sind. Daß die Schrift für ihn *ausschließliche* Quelle der Wahrheit ist, unterscheidet sich von dem Nebeneinander von Schrift und Tradition, das besonders seit dem tridentinischen Konzil (1545–1563) gültige Lehre war. Es ist aber durchaus die zu seiner Zeit allgemein geteilte Auffassung. Das hindert freilich Thomas nicht, wie seine Vorgänger, in der catena aurea ausschließlich, in seinen übrigen Schriften sehr häufig Väterzitate zur Stütze seiner Argumentation zu bringen. Sie haben nicht die gleiche Autorität wie die Schrift, sind aber ihre durchaus gültige Auslegung, denn die Wahrheit der Schrift vermittelt sich in der lebendigen Tradition.

Eine andere sehr einflußreiche Lehre der römischen und auch protestantischen Orthodoxie, die von der Inspiration der Schrift, ist in dieser Form (außer dem Zitat aus 2.Tim 3,16: I,1,1,s.c.) bei Thomas ebenfalls nicht anzutreffen. Wenn er gelegentlich schreibt: «Der erste Urheber der heiligen Schrift ist der Heilige Geist» (Quodl.VII,6,14, ad 5), ist das von seinem trinitarischen Ansatz her gleichbedeutend mit dem Satz: «Der Urheber aber der heiligen Schrift ist Gott.» (S.th. I,1,10) Neben dem göttlichen ersten Urheber (*auctor principalis*) gibt es auch den menschlichen Zweiturheber (*auctor secundarius* bzw. *instrumentalis,* vgl. Quodl. VII, 6,14, ad 5).

Es gibt in der «Summa» einen interessanten Abschnitt über die Prophetie (II,2,171–174; vgl. auch De ver. 12). Er ist für das gesamte Bibelverständnis des Thomas aufschlußreich. Hier ist zuerst der intellektualistische Zugang charakteristisch. Im 1.Artikel beantwortet Thomas die Frage, «ob sich die Prophetie auf Erkenntnis bezieht», mit Nachdruck positiv: «Ich antworte, man muß sagen, daß Prophetie zuerst und hauptsächlich in Erkenntnis besteht.» (II,2,171,1) Offenbarung ist «alles, was (...) vom Menschen nicht erkannt werden kann außer durch göttliche Offenbarung» (II,2,171,3,ad 2). Propheten sind Menschen, «die erkennen, was von menschlicher Erkenntnis weit entfernt ist» (II,2,171,1). Freilich führte bei den Propheten nicht die natürliche Vernunft dazu, da ihre Erkenntnisse in göttlichen Dingen bestanden; «die Dinge nämlich, die über menschliches Erkennen von Gott her offenbart werden, können nicht durch menschliche Vernunft bestätigt werden, die sie übertreffen.» (ebd.) Deshalb ist eine «Erhebung des Geistes» für die Prophetie nötig, eine Form von Inspiration, für die Thomas sich auf Ez 2,1 f. und Hi 32,8 beruft (ebd., ad 4). Thomas kann sie auch ein «göttliches Licht» nennen, das für die Prophetie charakteristisch sei (II,2,171,3, ad 3). In weiteren Artikeln wird nachgewiesen, daß Prophetie kein Habitus, sondern Ergebnis jeweiliger Augenblickserfahrung ist (II,2,171,2) und – hier ist Thomas ein Kind seiner Zeit – daß sie sich auf die Offenbarung zukünftiger Dinge bezieht (II,2,171,4). Eine ganze Quaestio (173) wird den Problemen prophetischer Erkenntnis gewidmet. Hier ist die Aussage wichtig, daß die Propheten nicht das Sein Gottes selbst, sondern nur Bilder von diesem gesehen haben (II,2,173,1). Auch macht Thomas deutlich, daß «die Propheten durchaus nicht alles erkannt haben, was der Heilige Geist in ihren Gesichten oder Worten oder auch Taten (zu offenbaren) beabsichtigte» (II,2,173,4). Dazu ist auch die Bemerkung zu vergleichen, daß «die Prophetie etwas Unvollkommenes ist in der Art der göttlichen Offenbarung» (II,2,171,4, ad 4). Thomas sieht die gesamte Schrift durchaus nicht auf einer Ebene, sondern versteht in ihr das Zeugnis einer geschichtlichen Offenbarung, so daß vor allem zwischen dem Alten und dem Neuen Testament ein qualitativer Unterschied ist. Darüber hinaus: «Die Vollkommenheit göttlicher Offenbarung wird im Vaterland (der ewigen Heimat) vorhanden sein.» (ebd.) Es handelt sich um ein Ziel, auf das die Kirche und jeder Christ erst zugeht.

Aber im Hinblick auf den Fortgang der Offenbarung besteht bereits ein großer Unterschied zwischen Patriarchen und Propheten auf der einen, den Aposteln auf der anderen Seite. «Und wenn gleich den Propheten Gott das, was er tun würde im Hinblick auf das Heil des Menschengeschlechts, in allgemeiner Weise offenbarte, haben doch die Apostel darüber Genaueres gewußt, was die Propheten nicht wußten ... Auch unter den Propheten selbst wußten die späteren, was die früheren nicht gewußt hatten ... Und Gregor [der Große] sagt (Homil. in Ez 16), daß nach der Folge der Zeiten eine Zunahme göttlicher Erkenntnis heranwuchs.» (I,57,5, ad 3) Für Thomas gibt es also einen Aspekt zunehmender, durch Offenbarung vermittelter Erkenntnis in der Heilsgeschichte, die auch auf diese Weise eine Erkenntnisgeschichte ist. Das bedeutet ganz allgemein, daß im Neuen Testament die Erkenntnis klarer ist als im Alten (vgl. De Ver.12,14, ad 5). Das hängt auch damit zusammen, daß die Apostel die Erkenntnis unmittelbar vom Sohn Gottes erhielten (III,1,7,7), während die Patriarchen und Propheten von Engeln belehrt wurden (ad Eph. III,1, 141). Christus aber ist der «erste und hauptsächliche Lehrer des Glaubens» (III,1,7,7).

Allerdings ist die Aufgabe des Theologen von der Situation der Propheten und Apostel nach Thomas grundsätzlich unterschieden. Die übernatürliche Wahrheit ist nur ihnen durch unmittelbare Eingebung mitgeteilt worden. Der Auftrag der Theologie besteht demgegenüber darin, mit den Mitteln menschlicher Vernunft zu rekonstruieren, was in Gott die vollkommene Wahrheit und in dem Zeugnis der Bibel niedergelegt ist (vgl. 1 a,1,6, ad 3). Dies geschieht durch diskursives Denken von den Prinzipien aus zu den Schlußfolgerungen. Dabei ist von den vorgegebenen Glaubensartikeln auszugehen, in denen diese Wahrheit niedergelegt ist. Dabei kommt es darauf an, dem Anwachsen der Glaubenserkenntnis durch die Zeiten hindurch Rechnung zu tragen; vieles, was in ältester Zeit nur implizit darin enthalten war, ist später entfaltet worden und hat zu einem Anwachsen der Zahl der Glaubensartikel geführt (2 a2ae,1,7). Eine zeitgemäße Theologie wird das berücksichtigen müssen. Andererseits wird die vollkommene Erkenntnis der Wahrheit erst in der ewigen Heimat möglich sein.

Für die theologische Gedankenarbeit scheint Thomas das Werkzeug der aristotelischen Logik unentbehrlich. Er steht damit in einer Linie mit anderen Theologen seiner Zeit. Die Bedeutung der Wiederentdeckung des Aristoteles im 13. Jahrhundert für die Entwicklung der christlichen Theologie kann, wie in letzter Zeit deutlich geworden ist, nicht hoch genug eingeschätzt werden. Der radikale Aristotelismus, wie ihn ein Siger von Brabant vertrat, wäre freilich mit dem Christentum unvereinbar gewesen. Thomas jedoch konnte aristotelische Erkenntnisgrundsätze mit biblischen Inhalten in einer Weise vereinen, daß eine besondere Art christlicher Philosophie daraus entstand, die man mit Recht «thomistisch» nennen kann – auch wenn der sog. «Neuthomismus», der längere Zeit die offizielle Lehre in der jüngeren katholischen Lehrtradition darstellte, sie eher verdeckt als erhellt hat. Die Philosophie war für Thomas nie ein Selbstzweck; vielmehr hat er sie in einer berühmt gewordenen Aussage (I,1,5, ad 2) zusammen mit anderen Wissenschaften als «Mägde» (*ancillae*) der Theologie bezeichnet (vgl. auch I Sent. Prol. 1). Das wichtigste des aristotelischen Menschenbildes, wie es von Thomas adaptiert wurde, besteht darin, daß es Seele und Leib viel enger verband und dem Körper wieder eine positive Rolle zuschrieb, während die lange in der Theologie herrschende platonische Tradition das Leibliche negiert und zu einem Dualismus geneigt hatte, der die Weltlichkeit der Welt radikal verneinte. Mit der Übernahme des ganzheitlichen Menschenbildes des Aristoteles konnte aber erstmals die biblische Vorstellung vom Menschen wiederentdeckt werden, da nun eine ihr viel enger entsprechende Denkweise zur Verfügung stand. Der Schöpfungsgedanke, in der von der neuplatonischen Kosmologie geprägten Epoche durch die christlichen Exegeten nur mühsam festgehalten, konnte nun leichter wieder eine adäquate Entsprechung im philosophischen Denken finden. Thomas benutzt die aristotelische Lehre vom «unbewegten Beweger» als der «Wirkursache» (*causa efficiens*), um im ersten Teil seiner Summa, die «Von Gott» (*De Deo*) handelt, im dritten, abschließenden Unterabschnitt den Schöpfungsvorgang als «Ausgang der Geschöpfe von der ersten Ursache, die Schöpfung genannt wird» (I,45, prooem.) zu bezeichnen. Das Stichwort «Ausgang» (*emanatio*) greift zwar eine neuplatonische Grundvorstellung auf: die des Ausgangs und der Rückkehr zum Ureinen, die Thomas als Gesamtrahmen für seine Summa dient. Aber der aristotelische Ansatz rettet doch die Geschöpflichkeit der Welt und verhindert den platonischen Dualismus zwischen Geist und Materie.

Aus philosophischer Sicht ergeben sich allerdings hier schwerwiegende Probleme. Das Gegenüber von Schöpfer und Schöpfung läßt sich in das aristotelische Weltbild nicht einordnen, in dem Gott nur als erste Ursache (*prima causa*), unbewegter Beweger und absolutes Sein vorkommt, jedenfalls aber auch zu dem alles umfassenden Bereich des Seins gehört. Daß Gott die Welt geschaffen habe, ist eine reine Glaubensaussage, die sich philosophisch-rational nicht beweisen läßt. Wenn Gott aber einerseits als letzter Ermöglichkeitsgrund alles Seins dem Seienden voraus ist, andererseits selbst zum Seienden gehört, entsteht dadurch eine Spannung, die Thomas durch die Lehre von der Analogie des Seins (*analogia entis*) zu überbrücken sucht. Das Sein Gottes wird definiert als «Sein durch Handeln» (*esse actu*). Das blieb jedoch problematisch und wurde bereits von Duns Scotus (ca.1270–1308) kritisiert. Damit kombiniert Thomas das neuplatonische Prinzip vom Ausgang und der Rückkehr des Weltganzen zum Alleinen, dem «höchsten Grund», den schon die altkirchliche Tradition mit dem christlichen Gott identifiziert hatte. Auch diese Lösung blieb letztlich unbefriedigend, doch gelang Thomas mit diesen Kombinationen ein eindrucksvolles theologisches Gedankengebäude. Festzuhalten bleibt, daß er bei alldem bemüht war, sein gesamtes Denken auf die biblischen Grundlagen aufzubauen, auch wenn die dafür angewandten rationalen Kriterien diesen letztlich nicht entsprechen konnten.

Mit der aristotelischen Erkenntnislehre, die eine Erkenntnis durch die Sinne, nicht durch eingeborene Ideen lehrte, gewann auch der Wortsinn der Schrift eine neue Bedeutung. Daß der Wortsinn für die Exegese bei Thomas eine gegenüber der vorangegangenen Entwicklung wieder erstaunlich große Rolle spielt, ist offensichtlich aristotelischem Einfluß zu verdanken. «Außerdem: Wissenschaft beschäftigt sich nicht mit Einzeldingen. Aber die Theologie (*sacra doctrina*) handelt von Einzelnem, bedenke: von Abraham, Isaak und Jakob, und ähnlichem. Also ist Theologie keine Wissenschaft.» (I,1,2) Diese Aussage gilt nur einem bestimmten Aspekt, denn an anderer Stelle versichert Thomas ausdrücklich: «Man muß sagen, daß die Theologie (*sacra doctrina*) eine Wissenschaft ist.» (I,1,2, ad 2) Der scheinbare Widerspruch löst sich durch die gleich darauf getroffene Unterscheidung zwischen zwei Arten von Wissenschaft: einer, die von durch natürliche Erkenntnis erkennbaren Dingen (wie Geometrie) und einer, die «vom Licht einer höheren Wissenschaft» ausgeht (ebd). Aber die Aussage zeigt, daß Exegese für Thomas etwas anderes bedeutet als die notwendig abstrahierenden und generalisierenden Naturwissenschaften, indem sie sich mit dem jeweils konkret geschichtlich Existierenden beschäftigt. Außerdem verwandelte die von Aristoteles herkommende Weltanschauung den Blick des Exegeten auf die Schrift auch grundsätzlich. Die Theorie vom «ersten Urheber» und den «Sekundärursachen» ließ sich auch auf die Bibel anwenden: Dann verdienten auch die Verfasser der einzelnen Schriften als «Sekundärurheber» Aufmerksamkeit, und die Bibel war nicht mehr nur als ganze ein Kompendium theologischer Lehren. Das wird auch in der Gleichsetzung des Wortsinnes mit dem historischen Sinn deutlich. So kann Thomas z.B. über die Paradieseserzählung sagen: «Die Dinge, die in der Schrift über das Paradies gesagt werden, werden in der Art historischer Erzählung vorgetragen. Aber in allen Dingen, die die Schrift so überliefert, muß man die Wahrheit der Geschichte für die Grundlage halten.» (I,102,1)

Thomas hat im Eingang seiner Summa seine hermeneutischen Grundsätze sehr gründlich reflektiert (Ia,1,10). Die traditionelle Lehre vom vierfachen Schriftsinn wird von ihm dort als theoretische Grundlage vorausgesetzt. Er hat sie aber gegen den Einwand zu verteidigen, daß die Mehrzahl der verschiedenen Sinne «in einer Schrift Verwirrung und Täuschung hervorruft und die Sicherheit des Argumentierens aufhebt». «Die Heilige Schrift muß aber wirksam sein, die Wahrheit zu zeigen ohne jede Täuschung.» Der Schwierigkeit wird Thomas dadurch Herr, daß im Unterschied zu allen Wissenschaften, in denen Worte eine Bedeutung haben, diese Wissenschaft (nämlich der Inhalt der Bibel) etwas Besonderes hat (weil Gott ihr Urheber ist): ihre Eigenart ist, «daß die Dinge selbst, die durch die Worte bezeichnet werden, auch etwas bezeichnen». Die erste, durch die Worte bezeichnete Bedeutung ist der Wortsinn, die zweite, durch die in den Worten bezeichneten Dinge bezeichnete ist der «geistige Sinn» (Thomas kann ihn auch «mystischen» nennen). Diesen wiederum teilt Thomas in der traditionellen Weise in den allegorischen, moralischen und anagogischen ein. Wichtig ist aber, daß der wörtliche oder historische Sinn der grundlegende ist, «denn alle Sinne sind auf den einen gegründet, nämlich den Wortsinn». Dieser ist es auch, «den der Verfasser beabsichtigte»; schon deswegen verdient er die stärkste Beachtung. Daß es daneben auch andere Sinne gibt, schafft keine Verwirrung, denn – und das ist eine wichtige Aussage – «unter dem geistigen Sinn ist nichts für den Glauben Notwendiges, was die Schrift nicht anderswo offen unter dem Wortsinn überliefert» (ad 1).

Wird so der Wortsinn – bei grundsätzlicher Anerkennung auch der anderen möglichen Sinnebenen – schon von Anfang an als der entscheidende herausgestellt, gibt es für Thomas noch zwei weitere Aspekte, die das stützen können: einmal den, daß Ätiologie und Analogie eigentlich zum Wortsinn gehören (Ätiologie gibt den Grund für eine berichtete historische Tatsache an, Analogie bedeutet, daß eine Wahrheit der Schrift einer anderen nicht widerspricht; ad 2), zum andern, daß ein parabolischer oder figürlicher Sinn unter dem Wortsinn enthalten ist, denn metaphorische Rede (etwa, wenn man vom *Arm* Gottes spricht) ist ein übliches Stilmittel (ad 3). Hier ist Thomas, von der antiken Rhetorik herkommend, zugleich ganz modern! Denn in der modernen Exegese ist man auf die Metaphorik als sprachliches Element wieder viel stärker aufmerksam geworden. Alles in allem hat der Wortsinn also bei Thomas eine ungleich größere Bedeutung als bei vielen seiner Vorgänger. Das wird auch daran deutlich, daß nur der Wortsinn als Beweis gegen Häretiker dienen kann, nicht etwa der allegorische (I,1,10, ad 1). In manchen Kommentaren, z.B. im Hiobkommentar, wird deshalb der Wortsinn von Thomas in bisher ganz ungewohnter Weise beachtet.

An einem konkreten Beispiel kann man sich die praktische Durchführung dieser Grundsätze klarmachen. Leider ist allerdings das exegetische Werk des Thomas noch am wenigsten beachtet worden, weil die oben geschilderten Hauptamtspflichten eines mittelalterlichen Magisters der *sacra pagina* als Bibelausleger zu wenig bekannt sind. Eine Ausnahme ist der Römerbriefkommentar, der in den Rahmen der Paulusbriefauslegung gehört und zu den Früchten der reifen Jahre der Tätigkeit des Thomas als Magister – in seiner Letztfassung möglicherweise aus den letzten Monaten der Lehrtätigkeit in Neapel oder kurz vor der Abreise aus Paris, also um 1272 – zu rechnen ist. Dieser von Thomas selbst durchgesehene Teil endet mit 1.Kor 10. Der Rest des Paulusbriefekommentars bis Hebr ist Nachschrift einer früheren Vorlesung.

Der Römerbriefkommentar eignet sich gut, die rationale Art aufzuzeigen, in der Thomas mit der Schrift umgeht. Sie ist bereits darin erkennbar, wie Thomas das Briefkorpus des Paulus im ganzen beurteilt. Wir dürfen uns natürlich nicht darüber wundern, daß er sämtliche Briefe, die unter dem Namen des Paulus laufen – von Röm bis Hebr – dem Apostel selbst zuschreibt; historische Kritik kannte seine Zeit und Umgebung noch nicht. In dem Prolog, den Thomas der Sammlung der von ihm gehaltenen Vorlesungen über die Paulusbriefe vorangestellt hat, gibt er über sie eine systematische Gesamtübersicht (Nr. 14). «Denn er (Paulus) schrieb 14 Briefe, von denen neun die Kirche der Heiden belehren; vier die Prälaten und Fürsten der Kirche, d.h. die Könige (hiermit meint Thomas die sog. Pastoralbriefe), eine das Volk Israel, nämlich der an die Hebräer.» Paulus, den wir als Verfasser jeweils aus aktuellsten Problemen erwachsener Briefe kennen, wird so zu einer Art Kollegen des Thomas, einem Magister der Theologie, der sein Briefkorpus als systematisches Werk zur Belehrung verschiedenster Gemeindegruppen von Anfang bis Ende plant und niederschreibt!

Diese Auffassung entspricht jedoch genau der charakteristischen Art, in der die Exegese des Thomas im ganzen verläuft. Da fällt zunächst der genaue Plan auf, mit dem Thomas den gesamten Römerbrief fortlaufend vor Beginn der Auslegung eines jeweiligen Abschnittes einteilt. Diese Ordnungsliebe ist für die hochscholastische Exegese ganz typisch. Man kann auch nicht den Fortschritt verkennen, der z.B. durch die erstmals in dieser Zeit vorgenommene Kapiteleinteilung in der Bibel erzielt wurde. (Die noch heute gültige Einteilung der Kapitel in der Vulgata geht auf den Scholastiker Stephan Langton, † 1228, zurück.) Wenn man die den Abschnitten vorausgeschickten Aussagen zusammenstellt, ergibt sich eine vollständige Gesamtgliederung. Jeder Gliederungspunkt wird durch einen Satz überschrieben, in dem eine Grundaussage des betreffenden Abschnittes formuliert und zugleich ein Rückblick auf den vorher behandelten Abschnitt gegeben wird. So heißt es z.B. zu Röm 5,1–5: «Nachdem der Apostel die Notwendigkeit der Gnade Christi gezeigt hat, da ohne sie weder den Heiden die Erkenntnis der Wahrheit, noch den Juden die Beschneidung und das Gesetz zum Heile nützten, fängt er hier an, die Kraft der Gnade zu empfehlen». Entsprechende Aussagen in anderen Abschnitten sind ganz parallel gebaut. Nicht nur eine lose Anknüpfung ist gemeint, sondern der Ausleger versucht, eine genaue logische Aufeinanderfolge der Argumente im Text zu entdecken. Einteilungen des Römerbriefs sind auch schon vor Thomas versucht worden, aber dieser unternimmt es, nun auch eine theologische Gesamtsystematik in ihm festzustellen: Das übergreifende Thema des gesamten Briefes ist die Gnade. Im ersten Hauptteil des Briefes wird von ihrer Notwendigkeit (Röm 1,16b–4,25), ihrer Erlangung (5,1–8,39) und ihrem Ursprung (9,1–11,36) gesprochen. Der zweite Briefteil (12,1–16,27) wird damit verbunden, eingeleitet durch die Formulierung «der Gebrauch der Gnade» (zu 12,1).

Wie schon in früheren scholastischen Kommentaren, besteht der Römerbriefkommentar des Thomas aus den drei Formen der Einzelexegese, der Quaestionen und der Exkurse. Auch hier kann man sich die Entstehung dieser unterschiedlichen Vorgehensweisen aus dem Ablauf einer exegetischen Vorlesung erklären. Üblich ist zunächst die Wort- für Wort-Erklärung. In der Auslegung des Thomas kann man gegenüber den frühscholastischen Kommentaren eine starke Formalisierung und Rationalisierung der Vorgehensweise erkennen. Bei einem Vergleich mit der Summa fallen manche Ähnlichkeiten ins Auge. Dazu gehört z.B. die Unterteilung der Auslegung in mit «erstens», «zweitens» usw. numerierte Abschnitte. Dabei herrschen Einteilungsprinzipien von hohem Abstraktionsgrad. Ein derart formalisiertes Verfahren wirkt auf den heutigen Leser ermüdend und eintönig, führt aber zu einer detaillierten und sorgfältigen Analyse. Grammatische und stilistische Beobachtungen gehen in diese ein, wobei die Mittel klassischer exegetischer Wissenschaft virtuos gehandhabt werden.

Charakteristisch für die Kommentierung ist auch, daß meist am Ende eines kleinen Unterabschnittes eine oder mehrere Bibelstellen aus unterschiedlichen alt- und neutestamentlichen Schriften geboten werden, die sich thematisch mit der in der Auslegung vorgetragenen Deutung berühren. Das System der Belegstellen *(dicta probantia)*, das in der Orthodoxie des 17. Jahrhunderts so beliebt wurde, kündigt sich hier an. Es gibt aber auch kompliziertere Vorgehensweisen. Eine davon ist die sog. Distinktion, die zur Klärung der Bedeutung eines Begriffes benutzt wird. So wird etwa zu der Aussage Röm 13,11: «Es ist schon die Zeit da, daß wir vom Schlaf erwachen» eine ganze Kette von Schriftstellen entfaltet, die den Sinn der Aussage beleuchten sollen: Gemeint sei nicht der Tod, der manchmal «Schlaf» genannt wird, wie 1.Thess. 4,12, noch der natürliche Schlaf wie Joh 11,12, noch der Schlaf der Gnade, wie Ps 4,9, noch der Schlaf der Kontemplation, wie Hohel 5,2 – «sondern es wird verstanden vom Schlaf der Schuld, nach jenem (Vers) Eph 5,14: ‹Steh auf, der du schläfst, und steh auf von den Toten›». Für diese Art von Beweis konnten die mittelalterlichen Exegeten auf fertige Distinktionensammlungen zurückgreifen, wie die *Summa Abel* des Alanus ab Insulis.

Wie sorgfältig formal aufgebaut eine solche Exegese durchgeführt wird, kann man am Beispiel der Auslegung einer Stelle wie Röm 9,1–5 gut erkennen. Thomas beginnt die Auslegung mit einem systematischen Überblick: «Zuerst handelt er (Paulus) also von der Erwählung der Völker; zum zweiten von dem Fall der Juden, cap.X: ‹Brüder, der Wille meines Herzens› usw. Hinsichtlich des ersten (Punktes) tut er zweierlei: Zuerst erwähnt er die Würde der Juden; zum zweiten zeigt er, wie die Heiden zu dieser Würde angenommen worden sind, nämlich: ‹Nicht aber, daß hinfällig geworden sei ...› (9,6). Im Hinblick auf den ersten Punkt tut er zweierlei: Zuerst zeigt der Apostel seine Gesinnung gegen das Volk der Juden, zum zweiten zeigt er ihre Würde, nämlich: ‹welche ja Israeliten sind ...› (9,4). Im Hinblick auf das erste tut er zweierlei: Zuerst bestätigt er, was er sagen wird; zum zweiten zeigt er seine Gesinnung: ‹Daß ich große Trauer habe ...›» In dieser Weise geht es weiter. Zu der zuletzt genannten Wendung in V.2 folgt eine Erörterung ganz im Stil einer Disputation verschiedener Deutungsmöglichkeiten. «Er hebt seinen Schmerz aber in dreifacher Weise hervor: Zum ersten wegen seiner Größe.» Der Schriftbeleg dazu: Kgl 2,13: «Dein Schmerz ist tief wie das Meer.» Dazu gibt es aber einen Gegenbeleg (*Sed contra*): Pred 30,22 «Überlaß deine Seele nicht der Trauer», «was mit der Meinung der Stoiker übereinzustimmen scheint, die Trauer gänzlich von der Seele des Weisen fernhalten». Das kann man jedoch aus zwei Gründen zurückweisen: 1. weil es sich um körperliche Mängel handelt, «welche die Natur verabscheut» – und außerdem wegen des Schriftbelegs Mt 26,38 (Jesu Trauer in Gethsemane), 2. weil Trauer über die Sünde eines Nächsten wegen des Gebots der Nächstenliebe lobenswert ist. Schriftbeleg: 1.Kor 12,21.

Die Kommentare des Thomas enthalten vielerlei mehr äußere Erklärungen des Wortsinns, wie zu grammatischen, syntaktischen und stilistischen Problemen. Die *Determination* kann z.B. bei der Frage entscheidend sein, weshalb sich Paulus (1,1) einen «Knecht Jesu Christi» nennt. Die Bezeichnung «Knecht» ist, für sich genommen, gewöhnlich abwertend. In der Verbindung mit der Determination «Jesu Christi» kann sie jedoch zu einer Ehrenbezeichnung werden. Eine bereits seit Hieronymus beliebte Erklärungsweise ist auch die Namensetymologie. Thomas wendet sie für die Erklärung des Namens Paulus an. Dieser Name kann drei Bedeutungen haben: 1. hebräisch (wobei allerdings das «P» am Anfang, das es nach Thomas im Hebräischen nicht gibt, durch einen entsprechenden Buchstaben ersetzt werden muß) kann er bedeuten «wunderbar» oder «erwählt»; 2. griechisch bedeutet er «ruhig»; 3. lateinisch «bescheiden». Diese Bedeutungen passen alle auf Paulus, wie Thomas anschließend erläutert. Thomas benutzt jedoch auch «moderne» Formen der Argumentation reichlich, wie vor allem den Syllogismus, der sich in zahlreichen Beispielen bei ihm findet.

Die Philosophie des Aristoteles wird von Thomas wie selbstverständlich verwendet, ohne daß sie jedoch auf das inhaltliche Verständnis einen entscheidenden Einfluß gewinnt. Die aristotelischen Kategorien, wie Ursache, Wirkung, Form, Inhalt, Zweck, Wesen, Mittel, Ziel werden ohne weiteres gebraucht. Auch ethische und anthropologische Aussagen des Aristoteles werden immer wieder aus dessen Werken, vor allem der Nikomachischen Ethik und der Metaphysik zitiert, wo sie mit den biblischen Gedanken in Einklang stehen. Wo nicht, wie bei der Ewigkeit der Materie (XI, 1,5, zu Röm 11,36) werden sie auch zurückgewiesen. So zu Röm 4,2, wo die Meinung des Aristoteles als Einwand gegen die Auffassung des Paulus, Abraham sei nicht durch Werke gerechtfertigt worden, zitiert wird. Aristoteles habe gesagt, der innere Habitus eines Menschen werde durch die Ausübung äußerer Werke gebildet. Thomas gibt das zu, aber es bezieht sich nach seiner Ansicht nur auf menschliche

Gerechtigkeit, während die Gerechtigkeit, die vor Gott gilt, menschliche Fähigkeiten übersteige. So wird eine Harmonie zwischen der philosophischen und der theologischen These hergestellt. Der häufige Rückgriff auf Aristoteles, der bei Thomas auch einfach als «der Philosoph» bezeichnet werden kann, hängt mit dessen allgemeiner Anerkennung als maßgebend im Philosophiestudium zusammen, die Thomas auch bei seinen Hörern voraussetzen konnte, hat also vor allem pädagogische Gründe. Aristotelisch zu denken und zu formulieren, hatte sich zu seiner Zeit allgemein durchgesetzt.

Ein neuplatonischer Dualismus bleibt gleichwohl in dem Gegenüber zwischen Irdischem und Himmlischem auch bei Thomas bestehen. Doch ist die Verwendung der geistigen Sinne im Kommentar relativ selten und beschränkt sich hauptsächlich auf überkommene Ausdeutungsmotive. Im wesentlichen sind dies die christologische Ausdeutung des Alten Testamentes, die trinitarische Deutung einiger Stellen des Römerbriefes, die Kirche, die in einigen alttestamentlichen Motiven vorabgeschattet ist, und die Deutung der «Geheimnisse» des Neuen Testaments auf die Sakramente. Hier spiegelt sich auch der monastische Hintergrund der thomasischen Exegese, denn das Leben mit der Eucharistie prägte den Tageslauf eines Dominikanermönches, wie es Thomas war.

Außer der Wort-für-Wort-Erklärung enthält der Kommentar eine größere Anzahl von *Quaestionen*, d. h. Abschnitten, in denen bestimmte Einzelfragen in einer etwas ausführlicheren Diskussion nach der Art der scholastischen Disputationen in ihrem Für und Wider erörtert werden. Diese Fragen können historisch-literarischer Art sein (z. B.: Von wo aus schrieb Paulus den Römerbrief?, Prol.Nr. 13; oder: Wer brachte zuerst das Evangelium nach Rom?, Prol.Nr. 14), aber in der Regel handelt es sich um grundsätzliche theologische Probleme, deren Beantwortung den Rahmen einer rein kontextuellen Auslegung sprengt. Beispiel: Zu Röm 8,17 «Sind wir denn Kinder, so sind wir auch Erben» kann eingewandt werden, daß wir Gott doch niemals beerben können, da dieser nie stirbt. Vermutlich hat einer der Hörer diese Frage gestellt. Die Antwort des Thomas lautet: «Aber man muß sagen, daß dies für zeitliche Güter gilt, die nicht von mehreren zugleich besessen werden können, so daß einer sterben muß, damit ein anderer nachfolge. Aber geistliche Güter können von vielen zugleich besessen werden, deshalb ist es nicht nötig, daß der Vater stirbt, damit die Söhne Erben sein können.» Außer derartigen rationalen Erklärungen gibt es auch andere Arten, eine Frage zu beantworten, vor allem mit Hilfe anderer Schriftstellen oder mit der Gegenüberstellung von unterschiedlichen Väteraussagen, zwischen denen sich dann Thomas entscheidet. Überkommene und «moderne» Methoden laufen also bei ihm durchaus noch nebeneinander her.

Exkurse sind noch ausführlicher. Thomas greift zu dieser Form, wenn ein dogmatisches Problem eine eingehendere Erörterung verlangt. Ein Beispiel sind die längeren Ausführungen, die Thomas aus Anlaß von Röm 1,4 in einer ganzen Lektion (Kap.I, lect.3) der Herkunft und Natur Jesu Christi als des Sohnes Gottes widmet. Hier werden vor allem die in der alten Kirche aufgekommenen christologischen Irrtümer, wie der sog. Adoptianismus (der Mensch Jesus ist erst durch die Taufe zum Sohne Gottes angenommen worden) widerlegt. Hier spricht dann weniger der Exeget als der Dogmatiker. Aber eine einschlägige Bibelstelle nötigte zu einer solchen Diskussion.

Die Bibelauslegung des Thomas ist sicherlich eine vorneuzeitliche Form der Exegese. Dennoch ist sie auch für einen gegenwärtigen Leser nicht ohne Interesse. Vor manchen rein historisch-philologisch interessierten modernen Kommentaren hat sie das eine voraus, daß sie immer den theologischen Gehalt der Schrift im Blick hat und bedacht ist, diesen mit Hilfe der anderen mit herangezogenen Gesichtspunkte herauszuarbeiten. Eine Spaltung zwischen Exegese und Anwendung gibt es nicht. Das hängt nicht nur damit zusammen, daß eine historische Kritik, wie sie seit der Aufklärung üblich geworden ist, noch nicht bekannt war. Thomas hätte auch nie verstanden, daß die Bibel ohne ein theologisches Verständnis von Bedeutung sein könnte. Darin, daß sie die göttliche Wahrheit enthält, von der allein das Heil des Menschen ausgeht, liegt der einzige Grund, sich mit ihren Aussagen zu beschäftigen. Das ist eine Haltung, um die der Ausleger von heute, wenn er sich seiner Verantwortung bewußt ist, erst ganz neu kämpfen muß.

8. Weltverstehen aus der Bibel heraus: Bonaventura

Gleichzeitig mit Thomas von Aquin wirkte, wie wir schon hörten, an der Pariser Universität als Magister der Franziskaner Bonaventura (ca.1217–1274). Bonaventura wurde, wahrscheinlich als Sohn eines Arztes, in Bagnoregio bei Orvieto und Viterbo in Tuscien, nicht allzuweit von Rom, geboren. Sein bürgerlicher Name war Johannes de Fidanza. Sonst wissen wir kaum etwas Sicheres über seine Jugend, außer, wie er selbst berichtet, daß er einmal als Kind durch die Fürbitte des Franziscus von Assisi von schwerer Krankheit geheilt worden sei. Da Franziscus bereits 1226 starb, muß dies sehr früh in Bonaventuras Leben geschehen sein, es sei denn, daß seine Mutter den bereits Verstorbenen angerufen hätte. Dies ist nicht unmöglich nach den Sitten der Zeit, und Franciscus genoß schon zu Lebzeiten, erst recht nach seinem Tode, eine hohe Verehrung unter seinen Anhängern. Um 1235/36 begab sich der junge Giovanni nach Paris, um an der dortigen Artistenfakultät das Studium der sieben freien Künste zu beginnen. Dort durchlief er den üblichen

Studiengang von sechs bis sieben Jahren und schloß ihn um das Jahr 1242 ab. Den krönenden Abschluß bildete dabei die Philosophie. An der Pariser Artistenfakultät wurde damals zweifellos bereits Aristoteles gelehrt, und zwar nicht nur das «Organon», sondern auch die «Physik» und die «Metaphysik»; allerdings hatte es den Streit um die Averroisten an der Fakultät noch nicht gegeben. Daß Aristoteles kein christlicher Philosoph sei und in manchem mit dem Christentum unvereinbar, war bekannt. Daraus erklärt sich manches aus der späteren Haltung Bonaventuras gegenüber der aristotelischen Philosophie. Sie bedeutet aber nicht, daß er Aristoteles nicht gut gekannt hätte. Jedenfalls scheint Bonaventura zunächst ein weltlicher Student gewesen zu sein. Was ihn im Jahre 1243 bewog, in den Franziskanerorden einzutreten, ob die alte, durch seine Mutter vermittelte Dankbarkeit gegenüber Franziscus als Person, ob die Lebensweise der in Paris wirkenden Franziskaner, ist ungewiß. Auf jeden Fall ist sicher, daß er die Theologie im Franziskanerstudium begann. Übrigens wurde er auch in Paris als Mitglied der römischen Provinz, wie es den Statuten des Ordens entsprach, aufgenommen.

Die Verhältnisse an der Pariser Universität haben wir schon im Zusammenhang mit der dortigen Wirksamkeit Thomas' von Aquin kennengelernt. Genau wie die Dominikaner hatten auch die Franziskaner an der Theologischen Fakultät ein eigenes Studieninstitut. Seit 1219 hatten sich die ersten Brüder in Paris niedergelassen; eine Schenkung Königs Ludwig XII. hatte ihnen 1234 einen weitläufigen Gebäudekomplex für ihren Konvent und die Einrichtung eines Theologiestudiums überlassen. Papst Gregor IX. bestätigte 1236 diese Schenkung. Zugleich erhielt das Franziskanerstudium dadurch einen erheblichen Aufschwung, daß der bereits berühmte, etwa fünfzigjährige Magister regens (Lehrstuhlinhaber; dieses Amt hatte er schon um 1220 eingenommen) Alexander von Hales in den Orden eintrat und seinen Lehrstuhl mitnahm. Proteste der dem Weltklerus angehörenden Fakultätskollegen, die zu einem großen Streit zwischen den dem Weltklerus angehörigen Professoren und den beiden Bettelorden führten, blieben wegen der päpstlichen Unterstützung der Franziskaner ohne Erfolg. Die Franziskaner besaßen dadurch fortan zwei theologische Lehrstühle. So konnte Bonaventura, als er dort sein Theologiestudium aufnahm, Alexander von Hales und Johannes von la Rochelle hören. Vermutlich hat er aber auch die im gleichen Zeitraum stattfindenden Vorlesungen der Dominikaner Hugo von Saint-Cher und Albert des Großen besucht oder zumindest ihre Lehren gekannt. Er ist jedoch Alberts weitgehender Übernahme des Aristotelismus nicht gefolgt – anders als der gleichzeitig wirkende Thomas von Aquin. Nachdem Alexander von Hales und Johannes von la Rochelle im gleichen Jahre 1245 gestorben waren, folgten ihnen Eudes Rigaud (später Erzbischof von Rouen) und Wilhelm von Militona (seit 1248) nach. Bei seinen Lehrern, besonders Alexander von Hales, erfuhr Bonaventura viel über Augustin. Charakteristisch für das Franziskanertum war stets ein starker Augustinismus. Ihn finden wir denn auch später in Bonaventuras eigenen Werken wieder. Im übrigen durchlief er das übliche Theologiestudium von fünf Jahren (1243–48) und anschließend die normale Karriere eines theologischen Lehrers, die wir bereits kennen: 1248–50 war er *baccalaureus biblicus*, zuständig für die kursorische Lektüre der Bibel, 1250–52 *baccalaureus sententiarius*, hatte also über die Sentenzen des Petrus Lombardus zu lesen (hieraus entstanden seine eigenen, später veröffentlichten Sentenzenkommentare), anschließend begann er sich auf die förmliche Lehrerlaubnis (*licentia docendi*) vorzubereiten. Sie erhielt er Anfang 1254. Von da an war er *Magister regens* am Franziskanerstudium. Seit 1257 kam eine weitere wichtige Aufgabe hinzu: er wurde zum Generalminister der Franziskaner gewählt. Seither hatte er sich viel um die Organisation und die inneren Probleme des Ordens – vor allem um den unter seinem Vorgänger Johannes von Parma (1247–1257) ausgebrochenen Konflikt mit den Spiritualen (für ihren extremen Spiritualismus beriefen sie sich auf die Ideen Joachims von Fiore) – zu kümmern. Doch gelang ihm bald eine Beruhigung der Lage. Nachdem er eine Berufung zum Erzbischof von York 1265 durch eine demütige persönliche Vorsprache bei Papst Clemens IV. abgewehrt hatte, wurde er durch Gregor X. (1272–76) im Jahre 1273 zum Kardinalerzbischof von Albano ernannt und an die Kurie geholt. Die Bischofsweihe erfolgte bereits in Lyon, wohin Bonaventura den Papst zur Vorbereitung des II. Lyoner Konzils begleitete. Er war einer der maßgeblichen Theologen auf diesem, vor allem dem Kreuzzugsgedanken und einer versuchten Übereinkunft mit Byzanz gewidmeten Konzil, starb aber noch während dessen Sitzungen am 15. Juli 1274.

Um die Eigenart der biblischen Theologie Bonaventuras angemessen zu verstehen, ist es wichtig, ihre franziskanische Prägung im Auge zu behalten. Nicht zufällig ist Bonaventura bei den Minderbrüdern eingetreten; ihre Ideale waren auch die seinen. Das franziskanische Milieu war ganz entscheidend von den Ideen des Ordensgründers, des charismatischen Franziscus von Assisi (1181/82–1226), bestimmt. Für ihn charakteristisch ist sein unmittelbares Verhältnis zur Bibel; mit ihr und in ihr lebte er und sah sie uneingeschränkt als verbindlich an. Dadurch, daß er beständig in ihr las, konnte er sie großenteils auswendig. In der (revidierten) «Regula bullata» (von 1223) steht obenan (Reg.1) die Forderung an die Brüder, «das Evangelium unseres Herrn Jesus Christus zu bewahren». Besonders der an sich selbst und seine Anhänger gerichtete Appell, den Forderungen Jesu in der Bergpredigt gemäß zu leben, spielte für Franziscus eine zentrale Rolle. Jesus fordert in der Bergpredigt die Jünger auf, ihm nachzufolgen: Franziscus sah darin vor allem den Aufruf zur strengsten, rücksichtslos gegen sich selbst angewandten Askese und zur absoluten Armut. Außerdem befiehlt Jesus, Barmherzigkeit zu üben. Das bedeutete für Franziscus, für alle Menschen, vor allem die Bedürftigen, offen zu sein, sich ihnen uneingeschränkt zuzuwenden. Ebenso zugewandt war er der Welt, in der er selbst bewußt als Teil der Schöpfung Gottes lebte. Bekannt ist, in welcher Weise er dabei vor allem auch die Tiere einschloß, die er geradezu als seine Brüder anreden konnte. Die Schönheit des Kosmos hatte Franziscus stets auch von sich aus empfunden; sein berühmter Gesang an den «Bruder Sonne» ist ein Zeugnis dafür. Auch als Theologe war Franziscus Autodidakt. Sohn eines wohlhabenden Kaufmannes, war er für dessen Beruf ausgebildet worden, aber im allgemeinen Sinne wenig gebildet; seine nicht selten tiefsinnigen theologischen Gedanken beruhten auf keinem akademischen Studium. Gerade deshalb wirkten sie in ihrer Unmittelbarkeit so faszinierend auf alle, die ihm begegneten.

Zwar hatte Bonaventura den Franziscus wohl kaum noch persönlich kennengelernt. Doch hatte der von ihm gegründete Orden offenbar eine starke Anziehungskraft auf ihn ausgeübt. Dabei war Bonaventura ein ganz anderer Mensch als Franziscus. Statt der rigorosen körperlichen Asketik war für ihn die Konzentration auf die wissenschaftliche Arbeit der entscheidende Impuls, die er aber im Geiste des Franziscus betrieb. Von Franziscus sind einige eher skeptische Äußerungen über theologische Wissenschaft überliefert, wenn er sie anscheinend auch nicht völlig ablehnte. «Der Selige braucht nicht durch Studien in das Wissen eingeführt zu werden; es ist Gott, der ihn die Weisheit von oben lehrt. Dank der Strahlen des ewigen Lichts versteht er die Schriften ausgezeichnet», soll Franziscus einmal gesagt haben. Allerdings ließ ihn seine Treue zur Kirche außer den Priestern – die am Tisch des Sakraments von Leib und Blut Christi aufwarten – auch die Theologen in Ehren halten: «Auch alle Theologen und diejenigen, welche die hochheiligen Worte Gottes verwalten, müssen wir achten und verehren, als solche, die uns mit Geist und Leben aufwarten», lesen wir in seinem Testament (Böhmer, Analekten, 37,7–10). Gleichwohl war ihm persönlich der charismatisch-spirituelle Umgang mit der Schrift mehr als genug. Von dieser Haltung hatten sich die Franziskaner allerdings schon mit der Errichtung ihres Studienhauses in Paris entfernt. Als Bonaventura dort eintrat, fand er einen seit langem installierten Lehrbetrieb vor, der ihn in vorgezeichnete Bahnen wies.

Dennoch ist der franziskanische Geist in der Bibelauslegung Bonaventuras unverkennbar. Das ist überall in seinen Werken spürbar, wird aber auch direkt von ihm in seinem Prooemium zu seinem Lukaskommentar ausgesprochen, in dem er sich ausführlicher über seine Rolle als Bibelausleger äußert. Über das Lukasevangelium hat Bonaventura offenbar schon als baccalaureus biblicus kursorisch gelesen, diese Vorlesung dann aber als *magister* erheblich umgearbeitet. Als Motto des Prooemiums wählt er den Vers aus Jes 61,1, den Jesus nach Luk 4,18 in der Synagoge in Nazareth gelesen und ausgelegt haben soll: «Der Geist des Herrn ist auf mir, deshalb weil er mich gesalbt hat. Den Sanftmütigen zu verkündigen hat er mich gesandt, daß ich heilte, die bedrückten Herzens sind, den Gefangenen Freilassung und den Eingeschlossenen Öffnung (ihres Gefängnisses) predigte.» Dieses Motto legt er anschließend im Hinblick auf die Aufgaben eines Doktors der Heiligen Schrift ausführlich aus. Hier fehlen durchaus nicht die üblichen scholastischen Distinktionen: So leitet Bonaventura seine Erläuterungen mit der Bemerkung ein, der Bibelvers könne sich beziehen «nach *allgemeinem* Verständnis auf einen beliebigen Lehrer der Heiligen Schrift, nach *besonderem* auf den seligen Evangelisten Lukas, nach *einzigartigem* auf Christus selbst, der die Quelle der Wahrheit und der Gnade ist» (Luk-Komm., prooem., 2; op.omn.VII, 3a). Dieser Einteilung entsprechend, geht er zunächst darauf ein, «wer und was für einer der Lehrer (doctor) dieser evangelischen Schrift sein soll» (l.c.3, ebd.). Dessen erforderliche Eigenschaften ergeben sich aus der Einzelauslegung des Verses: Er muß «*gesalbt* sein mit göttlicher Gnade, *eingesetzt* in reinem Gehorsam, *entflammt* von brüderlicher Zuneigung». Typus für das erste, die Geistbegabung, sind die alttestamentlichen Propheten, für den Gehorsam Mose, für die brüderliche Zuneigung der Apostel Paulus (Schriftbelege: 1.Kön 19,16;16,13 – 2.Mose 3,10f. – 1.Thess 2,7f.). Zu einem solchen Lehrer gehört auch ein entsprechender Hörer: «Er muß einen demütigen, sanften und gläubigen Hörer haben.» (l.c. 6; VII,4a) Auch dies wird zu jedem dieser Begriffe durch Belege aus der Schrift (Pred 5,13; Ps 25[24],9; Jak 1,21; Mt 11,29 usw.) im einzelnen nachgewiesen.

Tun wir hier schon einen kleinen Blick in die Haltung, mit der Franziskanerprofessoren und ihre Studenten in die Schriftauslegung eintraten, wird die Einsicht in das Ziel solchen Unterrichts verstärkt durch die anschließende Charakterisierung des Evangelisten Lukas als des Verfassers des auszulegenden Evangeliums. Von neuem wird hier wieder die Schriftaussage Luk 4,18 zur Grundlage der Charakterisierung. Interessant ist, daß Bonaventura außerdem aristotelische Kategorien heranzieht, die das Gliederungsgerüst seiner Ausführungen liefern: es sind die Begriffe der Wirkursache (*causa efficiens*) und der Zielursache (*causa finalis*), wobei Bonaventura noch zwischen äußeren und inneren Ursachen und außerdem zwischen oberen, unteren und mittleren Wirkursachen sowie ersten, mittleren und letzten Zielursachen unterscheidet. Man kann feststellen, daß Bonaventura diese Begrifflichkeit auch in den Proömien zu den anderen Bibelkommentaren aus seiner Zeit als Magister (zum Prediger; zur Weisheit Salomos; zum Johannesevangelium) verwendet.

Dagegen fehlt sie in seinem Spätwerk, den «Collationes in Hexaëmeron». Mehr als ein Gerüst bieten diese Begriffe allerdings nicht. Entscheidender sind auch hier die, wiederum mit Bibelstellen belegten, inhaltlichen Aussagen. Wichtig ist dabei die, aus Luk 4,18 entwickelte, dem Evangelisten zugesprochene Geistbegabung (wobei noch Näheres über das auch in der Erstreckung von oben nach unten darzustellende Verhältnis zwischen dem Heiligen Geist [oben] und Lukas [unten] ausgeführt wird). Daß der Verfasser des biblischen Buches inspiriert sei, ist für Bonaventura selbstverständlich. Das wird auch im Hinblick auf das «hat gesalbt» der Aussage näher ausgeführt. Eine gewisse Nähe zu Thomas wird darin sichtbar, daß es auch Bonaventura um Lehre geht: «Der Heilige Geist nämlich lehrte den Evangelisten durch die Gnade, und dieser, als Belehrter, lehrte, indem er schrieb, die Kirche die evangelische Lehre.» (l.c.12; VII,5 a) Diese Lehre wird anschließend zunächst als «Bekanntmachung der Wahrheit» (*manifestatio veritatis*) bezeichnet (l.c.13; VII,5 a). Eine zweite Bestimmung bezieht sich auf die Aussage in Luk 4,18, «daß ich heilte, die zerschlagenen Herzens sind», und bestimmt als Wirkung des Evangeliums die «Heilung unserer Schwachheit» (l.c.15; VII,5 a). Der Verweis auf Weish 16,12 und ein auf Lukas als Arzt bezügliches Hieronymus-Zitat stützen diese Aussage. Den krönenden Schluß findet dann das Prooemium in einem nochmaligen Durchgang (l.c.16–24), der nun die christologische Deutung des angezogenen Verses bringt. Aufschlußreich ist dabei noch der abschließende Paragraph, der die Deutung der vier Gesichter in der Vision Ez 1 auf die vier Evangelisten bringt, wie wir sie schon bei Joachim von Fiore angetroffen haben.

Dieses Beispiel zeigt uns, in wie weitem Umfang alte Deutungstraditionen in der Auslegung Bonaventuras eine Rolle spielen. Daß er Joachims Schriften kannte, ist sicher, aber Bonaventura wertet in viel weiterem Umfang die ihm vorliegende Literatur aus. Seine Auslegung verkörpert in hohem Maße die Tradition, was die Stoffe anlangt und auch die Methoden, wie der monastische Lehrbetrieb mit ihnen umzugehen gewohnt war. Seine Originalität liegt in dem Gesamtrahmen, den er seiner Theologie gibt, und den Gewichten, die er den Bereichen theologischer Arbeit zumißt.

Von besonderer Bedeutung dafür ist die Schrift «Breviloquium», die Bonaventura auf den Wunsch seiner Hörer nach einer kurzen Zusammenfassung seiner theologischen Lehren hin abgefaßt hat. Insbesondere der Prolog dieser Abhandlung verdient unsere Aufmerksamkeit, denn er kann als die wichtigste hochscholastische Bibelhermeneutik (Verstehenslehre) angesehen werden. Der eigentliche Hauptteil des Breviloquiums ist dagegen eine Summa der Theologie mit trinitarischer Gliederung. Ihr eigentlicher Zweck besteht aber darin, seinen Mitprofessoren (Magistern) zu zeigen, daß alle entscheidenden theologischen Aussagen in der Bibel enthalten sind. Das Zentrum theologischer Arbeit in der biblischen Theologie zu suchen, ist das spezifische Anliegen des franziskanischen Theologen gegenüber den Verlockungen systematisch- philosophischen Theologisierens, wie er es bei seinen Kollegen, auch bei den Dominikanern wie Thomas von Aquin, im Mittelpunkt stehen sieht. Der Prolog richtet sich statt dessen an die Studenten, denen Bonaventura die Liebe zur Heiligen Schrift beibringen und die Angst nehmen will, die sie angesichts ihrer scheinbaren Undurchsichtigkeit – sie kommt ihnen wie ein undurchdringlicher Wald vor (vgl. V,208 b) – empfinden. Indem er ihnen die Ziele und Methoden der Bibelauslegung vorträgt, will er sie zur Arbeit an der Schrift hinführen und davon abhalten, auf den scheinbar leichteren Weg des Disputierens von Sentenzen auszuweichen. Daß er auch diese Kunst beherrschte, hatte er ja als *baccalaureus sententiarius* gezeigt.

Auch im Prolog zum «Breviloquium» (V,201–291) finden wir die Gewohnheit Bonaventuras wieder, seine Ausführungen mit einer Schriftstelle einzuleiten, aus der sich dann die äußere und innere Gliederung für die anschließenden Ausführungen ergibt. Diesmal ist es der Abschnitt Eph 3,14–19 (V,201 a); er wird übrigens zu einem ganz anderen Zweck noch einmal im Prolog zu dem Traktat «Sololoquium» (VIII,28 a) verwendet. Daraus erkennt man, daß die Deutung einer Schriftstelle nicht ein für allemal festgelegt ist; sie kann sich durchaus einem Zusammenhang anpassen. Das gilt auch für die einzelnen Begriffe; sie stellen sich bei Bonaventura in einer Vielfalt möglicher Aspekte dar, die er geradezu spielerisch variieren kann. Gerade darin, im Reichtum der Schrift, nicht in der Eindeutigkeit ihrer Begrifflichkeit liegt für ihn ihr Wert.

Bonaventura stellt seinen weiteren Ausführungen zunächst ein Gliederungsprinzip voran, indem er aus dem Eingangstext eine Dreizahl gewinnt: «Der große Lehrer der Völker (Paulus) öffnet in diesem Wort den Ausgangspunkt (*ortum*), das Fortschreiten (*progressum*) und den Ruhepunkt (*statum*) der Heiligen Schrift.» (V,201 a) Mit diesem dreifachen Begriffsraster wird ein Rahmen für eine Bewegung geschaffen, die, von der Trinität ausgehend, über den Weg des Menschen zum Heil im endlichen Ruhepunkt der Fülle der ewigen Seligkeit zu Vater, Sohn und Heiligem Geist zurückführt. «Das Fortschreiten aber der Heiligen Schrift ist nicht angepaßt an die Gesetze der Argumentationen, Definitionen und Aufteilungen nach der Weise anderer Wissenschaften, sondern entsprechend dem, was zum Heile dient, beschreibt sie teils durch einfache Worte, teils durch mystische (spirituell zu deutende) den ganzen Gehalt des Universums sozusagen in einer Summa.» (V,201 b) In Ausdeutung der schon in Eph 3,18 eine übertragene Bedeutung besitzenden Vierheit von Breite, Länge, Höhe und Tiefe wird diese zunächst kosmologisch-soteriologisch ausgelegt: So beschreibt sie «den ganzen Gehalt des Universums sozusagen in einer Summa, worin die *Breite* gedacht wird. Sie beschreibt den (geschichtlichen) Ablauf, worin die *Länge* gedacht wird. Sie beschreibt die hervorragende Stellung derer, die am Ende gerettet werden, worin die *Höhe* gedacht wird. Sie beschreibt das Elend derer, die verdammt werden sollen, worin die *Tiefe* nicht nur des Universums selbst, sondern auch die des göttlichen Urteils besteht» (V,201 b). Dieser Aussage läßt sich eine weitere, gegen Ende des Prologs folgende, an die Seite stellen: Danach handelt die Schrift «über das ganze Universum in bezug auf das Höchste und Tiefste, auf das Erste und Letzte und in bezug auf den dazwischenliegenden Ablauf (der Geschichte)» (V,208 a). Kosmologie und Heilsgeschichte sind nach Bonaventura in der Schrift zusammengeschaut.

Aus diesem ersten Durchgang, in dem die Schrift in einen weltumspannenden Rahmen gestellt wird, «soweit es hilft für das Heil, von ihm (dem Universum) Kenntnis zu haben» (V,201 b–202 a), ergibt sich ein weiterer, der nun der Dreizahl eine Vierzahl folgen läßt. Auch sie wird aus dem am Anfang stehenden Zitat aus dem Epheserbrief entwickelt. Die *Breite* (§ 1; V,202 b–203 b) meint danach die Zusammensetzung der Schrift aus Altem und Neuem Testament. Hier stellt Bonaventura ebenfalls eine Harmonie fest, indem die Büchergruppen des Alten und Neuen Testaments einander entsprechen: Das Alte Testament «hat gesetzliche, historische, weisheitliche und prophetische Bücher. Das Neue Testament hat ähnlich Bücher, die ihnen entsprechen nach vierfacher Weise. Denn den Gesetzesbüchern entsprechen die Evangelien, den historischen die Apostelgeschichte, den weisheitlichen die Briefe der Apostel, besonders des Paulus, den prophetischen entspricht das Buch der Apokalypse, so daß die Entsprechung zwischen Altem und Neuem Testament so wunderbar ist» (V,202 b–203 a). Wie die Dreizahl, ist auch die Vierzahl ein Symbol der Harmonie. Das weiß Bonaventura auch mit der Aufeinanderfolge der Bücher und Büchergruppen des Alten und Neuen Testaments zu unterstreichen, die nach ihm zugleich eine folgerichtige Entfaltung der Wahrheit darstellt, wobei er die Schrift mit «einem breiten Fluß, der aus dem Zusammenfließen vieler Wasser mehr und mehr anschwillt», vergleicht. «Denn nachdem zuerst in der Schrift die gesetzlichen Bücher vorhanden waren, kam später das Wasser der Weisheit der historischen Bücher hinzu, als drittes kam außerdem hinzu die Lehre des weisen Salomo, danach auch die Lehre der heiligen Propheten, und endlich wurde die evangelische Lehre offenbart, die durch den Mund Christi vorgetragen, durch die Evangelisten niedergeschrieben, durch die heiligen Apostel verbreitet wurde.» (V,203 b)

Die *Länge* der Schrift (§2, V,203b–204b) bezieht sich auf die in der Schrift beschriebene Weltgeschichte, «d.h. vom Anfang der Welt bis zum Tage des Gerichts» (V,203b). Im einzelnen geht es dabei um die (traditionelle) Einteilung in drei Weltalter (*tempora*), die von einem weiteren Gliederungsschema in sieben Epochen (*aetates*) überlagert wird, von denen auffälligerweise fünf in die alttestamentliche Periode fallen, während die sechste («von Christus bis zum Ende der Welt») und die siebente gleichzeitig ablaufen. Diese siebente, die «von der Ruhe Christi im Grabe bis zur allgemeinen Auferstehung» gerechnet wird, scheint mit dem Sieben-Tage-Schema des Schöpfungsberichts, speziell mit der Ruhe Gottes am siebenten Tage, in assoziativem Zusammenhang zu stehen. Hier, und bei dem anschließenden Gedanken, daß sich an diese siebente Epoche eine achte der Auferstehung anschließen wird, ist die Abhängigkeit von Augustin, der die Periodisierung der Heilsgeschichte überhaupt wesentlich begründet hat, mit Händen zu greifen (vgl. Augustin, De Gen. ad lit. IV,11,21). Schon bei Augustin wird die Siebenzahl mit dem siebentägigen Schöpfungswerk in Verbindung gebracht. Nicht hier, aber an anderer Stelle bei Bonaventura (Hexaëmeron [Hex.] 16, s.u.) kommt noch der Gedanke hinzu, die «größere Welt» (*major mundus*), nämlich die Schöpfung als ganze, entspreche der «kleineren Welt» (*minor mundus*), dem Menschen, für den auch die Siebenzahl charakteristisch sei.

Bei den anschließenden Ausführungen Bonaventuras über die «Höhe» (*sublimitas;* §3; V,204b–205b) der Schrift ist dieser wiederum stark abhängig, und zwar von dem damals vielgelesenen (Pseudo-)Dionysius Areopagita, und damit von einer neuplatonischen Weltauffassung. Hierzu gehört sowohl die Vorstellung von einer kosmischen Hierarchie, die von der Kirche unten über die in verschiedene Stufen gegliederte Engelwelt in der Mitte bis zur göttlichen Sphäre oben hinaufreicht (V,204b), wie auch die einer entsprechenden Hierarchie in der menschlichen Seele. Von da schreitet Bonaventura zur Theologie hinüber, deren Aufgaben er mit der Himmelsleiter von 1. Mose 28 vergleicht und in Analogie zu der Struktur der Seele sieht, denn, während die Philosophie über die Dinge in der Natur handelt «oder in der Seele nach der von Natur aus eingepflanzten Erkenntnis», handelt die Theologie «von den Dingen, die sich auf die Gnade und die Herrlichkeit (Gottes) und auch auf die ewige Weisheit beziehen» (V,205a). Eigentümlich ist die sich anschließende Vorstellung, daß die Bemühung der Theologie um den Aufstieg auf der Leiter nur deshalb Erfolg hat, weil ihr auf dieser von oben herabsteigend Christus entgegenkommt, der aufgrund der Annahme der menschlichen Natur nicht nur Hierarch in der himmlischen Hierarchie ist, sondern – im Rahmen der Trinität – auch Mittler in der Engelssphäre und der irdischen Welt. Deshalb – hier greift Bonaventura das Bild aus Ps 133(132),2 auf – strömt durch ihn das Öl der Salbung «nicht nur in den Bart, sondern bis zum Saum des Gewandes herab, d. h. nicht nur in das himmlische Jerusalem, sondern auch bis zur noch kämpfenden Kirche» (ebd.).

Die *Tiefe* der Schrift (§ 4; V,205 b–206 b) bezieht sich auf die verschiedenen Schriftsinne, die Bonaventura in der traditionellen Weise behauptet. Hierin liegt keine Besonderheit, denn die Lehre von den verschiedenen Schriftsinnen hatte durch das ganze Mittelalter hindurch unangefochtene Geltung. Neben dem Wortsinn kennt Bonaventura drei geistige (*mystische*) Sinne, die er als *allegorischen* («wenn durch ein Geschehen ein anderes Geschehen angezeigt wird, nach dem, was zu glauben ist»), *tropologischen* («wenn durch das, was geschehen ist, etwas angezeigt wird, was zu tun ist») und *anagogischen* («wenn das angegeben wird, was zu hoffen ist») Sinn bezeichnet (V,205 b). Ähnlich im Hexaëmeron (2,13; V,338 b). Die «Reductio artium ad theologiam» unterscheidet einen Wortsinn und einen dreigeteilten mystischen bzw. geistigen Sinn (V, 321 b). Wieder in anderer Weise ausgebaut ist die gleiche Lehre in Hex. 13,9–11 (V,389 a-b). Zu dem einen Wortsinn kommen danach drei übertragene Sinne. Sie entsprechen den drei Weisen, wie sich Gott in jedem Geschöpf offenbart: «nach Substanz, Kraft und Wirken». «Und jede Kreatur repräsentiert Gott, der Dreiheit ist, und wie man zu ihm gelangt.» Man kommt aber durch Glaube, Hoffnung und Liebe zu Gott. Infolgedessen muß jedes Geschöpf darüber nachdenken, «was zu glauben, was zu hoffen, was zu tun» ist. Daraus ergeben sich die bekannten drei Schriftsinne. In diesem Abschnitt begegnet aber auch die Ausdeutung der vier Gesichter aus Ez 1,15 ff. auf die vier Schriftsinne, wobei sich Bonaventura auf das Vorbild Gregors d.Gr. (Homil. in Ez 6,12 ff.) beruft: das Menschengesicht bezeichnet das natürliche Gesicht (Wortsinn), der Löwe, wegen seiner Prächtigkeit, die Allegorie, der Stier, der den Pflug zieht und das Land fruchtbar macht, den tropologischen (moralischen) Sinn, der Adler, der in die Höhe fliegt, den anagogischen. Von Interesse ist noch besonders die Aussage in Hex. XIII,3 (V,388 a), wo im Anschluß an Ps 33(32),7 davon gesprochen wird, daß Gott die geistigen Schriftsinne in der Hülle des Wortsinns wie die Wasser des Meeres in einem Schlauch versammelt habe. Danach sind die geistigen Sinne eigentlich keine zusätzlichen Sinne, sondern kennzeichnen die übertragenen Aspekte, die von sich aus nach Bonaventuras Ansicht im Wortsinn enthalten sind.

Aus der zuletzt gewonnenen Beobachtung ergibt sich auch der Nachdruck, mit dem Bonaventura seine Hörer auf die Notwendigkeit, den Wortsinn gründlich zu studieren, hinweist. Zu den tieferen Bedeutungen kann niemand gelangen, «wenn er nicht durch die Gewohnheit des Lesens den Text und Buchstaben der Bibel dem Gedächtnis anvertraut; sonst wird er niemals in der Schriftauslegung fähig sein.» Es ist wie bei der Sprachwissenschaft: «Wie jemand, der es verachtet, die ersten Grundlagen zu lernen, aus denen sich das Sprechen aufbaut, niemals die Bedeutung der Sprechweisen kennen kann noch das richtige Gesetz ihrer Konstruktionen: so wird der, welcher den Wortlaut der Heiligen Schrift verachtet, sich niemals zu ihren geistigen Bedeutungen erheben.» (V,207b; vgl.auch Hex. XIX,7; V,421a.b) Ausdrücklich formuliert er die Regel: «Der Ausleger muß beachten, daß nicht überall eine Allegorie zu suchen ist und daß nicht alles mystisch erklärt werden darf.» (ebd.) Man würde also Bonaventura Unrecht tun, wenn man sein Bemühen um die geistigen Bedeutungen der Schrift mit Oberflächlichkeit oder der Mißachtung des Wortsinns gleichsetzte. Dennoch ist es offensichtlich, daß für ihn der Wortsinn als solcher keine eigenständige Bedeutung hat; er ist lediglich die «Hülle», in der die geistigen Sinne eingebunden sind. Auch hierzu gibt es eindeutige Äußerungen, unter denen die Hex. XIX,7 (V,421 b) bemerkenswert ist, man dürfe nicht bei dem a,b,c des Wortsinnes stehenbleiben «wie der Jude, der immer zu dem Wortsinn hinstrebt». Die hohen Leistungen der jüdischen Exegese des Mittelalters für die Erklärung des Wortsinnes werden von Bonaventura mißachtet; ihm fehlte dafür jedes Verständnis. Dies zeigt sich in der gleich folgenden Wiederaufnahme in XIX,9, zu der Bonaventura noch das Beispiel von einem Juden hinzufügt, der die Stelle Jes 53,1 ff. gelesen habe: «und er las sie nach dem Wortsinn und konnte weder Übereinstimmung (*concordantiam*) noch Sinn finden» (V, 421b). Dies mußte Bonaventura so vorkommen, für den nur ein christologisches Verständnis der Stelle einen Sinn gab.

Ein für Bonaventura wichtiger Grundgedanke ist, daß die Schrift das gesamte für das Heil notwendige Wissen enthält. Eine bezeichnende Aussage findet sich dazu Hex. XIX,7: «Wer also lernen will, möge das Wissen an der Quelle suchen, nämlich in der Heiligen Schrift, da es bei den Philosophen kein Wissen gibt *zur Vergebung der Sünden*; auch nicht bei den Summen der Lehrer, da diese aus den Originaltexten geschöpft haben, die Originaltexte aber aus der Heiligen Schrift». Man wird an den viel späteren Ausspruch Pascals erinnert: «Nicht der Gott der Philosophen ...» Der franziskanische Lehrer empfindet einen starken Gegensatz zu allem sich von der Bibel entfernenden Wissen. Mehrfach findet sich in Aufnahme von 1.Kor 1,20 die Aussage von der Torheit des Glaubens, welche die Weisheit der Welt zunichte macht (vgl. u.a. Luk.-Komm. 12,30; VII,318b; 8,93; VII, 215a). Andererseits lehnt er die Philosophie nicht gänzlich ab, sondern weist ihr eine dienende Rolle zu: Die Arbeit der Theologie «unterlegt sich die philosophische Erkenntnis und nimmt von der Natur der Dinge soviel an, wie sie nötig hat zur Anfertigung des Spiegels, durch den sich die göttlichen Dinge darstellen (repräsentieren) lassen» (Brev. prol. § 3; V,205a).

Es liegt also bei Bonaventura keine grundsätzliche Ablehnung der Philosophie vor. Aristoteles wirft er speziell seine Lehre von der Ewigkeit der Welt vor und daß er das Glück nur im Irdischen gesucht habe, entschuldigt ihn aber zugleich, da er diese Auffassungen nur durch natürliche Erkenntnis gewonnen habe (Hex.VII,2; V,365a-b). Höher schätzt er Plotin, den er «edel» nennt, und Cicero («Tullius»), weil sie die Kardinaltugenden gelehrt haben (Hex. VII,3; V,365b), die dadurch auch zu unserer Kenntnis gekommen sind (Hex. VII,4; V,366a). «So schienen sie erleuchtet und durch sich die Seligkeit besitzen zu können.» (Hex. VII,3; V,365b) Doch dies muß entschieden zurückgewiesen werden: «Aber noch standen sie im Dunkel, sie hatten nicht das Licht des Glaubens, wir aber haben das Licht des Glaubens.» (ebd.; V,365b–366a) Der Grund ist, daß die Philosophen von der Erbsünde nichts wußten. Sie waren krank, ohne es zu wissen: «Die Krankheit kannten sie nicht, da sie die Ursache nicht wußten.» (Hex. VII,9; V,367a) Deshalb aber waren auch ihre Tugenden nutzlos: «Sie kannten also den Glauben nicht, ohne den die Tugenden nichts nützen.» (Hex. VII,6; V, 366b) Die Absage an die Philosophen ist also nicht eine Absage an ihre ethischen Grundsätze, die Bonaventura hochschätzt; er distanziert sich von ihnen aufgrund der Erbsünde, die sie nicht beachteten, und wegen ihres fehlenden Glaubens. Damit steht er in der Nachfolge Augustins, auf den er sich ausdrücklich beruft (Hex.VII,6, im Anschluß an obiges Zitat).

Freilich kann der Bibel in den Augen der Philosophen, da sie nur einzelne Ereignisse erzählt, keine Beweiskraft zukommen: «Da ja diese Erzählweisen nicht auf dem Wege einer Sicherheit der Gründe geschehen können, weil (nach Aristoteles) einzelne Ereignisse nicht bewiesen werden können, sah Gott anstelle der Sicherheit der Vernunft für diese Schrift die Sicherheit der Autorität vor.» (Brev. prol.5; V,201a) Was viel später noch für Lessing ein Problem darstellen sollte, war also auch Bonaventura bereits bewußt, aber er wischt es mit dem Autoritätsbeweis beiseite! Daraus ergibt sich andererseits das Postulat, daß die Schrift alles Notwendige enthält, «denn der Heilige Geist, ihr vollkommener Urheber, konnte nichts Falsches, nichts Überflüssiges, aber auch nicht zu wenig sagen» (ebd.).

Deshalb sucht er auch in der Bibel selbst die Erklärung aller «zum Heil» wissenswerten Weltphänome. Daß es einen Progress, eine Aufeinanderfolge biblischer Bücher in zeitlicher Entstehung, gibt, hängt aber auch mit der erst allmählich wachsenden menschlichen Erkenntnis zusammen, der sich die Schriftentwicklung anpaßte, «da es so die Bedingung der menschlichen Auffassungsfähigkeit verlangte, daß so das Fortschreiten der Heiligen Schrift abgewartet würde entsprechend dem Bedürfnis der menschlichen Auffassungskraft» (Brev. prol.; V, 202a). Hierin liegt aber auch ein Bezug auf das für den Menschen zum Heil

Notwendige: «Weil nämlich die Heilige Schrift bzw. die Theologie ein Wissen ist, das hinreichende Kenntnis vom ersten Prinzip gibt, entsprechend dem Zustand der Pilgerschaft, sofern es zum Heil notwendig ist.» (Brev. I,1; V,210a; vgl. auch V,201b–202a; 202a)

Bonaventura sieht jedoch keineswegs in der menschlichen Erkenntnisfähigkeit den Ursprung der Wahrheitsfindung mittels der Schrift. «Sie ist nämlich nicht entstanden durch menschliche Untersuchung, sondern durch göttliche Offenbarung.» (ebd.; V,201a) Zu ihrem Verständnis ist ebenfalls der – aus der göttlichen Dreieinigkeit stammende, geistgeschenkte – Glaube notwendig. «Dies ist die Erkenntnis Jesu Christi, aus der ursprünglich die Sicherheit und das Verständnis der ganzen Heiligen Schrift herstammt. Daher ist es unmöglich, daß jemand in ihr Verständnis eindringt, wenn er nicht vorher den Glauben an Christus in sich eingeflößt hat, sozusagen als Leuchte, Pforte und auch Fundament der ganzen Schrift.» (V,201a-b) Wie das zu verstehen ist, kann man aus einer weiteren Äußerung Bonaventuras an einer anderen Stelle im Breviloquium (5,7; V,260b–261a) noch genauer erfahren. Danach ist zunächst der eingegossene Glaube (*fides infusa*) notwendig, der durch die Einstrahlung der Wahrheit erfolgt, welche die Seele erhebt. Hinzu kommt die Bezeugung der Autorität, welche die Seele festigt. Dies geschieht durch die Heilige Schrift. «Beides geschieht durch Jesus Christus, welcher Glanz und Wort ist (vgl. Hebr 1,3; Joh 1,1), und durch den Heiligen Geist, der die Wahrheit zeigt und lehrt und auch glauben macht.» Der durch Christus eingestiftete Glaube ist also die Voraussetzung des Schriftverständnisses, der Inhalt der Schrift Bestätigung und Befestigung im Glauben. Der Gedanke wird auch im Proömium zum Johanneskommentar ausgeführt. Dort wird von der «Sicherheit der Autorität» gesprochen, die im Gegensatz zur «Sicherheit der Demonstration» steht, welche den Glauben nur entleeren statt ihn erzeugen würde. Deshalb befolgt die Schrift eine andere Vorgehensweise: die Weise des Erzählens: «Und dies ist der Grund, warum alle Bücher der Schrift auf erzählende Weise wiedergegeben werden, und nicht auf schlußfolgernde, weil sie den Glauben erzeugen sollen, welcher durch freie Zustimmung geschieht.» (Joh-Komm. prooem, 2, ad 1.2; VI, 243b)

Auf der anderen Seite gibt es durchaus auch methodische Regeln, mit denen der Ausleger den Gehalt der Schrift ausschöpfen kann. In § 6 des Prologs zum «Breviloquium» führt Bonaventura solche Grundsätze an. Die erste dieser Regeln ist durch eine lange Tradition geheiligt: dem Verständnis zunächst verschlossene Schriftstellen sollen durch andere Stellen erklärt werden, die deutlicher sind. Das von Bonaventura hierfür angeführte Beispiel erinnert uns an zahlreiche ähnliche Beispiele aus der Auslegungsgeschichte: In Ps 35(34),2 bedeuten «Waffe und Schild» «Wahrheit und guter Wille», denn in Ps 5,13 heißt es: «der Schild deines guten Willens» und in Ps 91(90),7 «wie ein Schild umgibt dich deine Wahrheit» (V, 207a). Daß Bonaventura die innerbiblische Assoziationsmethode in reichem Maße anwendet, ist ein Anzeichen dafür, wie fest verwurzelt er in der Tradition steht. Er vergleicht in dieser Hinsicht die Schrift mit einer Zither, deren tiefe Saite nicht von sich aus Harmonie hervorbringt, sondern nur im Einklang mit vielen anderen: «So hängt eine Stelle der Schrift von einer anderen ab, stets beziehen sich auf eine Stelle tausend andere.» (XIX,7; V,421b) Auch für das Verständnis des Wortsinns greift er auf die Überlieferung zurück, indem er sich ausdrücklich auf Augustins Buch «De doctrina christiana» (III,10,14ff.) beruft (V,207b–208a). Danach gibt es drei mögliche Verständnisebenen: 1. Wenn die ursprüngliche Bedeutung der Worte Glaube oder Liebe ausdrückt, muß man bei ihr bleiben. 2. Wo die Worte etwas aus dem Bereich der Schöpfung bezeichnen, oder aus spezifisch israelitischer Redeweise, wie «Die Schafe werfen Zwillinge» (vgl. Hohel 4,2), sind sie übertragen zu verstehen: Es scheint Bonventura eindeutig zu sein, «daß die *Schafe* Menschen bezeichnen, die *Zwillinge* doppelte Liebe». Die dritte Regel lautet, daß der Ausleger, wenn sich sowohl ein wörtliches wie ein geistliches Verständnis nahezulegen scheint, zunächst diskutieren muß, ob ein wörtliches oder übertragenes Verständnis angemessen ist, wenn beide zusammen nicht möglich sind. Dies gilt z. B. für alle alttestamentlichen Gesetze, die zwar ursprünglich einen historischen Sinn hatten, der aber für das christliche Verständnis seine Bedeutung verloren hat. Wenn aber beide möglich sind, muß man beide annehmen. Die Tendenz ist auch hier nicht die, Eindeutigkeit zu erzielen, sondern den Reichtum der Schrift nach allen nur möglichen Seiten auszuschöpfen.

Die Heilige Schrift ist nach Bonaventura auch in einer spezifischen Weise in die Geschichte der Welt hineingestellt, die eine Geschichte Gottes mit den Menschen ist. Gott hat bei der Schöpfung die Welt so geschaffen, «daß durch sie wie durch einen Spiegel und eine Spur der Mensch dazu gebracht würde, Gott den Schöpfer zu lieben und zu loben. Und danach gibt es ein doppeltes Buch, nämlich ein von innen beschriebenes, welches Gottes ewige Kunst und Weisheit ist, und ein anderes von außen beschriebenes, nämlich die sichtbare Welt». Da es nur ein Geschöpf gibt, das äußeren Sinn (wie die Tiere) und inneren Sinn (wie die Engel) vereint, sollte der Mensch «zur Erkenntnis des innen und außen beschriebenen Buches kommen, das ist der Weisheit und ihres Werkes. Und da in Christus zugleich die ewige Weisheit und ihr Werk zusammenkommen in einer Person, deswegen wird er genannt das Buch, innen und außen beschrieben (vgl. Ez 2,9) zur Wiederherstellung der Welt» (Brev.2,11; V,229a). Hinter dem etwas unvermittelt eingeführten christologischen Bezug scheint hier doch die Grundauffassung Bonaventuras von der Heilsgeschichte durch: Danach ist die anfangs als ein Spiegel

Gottes für den Menschen im Urstand gedachte Welt nicht mehr im anfänglichen Stand; sie bedarf der Wiederherstellung, um diese Funktion wieder erfüllen zu können. Gott hat die Welt um des *minor mundus*, des kleineren Kosmos, d. h. des Menschen willen geschaffen, der Mittler sein sollte zwischen Gott und Welt (vgl. Brev. 7,4; V,284b). Durch den Sündenfall ist dies Verhältnis gestört. Aber Gott gibt die Welt nicht auf; er will sie wiederherstellen, was nur in Kongruenz mit der Wiederherstellung des Menschen geschehen kann: «Als der Mensch in gutem Stande war, mußte diese Welt in gutem und ruhigem Stande eingerichtet sein; mit dem fallenden Menschen mußte auch diese Welt sich verschlechtern; mit dem verwirrten sich ebenfalls verwirren; mit dem gereinigten Menschen ebenfalls gereinigt werden; mit dem erneuerten sich ebenfalls erneuern und mit dem vollendeten Menschen ebenfalls zur Ruhe kommen.» (Brev. 7,4; V,285a) Wie sich die Heilsgeschichte in großem Bogen zu dieser Wiederherstellung des Menschen und mit ihm der Schöpfung nach dem heilsgeschichtlichen Entwurf Bonaventuras bewegt – wobei Christus die entscheidende Mittlergestalt ist –, dies hier darzustellen fehlt der Raum. Der starke Einfluß Augustins und seines Geschichtsbildes ist dabei unübersehbar. Was uns interessiert, ist die Rolle, die für den Franziskanertheologen die Bibel dabei spielt.

Wir haben uns das Bild von dem stetig anschwellenden Strom, das Bonaventura im Prolog des Breviloquium für die Heilige Schrift gebraucht, vor Augen geführt. In diesem allmählichen Anwachsen ist die Schrift selbst in die Heilsgeschichte hineingestellt. In Hex. XIII,8 wird das Bild vertieft und (in Ausdeutung eines Wortes im Buch Esther) präzisiert noch einmal aufgenommen: «Die Schrift war eine kleine Quelle bei der Gesetzgebung, da klein ist das Buch der Vorschriften des Gesetzes, aber danach wuchs sie größer im Buch Josua, Richter, Könige, Esra, Judith, Tobias, Esther, Makkabäer. Danach wurde sie in Licht verwandelt, nämlich der Propheten, denn Prophetie ist Licht. Danach in die Sonne, nämlich das Evangelium.» Daraus ergibt sich ein stufenweises Heranwachsen der Erkenntnis schon im Alten Testament, das freilich durch das Evangelium im Neuen vollständig in den Schatten gestellt wird. Doch wird dies auf andere Weise auch ausgeglichen: Die vielen typologischen Bezüge, die Bonaventura nach traditioneller Weise zwischen Altem und Neuem Testament aufzeigt, sind für ihn der abschließende Beweis der Harmonie, die in der Bibel als ganzer waltet.

Nun wäre die heilsgeschichtliche Sicht Bonaventuras freilich mißverstanden, wenn man die Geschichte und die Bibel, die sich in ihr entfaltet, im Sinne einer Entwicklung auffaßte. Für den noetisch bestimmten Ansatz des Theologen handelt es sich vielmehr um einen Erkenntnisvorgang, bei dem es darauf ankommt, daß der Mensch – wir würden an dieser Stelle einen Kollektivbegriff wie den der «Menschheit» benutzen –

die durch den Sündenfall gestörte vollkommene Einsicht in die Welt und damit ihren Schöpfer wiedergewinnt. Es geht um Rückkehr zum Ursprung, und diese Rückkehr dürfen wir durchaus intellektuell verstehen, auch wenn sie mit Glauben verbunden ist. Neuplatonische Einflüsse (über Pseudo-Dionysius) spielen eine Rolle. Bonaventura spricht in diesem Zusammenhang von mehreren Büchern. Das erste ist das Buch der Welt, in dem, wie wir bereits hörten, Gott sich als den Schöpfer erkennbar machen wollte. Christus ist, wie im gleichen Zusammenhang gesagt wurde, das Buch zur Wiederherstellung der Welt, die durch die beim Sündenfall eingetretene Verwirrung des Menschen selbst verwirrt worden ist. Da nun der Mensch durch den Fall sowohl die Kenntnis des Schöpfers wie die seiner verbliebenen Spuren in der Schöpfung verloren hat, «war dieses Buch, nämlich die Welt, wie tot und zerstört. Notwendig war aber ein anderes Buch, durch das jener (der gefallene Mensch) erleuchtet würde, damit er den Bedeutungsgehalt (die Metaphorik) der Dinge wiederempfänge. Dies aber ist das Buch der Schrift. Dieses setzt die Ähnlichkeiten, die Eigenheiten und den Bedeutungsgehalt der Dinge, die im Buch der Welt geschrieben sind. Das Buch der Schrift stellt also die ganze Welt wieder her, damit Gott erkannt, gelobt und geliebt werde.» (Hex. XIII,132; V,390 a) Letztlich ist es also nicht die Schöpfung selbst, die durch den Sündenfall gestört ist, sondern der Mensch in seiner Erkenntnis Gottes als des Schöpfers. Die Wiederherstellung erfolgt, indem der Mensch, durch die Schrift, zu dieser Erkenntnis zurückgeführt wird. Die Rückkehr zum Ursprung ist nicht kosmologisch, sondern geistig zu verstehen.

Dieses Aussage muß man freilich sofort wieder einschränken, wenn sie intellektualistisch mißverstanden wird. Die spirituelle Hermeneutik, ausgedrückt in dem dreifachen geistigen Schriftsinn, an dem Bonaventura mit der Tradition festhält, verhindert eine solche Fehldeutung, die den ganzheitlichen Charakter des Lebens mit der Bibel, wie ihn Bonaventura fordert und an sich selbst verwirklicht, übersehen würde. Es geht nicht um bloßes Verstehen, sondern um einen existentiellen Bezug. Gleichwohl ist Erkenntnis gemeint. Freilich zeigt auch die ausdrückliche Abgrenzung Bonaventuras gegenüber der profanen Philosophie, die ein «Wissen zur Vergebung der Sünden» nicht kenne, in welcher Weise er die Aufgabe theologischen Denkens als andersartig versteht. Auch für ihn ist Theologie Nachvollzug des Glaubens, und daß dieser, der nur durch Erleuchtung des Geistes geschenkt werden kann, Voraussetzung für alles Verstehen der Bibel ist, haben wir gesehen.

Gegen Ende seines Lebens hat Bonaventura noch ein großes, unvollendet gebliebenes Werk geschrieben, aus dem wir bereits mehrfach zitiert haben. Wie so manche vor ihm es getan haben, war es eine Gesamtschau der Heilsgeschichte nach dem siebentägigen Schöpfungsbericht von 1. Mose 1, ein Hexaëmeron. Wir können in diesem großangelegten Werk ein letztes Zeugnis dafür sehen, daß für Bonaventura Theologie nur als Auslegung der Bibel ihren Platz haben konnte. Allerdings handelt es sich bei diesem Werk nicht um einen Bibelkommentar im eigentlichen Sinne. Vielmehr haben wir dabei die Ansprachen (unter dem Titel «Collationes» = Beiträge) vor uns, die Bonaventura im April/Mai 1273 vor einer breiten Öffentlichkeit in Paris gehalten hat. In weitestem Sinne ist es dabei seine Absicht, in umfassendem Rahmen anhand des traditionellen Schemas von den sieben Schöpfungstagen noch einmal die Entsprechung zwischen Schöpfung und Erlösung, Welt und Mensch aufzuzeigen. Nur im Hinblick auf die Erlösung spricht er von der Schöpfung, und den Weg des Menschen versteht er in traditioneller Weise als den Weg zur Meditation. «Meditation» ist aber nicht zu verstehen im Sinne spekulativer Schau, sondern nach dem Geist des Mönchtums als das Fortschreiten zu tätiger Indienstnahme des Menschen durch Gott. Allerdings ist das Werk unvollendet geblieben und geht mit der Vision des vierten Schöpfungstages zu Ende. So wissen wir nicht, wie es sich als ganzes gerundet hätte. Absicht und Auditorium unterscheiden das Hexaëmeron von der Schulschrift Breviloquium; dennoch wiederholen sich manche Themen trotz einer auch festzustellenden inneren Entwicklung Bonaventuras. Für unser Thema beonders wichtig ist die Vision des dritten Schöpfungstages (Coll. XIII-XIX), in der es um das Zeugnis der Heiligen Schrift geht. Gegenüber der im Vergleich dazu einfacheren Form des Breviloquium begegnen wir hier einem noch gesteigerten Bemühen Bonaventuras, die vielfältigen Möglichkeiten spiritueller Schriftdeutung in einer immer weiter verfeinerten Unterteilung des dreifachen geistigen Schriftsinnes auszuschöpfen.

Im Hexaëmeron wird das Verhältnis zwischen dem «Buch» der Schöpfung und dem «Buch» der Schrift noch deutlicher formuliert: «Es ist gewiß, daß der Mensch, solange er stand, die Kenntnis der geschaffenen Dinge hatte. Aber als der Mensch fiel, als er die Erkenntnis verlor, da gab es keinen, der sie zu Gott zurückführte. Daher war dieses Buch Welt gleichsam erstorben und ausgelöscht, und es war ein anderes Buch nötig, wodurch dieses erleuchtet würde, den Sinn der Dinge zu empfangen. Das aber ist das Buch der Schrift, das die Ähnlichkeiten, die Besonderheiten und den Sinn der Dinge, die im Buch der Welt geschrieben sind, aufstellt. Denn das Buch der Schrift stellt die ganze Welt wieder her, Gott zu erkennen, zu loben und zu lieben.» (XIII,12; V,390a) Daher gilt auch: «Wenn du nicht die Ordnung und den Ursprung der Wiederherstellung kennst, wirst du die Schrift nicht erkennen können.» (III,11; V,345a) Auch das Geschichtsschema wird gegenüber dem Breviloquium verändert: In Coll. XVI wird anstelle des einfachen ein doppeltes Siebenerschema eingeführt, wobei die erste Siebenerperiode von der Weltschöpfung bis Christus, die zweite von Christus bis zum Weltende reicht und eine genaue Parallelisierung zwischen beiden Perioden der Geschichte möglich wird. Daß dieses Schema von Joachim von Fiore übernommen worden ist, ist wahrscheinlich, ebenso, daß seine Abwandlung bei Bonaventura der Abwehr joachimitischer Einflüsse bei den Franziskanern dienen sollte.

Noch eines wird im Hexaëmeron deutlich: die eigentliche Mitte der Schrift ist Christus. Diese Aussage stellt Bonaventura gleich an den Anfang. Nach der (für ihn ebenfalls wichtigen) Feststellung, daß der Geist lehre, zu wem gesprochen werde: allein zur Kirche (denn das Heilige soll nicht vor die Hunde, Perlen nicht vor die Säue geworfen werden, vgl. Mt 7,6), folgt sofort der Satz: «Dann lehrt er, wo man anfangen muß, das ist aus der Mitte. Die ist Christus. Wird diese Mitte verachtet, dann hat man nichts.» (I,1; V,329a) Hierzu gehört auch, daß Bonaventura der traditionellen Typologie – von ihm unter den Begriff *figurae sacramentales* («geheimnisvolle Vorabbildungen») gebracht (XIV,1; V,393a) – einen zentralen Platz einräumt (Coll. XIV). Spezifisch ist, daß die Vorbilder Christi, um die es sich hier handelt, nicht nur im Alten, sondern auch im Neuen Testament gefunden werden. Die Einteilung in vier Zeiten mit je drei Mysterien, die wiederum jeweils zwölffach gedeutet werden können, ergibt die Zahl von 144 Deutungsmöglichkeiten entsprechend der geheimnisvollen Zahl von ApkJoh 7,4 (XIV,8–16; V,394b–396a). Es werden dann allerdings nicht all diese, sondern nur achtundvierzig Figuren für Christus aufgewiesen (XIV,17–30; V,396a–398b). Zwölf Typen für den Antichrist werden anschließend (XV,1–9; V,398a–399b) genannt. In Coll. I ist es die Hauptabsicht Bonaventuras, in sieben Schritten die absolute Mittlerstellung Christi aufzuzeigen. Er ist auch der Schlüssel der Schrift: Die bekannte Stelle Luk 24,45 dient Bonaventura zum Anknüpfungspunkt für diese Aussage, mit der er auch Joh 1,14; ApkJoh 19,13 u.a. verbindet (III,10f.; V,344a). Von daher die wichtige Aussage: «Wenn du nicht die Ordnung und den Ursprung der Wiederherstellung kennst, kannst du die Schrift nicht erkennen.» (III,11; V,345a) Die zentrale Rolle, die Christus als Mitte der Schrift für Bonaventura spielt, ist sicherlich ein Erbe des Franziscus und deshalb ein spezifisches Merkmal franziskanischer Theologie. Darin liegt auch – wie immer man das Verhältnis sonst beurteilen mag – eine Nähe zu Luther und der Reformation. Das wird sicherlich auch mit der augustinischen Bildung Bonaventuras zusammenhängen. Daß auch die Kreuzestheologie bei ihm eine wichtige Rolle spielt, sei hinzugefügt; sie tritt allerdings weniger in seiner Bibelauslegung zutage.

Im Rahmen einer traditionellen Schriftauslegung stellt das Hexaëmeron ohne Frage einen Höhepunkt dar, der kaum noch übertroffen werden konnte. Daß dennoch die Zukunft nicht Bonaventura, sondern

Thomas von Aquin gehören sollte, ist vielleicht kein Zufall. Die konsequent innerbiblische Theologie, wie sie Bonaventura betrieb, hatte auf Dauer keine Entwicklungsmöglichkeiten mehr. Das wird auch nicht dadurch eingeschränkt, daß Bonaventura zu Lebzeiten eine außerordentliche Wirksamkeit in seinem Orden und darüber hinaus in seiner Kirche ausüben konnte.

IV. Kapitel

Jüdische Ausleger des Mittelalters

Die Bedeutung jüdischer mittelalterlicher Ausleger für das moderne Bibelverständnis ist nicht zu unterschätzen. Die Wirkungen, die vom Diasporajudentum auf die Kultur der verschiedenen Länder Europas ausgingen, in die Juden seit den Zeiten des römischen Imperiums gelangt waren, waren trotz vielfacher, bis hin zu Vertreibungen aus ganzen Ländern reichender Verfolgungen beträchtlich. So sehr diese Pogrome in Erinnerung blieben und als schwere Schatten auf der Geschichte des christlich-jüdischen Verhältnisses lasten, gab es doch auch Zeiten friedlichen Nebeneinanderlebens beider Bevölkerungsgruppen, wobei es nicht an Kontakten zwischen Christen und Juden fehlte. Eine besonders günstige Situation für eine friedliche Koexistenz existierte unter dem Kaliphat von Cordova in Spanien, da der Islam beiden Buchreligionen einen geschützten Minderheitenstatus einräumte. Doch auch in christlich regierten Ländern waren jüdische Gemeinden vielfach geduldet, ja, genossen durchaus gewisse Privilegien. So konnte sich über längere Perioden neben wirtschaftlichen Beziehungen (Juden beherrschten vielfach Handel und Bankwesen) auch ein kultureller Austausch entwickeln. Erst im 11. Jahrhundert, gegen dessen Ende der erste Kreuzzug im Jahre 1096 begann, spitzte sich die Situation in manchen Gebieten immer stärker zu. Dies hing mit der Konsolidierung der Kirche durch die Reformbewegungen und ihrer dadurch hervorgerufenen allbeherrschenden Rolle in der Öffentlichkeit zusammen. Staat und Kirche empfanden dabei immer stärker die Außenseiterposition des Judentums als einer religiösen Minderheit, die sich einer Christianisierung hartnäckig widersetzte. Zunächst noch argumentativ, später dann auch mit anderen Mitteln bis hin zur Gewalt, suchte man deshalb Juden zu bekehren.

Trotzdem haben sorgfältige Untersuchungen z. B. über die soziale Situation der Juden in Nordfrankreich im 12. und 13. Jahrhundert ergeben, daß diese damals mit den Christen in vollständiger Assimilation zusammenlebten. Auch blieb Raschi, der während des ersten Kreuzzugs in Nordfrankreich wirkte, dort offenbar ganz unbehelligt – zur gleichen Zeit, als radikalisierte Massen im Rheinland die jüdischen Gemeinden überfielen. Während der längsten Zeit im 11. Jahrhundert hatten aber auch die Juden in Mainz und Worms ungestört gelebt, z. T. mit bischöflichen und kaiserlichen Privilegien ausgestattet. Erst später änderte sich die Situation für die französischen Juden drastisch durch die Vertreibung aus dem Königreich (1307; aus England wurden sie bereits 1291 ausgewiesen). Angesichts der Rolle, welche die Bibel für beide Religionen spielte, ist es kein Wunder, daß sich sowohl die Auseinandersetzungen zwischen Christentum und Judentum über das Verständnis der Bibel – für die Christen das Alte Testament, für die Juden die Tora – entwickelten, wie auch, daß christliche Exegeten von jüdischen Auslegern des Alten Testaments zu lernen suchten. Diese hatten – auch wenn das Hebräische bereits in frühchristlicher Zeit keine lebende Sprache mehr und die jüdische Traditionsliteratur wegen der überragenden Rolle des babylonischen Talmud überwiegend auf Aramäisch abgefaßt war – durch die Kenntnis der Ursprache des Alten Testaments einen unschätzbaren Vorteil des unmittelbaren sprachlichen Zugangs zur Bibel. Christliche Exegeten waren mit wenigen Ausnahmen des Hebräischen nicht kundig, und wo sie eine solche Kenntnis oder zumindest Auskünfte über die ursprüngliche Bedeutung biblischer Ausdrücke zu erwerben suchten, konnten sie sie nur von Juden erhalten.

Obwohl ein solcher Umgang vielfach offiziell verboten war, gab es wegen der engen Nachbarschaft, in der Juden und Christen miteinander lebten, durchaus Wege, solche Auskünfte zu erlangen. Was schon Hieronymus in der Antike versuchte: Kontakte mit jüdischen Auskunftspersonen seiner Umgebung bis möglicherweise hin zu hebräischem Unterricht, unternahmen auch einige christliche Ausleger des Mittelalters. Allerdings geschah das nur selten; die meisten Kenntnisse, die man bei christlichen Exegeten über die Bedeutung biblischer Namen und Wörter antrifft, gehen bei genauer Prüfung auf die Mitteilungen des Hieronymus zurück. Daneben gab es vor allem im 11. Jahrhundert, der Zeit von Raschis Wirken, häufig offizielle christlich-jüdische öffentliche Dispute, in denen es vor allem um das unterschiedliche Verständnis der Bibel ging. Die christlichen Theologen versuchten dabei, ihre jüdischen Disputationspartner von der Richtigkeit des christologischen Verständnisses des Alten Testaments zu überzeugen. Umgekehrt war es die Absicht der jüdischen Bibelausleger, zunächst die eigenen Glaubensgenossen, nach Möglichkeit aber auch die Christen dafür zu gewinnen, daß nur sie das richtige Verständnis der hebräischen Bibel besaßen, und die christlichen Auffassungen als Fehldeutungen zu erweisen. Beide Konfessionen gingen an diese Aufgabe aber nicht unbefangen heran, sondern waren in hohem Maße durch ihre jeweilige Auslegungstradition bestimmt.

Für die jüdische Exegese des Mittelalters gilt nicht weniger als für die christliche, daß sie stark traditionsgebunden war. Die jüdische Traditionsliteratur, die sich bereits in den ersten nachchristlichen Jahrhunderten herausgebildet und durch das gesamte Mittelalter hindurch weiterentwickelt hatte, war zu einem wesentlichen Teil Auslegung der Bibel. Sie war dies allerdings in anderem Sinne als die christliche. Das rabbinische Judentum, das nach den Niederlagen gegen die Römer und der endgültigen Vertreibung aus Palästina als allein herrschende Richtung in der Diaspora übriggeblieben war, verstand sich vor allem als treuen Bewahrer der Tora, die es als umfassende jüdische Lebensordnung auszubauen und den jeweiligen neuen Umständen anzupassen galt. Die Bibel war zwar nicht die alleinige Quelle dieser Ordnungen, denn die Rabbinen fällten auch Entscheidungen aus eigener Autorität oder paßten diese erst nachträglich an die Bibel an, aber dem Grundsatz nach ruhte die gesamte Ordnung auf biblischen Fundamenten. Daraus entstand das Regelwerk der Halacha, das zuerst in den Traktaten der Mischna entwikkelt wurde. Später kam die Gemara hinzu, erst in Palästina (palästinischer Talmud, 3.–4. Jahrhundert), dann in Mesopotamien, wohin sich mit den Talmud-Akademien von Sura und Pumbedita immer mehr der Schwerpunkt des Diasporajudentums verlagert hatte. Dort lag auch, unter dem Kalifat der Abassiden von Bagdad, ein Schwerpunkt der islamischen Welt. Mischna und Gemara wurden zu den Talmuden vereinigt. Neben der Halacha enthalten sie auch moralisch-erbauliche Erzählungen (Haggada), die der frommen Belehrung der Diasporagemeinden dienten. Beide Formen des Midrasch (=Auslegung) waren in Mischna und Talmud eng miteinander verwoben. Der zur Blütezeit der babylonischen Akademien im 8. Jahrhundert im wesentlichen abgeschlossene babylonische Talmud wurde auch im Westen die maßgebliche Form, nachdem er sich vor allem in Spanien (wohin sich der 771 abgesetzte und aus Bagdad vertriebene Exilarch Natronaï ben Zabinaï geflüchtet hatte), nach dem Ende der Schule von Jerusalem im 11. Jahrhundert sogar in Palästina durchgesetzt hatte. Durch die Jahrhunderte hindurch haben gelehrte Rabbinen ihre wichtigste Aufgabe in der Weitergabe und Kommentierung der talmudischen Traktate gesehen.

Dadurch, daß der Talmud in seinem Kern eine Auslegung der Bibel war und die biblische Lebensordnung den Gemeinden hauptsächlich in dieser vermittelten Form gegenübertrat, wurde die Beschäftigung mit der Bibel selbst im Judentum in das zweite Glied zurückgedrängt. Die stärkste Protestbewegung dagegen, die Anfang des 8. Jahrhunderts gegründete Sekte der Karäer, welche die biblische Tora als alleinige Autorität anerkannten und die gesamte talmudische Tradition ablehnten, konnte sich zwar vor allem in Byzanz und Osteuropa als begrenzte Bewegung bis in die Gegenwart hinein behaupten; ihr Frontalangriff auf die Traditionsliteratur im ganzen wurde jedoch für das Gesamtjudentum von den Anhängern des babylonischen Talmud erfolgreich abgewehrt.

Dennoch wurde gerade die Auseinandersetzung mit den Karäern zur Keimzelle einer neuen Form des Umgangs mit der Bibel. Es war kein geringerer als das Haupt (Titel: Gaon = «der Erhabene») der bedeutendsten babylonischen Akademie von Sura, Saadja ben Josef (882–942), der den Kampf gegen die Sekte geführt hatte, welcher einem neuen methodischen Zugang zur Bibel zum Durchbruch verhalf. Seiner arabischen

Übersetzung der Schrift und dem dazugehörigen Kommentar lag ein neuer Ansatz zugrunde: rationale Kriterien und die Beachtung von Grammatik und Lexikographie dienten der Herausarbeitung der «natürlichen» Bedeutung des Wortlauts einer biblischen Aussage, der neben dem übertragenen Sinn eigener Beachtung wert sei. Sein Vorbild war von großem Einfluß auf spätere jüdische Exegeten vor allem in den arabischen Ländern, so daß man mit ihm eine eigene Periode beginnen kann. Dieser wörtliche Sinn wurde von der Gruppe der Talmudisten, die seinem Ansatz folgten, mit dem Begriff *Peschat* bezeichnet, während der erbaulich-übertragene Sinn die Bezeichnung *Derasch* erhielt.

Etwas später als im arabischen Spanien und aus unabhängigen Wurzeln entwickelte sich im französisch-deutschen Judentum eine eigenständige Bibelexegese. Diese Bevölkerungsgruppe weist in ihren vermutlichen Ursprüngen nach Italien und von da aus nach Byzanz, so daß für sie eigene Verbindungslinien zum Ursprungsland der Karäer, aber auch der babylonischen Auslegungstradition anzunehmen sind. Ihrem wichtigsten Vertreter wollen wir uns zunächst zuwenden.

1. Biblischer Wortsinn und talmudische Tradition: Raschi

Die mittelalterliche Überlieferung war kaum an den persönlichen Lebensdaten eines Gelehrten, um so ausschließlicher an seinen Werken interessiert. Deshalb sind unsere Nachrichten über Geburts- und Todesjahr Raschis unsicher und aus zweiter Hand. Wahrscheinlich wurde er im Jahre 4800 jüdischer Zeitrechnung, d.h. 1039/40 geboren und starb im Jahre 4865, d.h. 1104/5. Er soll 65 Jahre alt geworden sein. Salomo ben Isaak (Rabbi Schelomo Jizchaki, Abkürzung: Raschi) kam ca. 120 km südöstlich von Paris in Troyes, der historischen Hauptstadt der Champagne, damals einer blühenden Handelsstadt an der Kreuzung zweier Hauptstraßen nach Italien und dem nahen Osten, zur Welt und starb auch dort. Er war der Sproß einer prominenten Gelehrtenfamilie, die ihre Abstammung von einem Schüler Rabbi Akibas, Rabbi Jochanan dem Sandalenmacher, herleitete. Eine solche Tradition läßt sich natürlich nicht nachprüfen, so daß die eigentliche Herkunft der Familie im Dunklen liegt. Er selbst hatte keine Söhne, war aber der Schwiegervater und Großvater weiterer Gelehrter: Am bekanntesten ist wohl sein Enkel R. Samuel ben Meïr (Raschbam; ca. 1085–1174). Wie im Judentum üblich, übten die Rabbinen ihre gelehrte Tätigkeit im Nebenamt aus. Raschi scheint von den Erträgen eines Weingutes gelebt zu haben, wie gelegentliche Hinweise verraten.

Im 11. Jahrhundert und noch danach lebten die Juden in Nordfrankreich und auch im Rheinland in enger Symbiose mit ihren christlichen Nachbarn. Die Abschiebung in Ghettos, abgeschlossene Wohnbezirke, war noch unbekannt. So erfolgte ein reger Austausch der Kultur, und auch die wirtschaftlichen und geschäftlichen Beziehungen zwischen den Anhängern der verschiedenen Konfessionen waren sehr eng. Auch waren die Juden nicht auf bestimmte Berufe beschränkt. Wie man am Beispiel Raschis sieht, war es ganz gewöhnlich, daß Juden Weingüter besaßen und davon ihren Lebensunterhalt bestritten. Man beschäftigte dazu christliche Tagelöhner oder hatte christliche Angestellte im Weinhandel. Wirtschaftliche Faktoren spielten offensichtlich eine Rolle: So pflügten Christen die Felder jüdischer Grundbesitzer oder bauten für sie Häuser am Sabbat, wie umgekehrt Christen für Sonntagsarbeit jüdische Mitarbeiter haben konnten. Auch waren die Kirchen gegenüber Juden tolerant: So wurde kein Versuch gemacht, sie etwa von Märkten auszuschließen. Diese Periode der Duldung wurde erst durch den Ausbruch des ersten Kreuzzuges um das Jahr 1096 beendet: Die damals im Rheinland und anderswo ausbrechenden Pogrome und von den Obrigkeiten durchgeführte, vor allem auch wirtschaftliche Unterdrückungsmaßnahmen spiegeln sich in der Korrespondenz Raschis aus dieser Periode.

Seine Ausbildung konnte Raschi nicht in Troyes erhalten. Zum Studium begab er sich vielmehr in das Zentrum jüdischer gelehrter Bildung, in das Rheinland (die damalige Bezeichnung war Lotharingien). Eine der ältesten jüdischen Gemeinden im Rheinland bestand schon im 9. Jahrhundert in Mainz. Möglicherweise wurde dort bereits seit den Tagen Karls des Großen Talmudforschung betrieben, wofür die Einwanderung einer berühmten Gelehrtenfamilie aus Babylonien, der Familie Kalonomides, den Anstoß gab. Spätestens Anfang des 11. Jahrhunderts wurde eine Talmud-Akademie gegründet, der zur Zeit des Aufenthalts Raschis der berühmte Lehrer R. Jakob ben Jakar († 1064) vorstand. Er führte ihn vor allem in das Talmudstudium ein. Ein anderer Lehrer Raschis in Mainz war R. Isaak ben Juda. Nach R. Jakobs Tod verließ Raschi Mainz und begab sich nach Worms, wo ebenfalls eine alte jüdische Gemeinde und eine Akademie bestand. Dort war R. Isaak Ben Eliezer Halevi sein Lehrer. Es wird berichtet, daß Raschi sein Studium unter großen wirtschaftlichen Schwierigkeiten durchstand, denn er hatte bereits eine Familie gegründet. Wie lange er sich in Worms aufhielt (vermutlich einige Jahre), ist im einzelnen unbekannt. Nach Beendigung seines Studiums kehrte er nach Troyes zurück, wo er den Rest seines Lebens verbrachte. Dort gründete er um 1070 eine gelehrte Akademie und verfaßte wahrscheinlich alle seine Kommentare: über den Talmud, den Pentateuch und die anderen biblischen Bücher. Die Entstehung dieser Kommentare können wir uns übrigens ganz analog der Herstellungsweise christlicher Bibelkommentare in der gleichen Periode vorstellen: Raschi trug seine Auslegung mündlich in seinen Unterrichtsstunden vor, und seine Schüler schrieben seine Kommentare mit. Hinterher sah sie dann der Meister durch und überarbeitete sie, unter Umständen mehrfach im Laufe der Jahre. Den Talmudkommentar soll er dreimal im Laufe seines Lebens revidiert haben. Erhalten blieb die – nicht in jedem Fall vollständige – Endfassung. Nach dem, was wir von christlichen Bibelauslegern der Zeit, u.a. von Joachim von Fiore, wissen, wird es nicht überraschen zu erfahren, daß Raschi schwierige biblische Sachverhalte auch durch Zeichnungen veranschaulichte. Leider sind diese in den späteren Drukken seiner Kommentare weggelassen worden.

Durch Raschis Wirken wurde Troyes und seine Akademie so berühmt, daß es fortan bis ins 13. Jahrhundert als Zentrum der französischen Talmud- und Bibelauslegung galt. Die bis dahin divergierenden Theorien und Praktiken in den verschiedenen jüdischen Schulen, die sich von Gerschom Ben Juda herleiteten, konnte er ausgleichen und damit die jüdische Forschung in Europa vereinen. Raschi persönlich gewann darüber hinaus im Judentum die Stellung einer unbestrittenen Autorität: Besonders sein Talmudkommentar wurde zur Standardlektüre in allen Talmudschulen. Diese Rolle ging so weit, daß die späteren Druckausgaben des Talmud zusammen mit den Texten gleich den Kommentar Raschis mit enthielten. Darüber hinaus wurde Raschi (und nach ihm seine Schüler) aber auch zur Entscheidung von aktuellen Rechtsstreitigkeiten, für die das talmudische Recht galt, angerufen. Er lebte nicht als von der Welt abgeschlossener Gelehrter, sondern entfaltete eine rege Korrespondenz in Rechtsfragen und anderen alltäglichen Angelegenheiten. Eine umfangreiche Sammlung solcher Bescheide ist erhalten, wo offenbar Raschis Autorität die entstandene Auseinandersetzung beendete. Sein Einfluß erreichte dabei die gesamte europäische Judenheit und trug viel dazu bei, sie unter einer verbindlichen Lebensform zu einen.

Diese hohe Wertung des Talmudkommentars Raschis entsprach offenbar auch seiner eigenen Auffassung, denn er verfaßte diesen wahrscheinlich, ehe er sich der Kommentierung der Bibel zuwandte. Das ist wichtig festzustellen, denn diese Tatsache zeigt, daß Raschi seine Beschäftigung mit der Bibel und vor allem ihrem Wortsinn keinesfalls als Alternative zum Talmud verstand. Seine Grundhaltung war, wie wir noch im einzelnen sehen werden, in dieser Hinsicht durchaus konservativ. Gleichwohl haben seine Bibelkommentare in der neueren Exegese eine weit größere Beachtung gefunden. Wenn moderne Bibelausleger in Raschi einen ihrer bedeutendsten Vorläufer erblicken, ist das zu einem großen Teil berechtigt. In der Tat kann man ihn in gewissem Sinne als einen Pionier einer neuen Richtung im Bibelverständnis ansehen. Daß er ein Pionier war, bedeutet auf der anderen Seite, daß bei ihm vieles noch unfertig war, daß er über die volle Bedeutung seines neuen Zugangs zur Bibel und über dessen Verhältnis zu den traditionellen Formen der Auslegung noch keine volle Klarheit gewonnen hatte. Gerade deshalb ist es aber auch besonders reizvoll, sich mit seinen Kommentaren zu beschäftigen.

Wenn wir aus Raschis Kommentarwerk, das den Pentateuch (die Tora), die Propheten und die «Schriften» umfaßt – er war der erste jüdische Ausleger, der die ganze Bibel erklärte–, den Pentateuchkommentar für eine nähere Betrachtung auswählen, hat das inhaltliche und praktische Gründe. Offenbar hat Raschi seine Bibelauslegung mit dem Pentateuchkommentar begonnen, da die fünf Mosebücher für das Judentum den zentralen Teil der Schrift bilden. Die Auslegung der Tora mußte deshalb als die wichtigste Aufgabe des Bibelunterrichts notwendig am Anfang eines Vorlesungszyklus' stehen. Als die deutsche Wissenschaft vom Judentum im vorigen und am Anfang dieses Jahrhunderts eine neue Weise der Beschäftigung mit der Geschichte der jüdischen Bibelauslegung im Mittelalter einleitete, wurde aus dem gleichen Grunde Raschis Pentateuchkommentar am meisten beachtet und erschien auch zuerst in modernen Übersetzungen. So steht auch dem deutschen Leser eine verhältnismäßig leicht zugängliche deutschsprachige Fassung zur Verfügung.

Das erste, was über Raschis Pentateuchkommentar zu sagen ist, ist die Feststellung, daß wir es – wenn auch in Auswahl – mit einer Vers-für-Vers-Auslegung zu tun haben. Das entspricht genau dem, was wir auch bei christlichen Kommentaren der gleichen Periode beobachten konnten. Die Abneigung gegen jegliche Form der Systematisierung ist jedoch bei jüdischen Auslegern wesentlich größer – abgesehen von dem System, das durch Textvergleiche aller Art zwischen den Aussagen der verschiedensten biblischen Bücher, innerhalb des Pentateuchs vor allem aber durch das rechtliche Gebäude der Halacha, der verbindlichen Lebensordnung für alle Juden, zustandekommt. Wie Raschi durch seinen Talmudkommentar gezeigt hatte, beherrschte er diesen Traditionsstoff vollkommen. Auch in seinem Pentateuchkommentar räumt er der traditionellen Auslegung einen wichtigen Platz ein. Dies mußte er schon deshalb tun, um nicht in den Verdacht zu geraten, er wolle die Halacha vernachlässigen. Allerdings bringt er aus der breiten Fülle der Überlieferung nur eine beschränkte Auswahl halachischer und haggadischer Erklärungen. Sie sind teilweise aus frühem Traditionsstoff, den tannaitischen Midraschen, teilweise aus dem Talmud übernommen. Dagegen läßt er an verschiedenen Stellen durchblicken, daß sein besonderes Interesse an anderer Stelle liegt. Die erste Aussage dieser Art finden wir zu 1. Mose 3,8, wo davon die Rede ist, wie Adam und Eva die «Stimme des Herrn» hörten, der durch den Garten Eden ging. Hierzu sagt Raschi: «Es gibt viele aggadische Midraschim, und unsere Rabbinen haben sie bereits gesammelt an ihrer Stelle in Bereschit Rabba (dem talmudischen Traktat über die Genesis). Ich aber komme nur, den einfachen Sinn (*Peschat*) des Verses zu bringen, und solche Agadot, welche die Worte des Textes in einer Weise erklären, die in seinen Zusammenhang paßt». Es folgt dann die einfache Feststellung, die beiden hätten die Stimme Gottes gehört, wie sie durch den Garten daherkam. Dieses «Ich aber komme» oder «ich bin gekommen» ist eine mehrfach wiederkehrende Formel, mit der Raschi eine eigene Erklärung einleitet, die ihm anscheinend selbst eingefallen ist und die sich auf den wörtlichen Sinn (*Peschat*) der betreffenden Aussage bezieht. Aber auch verschiedene andere Formulierungen sind anzutreffen, mit denen Raschi eine eigene Erklärung einleiten kann, die diesen «textgemäßen» Sinn wiedergeben soll. So bemerkt Raschi zu dem Satz in 2. Mose 23,2 «Schließe dich nicht der Mehrheit zum Bösen an» zunächst: «Zu diesem Vers gibt es Erklärungen (Midrasche) der Weisen Israels (der Rabbinen), aber der Wortlaut des Satzes paßt nicht gut zu ihnen.» Er zitiert dann eine ganze Menge halachischer Ausdeutungen (so hatten die Rabbinen in dem Satz die prozessuale Anweisung finden wollen, ein Urteil sei nur dann rechtmäßig, wenn es nicht nur von einem, sondern von mindestens zwei Richtern mehr als die Mehrheit beschlossen würde, oder, daß man nicht gegen die Stimme des Vorsitzenden urteilen dürfe, weshalb immer das jüngste Mitglied des Richtergremiums zuerst nach seiner Meinung gefragt wird) und die Paraphrase des Targums, der hierin eine Anweisung sieht, bei Befragung vor Gericht nicht ausweichend zu antworten, um schließlich zu bemerken: «Aber ich würde sagen, um ihn (den Vers) nach seinem einfachen Sinn (*Peschat*) zu erklären, daß dies die Deutung ist: Sei nicht nach der Mehrheit zum Bösen. Wenn du Böse das Recht beugen siehst, sage nicht, weil sie die Mehrheit sind, schließe ich mich ihnen an.» Mit der Rückkehr zum ursprünglichen Sinn des Verses bringt Raschi das ganze kunstvolle Gebäude der halchischen Tradition zum Einsturz.

In diesen und ähnlichen Erklärungen, für die sich weitere Beispiele anführen ließen, wird Raschis Absicht deutlich, seinen Schülern den in der rabbinischen Traditionsexegese gänzlich verschütteten ursprünglichen Sinn der biblischen Aussagen wieder lebendig werden zu lassen. Im ganzen ist rund ein Drittel seines Kommentars der Auslegung des wörtlichen Sinnes gewidmet. In den zahlreichen Wendungen «Ich aber sage», «Ich aber deute diesen Vers», usw. kommt die Entdeckerfreude des Auslegers zum Vorschein, der eine lange vergessene Wahrheit wieder ans Licht gebracht hat. Die Bedeutung der Wiederentdeckung des Wortsinnes kann man sich heutzutage nur vergegenwärtigen, wenn man sich klar macht, in welchem Ausmaß die traditionellen Deutungsmuster der rabbinischen halachischen und haggadischen Interpretation die biblischen Grundlagen in den Hintergrund gedrängt hatten. Die Parallele zur christlich-allegorischen Schriftauslegung ist bei allen methodischen und inhaltlichen Unterschieden offensichtlich. In beiden Fällen lieferte der biblische Text nur noch die Folie zur formalen kanonischen Begründung eines Systems, das sich inzwischen von der Bibel weit entfernt hatte. Diese Entwicklung zu beenden, hatten jüdische Bibelausleger wie Raschi und seine Nachfolger jedoch einen entscheidenden Vorteil: Sie konnten die Bibel Alten Testaments in der hebräischen Originalsprache lesen. Das gab ihnen die Möglichkeit, durch die Untersuchung von Wortbedeutungen, Grammatik und Syntax zum ursprünglichen Sinn biblischer Aussagen vorzudringen.

Es ist noch ein weiterer Aspekt zu nennen, den moderne jüdische Autoren im Hinblick auf Raschis Wortlaut-Exegese gerne hervorheben: seine antichristliche Apologetik. Er darf dennoch nicht allzu stark gewichtet werden. Im Gegenteil scheint sein relativ seltenes Vorkommen eher darauf zu deuten, daß Raschi an derartiger Polemik wenig gelegen war. In Fällen, wo christliche Ausleger eine alttestamentliche Aussage messianisch oder trinitarisch zu deuten versuchten, hielt er ihnen den Wortsinn entgegen. Aber dies geschieht eigentlich nur ganz indirekt: So wird zu 1. Mose 1,26, wo die christliche Auslegung den Plural in der Wendung «Lasset uns Menschen machen» auf die Trinität zu beziehen gewohnt war, von Raschi ganz unpolemisch erklärt, daß sich Gott herablassend mit seinen Engeln beraten habe, woran sich noch ein Verweis auf Dan 4,14 anschließt. Natürlich hält Raschi als jüdischer Ausleger, wie etwa auch zu 1. Mose 3,15, an der üblichen Deutung fest. Aber auf das Wort «Same», an das die christliche allegorische Auffassung als «Protevangelium» anknüpfte, geht er gar nicht ein. An manchen Stellen außerhalb des Pentateuchs, für die von der christlichen Exegese die christologische Deutung besonders nachdrücklich behauptet wurde, mag Raschis Wiedergabe des jüdischen Standpunktes bewußt im Gegensatz zu der christlichen formuliert worden sein, wie z.B., wenn er für den leidenden Gottesknecht in Jes 53 das traditionell jüdische kollektive Verständnis des «Knechtes» als Israel vertritt, oder wenn er zu Ps 2,2 die auch von Rabbinen vertretene Deutung auf den Messias zurückweist und im Sinne des Peschat bemerkt: «Es wäre korrekter, die Aussage auf David selbst zu beziehen.» Dies geschieht jedoch auffälligerweise ohne jede ausdrückliche Polemik. Wenn man eine an anderer Stelle (in Raschis Korrespondenz: Teschubot Raschi, ed. I. Elfenbein, 1943, 177, Anm. 14; 337) erhaltene Aussage Raschis hinzunimmt, daß das Christentum nicht als götzendienerische Religion anzusehen sei, erkennt man die tolerante Haltung, die dahintersteht. Zu 4. Mose 24,17–19, der vierten Bileam-Weissagung, war eine messianische Auffassung auch in der jüdischen Tradition lebendig. Raschi folgt der messianischen Interpretation von V.19 in Targum und Midrasch (Pes.13) mit Verweis auf Ps 72,8 und Ob 18, während er in V.17 eine Anspielung auf David findet, mit Verweis auf 2.Sam 8,2. Aber das sind verhältnismäßig seltene Fälle. Die christliche Ausdeutung wird nicht erwähnt. Überhaupt kann man feststellen, daß die übertragene christliche Auslegung des Alten Testaments und die jüdisch-midraschische inhaltlich aufeinander keinen Bezug nehmen. Ins Gespräch konnten beide erst wieder auf dem Boden des Wortsinnes miteinander kommen.

In Raschis Kommentaren finden sich ausdrückliche Hinweise darauf, daß er die hebräisch-aramäischen Lexika von Menachem ben Jacob ben Saruq (ca. 910–970) und Dunasch ibn Labrat (ca. 920–980) benutzt hat. Ben Saruqs Werk, der «Machberet» («Gruppierung»), bot die Wörter nach Wurzeln geordnet, während Ibn Labrat «Erwiderungen» (*Teschuvot*), mit abweichenden Auffassungen, dazu verfaßte. Hier war eine lexikalische Grundlage gelegt, auf der eine wörtliche Interpretation biblischer Sätze aufbauen konnte. Allerdings folgte er den beiden Lexikographen nicht in jedem Falle; es finden sich bei ihm auch abweichende Wurzelerklärungen. Grammatik und Etymologie spielen bei Raschi eine bedeutende Rolle. Man kann aus seinen Kommentaren eine fast vollständige hebräische Grammatik zusammenstellen. Z. B. kannte er – über seine Vorgänger Ben Saruq und Ibn Labrat hinaus – sämtliche Stammformen des Verbums. Nicht selten suchte er die adäquate Bedeutung eines hebräischen Ausdrucks in seiner Muttersprache, dem Altfranzösischen (übrigens in hebräischen Buchstaben), wiederzugeben, so daß seine Kommentare eine Fundgrube für die Erforschung der französischen Sprachgeschichte sind. Man hat in den Bibelkommentaren fast tausend, in den Talmudauslegungen über 2000 derartige französische Glossen (*loazim*) gezählt.

Diese Hinweise werden dann verständlicher, wenn man weiß, daß es eine jüdische altfranzösische Bibelübersetzung gab, auf die sich Raschi dabei bezog. Hebräisch und Aramäisch (die Sprache des babylonischen Talmuds und der Targume) waren ja nur noch Gelehrtensprachen oder waren durch Synagogenlesungen aus der Bibel bekannt, ähnlich wie das Lateinische im christlichen Gottesdienst und unter Gelehrten gebraucht wurde (von dem übrigens unsicher ist, ob Raschi es auch, wenigstens zu einem gewissen Maß, beherrschte). Raschi selbst in seiner Jugend und auch seine Hörer hatten die Bibel jedenfalls in ihrer altfranzösischen Muttersprache kennengelernt. Die Absicht von Raschis altfranzösischen Wiedergaben hebräischer Worte war es, zu einer Korrektur der französischen Fassung aus dem Urtext beizutragen. Später wurden dann nach seinen Vorgaben korrigierte Handschriften der muttersprachlichen Ausgaben angefertigt. Um die Wortbedeutungen kümmerte sich Raschi intensiv. Lexikographie und Etymologie hängen für ihn eng zusammen. Das Bestreben, den Sinn eines Wortes von seiner Urbedeutung her zu bestimmen, ist allerdings durch die noch unvollkommenen Kenntnisse der Zeit und die Schwäche ihrer Methodik eingeschränkt und erscheint deshalb heutigen Betrachtern oft willkürlich. Aber in mancher Hinsicht wurde schon damals für die hebräische Lexikographie Pionierarbeit geleistet. Raschi benutzt dabei allerdings noch Methoden, die bereits aus der Antike herstammen. Regeln wie der Lautanklang (Paronomasie) als Vergleichsmotiv zwischen zwei inhaltlich einander fernstehenden Wörtern, aber auch Vieldeutigkeit eines Ausdrucks (Polysemie) und Gleichbedeutung verschiedener Wörter (Synonymie) sind alte methodische Zugänge zur Worterklärung, die sich auch noch bei Raschi häufig finden. Außer den innerhebräischen Parallelen konnte er dabei u.a. auch auf griechische Wörter verweisen. Hier scheint ein Rückgriff auf alte Auslegungstraditionen der griechischen Bibelübersetzungen vorzuliegen, mit denen man neuerdings eine ungebrochene Verbindung bei Raschi nachweisen zu können glaubt. In dieser Hinsicht ist er eher nach rückwärts als nach vorwärts gewandt. Auch griff er zur Erklärung der Bedeutung eines hebräischen Wortes gern auf das Aramäische des babylonischen Targums zurück. Auf der anderen Seite kann er sich aber auch eingehend mit den unterschiedlichen Bedeutungsnuancen hebräischer Präpositionen beschäftigen, auf die Bedeutung der Akzente im überlieferten Text hinweisen, Vorschläge für die Umstellung von Wörtern im Text machen und so in fast modernem Sinne textkritisch arbeiten.

Aufgrund seiner Bemühungen um den einfachen Sinn des Textes kam Raschi zu teilweise bemerkenswerten Erklärungen. Ein Beispiel ist seine Deutung von 1. Mose 1,1. Den ersten Satz der Bibel versteht Raschi – nachdem er zunächst die talmudische Deutung (Bereschit rabba) erwähnt hatte, wonach die Welt um der Tora und um Israels willen erschaffen wurde, und diese als notwendig, d. h. unaufgebbar bezeichnet hatte – in seinem Wortsinn so: «Am Anfang der Erschaffung von Himmel und Erde, als die Erde noch wüst und öde und Finsternis war, da sprach Gott, es werde Licht!» V.1 und 2 sind V.3 unterzuordnen. Die Erschaffung des Lichtes ist also das *erste* Schöpfungswerk. Zur Begründung führt Raschi den Sprachgebrauch an: das hebräische Wort *bereschit* «ist in der Schrift immer mit dem nächsten Worte verbunden» (Beispiele: Jer 26,1: «am Anfang der Regierung Jojakims»; 1. Mose 10,10; 5. Mose 18,4; Hos 1,2). «Darum mußt du auch hier sagen, am Anfang, als Gott erschuf, als ob stehen würde, am Anfang der Erschaffung.» «Der Vers will nicht die Reihenfolge der Schöpfung lehren, um zu sagen, daß diese (Himmel und Erde) zuerst erschaffen wurden. Wollte er das sagen, müßte er den Ausdruck *berischona* gebrauchen.» Raschi hat aber auch einen sachlichen Einwand: In V.2 heißt es: «Der Geist Gottes schwebte über den Wassern». Daraus könnte man «entnehmen, daß das Wasser schon vor der Erde geschaffen war». Raschi kommt aus diesen Widersprüchen zu dem Schluß, «daß uns der Vers nichts über die Reihenfolge, was früher und was später war, lehrt». In der neueren Forschung ist immer wieder über die Konstruktion von 1. Mose 1,1 und seine Bedeutung gestritten worden. Raschis Erklärung stellt hier einen gewichtigen Diskussionsbeitrag dar. Vor allem seine Kenntnis des hebräischen Sprachgebrauchs macht seine Erklärung anderen zeitgenössischen überlegen. In Zweifelsfällen über die Bedeutung eines Ausdruckes half aber auch ein Rückgriff auf das Targum, das eine meist wörtliche Übersetzung des Textes ins Aramäische bot. So z. B. zu der ersten Verbform in 1. Mose 27,33, wo das Targum, das Raschi ausdrücklich als seine Quelle nennt, als Wortbedeutung zutreffend «erschrak» wiedergegeben hatte, während der Midrasch, den Raschi auch erwähnt, phantasievoll ausgemalt hatte: «Er sah die Hölle (Gehenna) unter sich geöffnet.»

Ein charakteristisches Merkmal für Raschis Bibelauslegung, das durch sämtliche Kommentare hindurch zu beobachten ist, ist jedoch ihre Zweigleisigkeit. Die Fälle, wo er die traditionelle Exegese als für einen Vers nicht passend ablehnt und seine eigene «textgemäße» Auslegung an ihre Stelle setzt, sind verhältnismäßig selten. Ungleich häufiger finden wir die andere Art des Vorgehens, bei der Peschat, auf den ursprünglichen Sinn bezogenes Verständnis, und Derasch, traditionelle Deutung aus Mischna und Talmud, einfach nebeneinander gestellt werden. Zu unterscheiden ist hierbei allerdings zwischen den halachischen Midraschim, d. h. den rabbinischen Regeln für Alltagsleben, Recht und Gerichtsentscheide, die durch die Jahrhunderte hindurch aus den biblischen Rechtsbüchern heraus entwickelt worden waren und nun ein festgefügtes System bildeten, und den haggadischen Midraschim, die nichts weiter als erbaulich-homiletische Entfaltungen von Erzählstoff darstellten, mithin einen viel höheren Grad von Unverbindlichkeit hatten. Was die Halacha anging, fühlte sich Raschi in hohem Maße an die Tradition gebunden, die er in den meisten Fällen wiedergibt. Immerhin finden sich auch Beispiele dafür, daß er zu der approbierten Halacha noch eine Peschat-Deutung hinzufügt, die dann allerdings mit der Halacha harmonisiert werden kann. So gibt es zu 2. Mose 12,2, wo von dem Monat die Rede ist, an dem das Passahfest gefeiert werden soll, die schon in der Mechilta gebotene halachische Erklärung, wonach der Neumond den Beginn des Monats bezeichnen soll. Diese bringt auch Raschi, fügt aber als Texterklärung hinzu, daß mit dem hier erwähnten Monat der Monat Nisan gemeint sei, der als der erste in der Reihe der Monate gezählt wird. In einer Zeit, wo der ursprüngliche Sinn einer biblischen Aussage kaum noch Beachtung fand, war dies eine wichtige Information. In solchen Fällen konnte aber kein Konflikt mit der traditionellen Ausdeutung, die hier an einer genaueren Präzisierung des Passahdatums interessiert war, entstehen. Es finden sich aber auch Fälle, wo Raschi durchaus einen Widerspruch zwischen der Tradition und dem ursprünglichen Sinn einer biblischen Aussage empfunden haben muß. Es hat den Anschein, daß er in der Regel dann darauf verzichtete, auf diese näher einzugehen, um einen

Konflikt zu vermeiden. Ein Beispiel ist seine Erklärung der Vorschrift 2. Mose 21,6, wo die Rabbinen den ursprünglichen Sinn, daß der freiwillig bei seinem Herrn bleibende Sklave, dem das Ohr durchbohrt wurde, «für immer» dessen Sklave sein solle, dadurch aufgeweicht hatten, daß sie die Vorschrift mit der aus dem Jobeljahrgesetz 4. Mose 25,10 harmonisierten, wonach jeder Sklave nach Ablauf von 50 Jahren frei sein solle. Raschi übernimmt das mit der Bemerkung, *leolam* könne auch «für lange Zeit», d. h. 50 Jahre bedeuten. Vermutlich kannte er aber die ursprüngliche Bedeutung der Vorschrift.

Aber auch in zahlreichen Fällen, wo es sich um eine haggadische Erklärung handelte, war Raschi bereit, diese neben dem wörtlichen Sinn anzuerkennen. Beispiel: In 1. Mose 35, 8 wird davon berichtet, Debora, die Amme Rebekkas, sei gestorben und unterhalb von Bethel begraben worden und, wie Raschi den Ausdruck deutet, «unterhalb der Ebene» (gemeint ist eigentlich eine Eiche). Hier hatten sich schon die Rabbinen mit dem Problem auseinandergesetzt, weshalb Jakob wohl Nachricht vom Tode der Amme, nicht aber vom Tode seiner Mutter Rebekka erhielt, über den nichts gesagt wird. Der Talmud (Bereschit Rabba) löste die Schwierigkeit, indem er behauptet, Rebekka sei am gleichen Tage gestorben, aber man habe die Nachricht verheimlicht. Raschi übernimmt diese Haggada und stützt sie durch die Wiedergabe des Wortes *alon* (Eiche) mit «andere»: «eine andere Trauer», wobei er sich auf das griechische Wort *allos* beruft. So wird – ein rabbinisches Anliegen – die Ehre des Patriarchen gerettet.

Ein weiteres Beispiel, wo beide Auslegungsweisen miteinander kombiniert werden, ist die Erklärung von 1. Mose 11,28. Dort – nach moderner Erkenntnis in einem priesterschriftlichen Text, aber die Quellenscheidung lag noch ganz außerhalb des Gesichtskreises der damaligen Zeit – wird berichtet, daß Haran (der Bruder Abrahams und Vater Lots) *vor* seinem Vater Terah gestorben sei. Nach dem wörtlichen Sinn der Aussage gibt Raschi die Erklärung: «zu Lebzeiten seines Vaters». Gleichzeitig zitiert er jedoch einen haggadischen Midrasch (Bereschit Rabba), der die hebräische Wendung *al-pene* mit «durch die Schuld» wiedergibt und eine längere Geschichte daran anknüpft. Danach habe sich Terach bei dem König Nimrod (1. Mose 10,8) über seinen Sohn Abraham beklagt, weil dieser seine Götzenbilder zertrümmert habe. Dieser habe ihn daraufhin in einen glühenden Ofen geworfen (eine Erinnerung an Dan 3). Abraham sei wohlbehalten aus ihm herausgekommen. Haran jedoch habe sich nicht entscheiden können und seine Haltung vom Ausgang der Probe abhängig gemacht. Erst nachdem Abraham unversehrt aus dem Feuer stieg, habe er sich für ihn erklärt. Daraufhin warf man Haran in den Ofen, und er verbrannte. Er sei also durch die Schuld seines Vaters Terach gestorben. Der Midrasch erklärt außerdem noch den anschließenden Ortsnamen Ur Kasdim als «Das Feuer der Chaldäer» im Anschluß an diese Geschichte. Raschi zitiert das ebenfalls und fügt noch eine andere Erklärung von *Ur*, nämlich als «Tal» hinzu. Dies ist die Deutung Menachems (ben Saruq), wie Raschi ausdrücklich bemerkt, stammt also aus dem Machberet. Wieder scheint er zwischen Derasch und Peschat keinen Widerspruch zu empfinden.

Ein weiterer Fall ist die Erklärung des Bundesschlusses Gottes mit Abraham in 1. Mose 15. Hier bringt Raschi zu der Aussage in V.10, daß Abraham bei der Vorbereitung zum Bundesschluß die Opfertiere Kuh, Ziege und Widder zerteilt habe, die Vögel aber nicht, die Peschat-Erklärung, bei einem Bundesschluß sei es üblich gewesen, ein Tier zu zerteilen und zwischen den Stücken hindurchzugehen. In einem Atem bezieht er sich jedoch auf die rabbinische Deutung, daß Stiere, Widder und Ziegenböcke (nach Ps 22,13; Dan 8,20) die Völker der Welt bedeuteten, Israel (in Hohel 2,14) mit jungen Tauben verglichen würde: «Darum zerteilte er jene Tiere als Andeutung, daß die Völker der Welt dahinschwinden würden. Aber die Vögel zerteilte er nicht, damit andeutend, daß Israel ewig bestehen würde.» Den Widerspruch in der Methodik scheint er nicht zu bemerken.

Als letztes Beispiel sei die Episode aus der Sintflutgeschichte genannt, nämlich die Bemerkung aus 1. Mose 7,16: «Und Gott schloß hinter ihm zu». Gemeint ist, daß Gott hinter Noah die Arche zuschloß, als der große Regen einbrach und diese zu Wasser gelassen wurde. Hier gibt Raschi als einfachen Sinn der Aussage an: «Er schloß vor ihm wegen des Wassers.» Dazu erklärt er die Wortbedeutung des hebräischen *bead* als «vor» (mit weiteren Stellenangaben). Zuvor hat er jedoch auf den Midrasch aus Bereschit Rabba verwiesen, wonach Gott die Arche, als Noah, seine Familie und die Tiere in sie einstiegen, vor den wütenden Angriffen der übrigen, schuldig gewordenen Menschen, die Noah töten wollten, geschützt habe, indem er sie mit Bären und Löwen umgab, die einige von ihnen zerrissen. Er deutet das wie üblich nur kurz an, setzt also offensichtlich voraus, daß seine Schüler diese Erzählung kannten.

Die für Raschi selbstverständliche Voraussetzung, daß der ganze Pentateuch von Mose stammen müsse, macht bei offensichtlichen Widersprüchen eine oft recht gekünstelte Deutung notwendig. So erklärt Raschi die Aussage in 1. Mose 1,6: «Es werde eine Feste» nicht als die Schöpfung des Himmels, sondern – da von der Schöpfung von Himmel und Erde schon in V.1 die Rede war – er übersetzt: «Laß den Himmel festwerden». Ein anderes Beispiel ist der von Raschi ebenfalls bemerkte Widerspruch zwischen den Berichten über die Schöpfung der Frau in 1. Mose 1 und 2. Während spätere Ausleger hieraus auf zwei verschiedene Quellen schlossen, erklärt Raschi den Befund, indem er auf eine traditionelle Auslegungsregel zurückgreift (*Kelal* und *Perat*), wonach die Tora oft zunächst eine allgemeine Aussage mache und sie anschließend genauer spezifiziere. So sei in 1. Mose 1 zuerst allgemein von der Erschaffung von Mann und Frau gesprochen und dies in Kap. 2 dann näher ausgeführt worden. Der Widerspruch zwischen den beiden Schilderungen in der Sündflutgeschichte: Nach 1. Mose 6,19 sollen von allen Tierarten je zwei Exemplare, männlich und weiblich, in die Arche kommen, in 1. Mose 7,2 wird dagegen nach reinen und unreinen Tieren unterschieden, und von den reinen Tieren sowie den Vögeln sollen je sieben Paare aufgenommen werden, wird in ähnlicher Weise gelöst: Auch hier steht zunächst die allgemeine Aussage, später die detaillierte Ausführungsbestimmung.

Bei anthropomorphen Aussagen über Gott kann sich Raschi mit in anderer Weise rationalistischen Deutungen retten. So bei der berühmten Aussage in 1. Mose 1,26, wo Gott spricht: «Lasset uns Menschen machen nach unserem Bilde». Der Gedanke, daß man sich von Gott ein Bild machen könne, scheint ihm unmöglich zu sein. «Nach unserem Bilde» heißt statt dessen: nach der Gußform, die, wie Raschi ausführt, von Gott vor der Menschenschöpfung angefertigt wurde. Das folgende: «nach unserem Gleichnis» meint nichts anderes, als daß Gott Verstand und Vernunft hat, und daß der Mensch das gleiche haben solle, wobei feststeht, daß Gottes Verstand und Vernunft nicht mit menschlichen Eigenschaften verglichen werden können.

Hervorstechend ist auch Raschis Verehrung für die Erzväter, die er vor möglichen moralischen Vorwürfen konsequent in Schutz nimmt. So z.B., wenn Rahel die Schutzgötter (Teraphim) ihres Vaters stiehlt (1. Mose 31,19): Nach Raschi tat sie das nur, um ihn vor dem Götzendienst zu retten.

Alles in allem hat der heutige Leser bei der Lektüre von Raschis Kommentarwerk einen durchaus zwiespältigen Eindruck. In manchen seiner Worterklärungen und der Deutung des einfachen Sinnes (Peschat) wirkt Raschi sehr modern. Wo er dem Midrasch, auch in seiner oft phantasievollen haggadischen Form, einen Platz einräumt, und das geschieht in zahlreichen Fällen, erscheint er als Anhänger und Tradent der traditionell rabbinischen Auslegung. Offenbar ist er über diesen Zwischenstatus noch nicht hinausgekommen, hat sich noch nicht für eine der beiden Auslegungsweisen entschieden, oder vielmehr den Widerspruch noch nicht sehen können, in den ein weiteres Eingehen auf den ursprünglichen Sinn der biblischen Aussagen zu den im Laufe der Jahrhunderte hinzugewucherten, erbaulich moralisierenden oder auch halachisch harmonisierenden und Vorschriften ergänzenden Midraschen geraten mußte.

Einige seiner Schüler sind da einen entscheidenden Schritt weitergegangen. Hier ist vor allem Raschis Enkel Samuel ben Mëir (Raschbam) zu nennen, der programmatisch eine Trennung des Wortsinnes von jeglicher midraschischer Exegese forderte und in seinem Pentateuchkommentar zu 1. Mose 1,27 erklärte: «Mose schrieb nichts (von) Engeln, Fegefeuer oder mystischer Spekulation, sondern nur (solche) Dinge, die wir in der Welt sehen.» Die rationalistische Sicht, wie sie bereits im sephardischen Judentum Spaniens unter arabischem Einfluß aufgekommen war, gewann im Laufe der Zeit auch im aschkenasischen Judentum Mitteleuropas mehr Raum. Als weiterer Vertreter wäre der etwa gleichzeitig lebende Joseph Kara mit seinen Bibelkommentaren zu nennen. Man muß übrigens hinzufügen, daß diese rationalistisch-philologische Richtung der Exegese von den rabbinischen Auslegern des Mittelalters keineswegs allgemein anerkannt wurde. Auch entstand zur Zeit des Wirkens Raschis die chassidische (jüdisch-mystische) Bewegung, möglicherweise in seiner unmittelbaren Nachbarschaft (im Rheinland während seines dortigen Aufenthaltes). Er nimmt aber keinerlei Notiz von ihr. So ist seine Wortsinn-Exegese nur eine unter verschiedenen damals lebendigen Richtungen. Gleichwohl hat sie für die Entwicklung des modernen Bibelverständnisses eine zentrale Bedeutung gehabt. Nicht zuletzt deshalb, weil Nikolaus von Lyra, der große Franziskanerexeget, von dem wir im übernächsten Kapitel hören werden, Raschis Kommentare in so starkem Ausmaße benutzte. Von Nikolaus war wiederum Martin Luther in hohem Maße beeinflußt. Bei seinem großen Unternehmen einer deutschen Bibelübersetzung aus der Ursprache (von ihr wird in einem späteren Zusammenhang zu reden sein) benutzte er auch die jüdische Exegese, unter anderem Raschis Werke. Dessen Pentateuchkommentar wurde als erstes hebräisches Buch bereits im Jahre 1475 gedruckt.

2. Unter dem Einfluß arabischer Kultur: Abraham ibn Esra

Abraham ben Meir ibn Esra wurde wahrscheinlich im Jahre 1089 in Tudela in Nordostspanien geboren; die frühere Auffassung, die als seinen Geburtsort die Stadt Toledo ansah, ist unzutreffend. Als Ibn Esra – man bezeichnet ihn gewöhnlich mit seinem Familiennamen – zur Welt kam, war seine Geburtsstadt Tudela noch in maurischer Hand. Doch hatte die Reconquista, die christliche Rückeroberung Spaniens, bereits begonnen. Sie ging von den Pyrenäen aus und führte zunächst zur Bildung kleiner Randstaaten im Norden der Halbinsel, die sich allmählich nach Süden ausdehnten. Toledo, das große Kulturzentrum Kastiliens, war schon im Jahre 1085 von dem kastilischen König Alfons VI. (1065/72–1109) zurückerobert worden. Tudela, die Geburtsstadt Ibn Esras, wurde 1119 von Alfons I. von Aragon (1104–1134), dem siegreichen Eroberer, seinem Reiche einverleibt. Wir wissen nicht, ob Ibn Esra jemals unter christlicher Herrschaft lebte; Cordoba, wo er sich zeitweilig aufhielt, blieb noch lange (bis 1236) in muslimischem Besitz. Die weitere Ausbreitung der christlichen Königtümer und ihr Zusammenschluß zu einem spanischen Gesamtreich gehören zu einer späteren Periode. Erst 1492 fiel mit Granada die letzte maurische Bastion. Im christlichen Herrschaftsbereich hätte Ibn Esra vermutlich für einen jüdischen Gelehrten erträglichere Lebensbedingungen angetroffen, denn die christlichen Regierungen waren zunächst gegen Moslems und Juden tolerant – die Zeit der Zwangsbekehrungen und der Inquisition fällt weitgehend in das 15. und 16. Jahrhundert. Dagegen hatte sich im islamischen Gebiet die durch religöse Toleranz ermöglichte kulturelle Blüte nicht halten können. Von König Al-Mu'tamid ibn Abbad von Sevilla (den sie bald selbst verdrängten) 1086 aus Nordafrika ins Land gerufen, versuchten die fanatischen Almoraviden eine radikale Islamisierung des von ihnen beherrschten Spanien durchzusetzen. Immerhin ließ ihr Druck später nach, so daß sich auch das jüdische Leben wieder etwas erholen konnte. Aber die alte Blüte wurde wohl nicht wieder erreicht. Zumindest können die persönlichen Lebensumstände Ibn Esras nicht gut gewesen sein. Die näheren Ursachen seiner Armut sind nicht bekannt, über die er mit Selbstironie in einem bekannten Gedicht (vgl. Greive, Studien, 37) spricht:

> Himmelssphäre, Sternenheere, Haben sich gen mich verschworen,
> Da ich ward geboren.
> Bringet drum mir nichts Gewinn, Was ich auch beginn.
> Wollt' mit Licht Geschäft ich treiben, Bliebe ewig Sonnenschein.
> Kauft' ich Leichenkleider ein, Würden all am Leben bleiben.

Teilweise ranken sich Legenden um sein Leben, so um seine Beziehungen zu seinem berühmten Zeitgenossen Jeuda Halevi (ca.1075–1141), der ihm angeblich unter romantischen Umständen seine Tochter zur Frau gegeben haben soll. Nachweisbar ist, daß Ibn Esra in Cordoba den dort ebenfalls lebenden Dichter und Philosophen persönlich gekannt hat, aber ihre theologische Einstellung war, wie wir noch sehen werden, sehr gegensätzlich. Im allgemeinen lassen uns nur beiläufige Notizen in seinen Werken Einzelheiten seiner Vita erraten. Daß er verheiratet war, ist sicher, auch daß er vier Söhne hatte, von denen aber nur einer, Isaak, mit Namen bekannt ist. Dieser war ein befähigter Poet und lebte zuletzt in Bagdad, wo er möglicherweise zum Islam übertrat – für seinen Vater sicher ein Anlaß tiefen Kummers. Verfolgungen, die Ibn Esra andeutet, mögen der Grund für seine um 1138/39 erfolgte, einer Flucht gleichende Auswanderung «mit erschrockener Seele» gewesen sein. Von da an führte er bis zu seinem Tode im Jahre 1164 ein Wanderleben. Seine wechselnden Aufenthaltsorte sind vor allem dadurch bekannt, daß er jeweils den Ort nennt, wo er ein bestimmtes Werk verfaßte. Er reiste zunächst nach Rom, geriet jedoch bald in Streit mit der dortigen jüdischen Gemeinde. 1145 war er in Lucca, dann in Mantua und Verona. 1147 verließ er Italien und reiste zunächst durch die Provence, wo er Narbonne und Béziers besuchte, dann nach Nordfrankreich (Rouen und Dreux). Ein kurzer Aufenthalt in London (seit 1158) wurde vermutlich durch seine Rückkehr nach Narbonne beendet, wo wir ihn 1161 antreffen. Dort wird er auch gestorben sein. Daß er im hohen Alter noch ins heilige Land gereist sei und ihn der Tod in Rom ereilte, dürfte zu der Legendenbildung um sein Leben gehören.

Ibn Esra war ein vielseitig begabter Mann. Unter anderem betätigte er sich als Dichter und verfaßte weltliche, liturgisch-geistliche und philosophische Gedichte, die in vielen gedruckten Werken und Manuskripten verstreut sind. Damit folgte er einer verbreiteten Sitte, denn eine ganze Reihe uns bekannter gelehrter Rabbinen hat sakrale und liturgische Poesie verfaßt; in dieser Eigenschaft wurden sie als *Paitanim* («Barden») bezeichnet. Dieser Brauch trug, weil die Bibel die Grundlage solcher Dichtungen war, viel zur Kenntnis der Bibel und der hebräischen Sprache bei.

Auch über Mathematik, Astronomie und Astrologie verfaßte er wissenschaftliche Werke. Sein Interesse für Philosophie zeigt sich in seinen religionsphilosophischen Schriften, die in der Form von Sinngedichten gehalten sind. Am bedeutendsten ist die Dichtung «Chaj ben Meqîz», in der entsprechend dem neuplatonischen System der Aufstieg der Seele aus dem Bereich der irdisch-materiellen Welt in das Reich des Intelligiblen geschildert wird.

Eine so klare Äußerung seines philosophischen Standpunktes – wir erkennen in seinen neuplatonisch-aristotelischen Auffassungen seine Abhängigkeit vor allem von dem arabischen Philosophen Avicenna (980–1037) – ist freilich in seinen Kommentaren nicht zu finden. Aber auch dort tritt seine Zugehörigkeit zu der rationalen spanischen Schule der Bibelauslegung deutlich hervor, wie sie, von Saadja Gaon begründet, vor allem an den arabischen Denkern geschult war, die wiederum antike Denkformen in ihre Kultur umgesetzt und auch an das spanische Judentum vermittelt hatten. Er ist insofern ein Vertreter der «Aufklärung» des 12. Jahrhunderts im Bereich des Judentums. Das wird insbesondere an seinem Verhältnis zu Jehuda Halevi deutlich, der in seinem «Kuzari» ein großes apologetisches Werk verfaßt hatte, das den historisch bedingten Glauben Israels gegen den «Glauben der Philosophen» verteidigt hatte. Für Ibn Esra ist es dagegen die Erkenntnis, die an erster Stelle zu stehen hat; Einsicht und Verstehen sind der wahre Gottesdienst oder gehen jedenfalls dem wahren Gottesdienst als Bedingung voraus.

Das zeigt sich auch in der Methodik, die er in seiner Bibelexegese anwendet. Dabei spielt Grammatik und Wortkunde als erste Vorbedingung für die Auslegung des hebräischen Textes eine wichtige Rolle. Auf dem Gebiet der Grammatik liegt Ibn Esras Verdienst vor allem darin, daß er die Ergebnisse der grammatischen und linguistischen Arbeiten seiner Vorgänger Jehuda Hajjug, Menachem ibn Saruq und Dunasch ben Labrat kritisch bearbeitete und durch eigene Beobachtungen ergänzte. Das System der Dreiradikalität der hebräischen Verben übernahm er von Hajjug. Seine eigenen Handbücher wie «Moznei Leschon haq-qodesch» («Waage der heiligen Sprache»; häufig abgekürzt zitiert: Moznei), «Sefer Zahot» («Buch des eleganten Stils»), *Safa Berura* («Reine Sprache») wurden viel benutzt.

Das große Ansehen, das seine Kommentare in der Zeit des Humanismus, der Reformation und bis in die Neuzeit hinein genossen haben, erklärt sich durch die sorgfältige sprachliche und historische Exegese, die wir in ihnen antreffen, wobei er manche Erkenntnisse der späteren historisch-kritischen Forschung vorweggenommen hat.

Seine Bibelkommentare hat Ibn Esra sämtlich in der zweiten Lebenshälfte, während seiner Aufenthalte an den verschiedenen Exilsorten, verfaßt. Unsicher ist, ob er, wie manche behaupten, tatsächlich alle biblischen Bücher kommentiert hat. Schon seine frühesten Tradenten haben anscheinend nicht für alle Schriften Kommentare von ihm gekannt. Nicht vorhanden sind Auslegungen zu den «früheren Propheten» (Geschichtsbüchern), Chron, Spr, Jer, Ez, Esr-Neh sowie manche früheren Fassungen oder Teile von erhaltenen Kommentaren. Ibn Esra hat manche biblischen Bücher auch mehrfach kommentiert oder ältere Kommentare revidiert. Die meisten seiner Kommentare liegen auch in neueren Drucken, teilweise mit deutschen oder englischen Übersetzungen, vor, überwiegend aus dem 19. Jahrhundert. Auffälligerweise ist das allerdings bei dem wichtigsten der Kommentare, der Auslegung des Pentateuchs, nicht der Fall. Hier wurde erst vor kurzem (1988) mit einer kritischen Ausgabe begonnen.

Die Auslegungsgrundsätze Ibn Esras (die er in der Einleitung zu seinem Pentateuchkommentar erläutert) sind in allen Kommentaren im wesentlichen gleich. Im Hinblick auf die Halacha (die gesetzlichen Abschnitte im Pentateuch) folgt er der Auslegung der Talmudisten und bekennt auch immer wieder, daß er sich ihren Urteilen demütig beugen wolle, weil ihr Wissen das seine übersteige. Wo es aber nicht um die Tora geht, fühlt er sich in ganz anderer Weise frei. Dabei legt er entscheidenden Wert auf den Wortsinn. Den Masoreten dankt er, daß sie sich um die Bewahrung des Wortlauts der Bibel so treu gekümmert haben, aber er wendet sich gegen diejenigen, die jede Einzelheit des Textes verteidigen wollen. Chrakteristisch ist seine Äußerung (zu 2. Mose 18,21; 17,3): «Die Hebräer kümmern sich nicht um die Wörter, sondern um den Sinn.» Dennoch hält er mit wenigen Ausnahmen an dem überlieferten hebräischen Wortlaut fest. Der Schwerpunkt liegt dabei auf etymologischen und grammatischen Erklärungen, wobei ihm neben seiner Schulung an den Werken der spanischen Linguisten sein feines Gefühl für die hebräische Sprache zugutekommt. Um sachliche Probleme in biblischen Aussagen zu klären, greift er gerne auf die Erfahrungen von seinen zahlreichen Reisen, aber auch auf andere Kenntnisse von Lebensweisen, Sitten und Gebräuchen fremder Völker zurück. Daneben ist auch ein deutlich rationalistischer Zug unverkennbar. Ibn Esra liebt es, die Meinungen früherer Ausleger zu kommentieren, und wenn er sie ablehnt, tut er dies nicht selten mit beißender Satire. Gerade dies trug – neben seinem knappen Stil, der sich von manchen zeitgenössischen Kommentaren wohltuend unterscheidet, wobei allerdings manche Aussagen ausgesprochen knapp, fast elliptisch formuliert, deshalb nicht leicht zu deuten sind – zur Beliebtheit seiner Kommentare bei. Die Auffassungen der Karaiten weist er stets mit besonderer Schärfe zurück, aber die Meinungen von Andersgläubigen (Moslems und Christen) werden nur selten zitiert. Offenbar sieht er in den innerjüdischen Gegensätzen die größte Gefahr.

Wenn hier Ibn Esras Jesajakommentar als Beispiel seiner Auslegung gewählt wird, so vor allem deswegen, weil von ihm eine leicht greifbare Ausgabe (von M. Friedländer) mit einer, allerdings recht freien und nicht immer zuverlässigen, englischen Übersetzung zur Verfügung steht. In ihm fehlen zwar die in anderen Kommentaren häufigen Exkurse zu besonderen Problemen, mit denen Ibn Esra dem in seiner Zeit üblichen Auslegungsstil folgt. Gerade das erleichtert andererseits die Übersicht über diesen Kommentar. Der Jesajakommentar ist einer der früheren Kommentare Ibn Esras. Er hat ihn im Jahre 1145 in Lucca geschrieben. Trotz dieser frühen Entstehung zeigt er schon die exegetische Meisterschaft, die Ibn Esra so berühmt gemacht hat.

Blickt man in Ibn Esras Jesajakommentar, weht einen eine gänzlich andere Luft an als in den typisch mittelalterlichen Kommentaren, die wir im Laufe unserer Untersuchungen kennengelernt haben. Die Konzentration auf Probleme des Wortsinnes, die knappe Formulierungsweise, die Nüchternheit des Ausdrucks, all das läßt diesen Kommentar in vieler Hinsicht sehr modern erscheinen. Das System der Wort-für-Wort-Erklärung teilt Ibn Esra allerdings mit den anderen mittelalterlichen Kommentatoren. Am Ende des Vorworts zu seinem Pentateuchkommentar hatte er erklärt, er wolle zunächst jedes Wort einzeln erklären, dann den Sinn und Kontext des Ganzen. Doch überwiegt im Jesajakommentar die Einzelerklärung.

Die Überschrift des Jesajabuches (Jes 1,1) spricht von Jesaja als dem «Sohn des Amoz». Hierzu zitiert Ibn Esra die Meinungen früherer Ausleger, wie die einiger Rabbinen, wenn der Vater eines Propheten genannt werde, sei dieser auch ein Prophet gewesen, oder einiger anderer, Jesaja sei ein Mitglied der königlichen Familie gewesen, sein Vater Amoz ein Bruder des Königs Amazja (801–773). Dazu meint Ibn Esra, manchmal sei der Vater eines Propheten selbst ein bedeutender Mann oder gar ein Prophet, manchmal auch nicht. Z. B. : «David, der Sohn Jesses» (2.Sam 23,1): David war «ein Mann Gottes» (2.Chron 8,14), Jesse war es nicht. Mit der Prophetie ist es wie mit dem Königtum: «Vergleiche ‹Jehu, König von Israel, der Sohn Nimchis› (1.Kön 19,16). Nimchi war kein König.» Ibn Esra beschäftigt sich dann noch mit dem Problem der Doppeldeutigkeit des Satzes: «In der Vision Jesajas, des Sohnes des Amoz, des Propheten» (2.Chron 32,32), wo der Begriff «des Propheten» sich sowohl auf Amoz wie auf Jesaja beziehen kann. «Aber aus den Worten ‹An Jesaja den Propheten, den Sohn des Amoz› (2.Kön 19,2) lernen wir, daß Jesaja ‹der Prophet› war.» In einer Hinsicht ist die von Ibn Esra angewandte Methode nicht neu: die Rabbinen waren es seit jeher gewohnt, mit dem Vergleich von Bibelstellen zu argumentieren. Aber das Interesse Ibn Esras an der Klärung einer grammatisch- historischen Frage des Wortsinnes ist doch etwas Ungewohntes. – Es folgt in Jes 1,1 die Angabe: «In den Tagen Ussias, Jothams, Ahas' und Hiskias, der Könige von Juda». Hierzu bemerkt Ibn Esra: «Jesaja begann seine prophetische Karriere wahrscheinlich im letzten Jahr des Königs Ussia, wie unten gezeigt werden soll (zu Jes 6,1). Und nach der Weise des Wortlautes (*Peschat*) (trifft es zu), daß er in den Tagen Hiskias starb. Denn wenn seine Tage sich bis in die Tage Manasses erstreckt hätten, stände das geschrieben.» Damit weist Ibn Esra eine talmudische Legende zurück (babyl. Talmud, Jebamoth 49b; Jerusalemer Talmud, Sanhedrin 10,2), wonach Jesaja von König Manasse getötet worden sei, weil er gesagt habe: «Meine Augen haben den König, den Herrn der Heerscharen gesehen» (Jes 6,5 – was nach Ex 33,20 mit dem Tode bedroht ist). Ibn Esra fügt hinzu: «Wenn die Aussage auf Überlieferung beruht, dürfte sie wahr sein». Seine eigene Auffassung ist klar, aber er muß sich absichern!

Ibn Esra geht dann zur Erklärung des weiteren hebräischen Wortlauts über und zeigt dabei seine Sorgfalt in der Beachtung des masoretischen Textes. So bemerkt er zu Jes 1,9, wo die Masoreten einen Satztrenner (*Athnach*) hinter dem ersten Halbsatz: «Hätte der Herr der Heerscharen uns nicht einen *kleinen* Rest gelassen» gesetzt haben, diesen müsse man unbedingt berücksichtigen: «Verbinde ‹einen kleinen› mit ‹Rest›, wegen des trennenden Akzents. Denn es ist eine wichtige Regel, daß die Akzente höchst sorgfältig beachtet werden müssen.» Die moderne Auslegung ist hierin oft viel weniger streng, denn in diesem Falle scheint der Sinn des zweiten Halbsatzes viel klarer zu werden, wenn man ihn wiedergibt: «*Um ein kleines* (fast) wären wir wie Sodom geworden», zumal das der Wortform auch besser zu entsprechen scheint. Diese Variante läßt uns einen Blick in die Diskussionen der zeitgenössischen Grammatiker und Textlinguisten werfen, denen es jedenfalls an Genauigkeit der Beobachtungen nicht fehlt. Immer ist allerdings auch Ibn Esra in der Beachtung seiner Regel nicht konsequent.

Sorgfältig ist Ibn Esra auch in seinem Achten auf hebräische Wurzeln. Daß Konsonanten ausgetauscht werden könnten, erkennt er (bis auf wenige «weiche» Buchstaben, bei denen er es für möglich hält) nicht an. Er kannte auch die Methode der vergleichenden Philologie: So kann er auf Begriffe aus dem Syrisch der Targume, aus der Sprache des Talmud, aus dem Arabischen als Parallelen für die Erklärung eines hebräischen Ausdruckes verweisen. So z.B. für das Wort in Jes 3,16, mit dem das Auftreten der vornehmen Frauen Jerusalems geschildert wird: «trippeln» (*taphoph*). Hierzu gibt Esra die Meinung von «einigen» wieder, wonach das Wort mit «sprechend» wiederzugeben sei, wobei auf *wehatteph* «und sprich prophetisch» (Ez 21,2) als Parallele verwiesen wird. Dazu bemerkt Ibn Esra: «Aber das stimmt nicht nach der Grammatik». Nach anderen Erklärern (die wiederum nicht mit Namen genannt werden), heißt es «affektiert, geziert», wozu auf die aramäische Entsprechung *'atiph* verwiesen wird: «sich langsam bewegen, wie jemand, der auf der Oberfläche des Wassers schwimmt». – «Andere meinen, daß es von *taph* ‹Kind› abzuleiten sei, und ich neige zu dieser Auffassung: langsam gehen wie ein Kind». So wird sehr genau den möglichen Ableitungen eines Wortes nachgegangen. Bemerkenswert ist, daß die von Ibn Esra gebotene Ableitung des Begriffes in Jes 3,16 von *taph* «Kind» auch in modernen Lexika anzutreffen ist. Ibn Esra kommt aber auch seine genaue Kenntnis des nachbiblischen Hebräisch zugute. So z.B. zu Jes 18,5: *hetas* «reißt ab»: «(bedeutet das gleiche wie) ‹schneiden›; wird auch in alter (rabbinischer) Sprache angetroffen». Wenn man bedenkt, wie gering die Vorarbeiten auf dem Gebiet der Wortkunde noch waren, auf die sich Ibn Esra stützen konnte, ist seine Leistung auf diesem Gebiet nicht zu unterschätzen.

Ein anderes Problem, das Ibn Esra wohl bewußt ist, ist der Unterschied zwischen den hebräischen Aktionsarten des Verbums und den, Zeitstufen repräsentierenden, Tempora der modernen europäischen Sprachen. Er betont (z.B. zu Jes 1,21; 6,4 usw.) die Notwendigkeit, die Aktionsarten (Präformativ- und Affirmativkonjunktionen) des biblischen Hebräisch mit den Tempora Präsens, Imperfekt, Futur oder Plusquamperfekt wiederzugeben. Mit diesen Schwierigkeiten hat ja bis heute zu kämpfen, wer das biblische Hebräisch erlernt oder einen biblischen Text übersetzen will. Tatsächlich gab es für die lebendige Sprache kein Zurück zu dem alten System: im modernen Hebräisch (Ivrit) ist das europäische Zeitstufensystem übernommen worden. Ibn Esra kennt als Grammatiker bereits Begriffe für Präsens, Futur usw., steht also auf dem

Übergang zu der modernen Kultur, die ihm von seiner europäischen Umgebung her nahegebracht wurde.

Häufig greift Ibn Esra zur Erklärung einer schwierigen Wendung auf die Annahme zurück, hier liege eine elliptische Ausdrucksweise vor. So zu Jes 10,21, dem symbolischen Namen des Sohnes Jesajas «Schear-Jaschub = Rest kehrt um»: «Ergänze ‹Jakob› nach dem ersten ‹Rest›: der Rest Jakobs, d. h. Juda, wird umkehren. Wiederhole ebenso ‹umkehren› vor ‹zu›: ‹Der Rest Jakobs wird umkehren zu dem mächtigen Gott›.» Ähnlich zu V.34: «Das Dickicht des Waldes mit dem Eisen (der Axt) gerodet.» Der zweite Halbvers lautet: «Der Libanon fällt durch einen Mächtigen». Hierzu Ibn Esra: «‹Durch eine mächtige Axt›: ‹Axt› ist zu ergänzen von dem vorhergehenden ‹durch eine Axt.›» Auch moderne Ausleger haben Schwierigkeiten mit dem Verständnis des zweiten Halbverses, wobei für «Mächtigen» (das sich auf Jahwe oder den Assyrerkönig beziehen könnte) neben manchen anderen Vorschlägen auch Äquivalente für «Axt» eingesetzt werden. Ibn Esras Vorschlag bleibt durchaus erwägenswert. Ein anderes Bespiel ist die Stelle Jes 43,25, die bis heute den Auslegern Probleme bereitet. Hier heißt es: «Aus meinem Munde kommt Wahrheit, ein Wort, das nicht umkehrt». Die Schwierigkeit liegt darin, daß «Wort» in der zweiten Vershälfte scheinbar in der Luft hängt. Deshalb sind an dieser Stelle in neuerer Zeit eine Menge von Änderungsvorschlägen gemacht worden. Ibn Esra schlägt vor, «ein Wort» vor «Wahrheit» zu wiederholen, das wegen elliptischer Ausdrucksweise nicht im Text stehe, und trifft damit den vermutlichen Sinn. Ebenso regt er an, im zweiten Halbvers der letzten Zeile das «mir» des vorletzten Halbverses noch einmal zu denken, was ebenfalls korrekt ist. An Stellen, wo ein bloßes Adjektiv steht, fügt Ibn Esra ein entsprechendes Nomen ein: So z. B. Jes 15,9: «Denn ich bringe über Dimon (= Dibon in Moab) zusätzliches *Unheil*», oder Jes 28,2, wo er zu den beiden Adjektiven «Ein Starker und Gewaltiger» als Ergänzung «Tag» oder «Heer» vorschlägt. Eine moderne Alternative dazu ist die gelegentlich anzutreffende Änderung der Wörter selbst durch Umvokalisierung in Substantive, denn die für sich stehenden Adjektive sind in der Tat ungewöhnlich. Aber auch hier wieder zwingt Ibn Esras Festhalten am masoretischen Text einschließlich seiner Vokalisierung ihn zu der Auskunft, es handele sich um eine elliptische Aussage. Wenn grammatisch unmögliche Formulierungen vorkommen, z. B. ein für sich stehender *status constructus* (eine Form, zu der ein *status absolutus*, dem Genetiv entsprechend, hinzutreten muß), nimmt Ibn Esra ebenfalls eine bewußte Ellipse an, denn daß im heiligen Text durch bloße Nachlässigkeit ein Wort ausgefallen sein sollte, ist ihm eine unmögliche Vorstellung. An Stellen, wo Subjekt und Prädikat nicht übereinstimmen, zieht er es vor, ebenfalls elliptische Sprechweise anzunehmen. So z. B. Jes 2,11: «Die hochmütigen Blicke (Augen) des Menschen *senkt* sich›»: Hier rechnet die moderne Auslegung mit einem Schreibfehler. Ibn Esra jedoch bemerkt: «‹Die Blicke› ist identisch mit ‹jeder der Blicke›» – dann stimmen Subjekt und Prädikat wieder überein. Während er in vieler Hinsicht als ein sehr moderner Exeget erscheint, ist er in seinem Festhalten am masoretischen Wortlaut ein ganz orthodoxer Bibelgläubiger. Eine ähnliche Einstellung findet sich auch noch bei manchen modernen jüdischen Auslegern.

Aus diesen und anderen Beispielen ergibt sich, daß Ibn Esras etymologische, grammatische und stilistische Erklärungen des Wortsinnes nach wie vor Beachtung verdienen und auch für einen modernen Ausleger nicht ohne Bedeutung sind. Die hohe Wertschätzung, die Ibn Esra auf diesem Gebiet von jeher genoß, ist in vollem Umfange gerechtfertigt.

Auf einer anderen Ebene liegen Ibn Esras Bemerkungen zu Jes 1,11: «Satt bin ich die Widderopfer»: «Der Wortlaut ist anthropomorphe Ausdrucksweise. In Wahrheit (gilt): ‹Wenn ich hungrig wäre, würde ich es dir nicht sagen›» (Ps 50,12ff.). In der Rede von Gott denkt Ibn Esra ganz orthodox jüdisch. Ebenso in V.14: Zu «Ich bin es müde» steht nur die kurze Bemerkung: «Eine figürliche Ausdrucksweise (*maschal)*». Für die figürliche Bezeichnung Gottes, wie sie sich häufig in der Bibel findet, greift Ibn Esra gern auf die Erklärung zurück, hier müsse man die Präposition *k^e^* «wie» einfügen. Das gilt aber auch für Menschen, wie den Späher in Jes 21,8 (mit dem der Prophet selbst gemeint ist), für den im masoretischen Text «Löwe» steht (was moderne Ausleger mit Recht als eine Verschreibung für «Wächter» erklären). Da aber Ibn Esra an dem masoretischen Wortlaut nicht rüttelt, bleibt ihm nur die Erklärung als bildhafte Sprache: «Ich denke, ein ke ‹wie› muß ergänzt werden, vgl. ‹wie ein verzehrendes Feuer› (Dt 4,24). Der Wächter rief mit lauter Stimme wie ein Löwe.» Zutreffender erscheint uns das Verständnis des Ausdruckes Jes 22,23 «als einen Nagel» in der Ankündigung über Schebna, wo Ibn Esra ebenfalls ein «wie» zu ergänzen vorschlägt. Im übrigen betont Ibn Esra grundsätzlich, in Übernahme einer talmudischen Grundregel («Die Sprache der Tora entspricht der Sprache der Menschen»), die Notwendigkeit bildhafter Sprache in der Bibel.

Besonders interessieren natürlich die Bemerkungen Ibn Esras zu den Kapiteln des Jesajabuches, die in der traditionellen christlichen Auslegung eine besondere Rolle spielen. Zu Jes 7, der Erzählung von der Begegnung des Propheten mit dem König Ahas während des sog. syrisch-ephraemitischen Krieges, finden wir zu den meisten Aussagen die übliche Wort-für-Wort-Erklärung. So bemerkt Ibn Esra zu Jes 7,2: «Weil der erste König der zwölf Stämme Jerobeam aus dem Stamm Ephraim (herstammte), wird das Königreich so genannt.» Es geht also um die Deutung historischer Tatbestände. Ob die Erklärung die richtige ist, sei hier dahingestellt. Zu V.6 wird die Frage diskutiert, ob, wie einige

Erklärer behaupten, der «Sohn Tobels» dieselbe Person wie der «Sohn Remaljas» sei (hierbei wird mit einem durchlaufenden Konsonantentausch zwischen den beiden Namen gerechnet). Dazu erklärt Ibn Esra: «Das ist Unsinn, denn der Remaljasohn wird vorher erwähnt, und er sagt zusammen mit Aram: ‹Laßt uns einen König in ihre Mitte setzen, den Tobelsohn›.» Sind dies alles knappe Erklärungen, wird Ibn Esra ausführlicher zu der berühmten Aussage von dem Immanuel-Zeichen in Jes 7,14. Hier finden wir auch eine der wenigen Stellen, wo er vorsichtig auf die christliche Deutung eingeht. Ibn Esra bemerkt: «Ich wundere mich über die, die sagen, daß (dies) über Jesus gesagt sei, denn das Zeichen war Ahas gegeben, und er (Jesus) war viele Jahre später geboren. Außerdem wird gesagt: ‹Denn ehe der Knabe das Böse zu verwerfen und das Gute zu wählen versteht, wird das Land verlassen sein› (V.16), und die Länder Ephraim und Damaskus wurden im 6. Jahr des Hiskia verwüstet.» Anschließend geht er dann noch auf die Deutung ein, die den Immanuel mit dem König Hiskia gleichsetzt (eine noch in neuerer Zeit vertretene Auffassung!). Dies, meint er, sei chronologisch unmöglich: «Das stimmt nicht, selbst wenn wir sagen, daß dies prophezeit worden ist am Anfang der Herrschaft des Ahas. Siehe, seine ganze Herrschaft(szeit) waren 16 Jahre, und als er starb, war Hiskia 25 Jahre alt.» Ibn Esra kommt dann zu dem Schluß: «Wie mir scheint, ist Immanuel der Sohn Jesajas. Das war auch Maher-Schalal. Letzteres ist bewiesen durch die Wendung: ‹und ich ging zu der Prophetin› (8,3).» Ibn Esra fügt hinzu, auch Shear Jaschub sei ein Sohn Jesajas (7,3), und alle drei Söhne hätten symbolische, auf die Zukunft weisende Namen erhalten. Die Frage nach der Identität des Immanuel ist bis heute nicht endgültig gelöst worden, und die Antwort, die Ibn Esra gibt, findet mit Recht noch immer Beachtung.

Ibn Esra stellt auch einige chronologische Überlegungen zu der Wendung in 7,16 «Bevor der Knabe das Böse zu verwerfen und das Gute zu wählen versteht» an: «Es gibt einige, die sagen, im Alter von 20 Jahren, wegen der Worte des Mose (Ex 30,14): ‹Von zwanzig Jahren an› (soll jeder eine Abgabe entrichten). Wenn (sich das) so (verhält), muß die Prophetie nach dem zweiten Jahr des Königs Ahas verkündet worden sein.» Dahinter steht die Berechnung: Ahas regierte 16 Jahre, das Exil des Nordreichs ereignete sich im 6. Jahr des Königs Hiskia (722), deshalb sind es vom 2. Jahr des Ahas bis zur Wegführung des Nordreichs 20 Jahre. Wieder wird man feststellen können, daß der Vergleich zwischen verschiedenen Schriftstellen typisch rabbinisch ist; das Interesse an der Chronologie, d.h. der Geschichte, dagegen ist Ibn Esra eigen.

Die Auslegung von Jes 11 ist ein Beispiel dafür, daß Ibn Esra die Entscheidung zwischen zwei möglichen Gesamtdeutungen offenläßt. Hier stehen sich die von den meisten Auslegern geteilte Auffassung, daß das Kapitel von dem Messias handele, und die Meinung von R. Moses Hak-kohen gegenüber, der die Deutung auf den König Hiskia vertritt. Ibn Esra läßt zu den einzelnen Versen jeweils zu Worte kommen, was für die eine oder die andere Zuweisung spricht, gibt aber selbst kein eindeutiges Urteil ab.

Von besonderem Interesse für den modernen Ausleger ist auch, wie sich Ibn Esra mit seinem historisch geschärften Blick zu dem Verhältnis zwischen den beiden Teilen des Buches äußert. Man kann nicht von vornherein erwarten, daß Ibn Esra schon die Entdeckung vorwegnimmt, die erst im 18. Jahrhundert klar ausgesprochen wurde: daß die Kapitel Jes 40ff. von einem anderen Propheten stammen, der erst zur Zeit des babylonischen Exils lebte. Doch scheint er dieser Erkenntnis recht nahezukommen. Daß hier vom babylonischen Exil die Rede ist, war ihm – und anderen vor ihm – jedenfalls nicht entgangen. Doch beachtet er zunächst – in strenger Kontextexegese – nur den Übergang von Kap.39 zu Kap. 40. In Kap.39 (das übrigens eine aus 2.Kön 20,12–19 übernommene Jesaja-Erzählung enthält) verkündigt der Prophet dem König Hiskia, daß man seine Schätze, die er einer Gesandtschaft aus Babel gezeigt hat, und sogar einige seiner Söhne nach Babel wegbringen wird. Ibn Esra bemerkt hierzu, daß auf diese traurige Ankündigung ganz angemessen die Trostworte in Kap.40 folgten. Anschließend nimmt er Stellung zu der Auffassung von R. Mose Hakohen, wonach sich diese Trostworte auf den zweiten Tempel (seinen Wiederaufbau durch Zerubbabel; vgl. Hagg/Sach) beziehen. «Aber meines Wissens (bezieht sich) das Ganze auf unser Exil. Nur gibt es in der Mitte des Buches Worte über das babylonische Exil zum Gedenken (an das für die messianische Zeit zu erwartende Ende der jüdischen Diaspora). Und im letzten Teil des Buches gibt es Worte, die sich auf die Zukunft beziehen, wie ich erklären werde.» Diese Erklärung ist Ibn Esra allerdings seinen Lesern schuldig geblieben.

Wir stellen hier fest, daß Ibn Esra Deutungsaspekte kennt, die durchaus der in der christlichen Exegese üblichen Typologie verwandt sind. Der Gedanke, daß das babylonische Exil die zeitgenössische Diaspora vorabbildet und deshalb die Ankündigung seines Endes bildhaft als die Voraussage des endzeitlichen Aufhörens der Diaspora gelesen werden kann, ist diesem hermeneutischen Ansatz durchaus verwandt. Daneben folgt er jedoch auch Überlegungen, die in eine ganz andere Richtung weisen. So macht er anschließend einige Andeutungen, die darauf schließen lassen, daß er vielleicht über die Verfasserschaft des Propheten Jesaja am zweiten Teil seines Buches durchaus Zweifel hat, die er allerdings nicht offen auszusprechen wagt. Er fügt nämlich hinzu: «Aber wisse, daß die Orthodoxen sagen, das Buch Samuel sei von Samuel geschrieben worden, und daß dies richtig ist bis zu (den Worten) ‹und Samuel starb› (1.Sam 25,1). Und siehe, die Chronikbücher bestätigen das, welche die

Namen des Geschlechtes David in genealogischer Reihenfolge bis zu den Nachkommen Serubbabels bringen (vgl. 1. Chron 3). Die Worte ‹Könige werden es sehen und sich erheben, Fürsten und werden anbeten› (Jes 49,7) unterstützen diese Auffassung. Es gibt auch die Möglichkeit zu deuten: wenn sie den Namen des Propheten hören, auch wenn er nicht mehr am Leben ist». Obwohl sich Ibn Esra hier in Andeutungen bewegt, scheint seine Auffassung klar zu sein: Die Teile der Samuelbücher, die von Ereignissen nach dem Tode Samuels erzählen, können nicht mehr von diesem geschrieben sein – das gleiche müßte dann auch für die Teile des Jesajabuches gelten, die in einer Periode lange nach dem Tode des Propheten spielen. Das Gottesknechtslied in Jes 49 handelt nach Auffassung Ibn Esras von dem Propheten. Die Könige und Fürsten, von denen in 49,7 die Rede ist, müßten demnach Zeitgenossen des Gottesknechtes/Propheten sein. Aber ist es Jesaja? Auch die Chronikbücher lassen den Zeitpunkt ihrer Entstehung durch die Generation der Nachkommen Davids erkennen, die sie in ihrer genealogischen Liste als letzte aufführen. Ibn Esra schließt mit einer für ihn charakteristischen Bemerkung: «Aber der Kluge wird verstehen» (der Übersetzer umschreibt die Aussage in einer Weise, welche ihre Bedeutung eher verschleiert). Der Schluß liegt nahe, daß er sehr wohl zu dem Urteil gekommen war, Jes 40 ff. könne nicht von Jesaja stammen, daß er aber aus Vorsicht dem Leser selbst überlassen wollte, seine Folgerungen zu ziehen.

Während Ibn Esra die Gottesknechtslieder – die Bezeichnung kennt er freilich noch nicht – in Kap. 42, 49 und 50 auf den Propheten selbst bezieht, hat er zu 52,13–53,12 eine geteilte Meinung. Zu 52,13 bemerkt er eingangs: «Dieser Abschnitt ist sehr schwierig». «Einige sehen die Aussage ‹Siehe, mein Knecht wird klug sein› als einen Hinweis auf Jesus und deuten in ‹mein Knecht› den Leib. Dies hat keinen Bestand, der Leib kann nicht klug sein, selbst wenn der Mann lebt». Ibn Esra kommt dann zu dem Urteil, hier könne nur Israel gemeint sein. Dies schließt er aus dem Kontext: In 53,12 geht eine Aussage über Israel voraus («der Herr geht vor euch her» usw.), und eine ähnliche folgt dem Abschnitt in 54,1 («Freue dich, du Unfruchtbare»). Methodisch ist das interessant, denn es setzt doch einen durchlaufenden Textzusammenhang voraus; man gewinnt zunächst den Eindruck, eine Sonderstellung der Gottesknechtslieder sei Ibn Esra noch nicht aufgefallen. Für Kap. 53 läßt er dann scheinbar eine doppelte Deutungsmöglichkeit offen: Entweder ist hier wieder ein einzelner Israelit (der Prophet?) gemeint, oder Israel als ganzes. Am Schluß dieses Abschnittes kommt dann aber doch seine wahre Meinung heraus: «Siehe, ich habe dir den ganzen Abschnitt ausgelegt unter der Voraussetzung, daß Israel ‹mein Knecht› ist. Aber meine Meinung ist, daß der, zu dem der Prophet sagt: ‹Siehe, mein Knecht, auf den ich mich stütze› (42,1), sowie ‹und er sprach zu mir: Du bist mein Knecht› (49,3), und über den geschrieben ist: ‹Mein Knecht, der gerechte, macht die vielen gerecht› (53,11), derselbe ist, wie der, der von sich sagt: ‹Ich gab meinen Rücken den Schlägen› (50,6). Wie ich bei der Hälfte des Buches (zu 40,1) andeutete, hängen alle Auslegungen eine an der anderen.» Auch hier wieder wird deutlich, daß Ibn Esra die offizielle Auffassung zwar nach außen hin übernimmt, aber doch für den, welcher zwischen den Zeilen zu lesen versteht, unmißverständlich klar macht, was seine wahre Meinung ist.

Die große Beachtung, die Ibn Esras Kommentare gefunden haben, zeigt sich u.a. darin, daß später viele Kommentare über seine Kommentare geschrieben wurden. In seiner Popularität kommt ihm nur Raschi gleich, ja dieser übertrifft ihn noch an Ansehen, weil er in mancher Hinsicht vielseitiger war. Ibn Esra wurde wegen seiner rationalen Haltung, wegen seiner vorwiegenden Beschäftigung mit philologischen und historischen Problemen des Wortsinnes vor allem seit dem Humanismus wichtig, denn bei ihm konnte man zahlreiche Beobachtungen finden, die das Verständnis des Urtextes, auf den man damals das größte Gewicht zu legen begann, erleichterten. Zudem entsprach seine Grundhaltung in vielem dem, was auch die Moderne als ihre Anliegen empfand. Vor allem aber konnte sein intimes Vertrautsein mit der hebräischen Sprache, ihrer Grammatik und ihren Ausdrucksformen, wie mit der rabbinischen Auslegungstradition, gerade auch, weil er sie kritisch bearbeitet hatte, für nichtjüdische Ausleger des Alten Testaments später von großem Wert sein. Was schon für Hieronymus gegolten hatte, galt auch für die neuere Zeit: Christliche Exegeten konnten, vor allem wenn sie den Urtext des Alten Testaments verstehen wollten, auf die Hilfe jüdischer Bibelkenner nicht verzichten. Die ersten christlichen Hebraisten, vor allem Johannes Reuchlin, haben sich, indem sie die jüdische Auslegungstradition, zu der Ibn Esras Kommentare als ein zentrales Stück gehören, bewahrten und an die christliche Exegese weitergaben, ein unvergleichliches Verdienst erworben. Davon wird später noch zu reden sein.

V. Kapitel

Spätmittelalterliche Exegeten

1. Von den Juden lernen: Nikolaus von Lyra

Raschis Einfluß erstreckte sich nicht nur auf ihm folgende jüdische Bibelausleger. Von noch größerer Bedeutung für die Entwicklung des neuzeitlichen Bibelverständnisses war es, daß er unter den christlichen Theologen einen Anhänger fand, der sich eine hinreichende Kenntnis der hebräischen Sprache angeeignet hatte, um Raschis Kommentare lesen zu können, und an dessen Auslegung des Wortsinns brennend interessiert war. Das war der Franziskaner Nikolaus von Lyra (ca. 1270–1349).

Nikolaus wurde im Dorfe Lyre, nicht weit von Évreux in der Normandie, geboren. Das genaue Geburtsdatum ist nicht bekannt, wie wir überhaupt die meisten Lebensdaten aus verstreuten Hinweisen mehr indirekt erschließen müssen. Das Mittelalter war, wie wir schon wiederholt sahen, an persönlichen Schicksalen von Einzelpersonen, es seien denn Könige oder Heilige, wenig interessiert. Erst recht gilt das für einen Franziskanermönch, der sein Leben trotz der herausragenden Stellungen, die er bekleidete, und ungeachtet seiner wissenschaftlichen Leistungen und des aus ihnen schon zu Lebzeiten erwachsenen Ruhmes in christlicher Demut verbrachte. Um die Jahrhundertwende trat Nikolaus in das Franziskanerkloster von Verneuil in der Nähe seines Geburtsortes ein. Offenbar wurde er jedoch bereits nach wenigen Jahren, anscheinend aufgrund seiner hervorragenden wissenschaftlichen Leistungen, nach Paris geschickt. Im Jahre 1309 zählte er dort schon zu den bekanntesten Theologen und hielt u. a. eine öffentliche Disputation «Über die Juden» ab.

Das Franziskanerstudium in Paris haben wir schon durch das dortige Wirken Bonaventuras kennengelernt. Wenn Nikolaus dort die übliche wissenschaftliche Laufbahn durchlief, dürfte er zuerst *baccalaureus biblicus* oder zumindest *baccalaureus sententiarius* gewesen sein, wenn uns darüber auch direkte Nachrichten fehlen. Immerhin gibt es Hinweise auf einen Sentenzenkommentar, der aber nicht erhalten ist, und zwei handschriftlich überlieferte, von ihm selbst revidierte Quaestionen (Über die Menschwerdung Christi; Über die Juden). Anschließend wurde Nikolaus offenbar *magister biblicus* und erhielt dadurch die offizielle Aufgabe, Vorlesungen über die Bibel zu halten, was er mit großem Erfolg durchführte. Aus ihnen entstand sein Hauptwerk: die «Postilla literalis super Totam Bibliam», und anschließend noch eine «Postilla moralis», in der Nikolaus eine moralische Auslegung der Bibel folgen ließ.

Auch in seinem Orden bekleidete Nikolaus zeitweilig hohe Ämter. Zuerst, von 1319–1324, war er Provinzialminister der Franziskaner in der Ordensprovinz Frankreich (die Paris, Nordfrankreich und Flandern umfaßte), anschließend, von 1324–1330, in der Provinz Burgund. Danach hat er sich offenbar von seinen Ämtern zurückgezogen. Sein Hauptwerk war bereits vollendet, aber er war bis zu seinem Tode im Oktober 1349 weiter unermüdlich tätig. Nikolaus wurde im Kapitelsaal des Pariser Konvents begraben. Bei einem Brand im Jahre 1580 wurde leider die Grabstätte zerstört, wobei auch das Epitaph verlorenging. So sind die äußeren Spuren seines Lebens verwischt.

Während die meisten übrigen Schriften Nikolaus' nur in wenigen Exemplaren erhalten blieben, finden sich von der Postilla literalis in den europäischen Bibliotheken Hunderte von Handschriften; man sieht, wie beliebt dieser Kommentar gewesen sein muß. Schon zu Lebzeiten des Verfassers wurden die Exemplare unter hohen Persönlichkeiten gehandelt, nach Erfindung der Buchdruckerkunst auch zahlreiche gedruckte Ausgaben veranstaltet. Der Erstdruck erfolgte 1471 in Rom in fünf Foliobänden, danach zahlreiche weitere bis zur letzten (Antwerpener) Ausgabe von 1634. Leider fehlt es gänzlich an einer modernen kritischen Edition, womit sich auch das verhältnismäßig geringe Interesse an Nikolaus in der neueren Forschung erklären mag. In früherer Zeit wußte man seine Rolle besser zu würdigen. Dafür zeugt auch der volkstümliche Vers, der Nikolaus von Lyras Bedeutung für Martin Luther hervorhebt:

Si Lyra non lyrasset, Lutherus non saltasset
(Wenn Lyra nicht aufgespielt hätte, hätte Luther nicht getanzt)

Tatsächlich hat Luther für seine eigenen Vorlesungen über die Bibel Lyras Postille ausgiebig herangezogen. Hier fand er, was ihm so wichtig wurde: eine Auslegung des Wortsinns der Schrift, abgehoben von den allegorischen Schriftdeutungen, von denen Luther überzeugt war, daß sie das klare Wort Gottes verfälschten, um das es ihm über alles zu tun war. Bei genauerer Prüfung der Denkvoraussetzungen, unter denen Nikolaus seine Wortexegese durchführt, wird allerdings deutlich, daß sie auch in ganz spezifischer Weise zeitgebunden sind. Eine Beobachtung, die näherer Untersuchung wert wäre (sie kann an dieser Stelle allerdings nicht vertieft werden), ist die aristotelische Begrifflichkeit, die bei Nikolaus hervortritt. Mit einem solchen, wenn auch unreflektierten, philosophischen Ansatz wäre auch sein spezielles Interesse an den Realien in der Bibel zu erklären.

Die Überschrift, die Nikolaus' Kommentar wie zahlreiche ähnliche Werke trägt: «Postilla», verweist recht unmittelbar auf die Herkunft solcher Auslegungen aus dem Lehrbetrieb. Der Gewohnheit der Zeit entsprechend ist auch dieser Bibelkommentar eine Vers- für Vers-Erklärung. Den Übergang von einer biblischen Aussage zur nächsten pflegte ein Dozent mit *post illa* = «danach» anzukündigen. Daraus ergab sich dann das Stichwort für die Überschrift. Eine Besonderheit der Postille ist u.a., daß Nikolaus die gesamte Bibel beider Testamente, und zwar die kanonischen Bücher vom 1. Mosebuch bis zur Apokalypse Johannis (Teil I) und die nichtkanonischen Bücher (Teil II) ausgelegt hat. Das ist eine großartige Leistung, die freilich von einem heute lebenden Exegeten schon wegen der inzwischen ungeheuer angewachsenen Sekundärliteratur und der differenzierten neuzeitlichen Methodik nicht wiederholt werden könnte. Daß Nikolaus ein sehr sorgfältiger Arbeiter war, erkennt man auch an den Daten, die er gelegentlich einfließen läßt; aus ihnen können wir genau ablesen, wie lange er an seinem Werk gearbeitet hat. Begonnen hat er es demnach im Jahre 1322 und (mit einem Nachtrag über Ez 40–48) 1332 abgeschlossen.

Nikolaus hat sein Kommentarwerk mit zwei Prologen eingeleitet. Im ersten Prolog («Über die Empfehlung der Heiligen Schrift im allgemeinen», PL 113, 25–30) können wir, schon an den traditionellen Inhalten, das *principium* erkennen, d.h. den feierlichen Vortrag, den ein mittelalterlicher Universitätstheologe zu halten hatte, wenn er den Doktorgrad errungen hatte und von nun an nicht mehr nur kursorisch mit Zitaten aus den Kirchenlehrern die Bibel auslegte, sondern auch auf theologische Inhalte eingehen und seine eigene Lehre vertreten durfte. Zu diesen traditionellen Aussagen gehört u.a., daß der frischgebackene Doktor der Theologie den ungleich höheren Wert der Bibel gegenüber den Schriften der weltlichen Wissenschaften und der Philosophie herausstreicht, indem er hervorhebt, daß sich diese nur auf das diesseitige Leben beziehen, dagegen die Heilige Schrift «auf die Seligkeit des zukünftigen Lebens». Das schließt nicht aus, daß er wie alle Studenten die «freien Künste» sehr wohl gelernt hat und sie auch für seine theologische Arbeit zu gebrauchen versteht. Dies zeigt sich in dem folgenden Abschnitt, in dem er über die Gotteserkenntnis der Philosophen spricht. Hier geht er, unter Rückgriff auf Aristoteles' Prinzipienlehre, davon aus, daß die Grundprinzipien menschlicher Erkenntnis «von sich aus bekannt» seien. Nur in den Schlußfolgerungen, im Hinblick auf die ersten Ursachen, hätten alle Philosophen geirrt. Da Gott die erste Ursache ist – auffällig ist auch hier wieder die aristotelische Definition – und die Schrift Gott zum Urheber hat, läßt sich eine vollständige Erkenntnis Gottes nur aus ihr gewinnen. Den Philosophen gesteht Nikolaus durchaus eine Erkenntnis Gottes zu, «soweit sie sich auf Eigenschaften erstreckt, die von sich aus geschlossen werden können durch Erforschung der Erkenntnis, die aus den Geschöpfen hervorgeht, wie der Philosoph (Aristoteles) im 12. Kapitel der Metaphysik (sagt)». «Aber die Propheten und heiligen Apostel, die uns diese Schrift durch die Offenbarung des Heiligen Geistes überlieferten, hatten eine Erkenntnis über die göttlichen Eigenschaften, die eine Untersuchung durch die Vernunft übersteigen.»

In diesen Aussagen tritt uns zunächst ein typischer Schultheologe entgegen, der wie Thomas von Aquin – von dem er stark beeinflußt ist – im aristotelischen Geist erzogen worden ist. Auch für ihn scheint die rational-spekulative Gotteserkenntnis ein zentrales Ziel zu sein, dem seine Bibelauslegung dient. Wenn er allerdings sagt, das Ziel dieser Gotteserkenntnis sei, daß der Ausleger, «indem er spekuliert bzw. meditiert, zur *Liebe* eben dieses so erkannten Objektes, nämlich Gottes, gebracht wird», blickt durch die philosophische Begrifflichkeit das franziskanische Ideal hindurch. Zu beachten ist auch, daß ganz in alter Weise Theologie und Bibelauslegung in eins gesehen werden. Eine Unterscheidung zwischen ihnen wird überhaupt nicht ins Auge gefaßt, das System der *sacra pagina* ist für den Franziskanerexegeten noch selbstverständlich.

Traditionell sind dann auch die folgenden Ausführungen, in denen Nikolaus betont, daß die Schrift im Unterschied zu anderen Büchern nicht nur *einen* Sinn besitze: «Eigentümlich ist es diesem Buch, daß die durch Worte bezeichneten Dinge etwas anderes bezeichnen.» Gemeint ist der vierfache Schriftsinn (Wortsinn, «mystischer» Sinn, «tropologischer» oder moralischer Sinn, anagogischer Sinn), den auch Nikolaus kennt und nicht leugnen will – hat er doch selbst später noch eine ausführliche moralische Auslegung der Bibel (Postilla moralis) geliefert. ApkJoh 5,1 wird ein Buch genannt, in der Hand dessen, der auf dem Throne sitzt (des Weltherrschers Christus), beschrieben innen und außen. Diese doppelte Beschriftung symbolisiert für Nikolaus den mehrfachen (äußeren und inneren) Schriftsinn.

Um so interessanter für uns ist dann der zweite Prolog, den Nikolaus seiner Postille voranstellt: «Über die Absicht des Verfassers und die Vorgehensweise». Hier kommt er zu den ihn in ganz besonderer Weise bewegenden Anliegen. Die übertragenen Bedeutungen der Heiligen Schrift setzen «den Wortsinn gleichsam als Fundament voraus. Daher, wie ein Gebäude, das vom Fundament her schief ist, zum Einsturz neigt, so ist eine mystische Deutung, die vom Wortsinn abweicht, als unpassend und unangemessen zu beurteilen.» Deshalb sei zunächst vom Wortsinn auszugehen, zumal nur von diesem her Zweifel zu beheben seien. Nun sei aber der biblische Text durch Fehler der Abschreiber, «die wegen der Ähnlichkeit der Buchstaben an vielen Stellen anders schrieben, als der Text in Wirklichkeit lautet, die an verschiedenen Stellen Punkte machten, wo sie nicht gemacht werden durften, und Verse begannen oder beendeten, wo sie nicht begonnen oder beendet werden dürfen», durch Unerfahrenheit der Korrigenten, durch Irrtümer der Tradition verfälscht. Außerdem weiche «unsere Übersetzung» (die Vulgata) nicht selten vom hebräischen Wortlaut des Alten Testamentes ab.

Nach Hieronymus sei es deshalb nötig, in solchen Fällen auf den hebräischen Text zurückzugehen. Deshalb beabsichtige er nicht nur die Schriften der katholischen Doktoren, sondern auch der hebräischen, «insbesondere des Rabbi Salomo (Raschi), der unter den hebräischen Doktoren besonders verehrt ist», heranzuziehen.

Wir finden hier das Programm für eine textkritische Arbeit, die für damalige Zeit revolutionär war und Nikolaus mit Recht berühmt gemacht hat. Bei dem Rückgriff auf jüdische Überlieferungen zollt er allerdings auch der Kontroverstheologie Tribut, indem er ausdrücklich hinzufügt, hier sei auch Vorsicht am Platze, weil nach seiner Meinung die Juden der Versuchung nicht widerstehen konnten, solche Stellen abzuändern, in denen klar von der Gottheit Christi gesprochen und seine Ankunft vorhergesagt wird. Die alte polemische Tradition von der Textverfälschung durch die Juden wird damit aufgenommen.

Es ist oft darüber diskutiert worden, wie weit Nikolaus' Hebräischkenntnisse gegangen sind. Unzweifelhaft war er tiefer in die Geheimnisse dieser Sprache eingedrungen als so gut wie alle christlichen Theologen; deshalb ist sogar die Vermutung geäußert worden, er sei selbst jüdischer Herkunft oder auf eine jüdische Schule in der Nähe seines Heimatortes gegangen. Diese schon früh aufgekommenen Gerüchte lassen sich jedoch nicht bestätigen. Offenbar hat er das Hebräische von mindestens einem jüdischen Lehrer gelernt, zu dem er, wie es seit Hieronymus immer wieder vorkam, engere Kontakte aufnehmen konnte. Er spricht einmal selbst davon, daß er in seinen Werken, besonders der Postille, «nichts aufgenommen» habe, «aus eigenem Kopfe, sondern (nur) unter der Leitung, Beratung und auf den Rat hin von Leuten, die des Hebräischen kundig waren». Moderne jüdische Forscher bescheinigen ihm, daß er Raschis exegetische Bemerkungen durchweg korrekt wiedergegeben hat, auch wenn er ihm an manchen Stellen meinte aus theologischen Gründen widersprechen zu müssen. Über den Umfang derartiger Polemik wird gestritten. Wenn moderne jüdische Forscher stärker den Finger auf Stellen legen, wo bei Nikolaus die traditionelle christologische Exegese in Abwehr der jüdischen Auffassung hervortritt, muß man vor einem anachronistischen Urteil warnen. Eine solche Position war für einen christlichen Exegeten damals selbstverständlich. Würdigt man Nikolaus aus seiner Zeit heraus, wird man seine Verdienste um den Wortsinn für bedeutsamer halten.

Nikolaus war auch nicht der erste mittelalterliche christliche Theologe, der Hebräisch gelernt hat. Der bereits erwähnte Andreas von St. Viktor und Herbert von Bosham († 1190) sind nur zwei von den bekanntesten christlichen Kennern des Hebräischen. Außerdem wären der Oxforder und Pariser Magister Robert Grosseteste (ca.1165–1253), sein berühmter Schüler Roger Bacon (ca.1214–1292) und dessen Schüler

Guillaume de la Mare zu nennen, alle gestandene Hebraisten. Nikolaus von Lyra war jedoch der erste, der derart umfassend die Ergebnisse jüdischer Exegese in Gestalt der Peschat-Auslegung Raschis in die christliche Kommentierung des Alten Testaments einbrachte. Fast auf jeder Seite nennt er seinen Namen.

In jenem zweiten Prolog seiner Postille ist auch eine veränderte Haltung Nikolaus' in bezug auf den übertragenen («mystischen») Sinn der Schrift festzustellen. Gegenüber den Vertretern dieser Auffassung hat er jetzt starke Vorbehalte: sie «haben, auch wenn sie viel Gutes sagten, dennoch den Wortsinn zu wenig abgedeckt und die mystischen Sinne in einer Weise vermehrt, daß der Wortsinn, unter so vielen mystischen Auslegungen begraben, fast erstickt wurde». Deshalb «beabsichtige ich mit Gottes Hilfe auf dem Wortsinn zu bestehen und nur wenige und kurze mystische Erklärungen gelegentlich einzuschieben, d. h. selten». Auffallend ist auch, daß Nikolaus im Anschluß an diese Ausführungen noch die sieben Regeln Isidors von Sevilla (in Wirklichkeit stammen sie von Tyconius) erläutert. Hier sind die Bemerkungen über die dritte Regel «über Geist und Buchstaben» von besonderem Interesse. Die übliche Auffassung hierzu sei, daß derselbe Wortlaut («Buchstabe») sowohl einen historischen wie einen «mystischen» Sinn besitze. Die Regel könne aber auch anders so verstanden werden, daß sie sich ebenfalls auf den Wortsinn beziehe. «In dieser Hinsicht ist zu erwägen, daß derselbe Wortlaut gelegentlich einen doppelten Wortsinn besitzt». Beispiel: 1. Chron 17,13 spricht Gott zu David über Salomo: «Ich will ihm zum Vater sein, und er soll mir zum Sohn sein» (2.Sam 7,14). Das ist im ersten Wortsinn über Salomo gesagt. Da aber in Hebr 1,5 das gleiche Wort über Christus ausgesagt wird, muß es noch einen zweiten Sinn haben. Dieser kann aber kein mystischer Sinn sein, weil durch einen übertragenen Sinn nicht bewiesen werden könnte (so Augustin), was der Apostel in dem Brief beweisen will: daß Christus höher als die Engel ist. Also muß es sich um einen zweiten Wortsinn handeln. «Diese (Schrift-) Autorität war im Wortsinn erfüllt in Salomo, aber weniger vollkommen, da er Sohn Gottes war nur durch Gnade, in Christus aber vollkommener, da er von Natur aus Sohn Gottes ist.» Umstritten ist, wieweit die Lehre von einem doppelten Wortsinn bereits bei Thomas von Aquin zu finden ist, der die auch sonst beliebte mittelalterliche Auffassung vom doppelten Autor der Schrift ebenfalls vertreten hat. Aber für Thomas war es dann doch in traditionellerer Weise der übertragene (allegorische) Sinn, in dem die Absicht des göttlichen Verfassers zutage trat.

Was hier nur angedeutet wird, haben spätere Theologen weiter ausgeführt in der Diskussion über die Frage nach den verschiedenen Autoren der Bibel: den menschlichen Verfassern der verschiedenen Schriften und dem göttlichen Verfasser der ganzen Bibel, und über die Intentionen beider: der Einzelverfasser und des «Gesamtverfassers», die jeweils im Wortlaut zur Geltung kommen.

Einige Beispiele aus der Ur- und Vätergeschichte mögen zunächst die Art beleuchten, wie Nikolaus von Lyra die Auslegung des Wortsinnes der Bibel betrieb.

Zu dem ersten Wort der Bibel: *Am Anfang* (1. Mose 1,1) bemerkt Nikolaus: «Und so wird beschrieben, was gemacht ist vor jeglichem Tage. Aber dieses (Wort) ‹vor› wird nach dieser Darstellung nicht für (die Vorstellung von) Dauer gebraucht, sondern nur (für die Vorstellung von) Natur, so wie der Ton (die Möglichkeit des Klangs) der Stimme (der Realisierung von Klang) vorausgeht. Daher sagt (die Schrift) ‹Am Anfang›, d. h., der Zeit, oder der Herstellung von Dingen.» An dieser Auslegung ist bemerkenswert, daß Nikolaus die Lösung von Raschi, obwohl er sie kennen muß, nicht übernimmt, sondern 1. Mose 1,1 als einen selbständigen Hauptsatz auffaßt. Er kämpft jedoch mit demselben Problem wie Raschi, indem er das Rätsel der Zeit – die nicht vor der Schöpfung dagewesen sein kann, obwohl die Formulierung des Schöpfungsberichts diesen Eindruck erweckt – zu lösen versucht. Anders als der jüdische Exeget geht er dabei von einem «realistischen» Ansatz aus: Die Idee eines Dinges ist *vor* ihrer Realisierung da; so ist die Möglichkeit von Zeit vorhanden, ehe sie im ersten Schöpfungswerk Wirklichkeit wird. Hierzu ist übrigens zu bemerken, daß diese Überlegungen damit zu tun haben, daß sich Nikolaus mit dem heidnischen Aristotelismus, wie er an der Pariser Universität nicht unbekannt war – wir haben davon gehört –, auseinandersetzen mußte, wonach die Materie ewig war. Eine Schöpfung aus dem Nichts war die entscheidende Gegenposition, die Nikolaus als bewußter Christ verteidigen wollte. Gleichwohl benutzt er, wie andere Theologen seiner Zeit, voll die aristotelische Begrifflichkeit.

Ein anderes Beispiel, wo sich Nikolaus ausdrücklich auf das Zeugnis Raschis beruft, ist seine Erklärung zu 1. Mose 1,7: «*Und Gott machte das Firmament* ...: Dieses (Wort) *gemacht werden* ist nicht zu verstehen im Hinblick auf eine substantielle Form. Sondern es ist zu verstehen nach einer Eigenschaft (qualitas) des Firmaments selbst. Was aber diese Eigenschaft sei, wird im Text nicht ausgedrückt. Doch Rabbi Salomo der Hebräer sagt, daß es eine Festigkeit sei, über die Hiob (37,18) sagt: ‹Du hast vielleicht mit ihm die Himmel erschaffen›, die fest, gleichsam wie in Erz gegossen sind.» Wieder bemerken wir, wie Nikolaus mit einer aristotelischen Begrifflichkeit arbeitet (Form, und: Qualität), um damit eine exakte Beschreibung des in der Aussage Gemeinten zu liefern. Diese Aussagen sind übrigens abhängig von Raschis Überlegungen zu 1. Mose 1,6, wo es heißt: «Und Gott sprach: ‹Es werde eine Feste...›», obwohl doch schon in V. 1 gesagt war, daß Gott Himmel und Erde geschaffen hatte. Raschi hatte das Problem gelöst, indem er behauptet, nicht die

Erschaffung des Himmels als solche, sondern die Härtung seiner vorher weichen Konsistenz sei das Werk Gottes am zweiten Tage gewesen. Dieses Argument wird – erneut mit einer aristotelischen Begrifflichkeit – von Nikolaus weiter untermauert durch eine Untersuchung des Begriffes «machen», wobei er nochmals auf Raschi zurückgreift: «Daß aber in der Heiligen Schrift von einer Sache gesagt wird, daß sie ‹gemacht› wird, beim Erwerb einer akzidentiellen Eigenschaft, beweist derselbe Rabbi Salomo durch das, was man in Dt 21(10–14) findet, über eine heidnische Frau, die bei einem hebräischen Mann gefangen ist. Über sie wird dort gesagt, daß, wenn er sie zur Frau haben will, ‹soll sie ihr Haar abscheren und ihre Nägel schneiden›, nach unserer Übersetzung. Aber der hebräische Text hat: ‹soll sie ihre Nägel *machen*›. Daraus geht offensichtlich hervor, daß ‹die Nägel *machen*› von einer akzidentiellen Eigenschaft an ihnen gesagt wird.»

Zu V.8 beschäftigt sich Nikolaus, wie Raschi vor ihm, mit dem alten Problem, weshalb beim zweiten Schöpfungstag die Formel fehlt: «Und Gott sah, daß es gut war», die sonst bei allen Tagen steht. Hierzu führt Nikolaus zuerst die Meinung von «einigen» an (sie findet sich bei Hieronymus und Hrabanus Maurus, geht aber letztlich auf den Midrasch zurück, Gen.rab. 4,6), daß die Zahl «zwei» einen bösen Klang hat, weil sie Teilung der Einheit bedeutet. Diese Ansicht weist Nikolaus mit dem Hinweis auf Luk 10,1 zurück, wonach die Aussendung der Jünger je zwei und zwei beweise, daß die Zahl «zwei» im Gegenteil sehr positiv zu werten sei, weil sie (nach Gregor dem Großen) mystisch «Liebe» bezeichne. Hier sehen wir, daß Nikolaus durchaus auch in allegorische Deutungsmethoden zurückfallen kann, offenbar jedoch, weil er die abzulehnende Auffassung auf gleicher Ebene abwehren will. Auch die Ansicht «anderer», der zweite Tag sei nicht gut gewesen, weil an diesem Tage die Engel gefallen seien, weist er zurück – denn, so bemerkt Nikolaus, davon steht nichts in der Schrift. Die Herkunft dieser apokryphen Meinung ist unbekannt. Wichtiger ist, daß Nikolaus hier einen tragenden Grundsatz formuliert: er kann nur anerkennen, was in der Bibel bezeugt ist. Für eine befriedigende Antwort greift er anschließend auf Raschis Urteil zurück: «Daher antwortet Rabbi Salomo, und mehr nach der Absicht des Wortlauts (*secundum intentionem literae*), wie es scheint, indem er sagt, und es ist wahr, daß dieses Wort ‹Und Gott sah, daß es gut war usw.› an anderen Tagen gesagt wird zur Bestätigung des Werkes dieser Tage – eine Bestätigung aber setzt eigentlich ein vollendetes Werk voraus. Am zweiten Tag aber, obwohl vor allem die Unterscheidung der Himmelskörper geschieht, wird dennoch auch die Scheidung der Grundwasser erwähnt, und da diese Scheidung nicht vor dem dritten Tag vollendet wird, wenn die Wasser an einem Ort versammelt sind, wird das erwähnte Wort am zweiten Tage unterlassen, und er sagt es am dritten Tage zweimal, wie im Wortlaut deutlich ist, einmal für das Werk des zweiten Tages, einmal für das Werk des dritten Tages.»

Im Hinblick auf das klassische Problem des Plurals in 1. Mose 1,26 «Lasset *uns* Menschen machen» folgt Nikolaus der christlichen Tradition, indem er ihn trinitarisch interpretiert. Er polemisiert gegen Raschis (midraschische) Auffassung, Gott habe bei diesem Schöpfungsakt sich mit den Engeln beraten. Daß in V.27 mit dem Singular fortgefahren wird: «Und Gott schuf den Menschen zu *seinem* Bilde» deutet nach Nikolaus auf die Einheit des dreieinigen Gottes.

Eine weitere Schwierigkeit taucht bald danach auf: «Männlich und weiblich schuf er sie». Hierzu setzt sich Nikolaus ausführlich mit den Ausführungen Raschis zu dieser Stelle auseinander und zieht offenbar auch eine Midraschsammlung heran: «Aufgrund dieses Textes sagen einige Hebräer (die Midraschisten), daß in der ersten Form die menschliche Natur zweigeschlechtlich geschaffen worden ist. Nämlich die Körper des Mannes und der Frau waren so an der Seite verbunden, daß sie einen durchlaufenden Körper bildeten, aber später sind sie durch göttliche Kraft getrennt worden. Aber weil dagegen das (zu sprechen) scheint, was später gesagt wird: ‹Er nahm eine von seinen Rippen und baute aus ihr eine Frau ... und er schloß die Stelle mit Fleisch› (1. Mose 2,21 f.), wäre solche Auffüllung nicht nötig gewesen, wenn die Körper bloß getrennt wurden. Deswegen antworten sie darauf, indem sie sagen, daß das Wort *zela*, das hier als ‹Rippe› verstanden wird, im Hebräischen äquivok ist, denn es bedeutet ‹Rippe› und ‹Seite› – dafür gibt es viele Beispiele in der hebräischen Bibel, die ich übergehe –, und es ist ähnlich im Französischen, wo ‹Rippe› und ‹Seite› genauso (*coste*) geschrieben werden, aber etwas in der Aussprache unterschieden sind.» Die Vertreter dieser Auffassung behaupten, man müsse übersetzen: «Er nahm eine der Seiten» – indem er die Körper von Mann und Frau trennte. Im Hinblick auf die zweite Aussage: «Und er füllte die Stelle mit Fleisch auf» (Vulgata zu 1. Mose 2,21) «sagen sie, und es ist wahr, daß der hebräische Text hat ‹Und er schloß das Fleisch über ihr› – d. h., indem er die Haut über das Fleisch zog an der Stelle der Trennung». Hier erwähnt Nikolaus ein Monstrum seiner Tage: siamesische Zwillinge, die im Jahre 1322 geboren wurden. Aber: dergleichen geschieht in der Natur durch Zufall, und man kann nicht annehmen, daß der Schöpfer aller Dinge ein solches Monstrum am Anfang der Erschaffung der menschlichen Rasse geschaffen hätte. Außerdem ist vorher (V.20) gesagt, daß Gott alle Tiere zum Menschen gebracht habe, daß er einen Gefährten unter ihnen fände, was nicht gelungen sei, so daß er gezwungen gewesen sei, die Frau aus der Rippe zu erschaffen. Dies hätte er nicht nötig gehabt, wenn das Zwitterwesen aus Mann und Frau schon existiert hätte.

Von daher schließt sich Nikolaus der Meinung Raschis an, wonach zuerst der Mensch nur als Mann geschaffen wurde und die Frau später aus der Rippe des Mannes geformt wurde. Daß gleichwohl in 1. Mose 1,26 bereits von der Erschaffung von Mann *und* Frau die Rede ist, geschieht auf dem Wege der Vorwegnahme, denn die Schrift wollte unmittelbar danach noch den Auftrag Gottes nennen: «Seid fruchtbar und mehret euch», wozu die Erwähnung von Mann und Frau nötig war. Wie die Erschaffung der Frau im einzelnen geschah, wird dann in Kap.2 ausführlich dargestellt.

Man muß noch einmal darauf hinweisen, daß der Gedanke einer möglichen Quellenscheidung – so daß 1. Mose 1 unabhängig von Kap.2 auszulegen wäre – für die damalige Zeit noch unvorstellbar war. Eine kontextbezogene Exegese, wie sie Nikolaus ähnlich wie Raschi durchführt, mußte deshalb die offensichtlichen Widersprüche zwischen beiden Schöpfungsberichten durch eine harmonisierende Sicht zu überwinden versuchen. In der Art, wie das geschieht, kann man jedoch bei Nikolaus von Lyra ein sorgfältiges Achten auf den Textbefund, insbesondere auch auf den hebräischen Urtext, feststellen.

Unterschiede zwischen Raschi und Nikolaus von Lyra entstehen naturgemäß vor allem da, wo sie lehrmäßige Vorgaben trennen. Dies ist z.B. bei der Auslegung von 1. Mose 4,1 der Fall. «Adam erkannte sein Weib»: nach Raschis Auffassung geschah dies schon, bevor das erste Menschenpaar aus dem Garten Eden vertrieben wurde. Denn nach vorherrschender jüdischer Auffassung führten Adam und Eva schon im Paradies ein eheliches Leben. Für Raschi ist die Verbform in 1. Mose 4,1 (wo die suffigierte Form *jadah* gebraucht wird) entscheidend: Wäre gemeint, daß Adam erst jetzt, nach der Vertreibung, mit seiner Frau sexuell verkehrt hätte, hätte die präfigierte Form gebraucht werden müssen. Abgesehen davon, daß hier offenbar auch Raschis grammatische Kenntnisse des Althebräischen begrenzt sind, hängt die von Lyra abweichende Meinung aber auch mit grundsätzlichen Vorgaben zusammen. Für die monastisch-christliche Auffassung ist Ehelosigkeit höher zu werten als das eheliche Leben. Deshalb verwirft Nikolaus die zunächst korrekt wiedergegebene jüdische Deutung und beruft sich statt dessen auf die der «katholischen Doktoren», vor allem Augustins, wonach die ersten Menschen im Paradies noch jungfräulich gelebt und erst nach der Vertreibung aus ihm körperlich miteinander verkehrt haben. Den Einwand, schon in 1. Mose 1,26 sei den ersten Menschen aufgetragen worden: «Seid fruchtbar und mehret euch!» wischt er mit der Bemerkung beiseite, dies sei nur im allgemeinen Sinne gemeint gewesen, hätte aber noch eines konkreten Ausführungsbefehls Gottes zu passender Zeit bedurft. So seien alle Kinder Adams und Evas erst nach der Vertreibung gezeugt worden.

Eine intensive Suche nach dem Wortsinn im engen Dialog mit der Auffassung Raschis findet sich auch in Nikolaus' Behandlung der Patriarchengeschichte, wobei er freilich in seiner theologischen Deutung durch die traditionell christlichen Vorgaben gebunden ist. So wundert er sich mit Raschi, weshalb Abraham in 1. Mose 12,1 gesagt wird: «Gehe fort aus deinem Vaterlande», obwohl er nach 1. Mose 11,31 doch bereits aus seiner Heimat aufgebrochen war. Hier schließt sich Nikolaus Raschis Erklärung an, wonach jetzt der Auszug aus Haran gemeint sei, wohin Abraham bis dahin schon gekommen war. Der Deutung «einiger», gemeint sei, Abraham sei zwar körperlich schon ausgezogen, aber noch nicht im Geist, denn er habe zunächst noch die Absicht gehabt zurückzukehren, widerspricht Nikolaus mit dem Hinweis: «Aber es scheint nicht wahrscheinlich, daß Abraham unter der Tyrannei Nimrods zurückzukehren wünschte. Deshalb wird besser gesagt: *Geh fort aus deinem Land*, d. h., entferne dich weiter von ihm.» Es gibt aber auch Stellen, die für die christliche Deutung wichtig sind. Dies gilt z. B. für 1. Mose 12,3. Dazu bemerkt Nikolaus: «*Und in dir sollen alle Völker* (wörtlich: *Verwandtschaften*) *gesegnet werden*. Die Hebräer legen es folgendermaßen aus: Wenn irgendjemand einem anderen etwas Gutes wünschte, pflegte er zu sagen: ‹Möge dich Gott segnen, wie er Abraham getan hat.› Die Christen beziehen es auf Christus, und besser, wie es scheint. *In dir soll gesegnet werden* usw., d. h. in dem Samen (Nachkommen), der aus dir geboren werden wird, welcher ist Christus. Denn in jedem Volk gibt es einige Christen, und deshalb geschieht der Segen Christi über jede Generation auf der Erde. Dies jedoch kann nicht gesagt werden von der Person Abrahams.» Hier setzt sich also die traditionell typologische Deutung auf Kosten der wörtlichen durch. In der modernen Exegese ist nach wie vor strittig, ob die gebrauchte Verbform passiv (gesegnet werden) oder reflexiv zu verstehen ist, doch die direkt christologische Deutung wird nicht mehr diskutiert.

So wird man nach heutigem Maßstab sagen müssen, daß die Exegese des historischen Sinns bei Nikolaus nicht die einzige Methode ist, sondern er dieser, vor allem bei den Kern- und Merkstellen der traditionell christlichen Exegese, trotzdem einen wichtigen Platz einräumt. Seine oben erwähnte Theorie über einen möglichen «doppelten Wortsinn» machte es ihm möglich. Doch wäre es eine anachronistische Forderung, zu verlangen, er hätte darauf gänzlich verzichten sollen.

Wie Nikolaus seine Auslegung des Wortsinns von seinen aristotelischen Denkvoraussetzungen aus rechtfertigte, kann man gut an dem Prolog zu seiner Auslegung des Psalters (Postilla, Ausg.1492/1971, III, unpaginiert) erkennen. Hier geht er von den vier aristotelischen Kategorien der Ursache aus: der bewirkenden (efficiens), materialen, formalen und finalen. Es gibt zwei bewirkende Ursachen: die Erstursache ist Gott, die instrumentelle ist David. Während nach Augustin David der Verfasser aller Psalmen war, glauben Hieronymus, Hilarius und alle hebräischen Doktoren, daß er nicht alle, sondern nur die meisten gedichtet hat. Die Überschriften der Psalmen zeigen, daß Moses, Salomo und andere einige von ihnen verfaßten. Esra hat dagegen wahrscheinlich das Psalmbuch zusammengestellt. Das Miteinander des göttlichen und der menschlichen Verfasser ist für Nikolaus deshalb kein Problem, weil menschlicher und göttlicher Geist bei der Abfassung zusammengewirkt haben.

Die formale Ursache besteht nach Nikolaus in der «Form des Traktats», d. h. der Gliederung des Psalters, und der «Form des Traktierens», in diesem Fall der Absicht der Psalmen: dem Gotteslob. Die finale besteht darin, daß das von der ganzen Kirche gesungene Lob sich auf die Hoffnung zukünftiger Glückseligkeit richtet.

Neben diesen formalen hermeneutischen Regeln kann Nikolaus aber auch zu recht aktuell wirkenden Erkenntnissen kommen, wie zu der, daß die Reihenfolge der Psalmen keineswegs ihrer zeitlichen Entstehung entspricht, sondern oft ein älterer Psalm hinter einem jüngeren stehen kann, weil die Entstehung der Sammlung des Psalters eine lange Zeit in Anspruch nahm (in der Auslegung von Ps 1).

Eine besondere Bemerkung ist noch zu Nikolaus' Auslegung des Neuen Testaments zu machen. Bereits in seinem Proömium zum Matthäusevangelium (Ausg.1492/1971, IV) wird klar ausgesprochen, wie er die Evangelien versteht. Er steht damit in seiner Zeit nicht allein, sondern es ist die damals gängige Auffassung, wie sie insbesondere von den Mönchsorden vertreten wurde. Für Nikolaus ist der Inhalt der Evangelien vor allem Gesetz. Obwohl es vier Evangelien gibt, «ist doch das Gesetz oder die evangelische Lehre eins». In dieser vierfachen Gestalt «übertrifft es jedes andere gegebene Gesetz, menschliches und göttliches». «Das Eigentliche des Gesetzes ist es, Vergehen auszurotten, die Sitten oder Handlungen der Menschen zu ordnen, zur Seligkeit hinzuführen und in klarer und einfacher Weise die Wahrheit zu überliefern.» Es folgt ein langer Katalog von Lastern, gegen die das Gesetz gerichtet ist. Das staatliche Gesetz erlaubt manches und läßt manches ungestraft. Das mosaische Gesetz, obwohl von Gott gegeben, erlaubt doch manche Übel, wie z. B. die Erteilung eines Scheidebriefes (5. Mose 24,1). Deshalb sind menschliches und mosaisches Gesetz unvollkommen. «Aber das evangelische Gesetz erlaubt kein Böses als das vollkommenste». Denn Jesus selbst ist der Gesetzgeber. Die Wahrheit, die im Alten Testament noch verhüllt war, ist im Neuen offenbar. Zeichen dafür ist die Passion Jesu, verbunden mit dem Zerreißen des Vorhangs im Tempel (Luk 23,45). Die sühnende Kraft des Todes Jesu ist bei Nikolaus aber nicht im Blick. Jesu Weg, auch sein Leiden, ist für ihn vielmehr Vorbild, das nachgeahmt zu werden verdient. Die Nachahmung Jesu (vgl. den Titel des weitverbreiteten Traktats von Thomas a Kempis, 1380–1471) ist die mittelalterlich-monastische Weise des theologischen und praktisch-frömmigkeitlichen Umgangs mit der Passion. Von der Reformation sind wir auch bei Nikolaus weit entfernt. Gut bekannt ist uns schon die ebenfalls bei Nikolaus in dem Prolog zu Matthäus auftauchende Deutung der vier Gesichter aus Ez 1 auf die vier Evangelisten, die bei ihm einen breiten Raum einnimmt.

Dennoch hat seine Auslegung epochemachend gewirkt, indem er ein ungleich größeres Gewicht als vor ihm üblich auf das Verständnis des Wortsinns gelegt hat. Daß er dabei, vor allem durch die Benutzung von Raschis Kommentarwerk, sich den Aufschwung der jüdischen Bibelauslegung rund zweihundert Jahre früher zunutze gemacht hat, hat dieser eine Wirkung auf den Fortgang der Auslegungswissenschaft verschafft, die wegen deren isolierter Existenz ohne diese Mittlertätigkeit nicht erfolgt wäre. Die hohe Wertschätzung, die Nikolaus lange Zeit genoß, ist deshalb trotz der Inkonsequenzen, die wir bei ihm beobachten können, in vollem Ausmaß berechtigt.

2. Die Bibel, Gottes ewiges Buch: John Wyclif

Zum Abschluß unseres Rundganges durch die mittelalterliche Bibelauslegung müssen wir noch eines Mannes gedenken, der wegen seines außerordentlichen Einflusses auf die Epoche der Reformation zu den bekanntesten Gestalten des späten Mittelalters zählt, obwohl er in seiner äußeren Stellung nie über den Status eines Oxforder Doktors der Theologie hinausgelangt ist: John Wyclif. Es gab Zeiten, wo diesem Mann vor allem von protestantischer Seite ein überschwengliches Lob zuteil wurde: Titel wie der eines «Morgensterns der Reformation» wurden auf ihn gehäuft, und eine deutsch-englische Gesellschaft zur Verbreitung seiner Werke, die Wyclif Society, sorgte vor dem Ersten Weltkrieg dafür, daß die meisten seiner zahlreichen Schriften in modernen Ausgaben gedruckt wurden. Einzig sein Bibelkommentar, die «Postilla super Totam Bibliam», die Niederschrift seiner exegetischen Vorlesungen, die er in den Jahren 1372–78 in Oxford gehalten hat, blieb ungedruckt und ist in Teilen verschollen.

In vielen Zügen ähnelt der Lebenslauf John Wyclifs der Laufbahn anderer Universitätstheologen, die wir bereits kennengelernt haben. Wie bei nicht wenigen Zeitgenossen sind seine genaue Herkunft und sein Geburtsjahr unbekannt. Daß er aus Nordengland stammte, wo eine Familie seines Namens existierte, ist eine bloße Vermutung, und auch sein Geburtsjahr, um 1330, ist von seinen späteren Lebensdaten ausgehend geschätzt. Weil er die Laufbahn eines Weltpriesters anstrebte, dürfte er nach der Sitte der Zeit im Alter von etwa 14 oder 15 Jahren, ohne einem Orden beizutreten, nach Oxford gekommen sein. Er hatte dann wie alle Studenten zunächst drei Jahre bis zum *baccalaureus artium* (B. A.), weitere drei Jahre bis zum *magister artium* (M. A.) zu studieren. Als Magister hatte er zwei Jahre zu lehren und mancherlei Verwaltungsaufgaben zu erfüllen. Von all diesen frühen Jahren Wyclifs wissen wir so gut wie nichts, außer daß er im Jahre 1356, noch als *baccalaureus*, *fellow* (dotiertes Mitglied) des Merton College war, wo bedürftigen Studenten Logie und ein schmales Stipendium geboten wurde. In dem benachbarten Balliol College treffen wir ihn als *magister artium* (der freien Künste, d. h. besonders der Philosophie) im Jahre 1360. Die lange Ausbildungszeit in diesen ersten Stadien hatte aus dem jungen Wyclif einen profunden Kenner der zeitgenössischen philosophischen Debatten gemacht, an denen er selbst mit eigenen philosophischen Werken teilnahm. In Balliol, dessen dritter Magister er war, muß Wyclif eine prominente Rolle gespielt haben, denn schon 1361 wurde er mit der reichsten Präbende ausgestattet, die das College besaß, der von Fillingham in Lincolnshire. Damit schied er aus dem College selbst aus, blieb aber gleichwohl – vielleicht nach vorübergehender Anwesenheit in Fillingham, aber das ist unsicher – in Oxford, wo er sich in Queen's College einmietete. Dort wohnte er bis zu seiner Vertreibung aus Oxford im Jahre 1381. Queen's College war ein armes College, das einen Teil seiner Räume an fremde Wissenschaftler vermietete. Ohne *fellow* zu sein, konnte Wyclif dort viele Jahre wohnen. Daß er nicht auf Dauer nach Fillingham zog – und auch nicht auf andere ihm später übertragene Pfründen –, hängt mit dem damals weit verbreiteten System des sog. Absentismus (Abwesenheit des Stelleninhabers) zusammen: Kanonikerstellen und Pfarrämter wurden an der Universität tätigen Theologen, aber auch verdienten Würdenträgern der Krone, Mitarbeitern der Bischöfe, ja, sogar Mitgliedern der päpstlichen Kurie in Avignon verliehen, ohne daß sie diese tatsächlich persönlich antreten mußten. Formal genügte es, die Stelle durch einen *vicarius* (Stellvertreter), ein Mitglied des unteren Klerus, verwalten zu lassen, und manchmal geschah nicht einmal das. Bedenken muß man dabei, daß ein geordnetes Besoldungssystem erst eine Erfindung der Neuzeit ist; im Mittelalter konnte eine Versorgung nur sichergestellt werden, wenn sie auf Sacheinkünften beruhte. Obwohl Wyclif die Auswüchse dieser Praxis später heftig kritisierte, hat er selbst doch in nicht geringem Umfang von ihr profitiert.

An die Ausbildung in den «freien Künsten» konnten begabte Studierende ein ebenfalls langwieriges Fachstudium anschließen. Den Grad eines *baccalaureus* der Theologie (B. D.) konnte man nach fünf Jahren erringen; ungefähr zwei weitere brauchte man mindestens bis zum Doktorgrad (D. D.). Wyclif hat sich hierbei keineswegs beeilt, denn erst 1372 wurde er zum Doktor der Theologie promoviert. Zwischendurch hatte er ein enttäuschendes Erlebnis, das seine spätere scharf ablehnende Haltung gegenüber der bestehenden Kirche teilweise erklären mag: Durch den Erzbischof Islip von Canterbury wurde er im Jahre 1365 zum *warden* (Rektor) des von diesem gegründeten Canterbury College eingesetzt, nachdem Islip zuvor wegen Mißhelligkeiten zwischen den monastischen und den weltlichen Mitgliedern des College dessen ersten, aus dem Mönchtum stammenden Rektor Woodhall abgesetzt hatte. Nach dem Tode des Erzbischofs setzte dessen Nachfolger jedoch bereits 1367 den früheren Rektor wieder ein. Auch ein langwieriger Appell an den Papst nützte nichts; schließlich (spätestens 1371) mußte Wyclif den Posten räumen und kehrte nach Queens zurück. Dennoch war das Ansehen, das Wyclif um 1371, noch vor seiner theologischen Promotion, in Oxford und darüber hinaus genoß, aufgrund seiner philosophischen Werke beträchtlich.

Dieses Ansehen war wohl auch der Grund für seine politische Tätigkeit, die ungefähr in dieser Zeit begann. Ihr Hintergrund ist in dem Abgabensystem zu sehen, das zwischen der englischen Kirche, dem König und dem Papst für lange Zeit strittig war. Der Finanzbedarf der Krone war durch den verlustreichen hundertjährigen Krieg mit Frankreich (mit Unterbrechungen 1338–1461), der des Papstes durch die Ausgaben der Kurie – auch außerordentliche, wie die des Krieges Gregors XI. (1370–78) mit Florenz – bedingt, gestiegen. Beide und das englische Parlament stritten sich um die vom Klerus aufzubringenden Steuern, denn die Kirche (als weitaus größter Grundbesitzer) hatte ein ungeheures Vermögen. Außerdem ging es um die aus der Besetzung von Pfründen zu gewinnenden Abgaben, wo Bischöfe, Grundherren, König und Papst miteinander konkurrierten.

Zur Regelung dieser Streitfragen wurde im Jahre 1374 eine Gesandtschaft nach Brüssel geschickt, wo sie sich mit Abgesandten des Papstes traf. Ihr gehörte auch Wyclif an. Wie es zu dem auf seine diplomatischen Fähigkeiten gesetzten Vertrauen kam, wissen wir nicht. Doch scheint er seit 1371 die Protektion Johanns von Gent (John of Gaunt), des jüngeren Sohnes König Eduard III. (1327–1377) und späteren Königs (als Heinrich IV., 1399–1413) genossen zu haben, der ihn auch weiterhin gegen Angriffe schützte. Diese gingen u.a. von William Courtenay aus, damals (1375–81) Bischof von London, der ihn, allerdings mit negativem Ausgang, wegen seiner Unterstützung Johanns von Gent bei dessen Angriffen gegen den Bischof von Winchester (1367–1404) William Wickham 1377 zur persönlichen Verantwortung in die St. Pauls-Kathedrale bestellte. Im gleichen Jahr verdammte Gregor XI. 18 von 50 Sätzen Wyclifs, die vermutlich seine Gegner nach Rom geschickt hatten. Auch sein Erscheinen vor den im Lambeth Palast versammelten Bischöfen 1378 endete nur mit einer milden Vermahnung.

Diese Vorgänge fallen bereits in die Periode, als sich Wyclif durch seine Ansichten über den Vorrang weltlicher Herrschaft in der Kirche, zusammengefaßt in seinem dreibändigen Werk «De dominio civili» («Über die weltliche Herrschaft», 1376–78) in Oxford und darüber hinaus unbeliebt gemacht hatte. Dieses Werk war Teil einer auf 14 Bände anwachsenden «Summa theologiae», die Wyclif 1373 begonnen hatte, wobei er sich zunächst auf die rechtlichen und politischen Fragen konzentrierte. Dabei beurteilte er den aktuellen Zustand der Kirche immer kritischer. Ähnlich wie andere Oppositionelle vor ihm vertrat er für die Geschichte der Kirche ein Verfallsmodell. Der Wendepunkt war in seinen Augen das Pontifikat Papst Innozenz III. (1198–1216), insbesondere das 4. Laterankonzil (1215) mit der dort erstmals fixierten *Transsubstantations*-(«Wandlungs»-)Lehre für die Abendmahlselemente. Bis zu Innozenz sah er die Kirchengeschichte positiv, danach hat sich die Kirche zum Schlechten verkehrt. Es gilt darum, zu Glaube und Praxis der frühen Kirche zurückzukehren. Eine weniger bedeutende Wende hat sich nach Wyclif auch schon unter Kaiser Konstantin ereignet: durch die sog. «konstantinische Schenkung» (die später als Fälschung entlarvt wurde) hat es eine Aufteilung zwischen staatlicher und kirchlicher Macht gegeben. Die darauf folgende Periode sieht Wyclif als noch durchaus positiv an und fordert auf, zu ihr zurückzukehren. Wie weit seine zunehmende Oppositionshaltung gegen die Kirche, die in dieser Zeit hervortrat, durch persönliche Enttäuschungen verursacht war, ist umstritten. Zu der schmerzlichen Erfahrung mit dem Cambridge College kam die Verbitterung hinzu, daß ihm zum Lohn für seine diplomatischen Dienste nicht mehr als das ländliche Pfarramt von Lutterworth zuerkannt wurde. Weitere, auch vom Papst erhoffte Beförderungen blieben aus. Später, als Wyclif als Vertreter häretischer Auffassungen bekannt war, war daran ohnehin nicht mehr zu denken. Immerhin blieben ihm ernsthafte Bedrohungen von seiten der Kurie dadurch erspart, daß nach dem Tode Gregor XI. das große Schisma ausbrach. England hielt sich – da Frankreich den Gegenpapst Clemens VII. (1378–94) unterstützte – an den in Rom residierenden Urban VI. (1378–89), aber das Papsttum war von nun an lange Zeit gelähmt.

Seit 1378 ließ Wyclif in immer schnellerer Folge seine Schriften ausgehen. Auf «De civili dominio» folgten im gleichen Jahr «De veritate sacre scripture» («Über die Wahrheit der Heiligen Schrift») und «De officio regis» («Über das Amt des Königs» – ihm schrieb Wyclif jetzt das Recht zu, die Kirche zu beherrschen und zu reformieren; von den Klerikern forderte er den Verzicht auf alle weltlichen Güter, außer den lebensnotwendigsten). Außerdem erschien das Werk «De ecclesia» («Über die Kirche»), worin Wyclif die doppelte Erwählung (zum Heil und zum Gericht) vertrat und behauptete, nur die Erwählten bildeten die Kirche, nicht ihre sichtbaren Glieder, einschließlich des Papstes. Die Leugnung der bestehenden Hierarchie fand in «De potestate pape» («Über die Macht des Papstes», 1379) ihren Abschluß. Schließlich leugnete Wyclif in zwei Schriften («De apostasia», »Über den Abfall» und «De eucharistia», beide 1379) eine für die katholische Lehre zentrale Aussage, die von der Transsubstantation (Wandlung) der Elemente beim Abendmahl. Alle weiteren Schriften, die Wyclif bis zu seinem Tode (31.12.1384) veröffentlichte, brachten sachlich kaum Neues, wurden aber immer schärfer im Ton. Neu war allerdings, daß sich Wyclif schließlich auch gegen die Bettelorden wandte, die zunächst seine Allierten waren.

Am Ende schritt die Universität Oxford offiziell gegen ihn ein. Eine von dem Kanzler Barton 1381 eingesetzte Kommission verurteilte Wyclifs Lehren. Vergeblich appellierte dieser an den – noch minderjährigen – König (Richard II., 1377–1399), veröffentlichte eine «Confessio» («Bekenntnis»), zog sich dann aber auf sein Pfarramt nach Lutterworth zurück, wo er bis zu seinem Tode zurückgezogen lebte. Gleichwohl entfaltete er in seinen letzten Jahren, schon bald von einem ersten Schlaganfall getroffen, noch eine hektische schriftstellerische Tätigkeit. Der zweite brachte dann sein Ende. Persönlich wurde er zu Lebzeiten nicht behelligt, obwohl William Courtenay, seit Frühjahr 1382 Erzbischof von Canterbury, im Mai dieses Jahres eine Konferenz in das Haus der Schwarzen Bettelmönche (Blackfriars = Dominikaner) in London einberief, die 24 Sätze Wyclifs verdammte. Alle späteren Maßnahmen der Kirche gegen seine Lehre erfolgten postum, doch wurde seit 1382 gegen seine Anhänger in Oxford, später in der weiteren Umgebung, die sog. Lollards, eingeschritten. Postum war auch die letzte Maßnahme, die gegen ihn, durch das Konzil von Konstanz, 1415 beschlossen, aber erst 1428 ausgeführt wurde: Sein Grab in Lutterworth wurde geöffnet und seine sterblichen Überreste in einen nahen Fluß geworfen. Wir finden so etwas abstoßend, aber es war eine typisch mittelalterliche Art, mit Ketzern umzugehen.

Um Wyclifs charakteristische Auffassung von der Bibel angemessen verstehen zu können, müssen wir zuerst einen Blick auf seine philosophischen Anschauungen werfen. Im Hintergrund steht der das gesamte Mittelalter durchziehende sog. Universalienstreit, der jedoch in der zweiten Hälfte des 13. Jahrhunderts durch die Aristoteles-Renaissance eine neue Schärfe erhielt. An seinem Anfang steht der Gegensatz zwischen Plato und Aristoteles, der, auch auf dem Wege über die neuplatonische Spekulation, auf das christliche Denken eingewirkt und das offene Problem des Verhältnisses zwischen dem Allgemeinen und dem Besonderen in das theologische Denken eingeführt hatte. Für die platonische Tradition ist das Allgemeine – die Idee – das Reale und die Einzeldinge sind nur seine Verkörperung, während es in der aristotelischen Linie liegt, das je konkret Einzelne als das Wirkliche und die Allgemeinbegriffe nur als von dem Einzelnen her abstrahierende Verallgemeinerung zu begreifen (Nominalismus). Das christlich-platonische Denken – vermittelt vor allem durch Augustin – fügte dem «Realismus» die Tendenz hinzu, das letzte Allgemeine mit Gott selbst zu identifizieren, in dem alle Ideen ihren Ort haben und die gesamte Wirklichkeit vereint ist. Hiergegen hatte sich seit dem ausgehenden 13. Jahrhundert eine mächtige Gegenbewegung gebildet, als deren Repräsentanten vor allem die Franziskaner Duns Scotus (ca. 1265/66 –1308) und Wilhelm von Ockham (ca. 1285–1349) zu nennen sind. Trotz aller Gegensätze untereinander einte sie die Forderung einer Trennung von Theologie und Philosophie, während noch Thomas von Aquin eine Synthese zwischen beiden für möglich gehalten hatte. Insbesondere kritisierten sie die Fähigkeit der Vernunft, zu einer Idee von Gott zu kommen, und die Möglichkeit eines auf der Gottesidee errichteten allgemeinen Weltgebäudes. Nur der Glaube kann Zugang zu Gott gewinnen. Im übrigen ist Gott streng transzendent (jenseits aller geschaffenen Wirklichkeit), sein Wille ist das Entscheidende, und alle göttlichen und menschlichen Handlungen sind kontingent (unableitbar).

Es gab aber auch eine Reaktionsbewegung derjenigen, die gegen die «moderni» an der philosophisch-theologischen Synthese und der augustinisch-«realistischen» Tradition festhalten wollten. Unter denen, die auf Wyclif den größten Einfluß ausübten, sind insbesondere Robert Grosseteste (vor 1168–1253), erster Kanzler der Universität Oxford und später Bischof von Lincoln («Lincolniensis»), und Thomas Bradwardine (ca.1290–1349), zuletzt Erzbischof von Canterbury, zu nennen. Bei Grosseteste war es außer dessen Opposition gegen päpstliche Mißbräuche und seiner Betonung der Heiligen Schrift vor allem seine Lichtmetaphysik (in seinem Hauptwerk «De luce», «Über das Licht»), die auf Wyclif den größten Eindruck machte. Ausgehend von der Erschaffung des Lichts (1. Mose 1,3) spekuliert Grosseteste über Gott als *das* Licht, von dem die gesamte Schöpfung geformt und durchdrungen und so mit ihrem Schöpfer verbunden ist. Während Grossetestes Wirken noch vor dem Nominalistenstreit des ausgehenden 13. Jahrhunderts liegt, haben wir in Bradwardines «De causa Dei» («Über Gott als Ursache», geschrieben 1344) eine direkte Reaktion auf die aktuelle Diskussion. Bradwardine verbindet mit einem strengen Augustinismus, der – gegen die modernen «Pelagianer» – Gottes Gnade als allen guten Werken in Zeit und Natur vorausgehend hervorhebt, eine ebenso radikale Prädestinationslehre (Lehre von Gottes Vorherbestimmung). Sie führt fast zu der Konsequenz, Gott als den Urheber auch der Sünde zu sehen. Daß Bradwardine dabei auch den Willen Gottes einseitig betont, rückt ihn in die Nähe Ockhams, den er gerade bekämpfen will. Wyclif schätzte Bradwardine auch deswegen besonders, weil er ebenfalls in Merton College studiert hatte, wo sein Gedächtnis noch lebendig war. Daß wir über göttliche Wahrheiten eine feste Gewißheit haben können, war es vor allem, was ihn an dem «Doctor profundus» anzog.

Wyclif war nach eigenen Aussagen anscheinend ursprünglich ein Anhänger der nominalistischen Richtung. Wann er sich zum Realismus bekehrte, ist nicht genau bekannt. Aber er empfand im Rückblick diese Einsicht als eine Erlösung: «Es dauerte lange Zeit, bis ich diesen Sinn der Ideenlehre aus den Sätzen der Schrift verstehen lernte. Nachdem ich ihn, von Gott erleuchtet, erst oberflächlich entdeckt hatte, sagte ich voll Freuden Gott Dank samt seinem Diener Augustinus und anderen, die Gott in Ewigkeit dazu bestimmt, mir hierbei als seine Diener behilflich zu sein.» («De dominio divino», 63) Wyclif läßt noch erkennen, daß ihn seine früheren philosophischen Auffassungen zu dem Urteil verleitet hatten, «die Schrift sei falsch» (De ver. II,5). Das widerruft er jetzt feierlich und bekennt, daß es blasphemisch (gotteslästerlich) gewesen sei. Erst das veränderte philosophische Denken hat ihn die Wahrheit der Schrift erkennen lassen.

Ein weiteres Grundprinzip in Wyclifs philosophischen Anschauungen war sein Dualismus: Sein gesamtes System war auf die Auffassung von den doppelten Substanzen ausgerichtet. Nicht nur daß Substanz und Akzidenz zu unterscheiden sind: es geht auch um den Gegensatz zwischen Gott und Mensch, dem Göttlichen und dem Natürlichen, Heiliger Schrift und menschlicher Tradition, Glaube und Vernunft, christlicher und weltlicher Gemeinschaft. Unmittelbar drückte sich dieser Dualismus in Wyclifs Christologie aus: immer wieder betont er, daß Christus Gott *und* Mensch sei. Diesen Dualismus hatte Wyclif auf dem Wege über Augustin aus dem griechischen Denken übernommen: unmittelbare Quelle war Augustins Schrift «Über den Gottesstaat». Aber Wyclif verfolgte auch diesen Grundsatz in letzter Konsequenz.

Die eigentlichen Auseinandersetzungen über seine philosophischen Auffassungen brachen erst 1371–73 auf, als Wyclif bereits in die theologische Fakultät aufgenommen war. Er formulierte sie in seiner «Summa de ente» («Über das Sein») und in den beiden Traktaten «De universalibus» (erst 1985 gedruckt!) und «De tempore» («Über die Zeit»). Zusammengefaßt finden wir sie auch in seiner Verteidigungsschrift gegen John Kenningham, einen Karmeliter, der Wyclifs metaphysische Auffassungen, offenbar wegen ihrer Konsequenzen für das Verständnis der Bibel, in diesen Jahren in mehreren Schriften bekämpft hatte (vgl. diese, und Wyclifs Erwiderungen, in: «Fasciculi zizaniorum», «Bändchen über das Unkraut», vgl. Mt 13,24–30 – der Titel stammt von dem Karmeliter Thomas Netter Waldensis, † 1430, dem mutmaßlichen Verfasser).

Die Grundlage von Wyclifs metaphysischem System war seine Auffassung, daß die Urbilder jeglichen Seins (des Menschseins, Hundseins, Baumseins, überhaupt jeglichen Geschöpfseins) eine ewige Existenz in Gott haben und Teil seines ewigen Seins sind. Dieses, und das Sein dieser Urbilder (Archetypen), nannte Wyclif das *intelligible* Sein und war der Meinung, daß es, und damit Gott, durch die menschliche Vernunft beweisbar sei. Abgestuft unter diesem intelligiblen Sein gibt es noch das *universale geschaffene* Sein, das *potentielle* Sein der sekundären Ursachen und das *aktuelle* Sein – das jeweils in einem Individuum: einem einzelnen Menschen, Hund oder Baum realisierte Sein. Während diese Dreiteilung schon auf Augustin zurückgeht und zu den Standardvorstellungen der platonisierenden Theologie gehörte, war die Ineinssetzung des intelligiblen Seins mit Gott und dessen Attributen der Notwendigkeit und Ewigkeit eine bisher unübliche Realisierung. Sie führte zu der Konsequenz, daß zwar nicht das Einzelgeschöpf, aber sein Urbild mit Gottes Existenz zusammenfiel und deshalb notwendig vorhanden und unzerstörbar war. Gottes Sein war letzten Endes mit dem Sein der Schöpfung selbst identisch. Von da her war auch alles Sein ewig. Alles Mögliche ist zugleich wirklich, denn da Gott es als möglich vorhersieht und es unmöglich ist, daß Gott etwas weiß, was nicht ist, muß es auch sein. Ein weiterer Aspekt war die aus Gottes Ewigkeit und Allwissenheit abgeleitete Entschränkung (nach Wyclif: «Ausweitung», *ampliacio*) der Zeit, bzw. ihr absolutes Vorherbestimmtsein: Für Gott fallen nach Wyclif, da «Gott alles Gegenwärtige, Vergangene und Zukünftige intuitiv weiß» (Fasc. ziz. 463), Vergangenheit, Gegenwart und Zukunft zusammen. Die Zeit ist bei ihm ewige Gegenwart. So gibt es nichts, was er nicht vorherweiß und vorherbestimmt: Die absolute Prädestination des Geschicks jedes Menschen, sein Vorherbestimmtsein zum Guten oder zum Bösen, entsprechend zum Heil oder zum Gericht, war die von Wyclif wie überall bis zur letzten Überspitzung hin ausgezogene Konsequenz. Auch ist alles Zukünftige bei Gott schon Gegenwart. Kenningham wandte dagegen u. a. ein, daß dann auch der (für die Endzeit angekündigte) Antichrist schon jetzt sein müsse (Fasc. ziz.35). In der Praxis kannte Wyclif allerdings hier doch eine gewisse Differenzierung: Bei Gott gibt es nach Wyclif einen doppelten Willen: den formalen, der unveränderlich ist, und den in seiner Wirkung wandelbaren. Das Töpfergleichnis in Jer 18 (vgl. Benrath, 73; Text 74, Anm.172) bot ihm Anlaß, entsprechend auch zwei unterschiedliche Arten von Prophetenspruch zu unterscheiden: den, der vorherbestimmtes Unheil als unabänderlich ankündigt, und den, der Unheil androht, das aber je nach Verhalten des Menschen eintritt oder nicht. Dennoch ist das Geschick der zu Heil oder Unheil Vorherbestimmten auch durch zeitweilig anderes Verhalten nicht umzukehren: Selbst wenn der zum Heil Bestimmte sich zeitweilig in

Todsünde befindet, ist seine endliche Rettung gewiß, während umgekehrt den zur Verdammung Bestimmten auch zeitweises Rechttun nicht retten kann. Aus seinem metaphysischen Ansatz ergab sich auch Wyclifs Lehre von der wahren Kirche, mitsamt den praktischen Konsequenzen, daß nur die tatsächlich Erwählten in ihr das Sagen haben sollten.

Das platonisch-aristotelische System, das seinem Denken zugrundelag, wirkte sich auch auf seine Haltung im Abendmahlsstreit aus: Da aus der Welt keine Substanz, die in dem jeweiligen Urbild ihres Seins in Gott begründet ist, verschwinden kann, ist es auch nicht möglich, daß die Substanzen in der Eucharistie, Brot und Wein, verändert werden können. Sie bleiben Brot und Wein und werden nicht verwandelt in Leib und Blut Christi, wie es die katholische Transsubstantationslehre sagt. Es ist auch nicht möglich, wie es vom aristotelischen Denken her versucht wurde, Substanz und Akzidentien in der Weise zu trennen, daß etwa Brot und Wein nur als Akzidentien bleiben, während die Substanz zu Leib und Blut Christi verändert wird. Von seiner dualistischen Auffassung her kam Wyclif zu einer Lösung, die man «*Consubstantiatio*» genannt hat: materiell bleiben Brot und Wein erhalten, während die spirituelle Substanz in Leib und Blut Christi verwandelt wird (vgl. auch sein Bekenntnis, Fasc. ziz., 115–132). Man kann aber auch darauf hinweisen, daß Wyclif zu diesem Urteil kam, weil er in der Bibel keine Transsubstantationslehre entdeckte. Sein philosophischer Standpunkt ließ sich mit seinem Biblizismus vereinen.

Wyclif hatte dieses in sich geschlossene, aber extremistische Denksystem schon in der Zeit seiner Tätigkeit als philosophischer Lehrer entwickelt und fügte später nur die Anwendung auf den verschiedenen theologischen und kirchenpolitischen Gebieten hinzu. Lediglich sein Ton und die Folgerichtigkeit der gezogenen Konsequenzen verschärfte sich in seinen späteren Jahren noch.

Aus diesem Gesamtansatz folgte auch seine Auffassung von der Bibel. Hier müssen wir zunächst daran zurückerinnern, daß die Rolle der Bibel als Quelle der Offenbarung auch von den früheren Theologen betont worden war. Wir haben die exklusive Sicht über ihre Bedeutung, wie sie gerade von einigen Franziskanertheologen, z. B. Bonaventura, vertreten wurde, hervorgehoben. Mit den Franziskanern und anderen Bettelorden fühlte sich Wyclif eine ganze Zeit eng verbunden, bis er sie in seinen späten Jahren in das pauschale Verdammungsurteil über die gegenwärtige Gestalt der Kirche mit einschloß. Tatsächlich stand er ihrem Ansatz aber fern, da er in seinem Denken gerade nicht von der Bibel, sondern von der philosophischen Metaphysik ausging. Die gesamte Schrift ist das eine Wort Gottes, das aus seinem Munde kommt. Sie ist «das Gesetz Christi, das Testament Gottes und der Glaube der Kirche» (De ver. I,5,100). Sie ist Wort für Wort inspiriert und ist wahr in ihrem Wortlaut –

hier folgte Wyclif der Tendenz seiner Zeit. Er ging aber darüber hinaus, indem er diese Wahrheit metaphysisch begründete: Die Bibel als schriftlich verfaßtes Buch ist die materielle Form des ewigen Wortes Gottes, das als solches vor ihrer schriftlichen Abfassung in historischer Zeit existiert hat und existiert. Wyclif nennt fünf Grade der heiligen Schrift (De ver. I, 6,108f.): «Erstens ist sie das Buch des Lebens. Zweitens: Die in ihr aufgeschriebenen Wahrheiten sind es nach ihrem intelligiblen Sein. Diese beiden in den Schriften sind absolut notwendig, sie unterscheiden sich nicht ihrem Wesen nach, sondern nur rational. Drittens kann die Schrift genommen werden als die Wahrheiten, die man ihrer Art nach glauben muß, die ihrer Existenz oder Wirkung nach im Buch des Lebens eingeschrieben sind. Viertens wird die Schrift genommen für die zu glaubende Wahrheit, die von Natur aus in der Seele des Menschen eingeschrieben ist. In der fünften Weise wird die heilige Schrift als die Handschriften, Wörter und anderen Zeichen verstanden, die Hilfen sind, die vorher genannten Wahrheiten zu behalten.» Aber für Wyclif ist die heilige Schrift nicht mit den Bibelhandschriften gleichzusetzen: «Jene stofflich faßbare (*sensibilis*) Schrift in Wörtern oder Handschriften ist nicht die heilige Schrift, wie ein gemalter oder vorgestellter Mensch Mensch genannt wird wegen der Ähnlichkeit mit einem wahren Menschen.» (De ver. I, 6,111) Drei «Nester», in denen er mit anderen Küken Christi aufgezogen werde, nennt Wyclif in seiner Schrift gegen Kenningham (Fasc. ziz. 453; von Kenningham werden diese Ausführungen nochmals zitiert, a.a.O.14). Das dritte, höchste von ihnen sei metaphysisch: das von der Ewigkeit Gottes, «und folglich ist alles, was war oder sein wird, für Gott Gegenwart. Und durch diese Wahrheit lösen wir schwierige Streitfragen und behaupten, die heilige Schrift sei wahr im Hinblick auf die Redeabsicht (*de vi sermonis*)». Wegen der Verankerung der Wahrheit der Bibel in der Ewigkeit Gottes ist sie unveränderlich; deshalb wird sie fundamentalistisch aufgefaßt: Die Bibel kann nichts Falsches enthalten, jedes ihrer einzelnen Worte ist gleich wahr. Das muß so sein, weil jedes Wort in Ewigkeit in Gott gegenwärtig ist. Von Anfang seiner Diskussionen mit Kenningham an behauptete Wyclif die Zeitlosigkeit und wörtliche Wahrheit der Bibel. Wiederholt (De ver. I,2,28f.; 3,50.53; 9,195) kann Wyclif von der «Logik der Schrift» sprechen, die alle menschliche Logik übersteige. Er hebt die «Demut» dieser «himmlischen Logik» hervor, die allen aufgeblasenen Streit ausschließe (De ver. I,2,29). Für Wyclif ist die Schrift nicht nur der Spiegel der Wahrheit, sondern sie ist selbst die Urwahrheit, als Buch des Lebens enthält sie alle Wahrheiten. Ja, sie ist selbst der Logos, das Wort. Diese Aussage begründete Wyclif häufiger mit dem (vermutlich gestörten) Vulgatatext von Joh 10,35: Non potest solvi scriptura, *quem* pater sanctificavit et misit in mundum: «Die Schrift kann nicht aufgelöst werden, *den* der Vater heiligte und in die Welt sandte». Daraus folgt der Grundsatz: Die Schrift ist Christus, Christus ist die Schrift.

Die gleiche metaphysische Begründung konnte in seinem Urteil über die Bibel und über die Kirche zu einer diametral verschiedenen Schlußfolgerung führen: Auch die Kirche war in ihrer in Gott enthaltenen Idee ewig, deshalb mußte ihre gegenwärtige Gestalt, weil sie von der Idee abwich, radikal geändert werden. Dagegen entsprach die Gestalt der Bibel ihrer Idee und war ebenso ewig und vollkommen wie sie. Diese Behauptung wiederholte er immer wieder, u.a. in dem umfangreichen Werk «De veritate sacre scripture», aber auch noch in knapperer Form in dem späten «Trialogus» (1382). Dieser wurde als erstes von Wyclifs Werken bereits 1525 in Basel gedruckt und konnte deshalb von den festländischen Reformatoren benutzt werden. Sie konnten in ihm insofern ihre eigenen Auffassungen wiederentdecken, als Wyclif in ihm behauptete, alle Institutionen der gegenwärtigen Kirche müßten daran gemessen werden, ob sie in der heiligen Schrift erwähnt werden oder nicht, und nur die in ihr vorkommenden seien legitim. Da er in der Bibel weder Päpste, Kardinäle noch Bischöfe finden konnte, war die Hierarchie eine Verfälschung der wahren Kirche.

Aus den im «Trialogus» (ed. Lechler, III,31,238–43) genannten Bestimmungen über die Bibel sind drei hervorzuheben: 1. Die Schrift ist wahr, weil sie das Buch über das Leben Christi ist, in dem alle Wahrheit enthalten ist. 2. Sie ist das Buch der ewigen und zeitlichen Wahrheiten, die in ihr enthalten sind. 3. Sie ist das Buch, in dem Gottes Gesetze gegeben werden. Weil die Bibel die Worte Jesu enthält, kann sie niemals falsch sein, denn Christus würde nicht betrügen. So betont Wyclif u.a. – hier ganz im Gegensatz zu Nikolaus von Lyra –, daß auch Unterschiede zwischen den Übersetzungen der Bibel nichts ausmachen; die Wahrheit wird dadurch nicht verändert (Komm. zu Ps 44,1). Scheinbare Unterschiede innerhalb der Bibel müssen ausgeglichen werden; ein beliebtes Mittel hierfür ist die Annahme von «Äquivokationen» – Doppeldeutigkeiten von Worten –, wovon Wyclif häufig Gebrauch macht. Auch die biblische Zeitrechnung kann keinen Fehler aufweisen – ein in späteren Jahrhunderten noch heftig umkämpftes Problem. Freilich – und hier folgte Wyclif Augustin – muß man zwischen ihrer impliziten und ihrer expliziten Bedeutung unterscheiden. Einige Wahrheiten waren so nicht evident und mußten mit Hilfe der Vernunft herausgefunden werden. Ihre Regeln sind auf die Bibel durchaus anzuwenden. Auch rechnet Wyclif durchaus mit einem mehrfachen Schriftsinn und der Möglichkeit unterschiedlicher Auslegungen. In diesem Sinne kann man kaum von einem *sola scriptura* («allein die Schrift») bei ihm sprechen, denn für ihre Deutung kann er sich vielfach auf die Lehrer der alten Kirche, vor allem Augustin und Hieronymus, aber auch noch auf neuere Theologen, wie etwa Bernhard von Clairvaux, Hugo von St. Viktor oder Robert Grosseteste, berufen. Er kann auch sagen, daß z. B. die Weisung Salomos Pred 12,12: «Mein Sohn, mehr erforsche nicht!» nicht bedeuten kann, daß die Schriften Augustins und anderer Kirchenväter ausgeschlossen sein sollten, auch wenn sie nicht die gleiche Autorität wie die Bibel selbst besitzen (Text bei Benrath, 22, Anm. 38). Ausdrücklich betont er («De dominio divino», Prol. 1–2): «Ihre Einsichten zu entdecken, werde ich zur größeren Sicherheit mich hauptsächlich auf zwei Führer verlassen, die Philosophie und die Väterkommentare, die von der Kirche gebilligt worden sind.» Aber es gilt auch: Die Lehre der vier großen Väter, Augustin eingeschlossen, ist nur insoweit zu akzeptieren, als sie mit der Schrift oder der Vernunft übereinstimmt («De eucharistia», ed. Loserth, 277). Das vorausgesetzt, kann es für ihn logisch unvereinbare Aussagen in der Bibel nicht geben. Er hat auch nichts gegen die Anwendung der aristotelischen Logik einzuwenden, wenn diese in dienender Funktion verbleibt: «Ich leugne nicht, daß Aristoteles ein großer Philosoph war, dessen Bücher mit Recht gelesen und verdientermaßen studiert werden.» «Deshalb lernt der Christ die Philosophie, die er in frommer Weise aus den Büchern des Aristoteles lernt, nicht deswegen, weil sie von Aristoteles stammt, sondern weil sie die (Philosophie) der Verfasser der heiligen Schrift und folglich sozusagen ihre eigene Philosophie ist, die in den Büchern der Theologie richtiger gelehrt wird.» (De ver. I,2,29) Wyclif behauptet, daß die Bibel auch im Sinne allgemein gültiger Logik nach dem Maßstab des Aristoteles ein in sich logisches Buch ist, das es nach logischen Grundsätzen zu beurteilen gilt. Die Vernunft spielt also für ihn eine entscheidende Rolle.

Das stellte Wyclif freilich vor die Aufgabe, gegen die zeitgenössischen Kritiker der Bibel, die mit logischen Schlüssen in ihr Ungereimtheiten und Widersprüche zu entdecken glaubten, ihre Irrtums- und Widerspruchslosigkeit nachzuweisen. Einige dieser Diskussionspunkte treten schon in der Auseinandersetzung mit Kenningham hervor und werden von Wyclif auch in seinem Bibelkommentar aufgegriffen. Eine dieser Stellen, die auch heute noch Diskussionen anregt, ist die Aussage Am 7,14, wo Amos zu sagen scheint: «Ich *bin* kein Prophet, noch eines Propheten Sohn, sondern ich bin ein Rinderhirt, der Maulbeeren sammelt». Hierzu lautete die Auskunft der «Glossa ordinaria» (die aus Gregor d. Gr. stammte und ähnlich von Thomas von Aquin, S.th.II,2,71, gleichermaßen von Kenningham vertreten wurde), Amos habe zu dem Zeitpunkt, als er Amazja gegenübertrat, keine prophetische Eingebung gehabt, wohl aber zu einem späteren Zeitpunkt, so daß er im aktuellen Sinne in diesem Augenblick kein Prophet war. In seinem Bibelkommentar (vgl. Benrath, 77f., Text Anm. 180) wendet dagegen Wyclif seine Theorie von der Ausweitung (*ampliacio*) der Zeit auf diese Stelle an:

Amos erweitert das Präsens und schließt die Vergangenheit mit ein: «Bevor mich Gott berief, war ich kein Prophet, sondern ein Kuhhirt.» Leider fehlten Wyclif die Hebräischkenntnisse, um die Zweideutigkeit der Zeitstufe in der Aussage aus der Struktur des hebräischen Nominalsatzes zu belegen!

Eine weitere Bibelstelle, an der Wyclif die Überzeitlichkeit aller biblischen Aussagen nachweisen mußte, weil sie durch Kenningham in Frage gestellt worden war, war Kgl 5,7: «Unsere Väter haben gesündigt und sind nicht mehr». Dazu Kenningham triumphierend: «Einige Dinge waren und sind nicht mehr. Also sind nicht alle, die waren. Also wird von dem Ersten, Vorangegangenen zu dem Letzten konsequent fortgeschritten. Also sind nicht alle, die waren» (Fasc. ziz. 25, vgl. 29). Für Kenningham ergab sich eine solche Argumentation aus seinem nominalistischen Ansatz: Nur das kann als «gegenwärtig» anerkannt werden, was zu einem bestimmten Zeitpunkt als vorhanden festgestellt werden kann. Dieser Logik kann Wyclif jedoch keineswegs zustimmen. In seinem Kommentar nimmt er in einem Exkurs zu dem Problem Stellung (vgl. Benrath, 63; Text 62–63, Anm. 144). Hier bemerkt Wyclif, der den Ausdruck *sunt* wie Kenningham metaphysisch versteht – «sie haben kein Sein» –, das könne an dieser Stelle nicht gemeint sein. Vielmehr seien «die Väter» nicht an der Verbüßung der Strafe in der babylonischen Gefangenschaft beteiligt, obwohl sie an der Sünde beteiligt sind. Daß sie Väter sind, gilt auch für keinen bestimmten Augenblick, sondern nur nach dem erweiterten Zeitverständnis (*in magno tempore,* «in der großen Zeit»), in dem alle Menschen Söhne Adams und die Juden Söhne Abrahams sind (Joh 8,33.37.40). Wyclif bleibt also auch bei der Deutung dieser Stelle im Rahmen seiner Metaphysik. Auch auf den Stammbaum Jesu ließ sich diese Logik anwenden: So etwa zu Mt 1,1, wo Wyclif erklärt, die gleichzeitige Bezeichnung Jesu als Sohn Abrahams und als Sohn Davids sei deshalb möglich, weil die Begriffe «Vater» und «Sohn» nicht eng auf eine Generation, sondern in weitem Sinne verstanden werden könnten (Text bei Benrath, 104, Anm. 51). Andere Bibelstellen kamen Wyclif mehr entgegen, etwa Joh 8,58: «Ehe denn Abraham ward, bin ich». Hierzu sagt Wyclif: «Christus zeigt den Juden die göttliche Natur, nach welcher er Abraham vorausging. In der Ewigkeit gibt es nämlich weder Zukunft noch Vergangenheit.» (Benrath, 211, Anm. 512) Die Aussage 2. Mose 3,6, von Jesus zitiert Mt 22,32: «Ich bin der Gott Abrahams und der Gott Isaaks und der Gott Jakobs» ist präsentisch formuliert, gilt aber für die Zukunft, denn Gott sind alle Dinge gleich gegenwärtig. Die Auferstehung der Toten steht chronologisch ja erst bevor.

Auch mit dem Vorwurf seiner Gegner, biblische Aussagen seien teilweise widersprüchlich oder falsch, mußte sich Wyclif auseinandersetzen. Dabei hatte ihn Kenningham mit seiner Kritik schon zu einem Teilrückzug genötigt. Ursprünglich hatte Wyclif behauptet, die Bibel sei Wort für Wort wahr. Aber der Einwurf Kenninghams, dann müsse z.B. auch die Aussage der Menge über Jesus: «Du hast einen bösen Geist» (Joh 7,20) wahr sein (vgl. Fasc. ziz. 6f.), hatte ihn von dem «Wort für Wort» (*de vi verbi*) zu der etwas beweglicheren Auskunft gebracht, diese Wahrheit gelte im Hinblick auf die jeweilige Absicht einer Aussage (*de virtute sermonis*). So bemerkt er jetzt zu Mk 3,39: «Er hat einen unsauberen Geist»: «Aber daraus folgt nicht, was ich zugeben muß, daß Christus einen bösen Geist hat, sondern daß die Pharisäer das gesagt haben.» (Komm., Exk. zu Luk. 9; Benrath, 364f., vgl. 224) Doch hatte er auch offenbare Widersprüche zu erklären, wie den zwischen Jesu Wort Joh 7,8: «Gehet ihr hinauf auf dieses Fest, ich aber gehe nicht hinauf» und seinem kurz darauf doch erfolgenden Besuch des Laubhüttenfestes in Jerusalem (vgl. Joh 7,14). Wyclifs Erklärung entspricht seinem Zeitverständnis: Jene Aussage war nicht absolut, sondern nur relativ gemeint: Jesus wollte nicht mit den Jüngern zusammen öffentlich hinaufgehen, meinte aber nicht, daß er es überhaupt nicht tun wollte. Dies erklärt Wyclif durch eine Analogie: Wenn mich jemand fragt, ob ich eine Messe gelesen habe, und ich antworte mit «nein», dann heißt das nicht, daß ich noch nie eine Messe gelesen habe, sondern die Antwort bezieht sich nur auf den heutigen Tag (vgl. Komm., Exk. zu Luk 9,3; Benrath, 362f.).

In seinem Glaubensverständnis (vgl. den Exkurs vom Glauben, Kommentar zu Mk 5,34, Benrath, 205, Anm. 488–9 ; dazu Benrath, 204–206) gleicht Wyclif der legalistischen Auffassung, wie wir sie schon bei Nikolaus von Lyra antrafen. Falsche Auffassungen vom Glauben, die Wyclif aufzählt, machen sich seiner Ansicht nach den Ernst von Gottes Gebot nicht klar. «Wenn wir also wissen, daß Gott Demut gebietet und daß sein Gesetz unter Strafe einer ungeheuer größeren Verdammnis beobachtet wird, ist sicher, daß jeder von uns, der eine darüber verbotene Handlung begeht, im Glauben mangelhaft ist.» (Benrath, Anm. 488) Der wahrhaft Glaubende muß sich immer daran erinnern, daß Gott zwar langmütig ist und mit der Strafe zögert, aber sie schließlich doch verhängen wird. «So war es bei den treuen Vätern, die beständig in Sohnesfurcht lebten, als wenn der oberste Zuchtmeister die Rute beständig über ihrem Scheitel hielte.» Dazu führt Wyclif auch Spr 28,14 an: «Wohl dem, der sich allezeit fürchtet! » (Benrath, 206, Anm. 490) Die Schrift enthält nicht nur das Gesetz Gottes, sie *ist* geradezu Gottes Gesetz. Das natürliche (*lex nature*), das mosaische (*lex mosaica*) und das Gesetz des Evangeliums (*lex evangelica*) entsprechen und ergänzen sich, sie bilden keinen Gegensatz. Jedoch ist das evangelische Gesetz klarer, kürzer, wichtiger und nützlicher als die beiden anderen Formen des Gesetzes (Komm., Prolog zu Mt; bei Benrath, 98, Anm. 29). Allerdings liegt in dieser Haltung gerade nicht eine Besonderheit Wyclifs, sondern, wie das Beispiel Nikolaus' von

Lyra zeigt, hier ist er ein typisch spätmittelalterlicher Theologe. Dazu paßt, daß die zuletzt erwähnten Bemerkungen über das evangelische Gesetz direkt aus Nikolaus' Vorrede zum Neuen Testament übernommen sind!

Auch die durchweg einen gesetzlichen Charakter tragenden Predigten Wyclifs bestätigen diesen Eindruck. Allerdings geht er über Nikolaus und andere Vorgänger dadurch einen entscheidenden Schritt hinaus, daß er das «Gesetz Gottes» dem «Gesetz der Menschen» entgegenstellt und aus diesem Gegensatz einen Ansatzpunkt für seine Kritik an der gegenwärtigen Kirche entnimmt. Wie bei Nikolaus, findet sich auch bei Wyclif die Aufforderung zur Nachfolge Christi, verbunden mit einer dreifachen Begründung der damit verbundenen Demutsforderung. In einem ausführlichen Exkurs seines Kommentars zu Mt 11,28–30 (Text bei Benrath, 354–362; dazu vgl. 236–242: eine akademische Rede? Außerdem zur Behandlung des Themas in der Leidensgeschichte a.a.O. 179–197) entfaltet er sein Verständnis des für ihn am Evangelium offenbar Wesentlichsten. Indem er den «Heilandsruf» als Ruf des Tugendlehrers und Gesetzgebers (*legifer*) Christus versteht, gewinnt er aus der Demutsforderung den Maßstab für ein vernichtendes Urteil über alle Zeitgenossen, insbesondere die maßgeblichen Kreise der Kirche, die sich durch ihr Verhalten dieser Forderung widersetzen.

So verwundert es nicht, daß Wyclif auch die paulinischen Briefe nicht anders versteht. Trotz seiner Augustin-Kenntnisse beachtet er nicht die paulinische Rechtfertigungslehre, sondern hebt statt dessen die Weisungen hervor, die sich auf das Leben der Kirche anwenden lassen. Damit stimmt überein, daß Wyclif in seinem «Principium», seiner theologischen Antrittsrede als frisch promovierter Doktor, die jetzt als Prolog zur Hl-Auslegung erscheint, aber offenbar nicht ursprünglich mit ihr zusammenhängt, sondern – allerdings in noch sehr konservativer Weise – die Voraussetzungen für das Verständnis der Bibel im allgemeinen erläutert (Text u.a. bei Benrath, 338–346), der Kenntnis der Moralphilosophie Aristoteles' einen wichtigen Platz einräumt. Dazu paßt auch, daß er den Satz aufstellt, ein Student der heiligen Schrift müsse zu ihrem Verständnis die Voraussetzung mitbringen, daß er moralisch gut sei. Weiter fordert er «Erfahrung im Studium der Philosophie und die Praxis der Tugend». Das sei wichtiger als die Fähigkeit zu rationaler Spekulation. Vor allem die Bergpredigt wird von ihm ganz im aristotelischen Sinn gedeutet.

Im übrigen kann er die Aussagen der Evangelien über Jesus – wie Wyclif unter Hinweis auf die Erfüllung der 22 im Alten Testament prophezeiten Bedingungen für den Messias betont – in klassischer Weise messianisch verstehen (Komm. zu Mt 1,1, vgl. Benrath, 102f.), ist in dieser Hinsicht also durchaus orthodox.

Alles in allem wird man sagen müssen, daß objektiv gesehen von Wyclifs Ruhm, er sei der «Morgenstern der Reformation», nicht viel übrigbleibt. Für seinen Denkansatz und die daraus gezogenenen Folgerungen für sein Bibelverständnis gilt das jedenfalls in keiner Weise. Sein Denken wurzelt tief im Mittelalter, auch wenn er mit seinen kirchenkritischen Folgerungen für seine Zeit extreme Konsequenzen ins Auge faßte. Wenn an diesem Ruhm gleichwohl etwas Wahres ist, dann weniger wegen der Lehren Wyclifs als wegen seiner Wirkungsgeschichte. Seine Hochschätzung der Bibel vor allem als Buch des Gesetzes, das für die einfachen Leute wichtig sei, war ein Grund dafür, daß er sich für die Herstellung einer englischen Übersetzung einsetzte oder zumindest ein solches Unternehmen befürwortete, wenn auch nicht selbst in die Wege leitete. Seine Anhänger haben diese Übersetzung hergestellt, und sie ist als die Lollard-Bibel bekannt geworden. Eine ältere, unbeholfene Fassung entstand noch zu Wyclifs Lebzeiten, eine elegantere später. Die offizielle Kirche wollte Übersetzungen der Bibel in die Volkssprache verhindern, um das Monopol des Klerus für ihre Auslegung zu schützen. Daraus erklärt sich der Kampf, der aus diesem Anlaß entstand. Gefolgsleute hatte Wyclif zuerst unter Akademikern in Oxford. Nachdem Erzbischof Courtenay durch strenge Verhöre im Jahre 1381 die Bewegung dort unterdrückt hatte, verlagerte sie sich auf die Umgebung, vor allem nach Leicestershire, aber auch bis Northhampton. In den ersten Jahrzehnten, bis der Fehlschlag eines Aufstandes unter Leitung des Ritters Sir John Oldcastle im Jahre 1414 ihr einen entscheidenden Schlag versetzte, gehörten ihr offenbar auch nicht wenige Adlige an; sogar am Hofe Richard II. werden Sympathisanten vermutetet. Die Sorgfalt, mit der Bibelhandschriften und die Manuskripte von Predigten und Schriftensammlungen («Floretum» und «Rosarium») hergestellt wurden, deutet auf mindestens eine gut ausgestattete Schreiberwerkstatt, in der das teure Material und entsprechende Fachleute zur Verfügung standen. Unwahrscheinlich ist dagegen, daß Wyclif selbst auch eine Gruppe von Wanderpredigern ausgesandt hat. Beweise hierfür fehlen, und es ist vermutlich auch mit dem akademischen Charakter seiner Arbeitsweise schwer vereinbar. Gewirkt haben vor allem seine Schriften. Theoretisch hat er allerdings viel über die Nachfolge Christi gelehrt, und wie diese durch die Predigt einfacher Jünger Jesu verbreitet werden sollte. Praktische Folgerungen daraus haben erst seine Hörer gezogen. Diese Lehre war zuerst ganz offiziell und entsprach ja auch in vielem den unter den Bettelmönchen verbreiteten Ansichten. Erst nach dem Scheitern der Oldcastle-Revolte wurden seine Anhänger vollends in den Untergrund abgedrängt und rekrutierten sich dann nur noch unter Handwerkern und einfachen Leuten. Diese Bewegung, die ihre ursprünglich als Schimpfnamen gedachte Bezeichnung «Lollards» («Murmeler») bald zu einem

Ehrennamen machte, wurde jedoch nie ganz ausgerottet und konnte sich bis in die Zeit der englischen Reformation im 16. Jahrhundert behaupten.

Außerdem hatte Wyclif eine Fernwirkung nach Böhmen. Hier war es der junge Magister Jan Hus (ca.1371–1415), der, durch seine akademischen Lehrer an der Prager Universität (besonders Stanislaus von Znaim und Stephan von Kolin) dazu angeregt, die sich intensiv mit Wyclifs philophischem Realismus befaßt hatten, im Jahre 1398 mehrere Traktate Wyclifs eigenhändig für sich abschrieb. Später (kurz nach 1400) wurden auch die theologischen Schriften Wyclifs in Prag bekannt und insbesondere seine Abendmahlsauffassung kontrovers diskutiert. Obwohl Hus selbst nie Wyclifs Abendmahlslehre übernahm, wurde ihm dies noch auf dem Konstanzer Konzil (1415), das mit seiner Verurteilung und Hinrichtung auf dem Scheiterhaufen endete, vorgeworfen. Dagegen fußten seine Lehre von der Kirche («De ecclesia») mit der Unterscheidung von Erwählten und Verworfenen, seine konkrete Kirchenkritik und seine Reformvorstellungen vielfach auf Wyclifs Schriften. Das große Interesse, das Wyclifs Schriften über Staat und Kirche in tschechischen Kreisen fanden, kann man an dem Besuch zweier Tschechen, Mikulás Faulfis und Jiri von Knenice, im Jahre 1407 auf der Suche nach Exemplaren in England erkennen. Sie erhielten eine Abschrift von «De dominio divino». In der Tschechei spielte auch die Nationalitätenfrage eine Rolle. Das galt selbst für die philosophischen Grundlagen: An der Prager Universität vertraten die deutschen Professoren meist nominalistische, die Tschechen realistische Auffassungen. Hus selbst war weniger ein Denker als ein praktischer Kirchenreformer. Die hussitische Bewegung strebte nach einer tschechischen Nationalkirche, auch gegen die Kurie in Rom. Diese Wirkungsgeschichte ist sicher anders verlaufen, als Wyclif selbst sie sich hätte vorstellen können. Gleichwohl hat sie weit mehr zu seinem späteren Ruhm beigetragen, als es seine eigentlichen Lehren je vermocht hätten.

Schlußwort

Durch ein Jahrtausend biblischer Auslegungsgeschichte hat uns unser Weg geführt. An dem historischen Ort, an dem dieser Weg begann, schien die Lebenswelt der klassischen Antike noch ungebrochen in Geltung zu stehen, obwohl die von allen Seiten durch den Ansturm der jungen Völker heranbrandenden Gefahren in der zweiten Hälfte des vierten und erst recht beim Anbruch des fünften Jahrhunderts für die römischen Bürger unübersehbar wurden. Die Plünderung Roms durch die Westgoten unter Alarich im Jahre 410 markiert eine Zeitenwende, die allen Bewohnern des römischen Imperiums das Ende der pax Romana drastisch vor Augen führte. Tausend Jahre später sind gleichwohl die kulturellen Ausstrahlungen der griechisch-römischen Antike im Wissenschaftsbetrieb der Schulen und Universitäten und von daher im Denken und Fühlen der gebildeten Schichten Europas noch so lebendig wie je, wobei die lateinische Sprache als Medium einen länderübergreifenden Dialog ermöglicht. Aber die artes liberales (freien Künste) sind in der Pyramide der Studiengänge und Fakultäten doch nur der Unterbau, auf dem sich die Theologie als Krone der Wissenschaften erhebt. Kirchliche Theologen, Laienkleriker und Mönche sind die weithin bekannten Lehrer, die der theologischen Wissenschaft Rang und Namen verleihen. Nicht weniger wichtiger aber ist die Arbeit zahlloser Tradenten: Prediger und Pädagogen, die im Stillen wirkend das theologische Erbe gewissenhaft verwalten.

Theologie aber ist nach dem bis ans Ende des Mittelalters gültigen Verständnis *sacra pagina,* Studium der Heiligen Schrift. Die Auslegung der Bibel bleibt ihre Basis, trotz der seit Johannes Scotus Eriugena dazutretenden, sich allmählich entwickelnden logisch-dialektischen Methodik, die der mittelalterlichen Theologie als ganzer den Ruf einer weitgehend verstandesmäßig argumentierenden Scholastik eingebracht hat. Wir sahen, daß dieser Ruf falsch ist; er hängt den mittelalterlichen Theologen noch immer von ihren humanistischen Gegnern her nach, die sich mit entsprechenden Vorwürfen seit dem 15. Jahrhundert von ihren Vorgängern abzusetzen suchten. Darauf wird in dem geplanten Folgeband unserer Darstellung zurückzukommen sein. Die dialektischen Formen theologischer Problemlösungen hingen mit dem Aufbau der Studiengänge an den Universitäten und den Auswirkungen der nach wie vor ihre Grundlage bildenden antiken Denkformen zusammen. Sie konnten jedoch im Bereich der Theologie nie das Übergewicht gewinnen. Daß die Bibel die zentrale Quelle der Theologie blieb, verhinderte auch, daß sich die theologische Theoriebildung allzuweit von der Frömmigkeit der Kirche entfernen konnte. Die Predigttätigkeit berühmter Bischöfe wie Ambrosius von Mailand und Gregor von Rom und ihr literarisches Wirken sind eng miteinander verbunden.

Eine wichtige Rolle für den Umgang mit der Bibel spielten auch die Klöster. Im täglichen Ablauf ihrer liturgischen Begehungen, in Bibellesungen und Psalmengesang, in der Kopiertätigkeit ihrer Mönche, vor allem aber auch in deren fest in der Bibel verwurzelten Spiritualität entwickelte sich eine Intensität des Lebens mit der Bibel, wie es außerhalb ihrer Mauern nie denkbar gewesen wäre. Auf der Negativseite des Saldos steht allerdings, daß das gewöhnliche Kirchenvolk, die Laien und unausgebildeten einfachen Gemeindeglieder von näherer Bekanntschaft mit der Bibel weithin ausgeschlossen waren. Sie bekamen allenfalls die Texte zu hören, die in der Predigt eine Rolle spielten, Übersetzungen der Heiligen Schrift in die Volkssprachen waren offiziell untersagt. Aus diesem unerfüllten Bedürfnis heraus konnte sich eine Bewegung wie die der Lollards im spätmittelalterlichen England entwickeln, die eine eigene Bibelübersetzung verbreitete.

Ein großer Teil der mittelalterlichen theologischen Literatur waren deshalb Schriften über die Bibel, Kommentare, gelegentlich auch Hermeneutiken und andere Hilfsbücher, die dem Bibelstudium zugutekamen. Selbst systematisch-theologische Werke wie die großen *Summen* – deren berühmteste von Thomas von Aquin stammt – systematisierten mit den Mitteln philosophischer Logik theologische Sätze, die als solche aus der Bibel abgeleitet wurden. Deshalb durften jeweils die biblischen Begründungen nicht fehlen. Bei Thomas nehmen sie durchaus einen gleichwertigen Rang neben den philosophischen Denkvoraussetzungen ein.

Im ganzen wird man sagen können, daß die Bindung an die Heilige Schrift ein Auseinanderfallen der christlichen Theologie in völlig voneinander getrennte Richtungen verhindert hat. Gegensätze und Auseinandersetzungen zwischen verschiedenen Schulen und Strömungen – die natürlich nicht ausblieben – konnten nie zu völliger Trennung und dem Verlassen eines gemeinsamen Bodens führen, denn dieser war durch die biblische Tradition gegeben. Unterschiedliche Standpunkte mußten sich immer wieder an der Bibel bewähren.

Der hauptsächliche Gegenstand unserer Untersuchungen waren jedoch die Bibelkommentare, anhand derer wir die Arten des Umgangs mit der Heiligen Schrift bei herausragenden Exegeten durch die Jahrhunderte hindurch verfolgten. Notwendigerweise mußten wir uns dabei auf exemplarische Darstellungen beschränken. Obwohl uns die Titel zahlreicher Werke christlicher und jüdischer Autoren begegnet sind und eine repräsentative Auswahl auch näher betrachtet werden konnte, ist der

Umfang der erhaltenen und durch die Herausgebertätigkeit neuzeitlicher Editoren – wie etwa des bekannten Migne und seiner Mitarbeiter – zu einem wichtigen Teil auch gedruckten Quellen erheblich größer, als dies in unserer Darstellung zum Ausdruck kommen konnte. Wir dürfen trotzdem hoffen, ein zutreffendes Gesamtbild gezeichnet zu haben. Wie wir sahen, ist die mittelalterliche Kommentarliteratur ihrer Eigenart nach Traditionsliteratur. Ihren Verfassern kam es überhaupt nicht auf Originalität, um so mehr auf treue Weitergabe des Zeugnisses der Väter an, von deren bewährten Erkenntnissen her Licht auf die heiligen Schriften fallen konnte. Das Eigene konnte dagegen weitgehend zurücktreten. Daß daraus keine Uniformität wurde, hing allerdings mit den unterschiedlichen Lebensumständen der Verfasser, ihrer jeweiligen persönlichen Eigenart, ihrer Zugehörigkeit zu verschiedenen theologischen Schulen, zu weltlichen oder monastischen Traditionen zusammen. Auch unterschiedliche philosophische Denkvoraussetzungen konnten sich auf die Exegese auswirken, seien sie nun platonisch, aristotelisch oder stoisch geprägt. Solche Wechselwirkungen gestalten auch eine Traditionsexegese wie die mittelalterliche Bibelauslegung variabel und machen eine Beschäftigung mit ihr lehrreich.

Wesentliche Voraussetzungen der Exegese, die auch in späteren Perioden ihre Gültigkeit behielten, wurden bereits in der Spätantike gelegt. Manche Ausleger wurden freilich in ihrer Wirkung auf die Nachwelt dadurch beschränkt, daß die Verbreitung und Anerkennung ihrer exegetischen Leistungen aufgrund von Lehrverurteilungen behindert wurden. Das gilt z. B. für die Antiochener wie Theodor von Mopsuestia, dessen Verdienste für die Auslegung des Wortsinns der Heiligen Schrift erst in neuerer Zeit wieder volle Anerkennung fanden, in bestimmtem Umfange aber auch für den auf der anderen Seite des methodischen Spektrums stehenden Origenes. Doch hatte dessen spirituelle Exegese so tiefe Wurzeln im kirchlichen Bewußtsein geschlagen, daß sie auch ohne ausdrückliche Berufung auf ihn in der exegetischen Praxis weiterleben konnte. Dies wird z. B. im pastoralen Wirken des Bischofs Ambrosius von Mailand überdeutlich, für dessen Predigtpraxis der Rückgriff auf die «geistlichen» Sinne der Schrift unentbehrlich war. Etwas später schlug auch der Römer Gregor der Große ähnliche Wege ein, selbst wenn er durch die Umstände bedingt stärker literarisch tätig war und das Schwergewicht auf die tropologische, d. h. moralische Bedeutung der Bibel legte.

Wichtig für die Auslegungsgeschichte sind auch die Theologen, die sich grundsätzlichere Gedanken über die Heilige Schrift machten. Dabei konnte es um ihre sprachliche Form gehen: Hier wäre vor allem Hieronymus hervorzuheben, der sich um die *hebraica veritas*, d. h. den hebräischen Urtext der Bibel bemühte und die lateinische Übersetzung des

Alten Testaments herstellte, die als Vulgata für den gesamten Westen maßgeblich wurde und die älteren unzuverlässigen Textformen verdrängte. Er war auch der erste christliche Bibeltheologe, der sich wegen ihrer Hebräischkenntnisse um Kontakte mit Juden seiner Umgebung bemühte. Erst viel später, im hohen Mittelalter, wurde die jüdische Auslegungstradition in ihren hervorragendsten Vertretern auch von einigen christlichen Exegeten wahrgenommen. Bei Augustin, der die erste bedeutende Bibelhermeneutik geschrieben hat, ist die Würdigung der Heiligen Schrift als Zeugnis für das geschichtliche Wirken Gottes wichtig, das neben dem stark von platonischen Einflüssen bestimmten Bereich seines theologischen Denkens einen eigenen, wenn auch nicht den ersten Platz einnimmt. Einflußreich war Augustin aber auch wegen der von ihm entwickelten oder – u.a. von Tyconius – übernommenen methodischen Regeln zur Schriftauslegung.

Das monastische Leben mit der Bibel lernten wir bei Johannes Cassian und, aufgrund von dessen Berichten, an seinem Ursprung in Ägypten kennen. Die tiefgehende, bis zum wörtlichen Auswendigkennen reichende Vertrautheit der Mönche mit der Bibel und der breite Raum, den sie in ihrem gottesdienstlichen, von Gebet und Gesang geprägten Tageslauf, aber auch innerhalb alltäglicher Verrichtungen einnahm, trat bereits in den ältesten Klosterregeln Ägyptens eindrücklich vor Augen. Auch das spätere theologische Wirken mönchischer Theologen, von denen wir eine ganze Reihe kennenlernten: Beda Venerabilis, Rupert von Deutz, Hugo von St. Viktor, Joachim von Fiore, Bonaventura und Nikolaus von Lyra, läßt sich von diesen Voraussetzungen nicht trennen. Ihr Verhältnis zur Bibel war niemals rein intellektuell bestimmt, sondern geprägt von einem engen Lebensbezug, der «mystische» Frömmigkeit, Meditation und eine asketische Moral einschloß. Von daher ist es verständlich, daß der tropologische und der anagogische Schriftsinn bei ihnen eine besonders große Rolle spielte. Das Endzeitbewußtsein konnte bei einzelnen Mönchen wie Joachim von Fiore sogar eine überragende Bedeutung gewinnen. Daß auf der anderen Seite ein Mönch, Nikolaus von Lyra, ein so starkes Gewicht auf den Wortsinn legte, zeigt die Bandbreite des in der klösterlichen Exegese möglichen Interessenspektrums auf. Doch machte sich hier, wie wir sahen, der besondere Einfluß jüdischer Bibelauslegung bemerkbar.

Bibelauslegung als Tradition: Dieser Charakter mittelalterlicher Exegese wird besonders an den Stellen deutlich, wo die Tradierung überkommener Auslegung zum eigentlichen Zweck literarischer Tätigkeit wird. Das führten wir uns an den speziellen Formen der Katenenbildung und vor allem der Glossierung der Bibel vor Augen. Der von Glossen, d.h. Zitaten aus Väterkommentaren, umrahmte Bibeltext, wie er lange Zeit in Bibelhandschriften, zum Schluß sogar in gedruckter Form überliefert wurde, wird zu einer besonderen Form von Traditionsträger. Hier ist die Herkunft der erläuternden Sätze von einem bestimmten Verfasser, auch wenn dieser namentlich genannt wird, nicht das Entscheidende, sondern es kommt auf die Vielfalt – und innere Übereinstimmung – einmal formulierter exegetischer Erkenntnisse zu bestimmten biblischen Versen und Abschnitten an, die es zu bewahren und späteren Lesern zugänglich zu machen gilt. So wird Traditionsbildung fortgesetzt, zumal die Möglichkeit, neuere Auslegungen hinzuzufügen, grundsätzlich nicht beschränkt ist, es sei denn durch den zur Verfügung stehenden Raum. Auch aus dem Bereich des Judentums ist ähnliches bekannt, so wenn eine Talmudausgabe mit dem Kommentar Raschis als Umrahmung des Textes abgedruckt wird.

Jüdischen Auslegern des Mittelalters wurde ebenfalls ein Kapitel gewidmet. Auch dies ist ein Ausschnitt aus einem viel breiteren Feld, aus dem noch eine Reihe bekannter Namen zu nennen wäre. Wenn hier Raschi und Abraham ibn Ezra als Beispiel gewählt wurden, so besonders wegen der Wirkungsgeschichte, die ihre besondere Art der Auslegung bis in die neuzeitliche Exegese hinein entfaltete. Bei beiden kommt der Vorteil, den jüdische Ausleger gegenüber fast allen Christen hatten, voll zum Tragen: ihre Vertrautheit mit der hebräischen Sprache der Bibel (und dem Aramäischen), die sie zu einer besonderen Beachtung des Wortsinns und der Hilfsmittel zu seiner Deutung, Grammatik und Lexikographie, veranlaßte. Auf beiden Gebieten erfüllten jüdische Spezialisten eine Pionierrolle. Die Berührung mit der arabischen Kultur und des in ihr lebendigen, aristotelisch geprägten Rationalismus führte bei diesen Exegeten außerdem zu einer rationalen Art des Bibelverständnisses, wie sie erst in der Zeit der Aufklärung wiederkehrte. Daß nicht wenige ihrer Urteile uns auf den ersten Blick als «modern» einleuchten, zeigt die geistige Nähe noch heutiger historisch-kritischer Exegese zu ihrem Ansatz.

Abseitig wirkt dagegen das Bibelverständnis eines John Wyclif, mit dem wir den Durchgang durch die mittelalterliche Auslegungsgeschichte der Bibel abschlossen. Einst als «Morgenstern der Reformation» begrüßt und deshalb noch in neuerer Zeit stark beachtet, erscheint er bei näherer Betrachtung in seinem Denken eher fremdartig. Diese Fremdartigkeit wird vor allem durch seinen metaphysischen, platonisch-aristotelisch geprägten Denkansatz hervorgerufen, mit dem er alle biblischen Inhalte in eine allgemeingültige Wahrheit und ein überzeitliches System aufzulösen sucht. Zwar wird dadurch der Eindruck hervorgerufen, er wolle der Bibel eine Allgemeingültigkeit bescheinigen, die sie als überzeitliche Wahrheit gelten läßt, aber in Wirklichkeit wird sie damit einem abstrakten Denken untergeordnet, das ihr jeden Eigenwert nimmt. Daß sich gerade von Wyclif aus über Jan Hus eine Wirkungsgeschichte zur

Reformation hin entwickeln konnte, gehört zu den Widersinnigkeiten der Geschichte, von denen sie bekanntlich nicht frei ist.

Mit Wyclif kommen wir zeitlich dem Ausgang des Mittelalters nahe, der sich wie alle Periodenübergänge nicht wirklich exakt festlegen läßt. Es ist beabsichtigt, in einem dritten Band dieser Reihe den folgenden Abschnitt der Auslegungsgeschichte zu behandeln, in dem vor allem Humanismus und Reformation im Mittelpunkt stehen sollen. Wir kommen damit zu einer entscheidenden Epoche, in der das Verhältnis zur Schrift auf vielfältige Weise verändert wurde und die für das heutige Bibelverständnis nach wie vor eine zentrale Bedeutung besitzt. Die Fülle der für diese Periode zur Verfügung stehenden Quellen und die Breite der über sie geführten Diskussion werden es nötig machen, ihr einen eigenen Band zu widmen, den wir *sub conditione Jacobea* (Jak. 4,15) in angemessener Zeit vorzulegen hoffen.

Anhang

Literaturhinweise

Vorschläge zur weiteren Lektüre, nach den Kapiteln des Buches geordnet. Kommentare zu den einzelnen biblischen Büchern werden nicht aufgeführt.

Allgemeines

ACKROYD, P. R. EVANS, C. F. (Hg.): The Cambridge History of the Bible. Vol. 1: From the beginnings to Jerome, Cambridge 1970.

BRINKMANN, HENNING: Mittelalterliche Hermeneutik, Tübingen 1980.

CLASSEN, PETER: Die hohen Schulen und die Gesellschaft im 12. Jahrhundert, in: Archiv für Kulturgeschichte 48 (1966), S. 155–180.

DOBSCHÜTZ, ERNST VON: Vom vierfachen Schriftsinn. Die Geschichte einer Theorie, in: Harnack-Ehrung, Leipzig 1921, S. 1–13.

EBELING, GERHARD: Kirchengeschichte als Auslegung der Heiligen Schrift, Tübingen 1947.

Lexikon des Mittelalters, Art. Bibel, München und Zürich 1982, Sp. 40–110.

DE MARGERIE, BERTRAND: Introduction à l'histoire de l'exégèse. Bd. I: Les Pères grecs et orientaux, Bd. II: Les prèmiers grands exégètes latins, Paris 1980–1983.

RICHÉ, PIERRE/LOBRICHON, GUY (Hg.): Le Moyen Age et la Bible (=La Bible de tous les temps, Tome 4), Paris 1984.

ROST, H.: Die Bibel im Mittelalter. Beiträge zur Geschichte und Bibliographie der Bibel, Augsburg 1939.

SMALLEY, BERYL: The Study of the Bible in the Middle Ages, Oxford 1952.

I. Kapitel: Berühmte Ausleger der Spätantike

I.1.: Theodor von Mopsuestia

Werke:

Theodori Mopsuesteni commentarius in XII prophetas, ed. H.N. Sprenger, Biblica et Patristica, Wiesbaden 1977.

Literatur:

BULTMANN, RUDOLF: Die Exegese des Theodor von Mopsuestia, Stuttgart 1984.

DOWNEY, GLANVILLE: A History of Antioch in Syria from Seleucus to the Arab Conquest, Princeton, N.J. 1961.

GREER, ROWAN A.: Theodore of Mopsuestia. Exegete and Theologian, Westminster 1961.

RADDATZ, ALFRED: Theodor von Mopsuestia, in: Gestalten der Kirchengeschichte, Alte Kirche II, hrsg. v. Martin Greschat, Stuttgart 1984, S. 167–177.

WICKERT, ULRICH: Studien zu den Pauluskommentaren Theodors von Mopsuestia, Berlin 1962.

ZAHAROPOULOS, DIMITRI Z.: Theodore of Mopsuestia on the Bible. A Study of his Old Testament Exegis, New York/Mahwah, N.J. 1989.

I.2: Didymus der Blinde

Werke:

Didymos der Blinde: Kommentar zu Hiob (Tura-Papyrus).
I: Kapitel 1–4, hrsg., übers. und erl. v. Albert Henrichs, PTA 1, Bonn 1968.
II: Kapitel 5, 1–6, 29, hrsg., übers. u. erl. v. Albert Henrichs, PTA 2, Bonn 1968.
III: Kap. 7, 20c–11, hrsg., übers. und erl. v. U. und D. Hagedorn/L. Koenen, PTA 3, Bonn 1968.
IV: Kap. 12, 1–16, 8a, hrsg., übers. und erl. v. U. und D. Hagedorn/L. Koenen, PTA 33, Bonn 1985.
Didymos der Blinde: Kommentar zum Ecclesiastes.
I.1: Kapitel 1, 1–2, 14, hrsg. und übers. von Gerhard Binder und L. Liesenborghs, PTA 25, Bonn 1979.
I.2: Kap. 1, 1–2, 14 (Erläuterungen), hrsg. und übers. von Gerhard Binder, PTA 26, Bonn 1983.
II: Kapitel 3–4, 12, hrsg. und übers. von M. Gronewald, PTA 22, Bonn 1977.
III: Kapitel 5–6, hrsg., übers. und erl. von J. Kramer, PTA 13, Bonn 1970.
IV: Kapitel 7–8, 8, hrsg., übers. und erl. von J. Kramer/B. Krebber, PTA 16, Bonn 1972.
V: Kapitel 9, 8–10, 20, hrsg. und übers. von M. Gronewald, PTA 24, Bonn 1979.
VI: Kapitel 11–12, hrsg. und übers. von Gerhard Binder, PTA 9, Bonn 1969.
Didymos der Blinde: Psalmenkommentar.
I: Psalm 20–21, hrsg. und übers. von L. Doultreleau/A. Gesché/M. Gronewald, PTA 7, Bonn 1969.
II: Psalm 22–26, 10, hrsg. und übers. von M. Gronewald, PTA 4, Bonn 1968.
III: Psalm 29–34, hrsg. und übers. von M. Gronewald, PTA 8, Bonn 1969.
IV: Psalm 35–39, hrsg. und übers. von M. Gronewald, PTA 9, Bonn 1969.
V: Psalm 40–44, hrsg. und übers. von M. Gronewald, PTA 12, Bonn 1970.
Didyme l'Aveugle: Sur la Genèse. Tome I, SC 233, Paris 1976, Tome II, SC 244, Paris 1978.
Didyme l'Aveugle: Sur Zacharie. Tome I, SC 83, Paris 1962. Tome II, SC 84, Paris 1962. Texte inédit d'après un papyrus de Toura, SC 85, Paris 1962.

Literatur:

BIENERT, WOLFGANG A.: Allegoria und Anagoge bei Didymus dem Blinden von Alexandria, PTS 13, Berlin 1972.
GAUCHE, W.: Didymus the Blind: An educator of the 4th century, Washington 1934.
KRAMER, BÄRBEL: Art. Didymus von Alexandrien,TRE 8, S. 741–746.
TIGCHELER, JO: Didyme l'Aveugle et l'exégèse allègorique, Graecitas Christianorum Primaeva 6, Nijmegen 1977.

I.3.: Hieronymus

Werke:

Commentarioli in Psalmos. Tractatus sive Homiliae in Psalmos quatuordecim, ed. G. Morin, 1895–1903, CChr 78, 1958
Commentarius in Jeremiam, ed. S. Reiter, CSEL 74, Turnholti 1960.
Eusebii Hieronymi Epistulae, ed. Academiae Litterarum Caesareae Vindobonensis. Pars I: Epistulae I-LXX, CSEL 54, Pars II: Epistulae LXXI-CXX, CSEL 55.
In Hieremiam Prophetam, Libri Sex (Opera sect. II, Pars I.), CSEL 59.
Saint Jérôme: Commentaire sur S. Matthieu. Tome I (Livres I-II), SC 242, Paris 1977, Tome II (Livres II-IV) SC 259, Paris 1979.
Saint Jérôme: Commentaire sur Jonas, SC 323, Paris 1985.

Literatur:

Barr, James: St. Jerome's Appreciation of Hebrew, in: Bulletin of the John Rylands Library 49 (1966/67), S. 281–302.
Bartelink, G. J. M.: Hieronymus, in: Gestalten der Kirchengeschichte, Alte Kirche II, hrsg. v. Martin Greschat, Stuttgart 1984, S. 145–165.
Grützmacher, Georg: Hieronymus. Eine biographische Studie zur alten Kirchengeschichte, 3 Bde., Leipzig 1901, Reprint Aalen 1969.
Hagemann, Wilfried: Wort als Begegnung mit Christus. Die christozentrische Schriftauslegung des Kirchenvaters Hieronymus. TThSt 23 (1970).
Jay, P.: L'exégèse de Saint Jérôme d'après son commentaire sur Isaie, Paris 1985.
Kelly, John N. D.: Jerome. His Life, Writings and Controversies, London 1975.
Nautin, Pierre: Art. Hieronymus, TRE 15, S. 304–315.

I.4.: Ambrosius von Mailand

Werke:

Ambroise de Milan: Traité sur l'Evangile de saint Luc. Texte latin, introduction et notes de Dom Gabriel Tissot, O. S. B., SC 45 und 52, Paris 1956 und 1958.
Ambrosii Mediolanensis Opera. Pars IV: Expositio Evangelii secundum Lucam. Fragmenta in Esaiam, CChrSL 14, Turnholti 1957.
Sancti Ambrosii Mediolanensis Episcopi Opera Omnia, PL 16, Turnholti s.d.
Sancti Ambrosii Opera, CSEL 32, 1, 2+4, Recensuit C.Schenkl, Pragae, Vindobonae et Lipsiae 1896–1902; CSEL 62, 5+64, 6, Recensuit M. Petschenig, Vindobonae et Lipsiae 1913, 1919; CSEL 73, Recensuit O. Faller, Vindobonae 1955, 1962, 1964; CSEL 82, Recensuit O. Faller, Vindobonae 1968.

Literatur:

Dassmann, Ernst: Art. Ambrosius von Mailand, TRE 2, S. 362–368.
Dudden, F. Homes: The Life and Times of St. Ambrose. Volume I+II, Oxford 1935.

Duval, Yves-Marie: Ambroise de Milan. XVIe Centenaire de son élection épiscopale. Dix études rassemblées par..., Paris 1974.
Auf der Maur, H. J.: Das Psalmenverständnis des Ambrosius von Mailand, Leiden 1977.
Pizzolato, Luigi Franco: La dottrina esegetica di Sant'Ambrogio, Milano 1978.
Savon, Hervé: Saint Ambroise dévant l'exégèse de Philon le Juive, 2 Bde., Paris 1977.

I.5.: Johannes Cassianus

Werke:

Johannes Cassianus: Collationes, ed. E. Pichery, SC 42, 54, 64, Paris 1955–1959.
Johannes Cassianus: De Institutis, ed. J.-C. Guy, SC 109, Paris 1965.
Johannis Cassiani opera, ed. M. Petschenig, CSEL 13, 17+18, 1886+1888.
Pachomius: S. Pachomii Abbatis Tabenniensis Regulae Monasticae accedit S. Orsiesii eiusdem Pachomii Discipuli doctrina de institutione monachorum, collegit, edidit et illustravit Dr. Paulus Bruno Albers, Florilegium Patristicum 16, Bonn 1923.

Literatur:

Chadwick, Owen: John Cassian, Cambridge 1950, 2. Aufl. 1968.
Chadwick, Owen: Art. Cassianus, TRE 7, S. 650–657.
Frank, Karl Suso (Hg.): Askese und Mönchstum in der alten Kirche, WdF 409, Darmstadt 1975.
Lorenz, Rudolf: Die Anfänge des abendländischen Mönchstums im 4. Jahrhundert, in: ZKG 77 (1966), S. 1–61.
Prinz, Friedrich: Frühes Mönchstum in Frankreich, 2. Aufl. München und Darmstadt 1988.

I.6.: Augustinus

Werke:

Augustinus: De doctrina christiana libri quattuor, CSEL 80, Wien 1963=CChrSL 32, Tournai 1962, 1–167.
Augustinus: Enarrationes in Psalmos, CChrSL 39–40, Turnholti 1956.
Augustinus: De spiritu et littera liber unus, CSEL 60, Wien 1913.

Literatur:

Matron, Henri: Saint Augustin et la fin de la culture antique, Paris 1958.
Pontet, Maurice: L'exégèse de Saint Augustin Prédicateur, Paris s.d.
Schindler, Alfred: Art. Augustin/Augustinismus I, TRE 4, S. 646–698.
Strauss, Gerhard: Schriftgebrauch, Schriftauslegung und Schriftbeweis bei Augustin, BGBH 1, Tübingen 1959.
Wieland, Wolfgang: Offenbarung bei Augustinus, TTS 12, Mainz 1978.

II. Kapitel: Mittler zwischen Antike und Mittelalter

II.1.: Gregor der Große

Werke:

Gregor der Große: Homiliae in Hiezechihelem prophetam, cura et studio M. Adriaen, CChrSL 142, Turnholti 1971
Gregor der Große: Moralia in Iob, ed. M. Adriaen, CChrSL 153–153b, Turnholti 1979–1985.

Literatur:

EVANS, G. R.: The Thought of Gregory the Great, Cambridge, New York, New Rochelle, Melbourne, Sydney 1986.
GILLET, R.: Grégoire le Grand, in: Dictionnaire de la Spiritualité, ascétique et mystique 6, Sp. 872–910.
JACQUES u.a. (Hg.): Grégoire le Grand, Paris 1986.
MANSELLI, RAOUL: Gregorio Magno e la Bibbia, in: La Bibbia nell'alto medioevo. 26 aprile – 2 maggio 1962. Settimane di Studio del Centro Italiano sull'alto medioevo X, Spoleto 1963, S. 67–101.
MARKUS, ROBERT AUSTIN: Art. Gregor I., TRE 14, S. 135–145.
RICHARDS, JEFFREY: Gregor der Große. Sein Leben – seine Zeit, Graz, Wien und Köln 1983. (Original: Consul of God. The Life and Times of Gregory the Great, London 1980)
WASSELYNCK, RENÉ: L'influence de l'exégèse de S. Grégoire le Grand sur les commentaires bibliques médiévaux (VIIe-XIIe siècle), in: RThAM 32 (1965), S. 157–204.

II.2.: Isidor von Sevilla

Werke:

S. Isidori de Sevilla: Etimologias, edición bilingue, ed. José Oroz, 2 Bde., Madrid 1982.
Isidor von Sevilla: Opera omnia, PL 81–83.

Literatur:

COLLINS, ROGER JOHN HOWARD: Art. Isidor von Sevilla, TRE 16, S. 310–315.
DIAZ Y DIAZ, MANUEL C. (Hg.): Isidoriana, Leon 1961.
DIESNER, HANS-JOACHIM: Isidor von Sevilla und seine Zeit, Stuttgart 1973.
DIESNER, HANS-JOACHIM: Isidor von Sevilla und das westgotische Spanien, Trier 1978.
FONTAINE, JACQUES: Art. Isidore de Séville, in: Dictionnaire de la Spiritualité, ascétique et mystique 7, 2, Paris 1971, Sp. 2104–2116.
FONTAINE, JACQUES: Isidore de Séville et la culture classique dans l'Espagne wisigothique, 2 Bde., Paris 1959.
FONTAINE, JACQUES: Tradition et actualité chez Isidore de Séville, London 1988.
PÉREZ DE URBEL, JUSTO: Isidor von Sevilla. Sein Leben, sein Werk und seine Zeit, Köln 1962.

II.3.: Beda Venerabilis

Werke:

Bedae Venerabilis expositio actuum apostolicum et retractatio, ed. M. L. W. Laistner, Cambridge 1930.

Bedae Venerabilis opera exegetica. CChrSL 118a, 119a, 119b, 120, 121, Brepols 1983.

Literatur:

Blair, H. F.: The World of Bede, London 1970.

Browne, G. F.: The Venerable Bede. His Life and Writings. Studies in Church History, London 1930.

Kottje, Raymund: Beda Venerabilis, in: Gestalten der Kirchengeschichte, Bd. 3: Mittelalter I, hrsg. v. Martin Greschat, Stuttgart 1983, S. 58–68.

Loyn, Henry Royston/Schäferdiek, Knut: Art. Beda Venerabilis, TRE 5, S. 397–402.

Mayr-Harting, Henry: The Coming of Christianity to Anglo-Saxon England, London 1972 (reprinted 1977).

Meyvaert, Paul: Benedict, Gregory, Bede and Others, London 1977.

Thompson, A. Hamilton (Hg.): Bede. His Life, Times and Writings, Oxford 1935, 2. Aufl. 1969.

Willmes, Ansgar: Bedas Bibelauslegung, in: Archiv für Kulturgeschichte 44 (1962), S. 281–314.

II.4.: Alkuin

Werke:

Alkuin: Epistulae, ed. Ernst Dümmler, MGH, Epistulae IV (Carolini Aevi II), Berlin 1895.

Alkuin: B. Flacci Albini seu Alcuini opera omnia, PL 100+101.

Literatur:

Duckett, Eleanor Shipley: Alcuin, Friend of Charlemagne. His World and his Work, Connecticut 1965.

Edelstein, Wolfgang: Eruditio und sapientia. Weltbild und Erziehung in der Karolingerzeit. Untersuchungen zu Alkuins Briefen, Freiburg 1965.

Gaskoin, C. J. B.: Alcuin: His Life and his Work, New York 1904, reprinted 1966.

Heil, Wilhelm, Art. Alkuin, TRE 2 (1978), S. 266–276.

Michel, Paul/Schwarz, Alexander: unz in obantenig. Aus der Werkstatt der karolingischen Exegeten Alkuin, Erkanbert und Otfried von Weissenburg, Studien zur Germanistik, Anglistik und Komparatistik 79, Bonn 1978.

Riché, Pièrre: Die Karolinger. Eine Familie formt Europa, Stuttgart 1987.

Wallach, Luitpold: Alcuin and Charlemagne. Studies in Carolingian History and Literature, Cornell Studies in Classical Philology 32, Ithaca, NY 1959.

II.5.: Johannes Scotus Eriugena

Werke:

Jean Scot: Homélie sur le prologue de Jean, ed. Edouard Jeauneau, SC 151, Paris 1969.
Johannes Scotus Eriugena: Commentum in S. Evangelium sec. Johannem, ed. Edouard Jeauneau, SC 180, Paris 1972.
Johannes Scotus Eriugena: De divina praedestinatione, ed. Gulven Madec, CChrCM 50, Turnholti 1978.

Literatur:

Allard, Guy H.: Jean Scot Eriugin, in: Actes du IVe Colloque International (Montréal 28, 8. – 2. 9. 1983), Montréal/Paris 1986.
Beierwaltes, Werner (Hg.): Eriugena. Studien zu seinen Quellen. Vorträge des III. internationalen Eriugena-Colloquiums Freiburg i. Br., 27.–30. August 1979. Abhandlungen der Heidelberger Akademie der Wissenschaften, Phil.-Hist. Kl., 3, Heidelberg 1980.
Schrimpf, Gangolf: Das Werk des Johannes Scotus Eriugena im Rahmen des Wissenschaftsverständnisses seiner Zeit, Münster 1982.

III. Kapitel: Bibel und Theologie im Mittelalter

III.1.: Katene und Glossen

Froehlich, Karlfried/Gibson, Margaret T. (Hg.): Biblia Latina cum Glossa Ordinaria. Facsimile Reprint of the Editio Princeps by Adolf Rusch von Strassburg, Turnhout 1993.
Mühlenberg, Ekkehard: Art. Katenen, TRE 18, S. 14–21.
Smalley, Beryl: Art. Glossa Ordinaria, TRE 13, S. 452–457.
Weigand, Rudolf: Art. Glossen, kanonische, TRE 13, S. 457–459.

III.2.: Sentenzen und Quaestionen:

Baltzer, Otto: Die Sentenzen des Petrus Lombardus, Studien zur Geschichte der Theologie und der Kirche VIII, 3, Leipzig 1902, Neudruck Aalen 1972.
Beumer, Johannes: Biblische Grundlage und dialektische Methode im Widerstreit innerhalb der mittelalterlichen Scholastik, in: Franziskanische Studien 48 (1966), S. 233–242.
Hödl, Ludwig: Die dialektische Theologie des 12. Jahrhunderts, in: ders. (Hg.): Arts libéraux et philosophie au Moyen Age. Actes du IVe congrès international de philosophie médiévale. Université de Montréal 1967, Paris 1969, S. 137–147.
Paré, Gérard/Brunet, A./Tremblay, P.: La renaissance du XIIe siècle. Les écoles et l'enseignement, Paris und Ottawa 1933.
Riché, Pièrre: Ecoles et enseignement dans le haut Moyen Age, Paris 1979.
Stegmüller, Friedrich, Art. Sentenzenwerke, RGG 5 (1961), Sp. 1701–1703.

III.3.: Abaelard

Werke:

Abaelard: Historia calamitatum, Texte critique par J. Monfrin, Paris 1959, 3. Aufl. 1967.
Abaelard: Petri Abaelardi Opera Theologica, ed. Eligius M. Buytaert, O. F. M., CChrCM 11–15, Turnholti 1969ff.

Literatur:

Abélard et son temps. Actes du colloque international organisé à l'occasion du 9e centennaire de la naissance de Pièrre Abaelard (14.–19. Mai 1979), Paris 1981.
Angenendt, Arnold: Peter Abaelard, in: Gestalten der Kirchengeschichte, Bd. 3, Mittelalter I, hrsg. v. Martin Greschat, Stuttgart u.a. 1983, S. 148–160.
Grane, Leif: Peter Abaelard, Göttingen 1969.
Peppermüller, Rolf: Abaelards Auslegung des Römerbriefes, BGPhMA N. F. 10, Münster 1972.
Peter Abaelard. The Man and his Work. Proceedings of the International Conference Louvain May 10.–12. 1971, Medievalia Lovanensia series I, Studia 2, Louvain 1973.
Pièrre Abaelard-Pièrre le Vénérable. Abbaye de Cluny 2. au 9. juillet 1972: Colloques Internationaux du Centre Nationale de la Réchèrche Scientifique, No. 546, Cluny 1975.

III.4.: Rupert von Deutz

Werke:

Rupertus Tuitensis: Commentaria in Canticum Canticorum, ed. Rhabanus Haacke, CChrCM 26, Turnholti 1974.
Rupertus Tuitensis: Commentaria in evangelium sancti Johannis, ed. Rhabanus Haacke, CChrCM 9, Turnholti 1979.
Rupertus Tuitensis: De divinis officiis, ed. Rhabanus Haacke, CChrCM 7, Turnholti 1967.
Rupertus Tuitensis: De gloria et honore filii hominis super Mattheum, ed. Rhabanus Haacke, CChrCM 29, Turnholti 1979.
Rupertus Tuitensis: De sancta trinitate et operibus eius, ed. Rhabanus Haacke, CChrCM 21–24, Turnholti 1971–74.
Rupertus Tuitensis: De victoria verbi Dei, ed. Rhabanus Haacke, MGH QG 5, Berlin 1970.
Rupert von Deutz: Os meum aperui. Die Autobiographie des Rupert von Deutz, übersetzt und mit einem Nachwort versehen von Walter Berschin, Köln 1985.
Rupert von Deutz: Lesungen über Johannes. Der geistige Sinn seines Evangeliums, 2 Bde., Trier 1977.
Oehl, Wilhelm (Hg.): Deutsche Mystikerbriefe des Mittelalters, München 1931.

Literatur:

ARDUINI, MARIA LUDOVICA: Rupert von Deutz (1076–1129) und der Status Christianitatis seiner Zeit. Symbolisch-prophetische Deutung der Geschichte, Köln und Wien 1987.

VAN ENGEN, JOHN H.: Rupert of Deutz, Berkeley/Los Angeles/London 1983.

HOLZE, HEINRICH: Schriftauslegung aus monastischer Theologie bei Rupert von Deutz, in: Schmidt, Hans Heinrich/ Mehlhausen, Joachim (Hg.): Sola Scriptura. Das reformatorische Schriftprinzip in der säkularen Welt, Gütersloh 1991, S. 229–239.

III.5.: Hugo von St. Viktor

Werke:

Hugo von St. Victor: Hugonis de Sancto Victore Didascalion de studio legendi, ed. Ch. H. Buttimer, SMRL 10, Washington, D. C. 1939.

Literatur:

BARON, ROGER: Études sur Hugues de St. Victeur, Paris 1963.

EHLERS, JOACHIM: Hugo von St. Viktor. Studien zum Geschichtsdenken und zur Geschichtsschreibung des 12. Jahrhunderts, 7. Aufl. Wiesbaden 1973.

EHLERS, JOACHIM: Hugo von St. Viktor und die Viktoriner, in: Gestalten der Kirchengeschichte, Bd. 3: Mittelalter I, hrsg. v. Martin Greschat, Stuttgart u. a. 1983, S. 192–204.

SICARD, P.: Hugues de Saint-Victeur et son école. Introduction, choix de texte, traduction et commentaires, Paris 1991.

TAYLOR, JEROME: The Didascalion of Hugh of St. Victor, New York 1961.

III.6.: Joachim von Fiore:

Werke:

Joachim de Fiore (de Floris): Tractatus super quattuor evangelia, ed. Ernesto Buonaiuti, Fonti per la Storia d'Italia, Scrittori seculo XII, 67, Roma 1930.

Joachim von Fiore: Das Reich des Heiligen Geistes. Aus dem Lateinischen übertragen von R. Birchler, München-Planegg 1955.

Joachim von Fiore: Concordia Novi ac Veteris Testamenti. Venedig 1519=Nachdruck Frankfurt a. M. 1964

Joachim of Fiore: Liber de concordia Novi ac Veteris Testamenti, ed. E. Randolph Daniel, Transactions of the American Philosophical Society, 73, 8, Philadelphia 1983.

Joachim von Fiore: Enchiridion super Apocalypsim, ed. with notes and introduction by Edward Kilian Burger, Toronto 1986.

Joachim von Fiore: Expositio in Apocalypsim, Venedig 1527, unveränderter Nachdruck Frankfurt a. M. 1964.

Joachim von Fiore: Psalterium decem chordarum, Venedig 1527, unveränderter Nachdruck Frankfurt a. M. 1964.

Tondelli, Leone/Reeves, Marjorie/Hirsch-Reich, Beatrice: Il Libro delle Figure, dell' Abbato Gioachino da Fiore, 2 Bde., 2. Aufl. Torino 1953.

Literatur:

Benz, Ernst: Joachim-Studien. I: Die Kategorien der religiösen Geschichtsdeutung Joachims, in: ZKG 50 (1931), S. 24–111. II: Die Exzerptsätze der Pariser Professoren aus dem Evangelium Aeternum, in: ZKG 51 (1932), S. 415–455. III: Thomas von Aquin und Joachim von Fiore. Die katholische Antwort auf die spiritualistische Kirchen- und Geschichtsanschauung, in: ZKG 53 (1934), S. 52–116.

Denifle, Heinrich: Das Evangelium Aeternum und die Commission zu Anagni, in ALKG 1 (1885), S. 49–142.

Grundmann, Herbert: Studien über Joachim von Floris, Beiträge zur Kulturgeschichte des Mittelalters und der Neuzeit, Leipzig 1927, Neudruck Darmstadt 1966.

Grundmann, Herbert: Neue Forschungen über Joachim von Fiore, Münstersche Forschungen, H. 1, Münster (W.) 1950.

Lerner, Robert E.: Art. Joachim von Fiore, TRE 17 (1988), S. 84–88.

Mottu, Henry: Joachim von Fiore, in: Gestalten der Kirchengeschichte, Bd. 3: Mittelalter I, hrsg. v. Martin Greschat, Stuttgart u. a. 1983, S. 249–266.

Mottu, Henry: La manifestation de l'Esprit selon Joachim de Fiore, Neuchâtel 1977.

Reeves, Marjorie/Hirsch-Reich, Beatrice: The Figurae of Joachim of Fiore, Oxford 1972.

Reeves, Marjorie: The Influence of Prophecy in the Later Middle Ages, A Study in Joachimism, Oxford 1969.

Reeves, Marjorie: Joachim of Fiore and the Prophetic Future, New York/Hagerstown/San Francisco/London 1976.

Töpfer, Bernhard: Das kommende Reich des Friedens. Zur Entwicklung chiliastischer Zukunftshoffnung im Hochmittelalter, Berlin 1964.

West, Delno C./Zimdar-Swarz, Sandra: Joachim of Fiore: A Study in Spiritual Perception and History, Bloomington 1983.

III.7.: Thomas von Aquin

Werke:

Des heiligen Thomas von Aquin Kommentar zum Römerbrief, deutsche Übersetzung von H. Fahsel, Freiburg i. Br. 1927.

Summa contra gentiles, 2 Bde., Taurini et Romae 1961.

Summa theologiae, cura et studio Petri Caramello, pars I et II, 1, Taurini et Romae 1952.

Super epistolas S. Pauli Lectura, cura P. Raphaelis CAI, O. P., Vol. I, Editio VIII, revista, Taurini et Romae 1953.

Literatur:

ARIAS-REYERO, M.: Thomas von Aquin als Exeget, Einsiedeln 1971.
CHENU, MARIE-DOMINIQUE: Das Werk des heiligen Thomas von Aquin, 2. Aufl. Heidelberg und Graz 1982.
DOMANYI, THOMAS: Der Römerbriefkommentar des Thomas von Aquin. Ein Beitrag zur Untersuchung seiner Auslegungsmethoden, Basler und Berner Studien zur historischen und systematischen Theologie 39, Bern/Frankfurt a. M./Las Vegas 1979.
KÜHN, ULRICH: Thomas von Aquin, in: Klassiker der Theologie I, hrsg. v. Heinrich Fries und Georg Kretschmar, München 1981, S. 212–225.
PESCH, OTTO HERMANN: Thomas von Aquin. Grenze und Größe mittelalterlicher Theologie, Mainz 1988.
SECKLER, MAX: Das Heil in der Geschichte. Geschichtstheologisches Denken bei Thomas von Aquin, München 1964.
WEISSHEIPL, JAMES A.: Thomas von Aquin. Sein Leben und seine Theologie, Graz/Wien/Köln 1980.

III.8.: Bonaventura

Werke:

Collationes in Hexameron et Bonaventuriana quaedam selecta, ed. F. Delorme, Bibliotheca Franciscana Scholastica Medii Aevi VIII, Quaracchi 1934.
Hexameron. Lateinisch-Deutsch, übersetzt und eingeleitet von W. Nyssen, München 1964.
Opera Omnia, 10 Bde., Ad Claras Aquas 1882–1902.

Literatur:

BOUGEROL, JACQUES GUY: Introduction à Saint Bonaventure, Paris 1988.
BOUGEROL, JACQUES GUY (Hg.): S. Bonaventra 1274–1974. Volumen commemoratorium ..., cura et studio Commissionis Internationalis Bonaventurianae, 5 Bde., Roma 1974.
DETLOFF, WERNER: Art. Bonaventura, TRE 7 (1981), S. 48–55.
DETLOFF, WERNER: Bonaventura, in: Klassiker der Theologie I, hrsg. v. Heinrich Fries und Georg Kretschmar, München 1981, S. 198–211.
GILSON, ÉTIENNE: Die Philosophie des heiligen Bonaventura, Köln und Olten 1959, 2. Aufl. 1960.
MERCKER, HANS: Schriftauslegung als Weltauslegung. Untersuchungen zur Stellung der Schrift in der Theologie Bonaventuras, Veröffentlichungen des Grabmann-Institutes, N. F. 15, München 1971.
RATZINGER, JOSEPH: Die Geschichtstheologie des heiligen Bonaventura, München und Zürich 1959.

IV. Kapitel: Jüdische Ausleger des Mittelalters

Allgemeines:

Bacher, Wilhelm: Die Bibelexegese der jüdischen Religionsphilosophen des Mittelalters vor Maimûni, Budapest 1892.

Greenberg, Moshe (Hg.). Jewish Bible Exegesis. An Introduction, Jerusalem 1983 (hebr.).

Greive, Hermann: Die Juden. Grundzüge ihrer Geschichte im mittelalterlichen und neuzeitlichen Europa, Darmstadt 1982.

Schubert, Kurt: Die Kultur der Juden. Judentum im Mittelalter, Bd. 2, Wiesbaden 1979.

Vajda, Georges: Introduction à la pensée juive du Moyen Age, Paris 1947.

Winter, J./Wünsche, A. (Hg.): Geschichte der rabbinischen Literatur während des Mittelalters und ihrer Nachblüte in der neueren Zeit, Trier 1894, Reprint Hildesheim 1965.

IV.1.: Raschi

Werke:

Bamberger, Selig (Hg.): Raschis Pentateuchkommentar. Vollständig ins Deutsche übertragen und mit einer Einleitung versehen, Basel 1875.

Berliner, Abraham: Der Kommentar des Solomon ben Isaak über den Pentateuch, Frankfurt a.M. 1905.

Widmer, Gottfried: Die Kommentare von Raschi, Ibn Esra, Radaq zu Joel. Text, Übersetzung und Erläuterung. Eine Einführung in die rabbinische Exegese, Basel 1945.

Literatur:

Banitt, Menahem: Rashi Interpreter of the Biblical Letter, Tel Aviv 1985.

Federbusch, Simon (Hg.): Rashi. His Teachings and Personality. Essays on the Occasion of the 850th Anniversary of his Death, New York 1958.

Gelles, Benjamin J.: Peshat and Derash in the Exegesis of Rashi, Leiden 1981.

Shereshevsky, Esra: Rashi. The Man and his World, New York 1982.

IV.2.: Ibn Esra

Werke:

Lipshitz, A. (Hg.): The Commentary of Rabbi Abraham Ibn Ezra on Hosea. Edited from Six Manuscripts and Translated with an Introduction and Notes, New York 1988.

Shachter, Jay F.: The Commentary of Abraham Ibn Ezra on the Pentateuch, 3. Leviticus, Hoboken, NJ 1986.

Literatur:

FRIEDLÄNDER, MICHAEL: Essays on the Writings of Abraham Ibn Ezra, Society of Hebrew Literature. Publication Series 2, Vol. 4, London 1877.
GREIVE, HERMANN: Studien zum jüdischen Neuplatonismus. Die Religionsphilosophie des Abraham Ibn Esra, Berlin und New York 1973.
ROSIN, DAVID: Die Religionsphilosophie Abraham Ibn Esras, in: MGWJ 42 (1898), S. 17–33, 58, 73, 108–115, 154–161, 200–214, 241–252, 305–315, 345–362, 394–407, 444–457, 481–505; 43 (1899), S. 22–31, 75–91, 125–133, 168–184, 231–240.

V. Kapitel: Spätmittelalterliche Exegeten

V.1.: Nikolaus von Lyra

Werke:

Nicolaus von Lyra: Postilla super totam Bibliam, 4 Bde., Straßburg 1492, Neudruck Frankfurt a. M. 1971.
Nicolaus von Lyra: Prologus (in Postillam litteralem); Prologus secundus, De intentione auctoris et modo procendendi; Prologus in moralitates Bibliorum, PL 113, Paris 1879, S. 26–36.

Literatur:

LANGLOIS, CHARLES: Nicolas de Lyre, Frère Mineur, in: Histoire littéraire de la France XXXVI, Paris 1924, S. 355–400.

V.2.: John Wyclif

Werke:

Fasciculi Zizanorum Magistri Johannis Wyclif cum tritico, ascribed to Thomas Netter of Walden, ed. Walter Waddington Shirley, Rerum Britannicarum Medii Aevi Scriptores, London 1858.
Wyclif, John: De civili dominio, ed. Johann Loserth, 3 Bde., London 1885–1902, reprinted New York/London/Frankfurt a. M. 1966.
Wyclif, John: De dominio divino libri tres, ed. Lane Poole, London 1890, reprinted New York/London/Frankfurt a. M. 1966.
Wyclif, John: De Eucharistia tractatus major. Accedit tractatus de Eucharistia et poenitentia sive de Confessione, ed. Johann Loserth, London 1892, reprinted New York/London/Frankfurt a. M. 1966.
Wyclif, John: De Veritate Sacrae Scripturae, ed. Rudolf Buddensieg, 3 Bde., London 1905–1907, reprinted New York/London/Frankfurt a. M. 1966.
Wyclif, John: Opus Evangelicum, ed. Johann Loserth, 4 Bde., London 1895–1896, reprinted New York/London/Frankfurt a. M. 1966.
Wyclif, John: Tractatus de mandatis divinis accedit tractatus de statu innocencie, ed. Johann Loserth and F. D. Matthew, London 1922, reprinted New York/London/Frankfurt a. M. 1966.

Wyclif, John: Tractatus de officio regis, ed. Alfred W. Pollard and Charles Sayle, London 1887, reprinted New York/London/Frankfurt a. M. 1966.
Wyclif, John: Johannis Wiclif trialogus. Cum supplemento trialogi ed. Gotthardus Victor Lechler, Oxford 1869.

Literatur:

Benrath, Gustav Adolf: Wyclifs Bibelkommentar, Berlin 1966.
Hurley, M.: Scriptura Sola. Wyclif and his Critics, in: Traditio 16 (1960), S. 275–352.
Kenny, Anthony (Hg.): Wyclif in his Times, Oxford 1986.
McFarlane, K. B.: Wicliffe and English Non-Conformity, Harmondsworth 1972.
Robson, J. A.: Wiclif and the Oxford Schools, Cambridge 1961.
Smalley, Beryl: Wyclif's Postilla on the Old Testament and his Principium, in: Oxford Studies presented to Daniel Callus, Oxford 1964, S. 253–296.
Workman, Herbert B.: John Wyclif. A Study of the English Medieveal Church, Oxford 1926, reprinted Hamden, Conn. 1966.

Abkürzungsverzeichnis

Acad.	Cicero, Academicorum reliquiae
Am	Amos
Apg	Apostelgeschichte
ApkJoh	Apokalypse des Johannes
BGBH	Beiträge zur Geschichte der biblischen Hermeneutik
BGPhMA	Beiträge zur Geschichte der Philosophie und Theologie des Mittelalters
Brev.	Breviloquium
Brev.Prol.	Breviloquium Prologus
Cant.	Beda Venerabilis, zu Cantica canticorum
CChr	Corpus Christianorum
CChrCM	Corpus Christianorum Continuation mediaevalis
CChr.SL	Corpus Christianorum Serie Latina
Chron	Chronik
Coll.	Collationes
Conc.	Liber Concordiae novi ac veteris Testamenti
Conf.	Confessiones
Conl.	Conlationes
CSEL	Corpus scriptorum ecclesiasticorum Latinorum
Dan	Daniel
De Abr.	Ambrosius v. Mailand, De Abraham
De exc.fratris	Ambrosius v. Mailand, De excessu fratris
De Jac.	Ambrosius v. Mailand, De Iacob
De off.	Ambrosius v. Mailand, De officiis
De opif.mundi	Ambrosius v. Mailand, De opifice mundi
De par	Ambrosius v. Mailand, De paradiso
De Patr.	Ambrosius v. Mailand, De Patriarchis
De Sacr.	Ambrosius v. Mailand, De Sacramentibus
De sacr. prol.	Ambrosius v. Mailand, De Sacramentibus, prologus
De ver.	De veritate sacre scripture
De Ver.	Thomas von Aquin, De Veritate
Did.	Didascalion
Dt	Deuteronomium
ep.	epistula
ep.miss.	Epistola missoria ad Leandrum
Eph	Epheserbrief
Esr	Esra
Esth	Esther
Ex	Exodus
Exam.	Exameron
Exp.	Expositio

Exp.Luc	Expositio Evangelii secundum Lucam
Exp.Luc. prol.	Expositio Evangelii secundum Lucam prologus
Exp.Ps.	Expositio Psalmorum
Expl.p.	Explanatio psalmorum
Explan.Apoc.	Explanatio Apocalypseos
Ez	Ezechiel
Fasc. ziz.	Fasciculi Zizanorum
Gal	Galaterbrief
Gen	Genesis
Hab	Habakuk
Hagg	Haggai
Hebr	Hebräerbrief
Hex.	Hexaëmeron
Hi	Hiob
Hist.eccl.	Historia ecclesiae
Homil.	Homiliae
Hohel	Hohelied
Hos	Hosea
Inst.	De Institutis
Inter. in Gen	Interrogationes in Genesim
Jak	Jakobusbrief
Jer	Jeremia
Jes	Jesaja
Joh	Johannesevangelium
Jon	Jona
Kgl	Klagelieder
Kön	Könige
Kol	Kolosserbrief
Kor	Korintherbrief
Lib.Fig.	Il Libro delle Figure
Luk	Lukasevangelium
LXX	Septuaginta
Makk	Makkabäerbücher
Mal	Maleachi
Matth	Matthäusevangelium
MGH	Monumenta Germaniae historica
MGH, ep	Monumenta Germaniae historica, Epistolae
MGH, QG	Monumenta Germaniae historica, Quellen zur Geistesgeschichte des Mittelalters
MGWJ	Monatsschrift für Geschichte und Wissenschaft des Judentums
Mich	Micha
Mk	Markusevangelium
Mor.	Moralia
Mor. ep.miss.	Moralia, Epistola missoria ad Leandrum
Mor.praef.	Moralia, praefatio
Mt	Matthäusevangelium
Nah	Nahum

Neh	Nehemia
Ob	Obadja
Offb	Offenbarung des Johannes
OffJoh	Offenbarung des Johannes
O. P.	Ordo praedicatorum
Periph.	Periphyseon
Petr	Petrusbrief
Pes.	Pesichta
Phil	Philipperbrief
PL	Patrologiae cursus completus. Accurante Jacques-Paul Migne. Series Latina
Pred	Prediger
prooem.	Prooemium
Ps	Psalm
Ps.	Psalterium decem chorandum
PG	Patrologiae cursus completus. Accurante Jacques-Paul Migne. Series Graeca
PTA	Papyrologische Texte und Abhandlungen
PTS	Patristische Texte und Studien
Quaest.praef.	Quaestiones, praefatio
Quodl.	Quodlibet
Retr.	Retractationes
Retract.praef.	Retractationes, praefatio
Röm	Römerbrief
RThAM	Recherches de théologie ancienne et médiévale
Sach	Sacharja
Sam	Samuel
SC	Sources chrétiennes
Sent.Prol.	Sententiarum Prologus
Sir	Jesus Sirach
SMRL	Studies in medieval and reformation thought
Spr	Sprüche
S.th.	Summa theologiae
TThSt	Trierer Theologische Studien
TTS	Tübinger Theologische Studien
Tim	Timotheusbrief
Tob	Tobit
Tract.	Tractatus super quattuor Evangelia
TRE	Theologische Realenzyklopädie
Vita Ant.	Vita Antonii
WdF	Wege der Forschung
Zeph	Zephanja
ZKG	Zeitschrift für Kirchengeschichte

Namen- und Ortsregister

Sachregister

Bibelstellenregister

in Auswahl

Anzeigen